U0710203

新編諸子集成

列子集釋

楊伯峻 撰

中華書局

圖書在版編目（CIP）數據

列子集釋/楊伯峻撰. —2 版. —北京：中華書局，
2013.8（2024.5 重印）
（新編諸子集成）
ISBN 978-7-101-09213-4

Ⅰ.列…　Ⅱ.楊…　Ⅲ.①道家②《列子》-注釋
Ⅳ.B223.22

中國版本圖書館 CIP 數據核字（2013）第 033958 號

責任編輯：張　巍
責任印製：陳麗娜

新編諸子集成
列 子 集 釋
楊伯峻 撰

*

中 華 書 局 出 版 發 行
（北京市豐臺區太平橋西里 38 號　100073）

http：//www.zhbc.com.cn
E-mail：zhbc@zhbc.com.cn

大廠回族自治縣彩虹印刷有限公司印刷

*

850×1168 毫米 1/32 · 12⅛印張 · 2 插頁 · 260 千字
1979 年 10 月第 1 版　　2013 年 8 月第 2 版
2024 年 5 月第 17 次印刷
印數：66001-69000 册　定價：50.00 元

ISBN 978-7-101-09213-4

新編諸子集成出版説明

子書是我國古籍的重要組成部分。最早的一批子書産生在春秋末到戰國時期的百家争鳴中，其中不少是我國古代思想文化的珍貴结晶。秦漢以後，還有不少思想家和學者寫過類似的著作，其中也不乏優秀的作品。

二十世紀五十年代，中華書局修訂重印了由原世界書局出版的《諸子集成》。這套叢書匯集了清代學者校勘、注釋子書的成果，較爲適合學術研究的需要。但其中未能包括近幾十年特別是一九四九年後一些學者整理子書的新成果，所收的子書種類不够多，斷句、排印尚有不少錯誤，爲此我們從一九八二年開始編輯出版新編諸子集成，至今已出滿四十種。

新編諸子集成所收子書與舊本諸子集成略同，是一般研究者經常要閱讀或查考的書。每一種都選擇到目前爲止較好的注釋本，有的書兼收數種各具優長的注本。出版以來，深受讀者歡迎，還有不少讀者提出意見建議，幫助我們修訂完善這套書，在此謹致謝忱。

本套書目前以平裝本行世，每種單獨定價。近期我們還將出版精裝合訂本，以滿足不同層次讀者的需求。

後續整理的重要子書，將纳入新编諸子集成續编陸續刊出，敬請讀者關注。

中華書局编輯部

二○一○年一月

目　録

前　言

（一）

列子其人，在莊子書中屢次出現，有時尊稱他爲子列子，還專有列禦寇一篇。「禦寇」也作「御寇」或「圄寇」。禦、御、圄三字古音全同，自然可以通假。這個人實有其人，因爲提到他的不止莊子一書。然而莊子逍遙却把列子寫成神仙：

列子御風而行，泠然善也，旬有五日而後反。

但同一莊子，在讓王篇又說：

子列子窮，容貌有飢色。

便又是凡人，要吃要喝。吃喝不够，面黃肌瘦。這自相矛盾的情况，倒並不是由于莊子全書非出于一人手筆，而是莊周把實際存在的人物寓言化。莊子天下篇說，「以寓言爲廣」，寓言篇說，「寓言十九」，莊子中把實際人物寓言化的例證很多，這只是其一。把列子神化，

也許意在說明|列子雖然是「有道之士」，能憑空飛翔，還有待於風，並非真能「逍遙遊」。

列子的學説近於莊周，在當時影響却未必很大很深，因爲莊子天下篇評論過墨翟、宋鈃、尹文、田駢、慎到、惠施等人，贊美了關尹、老聃，也叙述了自己，却不涉及|列禦寇。|荀子非十二子篇也不提|列子，司馬遷作史記更没有一字涉及|列禦寇，高似孫子略因此懷疑此人的存在，但論證還不足以使人信服。|列子必有其人，其主張正如莊子應帝王中所叙：

然後列子自以爲未始學而歸，三年不出。爲其妻爨，食豕如食人。於事无與親，彫琢復朴，塊然獨以其形立。紛而封哉，一以是終。无爲名尸，无爲謀府，无爲事任，无爲知主。體盡无窮，而遊无朕。盡其所受乎天，而无見得，亦虚而已。

爾雅釋詁邢昺疏引尸子廣澤篇及呂氏春秋不二篇也都説「列子貴虚」，和莊子所説相合。看來這個列禦寇心情上擺脱了人世的貴賤、名利種種羈絆，任其自然，把客觀存在看作不存在，因之一切无所作爲。　莊子所叙，自有所本，未必是故意塑造。　至於戰國策韓策二説史疾治列子圉寇之言而「貴正」，則近於儒家的正名，不可能認爲是|列子的正宗，只能估計是戰國説客因|列子已不被人所真知，假借其名，以爲遊説的招牌而已。

（二）

漢書藝文志著錄列子八篇，那是經過劉向、劉歆父子整理的，已不知在什麼時候散失

了。今天流傳的列子八篇，肯定不是班固所著錄的原書，歷來的考辯文字可以參見本書

附錄三。據張湛在序中說，他所注釋的列子，由他祖父在東晉初從外舅王宏、王弼等人家

裏發現，經過拼合、整理、校勘，「始得全備」。而王宏、王弼家的書又屬王粲舊藏，假若博

物志的話可信，可能還是蔡邕舊藏，好像流傳有緒。但過去許多學者卻從反面看問題，認

爲張湛序是欲蓋彌彰，作僞者就是張湛本人。我則同意另一部分人意見，以爲此書雖屬

僞書，而作僞者不是張湛。如果是張湛自作自注，那就應該和王肅僞作孔子家語又自作

注解一樣，沒有不解和誤解的地方。現在張湛注列子，有的地方說「未詳其義」，有的簡直

注釋錯了。還有糾正正文之處，如力命篇說子產殺鄧析，張注便據左傳糾正它。還有批

評正文處，如楊朱篇譏刺伯夷和展禽，張注便說它是「此誣賢負實之言」，由此也可見張

湛思想和僞作列子者有所不同。此書僞作於張湛以前，張湛或者也是上當受騙者之一。

馬叙倫列子僞書考說：

　　蓋列子晚出而早亡，魏、晉以來好事之徒聚斂管子、晏子、論語、山海經、墨子、莊

子、尸佼、韓非、呂氏春秋、韓詩外傳、淮南、說苑、新序、新論之言，附益晚說，假爲向

序以見重。

這是比較符合客觀事實的論斷。至於它所「聚斂」的原始材料，除了馬氏所列舉之外，還有一些當時所能看到而今已亡佚的古籍，例如湯問、說符的某些章節，既不見於今日所傳先秦、兩漢之書，也不是魏晉人思想的反映，而且還經魏晉人文辭中用爲典故，所以只能說作僞列子者襲用了別的古書的某些段落。至於所謂「附益晚說」，比較明顯的例子是周穆王篇第一章，那是在汲冢書穆天子傳被發現後寫出的；力命、楊朱兩篇更是晉人思想和言行的反映。也許作僞者自己感到需要彌縫，所以在那篇僞造的劉向列子新書目錄中加以掩飾地說：

至于力命篇，一推分命；楊子之篇，唯貴放逸。二義乖背，不似一家之書。

在我們知道列子是贋品之後，這幾句話就頗有「此地無銀」的味道了。

（三）

現在略談我對力命、楊朱二篇的看法。

由于生產水平和階級的局限性，古代的人們不能科學地解釋必然和偶然這兩個哲學範疇。按照辯證唯物主義的認識，偶然中存在必然，而必然又通過偶然而表現。古代的唯心主義者認爲偶然性的出現是一種非人類所能宰制的力量，即一種無可奈何的力量，這叫做命，也叫天命。唯心主義者説「死生有命，富貴在天」，唯物主義者説人定勝天。這個天、人之争，即是力、命之争，在魏晉六朝表現得相當激烈。試看文選所收的李康運命論和嵇康集内的答張遼（遼叔）諸信，便可以窺測其大概。力命篇可以説是這一場鬥争在寓言的外衣掩蓋下的反映，作者的立場是唯心主義的。

至于楊朱篇的「唯貴放逸」，並不是戰國時代那個楊朱的主張。先秦、兩漢古籍中講到楊朱的地方不多，粗略統計一下，僅有孟子滕文公下、盡心上、下，莊子騈拇、胠篋、天地、徐无鬼、山木，韓非子説林下、八説，吕氏春秋不二，淮南子俶真和氾論，説苑權謀，法言五百和吾子，論衡對作諸篇，而且所記多屬一鱗半爪，不成體系。歸納起來，大致可以看出楊朱之學是「爲我」，就是吕氏春秋的「貴己」。所以孟子、莊子、韓非子、淮南子以及論衡諸書都以楊、墨並稱，因爲爲我和兼愛兩種主張正是一對尖鋭的對立物。魯迅在魏晉風度及文章與藥及酒之關係中説：

詩文也是人事，既有詩，就可以知道于世事未能忘情。譬如墨子兼愛，楊子爲我，墨子當然要著書，楊子就一定不著，這纔是「爲我」。因爲若做出書來給别人看，便變成「爲人」了。

漢書藝文志也没有著錄楊朱的任何著述，魯迅的那段議論是極爲精闢的。晉朝人不懂得這一點，硬要在列子中炮制楊朱一篇，畫出一個他們心目中的楊朱，爲自己的放蕩和縱慾搜尋出理論根據。

既然力命篇和楊朱篇是玄學清談和放蕩縱慾的曲折反映，而並没有什麼「二義乖背」，就無妨把它們作爲兩晉風俗史和思想史的資料來看待。除此而外，列子還保存了一些可貴的古代材料。毛主席所講的「愚公移山」，就出自列子湯問篇。湯問篇還講到宇宙萬物的原始，宇宙的無限，在一定程度上反映了那個時代對宇宙的認識所能達到的科學水平。有些小故事，在寓言中有深意，或者對某些人物的深刻諷刺，這都應該説是這部書的價值所在。

列子集釋是我在二九年至三二年的舊作，在編撰過程中曾得到楊樹達教授和許維遹教授的鼓勵和幫助。一九五八年曾由龍門聯合書局排印出版。現在看來，雖然值不得敝帚自珍，却也不必悔其少作，因爲究竟還付出過一定勞動，于讀者多少有可以參考之處。

楊伯峻

一九七八年五届人大開幕之夜

（一）本書除列子正文外，其註釋考證分爲四類，依次排列：

（甲）晉人張湛之注，（乙）唐人盧重玄之解，（丙）有關列子本文以及張注、盧解之校勘、

訓詁與考據，（丁）唐人殷敬順所纂與宋人陳景元所補之釋文以及有關釋文之考證。除

張注、盧解外，各説皆冠以圓圈「〇」。

（二）列子版本甚多，而元明以後之刊本多以釋文入注，遂使張注與釋文不相別

白。清人汪繼培始爲釐正，并取影宋本、纂圖互注本、明世德堂本、虞九章王震亨同訂本

參訂缺誤，刻入湖海樓叢書，余取之爲底本。但汪校仍有可商，乃復取瞿氏鐵琴銅劍樓所

藏之北宋本，即四部叢刊之底本。吉府本、鐵華館影宋本、道藏諸本、白文本、宋徽宗義解本、林希逸口

義本、江遹解本、高守元集四解本。元本、明世德堂本參校，於汪本頗有訂正。至盧重玄之解，則

以道藏四解本爲依據，而用秦恩復石研齋刻本參校，擇善而從。若諸本皆有脱誤，雖考證明

確，仍不敢輒改。其他文字異同，除參校諸本之顯然誤刻以及脫漏者外，其可資參考者，

亦擇尤注出。王重民敦煌古籍叙錄有列子數條，亦加採錄。

（三）北堂書鈔、羣書治要、藝文類聚、初學記、太平御覽、白孔六帖、錦繡萬花谷、事

文類聚等類書以及其他古籍所徵引之列子正文與張湛注，共計不下二三千條，文字之出

入有頗大者。蓋古人引書率多臆改，未必全可憑信。本書祇擇其有助於校勘訓詁者

錄之。

（四）列子之爲晉人所僞，殆無疑義。汪繼培謂「依採諸子而稍附益之，其會稡補

綴之迹，諸書見在者可覆按也」。本書雖不爲之疏通證明，但於其可資覆按之處，必藉校

勘訓釋之便爲之注出，亦隱示作僞之所本耳。

（五）清代以來之學者於「先秦古籍」率多有校勘訓釋，但於列子，除盧文弨、任大

椿、俞樾、陶鴻慶以及今人王重民、王叔岷諸家外，專著不多。列子之文既多因襲，則不得

不廣爲採摘，故凡有關古籍之考證訓釋足爲讀者之一助者，悉加甄錄。至於附會釋氏空

談玄理者則概加屏棄。

（六）張湛其人與列子之關係甚密，而行事已不可得詳。茲亦略加輯錄，是爲附

錄一。

（七）偽劉向之目錄、張湛之序、盧重玄之叙論、陳景元（碧虛子）之序、任大椿之序、秦恩復之序、汪繼培之序，都與本書所錄有關，有助於讀者對本書之了解，故悉載其全文，是爲附錄二。

（八）關於列子之辨偽文字，黃雲眉之古今偽書通考補證與張心澂之偽書通考雖均有輯錄，然皆缺略甚多。余故重加薈萃，并附己見，是爲附錄三。

（九）凡所徵引，多經覆核。惟有少數校説，猶未能一一比勘。如有差失，深冀指正。

（十）集釋運用引號，或者標明引文起訖，或者鈎注重要詞語，皆所以助文意之顯豁，求一目能瞭然。然用之太勤，則失之細碎。故或用或否，制於所宜。故徵引某家之言，於某某曰下之引號概從省略，一則以起訖易明，毋煩標注，且以其中又有徵引，宜加識別，如此，則可免於複用夾引號，不致有混淆之病。又如敬順釋文，自有體例，易於理解，如無必要，引號亦從省略。餘可類推。此乃自定條規，幸勿繩以常律。

徵引諸家姓氏及其著述表

（一）只限於列子八篇集釋校説內所徵引之姓氏。

（二）略依其生卒年次排列，生卒年有可考者亦爲注出。

沈　括（一〇三〇——一〇九四）夢溪筆談

王觀國 宋人 學林

顧炎武（一六一三——一六八二）唐韻正

黃　生（一六二二——？）字詁義府

何　琇 樵香小記

惠　棟（一六九七——一七八五）松崖筆記

盧文弨（一七一七——一七九五）羣書拾補　鍾山札記

錢大昕（一七二八——一八〇四）十駕齋養新錄

秦恩復（一七六〇——一八四三）有校説，見所刻列子盧重玄注。

嚴可均（一七六二——一八四三）鐵橋漫稿

焦循（一七六三——一八二〇）易餘籥録

洪頤煊（一七六五——一八三七）讀書叢録

王引之（一七六六——一八三四）經傳釋詞

汪萊（一七六八——一八一三）列子盧注考證附見秦恩復列子刻本

朱珔（一七六九——一八五〇）小萬卷齋文槀

黃承吉（一七七一——一八四二）字詁義府合考

沈欽韓（一七七五——一八三一）漢書疏證

俞正燮（一七七五——一八四〇）癸巳存稿

梁章鉅（一七七五——一八四九）退菴隨筆

錢繹　方言箋疏

江有誥（？——一八五一）先秦韻讀

宋翔鳳（一七七六——一八六〇）小爾雅訓纂

馮登府（一七八三——一八四一）三家詩異文疏證

許　槤（一七八六——一八六二）讀說文記

朱駿聲（一七八八——一八五八）說文通訓定聲

沈　濤　交翠軒筆記　銅熨斗齋隨筆

蘇時學　爻山筆話

光聰諧　有不爲齋隨筆

徐時棟（一八一四——一八七三）煙嶼樓讀書志

蔣超伯 道光二十五年（一八四五）會試會元　南漘楛語

俞　樾（一八二一——一九〇六）諸子平議

王先謙（一八四二——一九一七）荀子集解　莊子集解

郭慶藩（一八四四——一八九七）莊子集釋

孫詒讓（一八四八——一九〇八）札迻　墨子閒詁

皮錫瑞（一八五〇——一九〇八）今文尚書考證

陶鴻慶（一八六〇——一九一八）讀列子札記

奚侗　莊子補注

梁啓超（一八七三——一九二八）　某氏轉錄手批本，現藏於北京大學圖書館。

吳闓生（一八七七——一九四八）　文史甄微稿本

曾廣源　戴東原轉語釋補

胡懷琛　列子張湛注補正載一九三四年大陸雜誌二卷八期

馬叙倫（一八八四——一九七〇）　列子校釋　敦煌古籍叙錄

王重民（一九〇二——一九七五）　莊子義證　讀書續記

許維遹（一九〇四——一九五一）　有校説抄示。

劉武　莊子集解内篇補正

王叔岷　列子補正

岑仲勉　兩周文史論叢

又稱「仲父曰」者，楊樹達教授於其所讀書箋識之校説也。

列子集釋卷第一

天瑞第一

〔注〕夫巨細舛錯，脩短殊性，雖天地之大，羣品之衆，涉於有生之分，關於動用之域者，存亡變化，自然之符。夫唯寂然至虛凝一而不變者，非陰陽之所終始，四時之所遷革。〔解〕夫羣動之物，無不以生爲主。徒愛其生，不知生生之理。生化者，有形也；生生者，無象也。有形謂之物，無象謂之神。迹可用也，類乎陰陽。論其眞也，陰陽所不測。故易曰：「陰陽不測之謂神。」豈非天地之中大靈瑞也？故曰天瑞。○釋文云：夫音符，是發語之端；後更不音。舜，昌兗切。分，符問切，下同。

子列子〔注〕載子於姓上者，首章或是弟子之所記故也。○釋文云：冠子氏上者，著其爲師也。居鄭圃，〔注〕鄭有圃田。○釋文云：圃音補。圃田，鄭之藪澤也，今在滎陽中牟縣。伯峻案：鄭之圃田，一作甫田，見詩經、左傳、爾雅諸書。今河南中牟縣西南之丈八溝及附近諸陂湖，皆其遺蹟。四十年人無識者。〔注〕非形不與物接，言不與物交，不知其德之至，則同於不識者矣。○「無」汪本作「无」，今從世德堂本、四解本作「無」，下同。○釋文「無」作「无」，云：无或作亡，同音無。國君卿大夫眎之，猶衆庶也。〔注〕非自隔於物，直言無是非，行無軌迹，則物莫能知也。○釋文「眎」作「眠」，云：眠，古視字也。行，下孟切。國不足，〔注〕年饑。將嫁於衛。

〔注〕自家而出謂之嫁。〔解〕不足，年饑也。嫁者，往也。伯峻案：四庫全書總目提要爾雅註疏云：「釋詁云，『嫁，往也』，此取列子之文也。」若如此，則列子在爾雅之前。其實未必然，或今本列子有所因襲，或列子襲爾雅也。

曰：「先生往無反期，弟子敢有所謁；〔注〕謁，請也。○釋文云：謁，請也。先生將何以教弟子？先生不聞壺丘子林之言乎？」〔注〕壺丘子林，列子之師。○釋文云：壺丘子林，司馬彪注南華真經云，名林，鄭人也。

子列子笑曰：「壺子何言哉？〔注〕四時行，百物生，豈假於言哉？○仲父曰：論語，孔子曰：天何言哉？四時行焉，百物生焉，天何言哉？雖然，夫子嘗語伯昏瞀人。〔注〕伯昏，列子之友，同學於壺子。不詔，告也。瞀，莫侯切；後伯昏无人者亦音謀。吾側聞之，試以告女。〔注〕言自受教於壺子者，列子之謙者也。○盧文弨曰：張注「列子之謙者也」「者」字疑當作「言」。○釋文云：女音汝。

其言曰：有生〔注〕今塊然之形也。○釋文云：塊，口對切。不生，〔注〕生物而不自生者也。有化，不化。〔注〕化物而不自化者也。〔解〕不因物生，不爲物化，故能生於眾生，化於羣化者矣。不生者能生生，〔注〕不生者，固生物之宗。不化者能化化。〔注〕不化者，固化物之主。生者不能不生，化者不能不化。〔注〕生者非能生而生，化者非能化而化也，直自不得不生，不得不化者也。〔解〕凡有生則有死，爲物化者常遷，安能無生無死、不化不遷哉？故常生常化。〔注〕涉於有動之分者，不得蹔無也。常生常化者，無時不生，無時不化。〔注〕生化相因，存亡復往，理無間也。○盧文弨曰：注「復往」二字當依後文乙正。陰陽爾，四時爾，〔注〕陰陽四時，變化之物，而復屬於有生之域者，皆隨此陶運；四時改而不停，萬物化而不息者也。

〔解〕爲陰陽所遷順時轉者，皆有形之物也。念念遷化，生死無窮，故常生常化矣。○注「四時」下各本皆有「節」字，今

依四解本刪。○釋文云：而復之復，扶又切。

也。〔解〕神無方比，故稱獨也。老子曰「獨立而不改」也。疑者不敢決言以明深妙者也。○注「不生之主」各本作「不

生之生」。不化者往復。○釋文云：復依字音服。後不音者，皆是入聲。

慶曰：張注云「代謝無間形氣轉續」正釋往復之義，是其所見本未誤。○王重民曰：盧陶二說是也。吉府本正疊「往

復」二字。伯峻案：王說是也。今從吉府本增。

無間，形氣轉續，其道不終。○世德堂本、藏本、北宋本皆不重「往復」兩字。○盧文弨曰：「往復」二字當疊。○陶鴻

獨立而不改，周行而不殆也。〔解〕四時變易，不可終也；神用變化，亦不可窮也。○陶鴻慶曰：疑者止也。爾雅釋

言：疑，戾也。郭注：戾，止也。疑者亦止。詩桑柔「靡所止疑」，孫卿解蔽篇「而無所疑止之」，皆與「止」連文，

是疑與止同義。此云疑獨，亦謂止於獨。道德經所謂「天得一以清，地得一以甯」也。張云「獨立而不改」，正得其旨，

乃釋「疑」爲「疑惑」，望文生訓，失之。○許維遹曰：疑讀爲擬，僭也，比也。管子君臣篇云，「内有疑妻之妾，此宮亂

也，庶有疑適之子，此家亂也；朝有疑相之臣，此國亂也」。（呂氏春秋知度篇、慎子内篇文略同。）韓非子説疑篇

「疑」作「擬」。又漢書食貨志云「遠方之能疑者」，顏師古注，「疑讀爲擬」。並其證也。此文「疑獨」猶言「比獨」，與下

文「往復」相對爲義。○仲父曰：終窮爲韻，古音同在冬中部。○釋文云：殆音待。黃帝書曰：○惠棟曰：

此老子所述也。老子之學蓋本黃帝，故漢世稱黃老。○釋文云：黃帝姓公孫，名軒轅，得長生之道，在位一百年。按

漢書藝文志有黃帝書四篇，黃帝君臣一篇，黃帝銘六篇，與道經相類。伯峻案：今本藝文志黃帝書作黃帝四經，黃帝君臣作十篇，班自注云，起六國時，與老相似也。又有雜黃帝五十八篇，班自注云，六國時賢者所作。**谷神不死，**〔伯峻注〕古有此書，今已不存。夫谷虛而宅有，亦如莊子之稱環中。至虛無物，故謂谷神；本自無生，故曰不死。〔伯峻案：此老子第六章文。**是謂玄牝。**〔注〕老子有此一章，王弼注曰：「無形無影，無逆無違，處卑不動，守靜不衰，谷以之成而不見其形，此至物也。處卑而不可得名，故謂之玄牝。」○俞正燮曰：牝者，古人以爲谿谷；所謂虛牝者，如今言空洞。朱子語類云，「牝只是木孔受栒能受的物事。元牝者，至妙之牝，不是那一樣的牝。」其言若即若離。嘗深思之，元者，白虎通五行篇云，元冥者，入冥也。是元爲入牝者。唐律衛禁上釋文云，有穴而可受入者爲牝。則元牝之爲古語可知。爲表出之，儒者可勿復道矣。伯峻案：張注所引老子王弼注「故謂之玄牝」，今本作「故謂之天地之根」。○釋文「無影」作「無景」，云：牝，毗忍切。景音影。**玄牝之門，是謂天地之根。綿綿若存，用之不勤。**〔注〕王弼曰：「門，玄牝之所由也。本其所由，與太極同體，故謂天地之根也。欲言存邪？不見其形；欲言亡邪？萬物以生，故曰綿綿若存。無物不成而不勞也，故曰不勤。」〔解〕谷虛而氣居其中，形虛而神處其內。玄者，妙而無體，牝者，應用無方。出生入死，無不因之，故曰門也。有形之本，故曰根也。視之不見，用之無窮，故曰若存者也。○解「玄者」秦刻本作「元者」，清康熙帝名玄燁，蓋避其二名而改之也，今從四解本正。○許維遹曰：勤當訓盡。淮南子原道訓「纖微而不可勤」，高誘注：「勤盡也。」同篇，用之而不勤，高又注：「勤，勞也。」誤與張注同。○仲父曰：牝門根勤爲韻，古音同在魂痕部。○釋文云：綿，武延切。邪，以遮切，下同。**故生物者不生，化物者不化。**〔注〕莊子亦有此言。向秀注曰：吾之生也，非吾之所生，則生自生耳。生生者豈有物哉？故不生也。吾之化也，非物之所化，則化自化耳。化化者豈有物哉？無物也，故不化焉。若使生物者亦生，化物者亦化，則與物俱化，亦奚異於物？明夫不生不化者，然後能爲生化之本也。〔解〕此神爲生之主，能生物化物，無物能生化之者。○王叔岷曰：注「故不生也」「故」上疑挩「无物也」三字。「无物也，故不生也」與下文「无物也，故不化焉」相對而言。○釋文云：向秀，向音餉，字子期，晉常侍，注南華真經二十八篇。

自生自化，自形自色，自智自力，自消自息。〔注〕皆自爾耳，豈有尸而爲之者哉？○仲父曰：色力息爲韻，古音同在職德部。**謂之生化形色智力消息者，非也。**〔注〕若有心於生化形色，則豈能官天地而府萬物，贍羣生而不遺乎？〔解〕神之獨運，非物能使；若因情滯有同物生化，皆非道也。○俞樾曰：「謂」當作「爲」，古書「謂」「爲」通用，說詳王氏引之經傳釋詞。上文云「自生自化，自形自色，自智自力，自消自息」，故此云「爲之生化形色智力消息者非也」。張湛注上文云「皆自爾耳，豈有尸而爲之者哉」，正得其義。○陶鴻慶曰：俞氏平議讀謂爲爲，非也。謂讀如道德經「同謂之元」之謂，此言萬物根於無形，無形則無名，而强爲之名者非矣。下文子列子曰「非其名也」，注云，「事有實著，非假名而後得也」，正合此旨。讀謂爲爲，義反淺矣。伯峻案：注「贍羣生而不遺乎」，「贍」藏本、宋本、四解本皆作「瞻」，釋文世德堂本皆作「瞻」，作「贍」者是也。説文「贍，臨視也」。又新附，「贍，給也。」孟子公孫丑篇注云：「贍，足也。」此當訓給訓足。又「遺」，釋文及世德堂本作「匱」，作「遺」者是也。其意謂若有心生化，則必有所偏；今官天地府萬物而無所遺失，則知是自生自化，非被生被化。俞讀謂爲爲，其義較順。陶駁疑未審。○釋文「智」作「知」，「遺」作「匱」，云：知音智，下同。瞻，時豔切。匱音饋，竭也。

子列子曰：「昔者聖人因陰陽以統天地。〔注〕天地者，舉形而言；陰陽者，明其度數統理。

〔解〕夫有形之物，皆有所生以運行之；舉其所大者，天地也。運天地者，陰陽也。陰陽，氣之所變，無質無形；天地因之以見生殺也。陰陽易辯，神識難明，借此以喻彼，以爲其例，然後知神以制形，無以有其生也。**夫有形者生於無形，**〔注〕謂之生者，則不無；無者，則不生。故有無之不相生，理既然矣，則有何由而生？忽爾而自生。忽爾而自生，而不知其所以生；生則本同於無。本同於無，而非無也。此明有形之自形，無形以相形者也。○注「謂之生者則不無」「無」世德堂本作「死」，蓋因「无」「死」形近，又涉生字義而誤。**則天地安從生？**〔注〕天地無所從生，而自然生。〔解〕天地，形之大者也。陰陽者，非神識也。有形若生於無形者，天地豈有神識心性乎？若其無者，從何而生耶？假設此問者，將明萬物者有生也。○注「而自然生」御覽一引作「自然而生」。**故曰：有太易，有太初，有太始，有太素。**〔注〕此明物之自微至著，變化之相因襲也。○注文御覽一引作「此明有物始之自微至著變化自相因襲也」。○釋文「太」作「大」，云：大音太，下同。**太易者，未見氣也；**〔注〕易者，不窮滯之稱。凝寂於太虛之域，將何所見耶？如易繫之太極，老氏之渾成也。○注「何所見耶」「耶」北宋本、四解本作「即」，屬下句讀；世德堂本作「也」。○釋文「渾」作「混」，云：見，賢遍切，注同。稱，尺證切，下同。繫，胡計切，混，胡本切。○任大椿曰：山海經「渾敦無面目」，莊子「混沌爲儵忽所鑿」，渾敦即混沌。漢書劉向傳「賢不肖渾淆」，渾讀爲混，則混渾通。**太初者，氣之始也；**〔注〕陰陽未判，即下句所謂渾淪也。**太始者，形之始也；**〔注〕陰陽既判，則品物流形也。**太素者，質之始也。**〔注〕質，性也。既爲物矣，則方員剛柔，靜躁沈浮，各有其性。**氣形質具而未相離，**〔注〕此直論氣形質，不復說太易；太易爲三者宗本，於後句別自明之也。○路史前紀一引「氣」下有「與」字。○釋文云：離，力智切，去也。或作平聲讀。近曰離，遠曰別，後以意求之也。別，彼列切。

故曰渾淪。○釋文云：渾音魂，淪音論，下同。

渾淪者，言萬物相渾淪而未相離也。〔注〕雖渾然一氣不相離散，而三才之道實潛兆乎其中。淪，語之助也。○釋文云：散，先汗切，卷内同。

視之不見，聽之不聞，循之不得，故曰易也。○王重民曰：循當讀如揗。說文：揗，摩也。漢書高帝紀「因拊其背」，顔注「拊謂摩揗之也」。後拊揗字皆作循。史記晉世家「子反收餘兵，拊循欲復戰」，漢書趙充國傳「拊循和輯」是也。揗，正字；循，假字。○釋文云：循音旬。老子曰「視之不見名曰希」，而此曰易，易亦希簡之別稱也。太易之義如此而已，故能為萬化宗主、冥一而不變者也。

易無形埒，〔注〕不知此下一字。○「埒」，北宋本作「畤」，汪本作「呼」，今從四解本改正。○釋文「埒」作「畤」，云：淮南子作形埒，謂兆朕也；乾鑿度作形畔。今從乎者轉謂誤也。○任大椿曰：淮南子本經訓「合氣化物，以成埒類」，高誘注：「埒，形也。」要略訓「形埒之兆」，繆稱訓「道之有篇章形埒者」，兵略訓「夫有形埒者，天下公見之」，凡形埒字皆作埒。說文、玉篇、廣韻有埒字，無畤字；類篇有畤字，云「耕田起土也」，與「王耕一墢」之墢同意。「埒」「畤」異義，埒之作畤，蓋假借字。又敬順釋文云「今從乎者，轉謂誤也」，考淮南子要略訓「嬴坪有無之精」，類篇「坪，埒也」，即敬順所謂從乎者也。坪之義同乎，埒則從乎，義自可通，而敬順云轉謂誤也，未詳其說。

易變而為一，〔注〕所謂易者，窈冥惚恍，不可變也。一氣恃之而化，故寄名變耳。○注「恃之」御覽引「恃」作「持」。○釋文「恍」作「怳」，云：自一經九，大衍之數。惚音忽。怳，況往切。

一變而為七，七變而為九。九變者，究也；〔注〕究，窮也。自一變而為七九，不以次數者，全舉陽數，領其都會。○胡懷琛曰：張注不

一變而為七，七變而為

甚明暸。中國數目系統，或曰，一生二，二生三，三生萬物。語見老子。或曰，一而二，二生四，四生八。所謂太極、兩儀、四象、八卦是也。説見易繫辭。一變七，七變九，其説出周易乾鑿度。（張注有「此章全是周易乾鑿度」云云。）然一變七、七變九，其理終不可解。○釋文云：數，色主切。乃復變而爲一。○俞樾曰：上「變」字衍文，本作「九者究也，乃復變而爲一」。因涉上文「一變七變」而誤爲「九變」，則於詞贅矣。○孫詒讓曰：此章與易緯乾鑿度文同。「九變者究也」緯作「九者氣變之究也」，與下「一者形變之始也」文正相對，此書當亦與彼同。今本變字誤移著者字上，又脱氣之二字耳。○王重民曰：孫説是也。御覽一引作「九變者之究也」，亦有舛誤。蓋御覽所據本已脱氣字，又因「一變七變」而誤移變字於者上，後人以之字爲贅，遂以意削之也。幸所引尚存之字，足證列子原文當同於易緯。俞氏以變字爲衍文，誤矣。○王叔岷曰：孫説是也。法苑珠林七引作「九者變之究也」，僅挩一氣字。○釋文「乃」作「迺」，云：迺古乃字。

一者，形變之始也。〔注〕既涉於有形之域，理數相推，自一之九。九數既終，乃復反而爲一。反而爲一，歸於形變之始。此蓋明變化往復無窮極。**清輕者上爲天，**○釋文云：上，時掌切。**濁重者下爲地，**〔注〕天地何耶，直虛實清濁之自分判者耳。此一章全是周易乾鑿度也。○文選潘安仁西征賦注引「清輕」「濁重」作「輕清」「重濁」。**冲和氣者爲人；**○文選西征賦注引作「冲和之氣」。○陶鴻慶曰：冲讀爲中。文子九守篇「故三皇、五帝有戒之器，命曰侑卮，其冲即正，其盈即覆」。冲即中也。又精誠篇「執冲含和」，淮南泰族訓冲作中，皆冲中通用之證。中與上文「上爲天，下爲地」相對成義。中和氣者，宅和氣之中也。文子上德篇云：「萬物負陰而抱陽，冲氣以爲和，和居中央」，義與此同。**故天地含精，萬物化生。」**〔注〕推此言之，則陰陽氣偏交會而氣和，氣和而爲人生，人生則有所倚而立也。〔解〕一三五七九，陽之數也。極則反一，運行無窮。易曰，「本乎天者親上，本乎地者親下」。親下者，草木之類是也；親上者，含識之類是也。故動物有神，植物無識。無識者爲氣所變，有神者爲識所遷，故云太易太初以至渾淪，言氣之漸也。其中精粹者，謂之爲神。神氣精微者爲賢爲聖，神氣雜濁者爲凡爲愚，乃至含生差別，則多品矣。○仲父曰：易繫辭下云：「男女媾精，陰陽化生」。伯峻案：解所引易，見乾文言。又精、生爲韻，古音同在庚青部。○釋文云：倚，於綺切。

子列子曰：「天地無全功，聖人無全能，萬物無全用。〔注〕全猶備也。故天職生覆，地職形載，聖職教化，物職所宜。〔注〕職，主也。生各有性，性各有所宜者也。然則天有所短，地有所長，聖有所否，○釋文作「天地所否」，云：否，蒲鄙切，塞也。物有所通。〔注〕夫體適於一方者，造餘塗則閡矣。王弼曰：「形必有所分，聲必有所屬」，若溫也，則不能涼；若宮也，則不能商。」○仲父曰：羣書治要引「體」作「職」，「閡」作「罔」。伯峻案：莊子天下篇述彭蒙、田駢、慎到之言曰：「天能覆之而不能載之，地能載之而不能覆之，大道能包之而不能辯之，知萬物皆有所可，有所不可」，亦即此意，而其所從言不同，故結論各異矣。○釋文云：造，七到切。閡音礙。屬音燭。何則？生覆者不能形載，形載者不能教化，教化者不能違所宜，〔注〕順之則通也。宜定者不出所位。〔注〕皆有素分，不可逆也。伯峻案：「不出所位」不下疑脱「能」字。「不能出所位」與「不能形載」等三句句法一律。下句「不能出所位者也」有能字，可證。張注云云，似其所見本尚未誤脱。○釋文云：分，符問切，下「名分」「形分」同。故天地之道，非陰則陽；聖人之教，非仁則義；萬物之宜，非柔則剛：此皆隨所宜而不能出所位者也。〔注〕方員靜躁，理不得兼；然尋形即事，則名分不可相干；任理之通，方員未必相乖。故二儀之德，聖人之道，燾育羣生，澤周萬物，盡其清寧貞粹而已。則殊塗融通，動靜澄一，蓋由聖人不逆萬物之性，萬物不犯聖人之化。凡滯於一方者，形分之所閡耳。道之所運，常冥通而無待。〔解〕氣運者能覆載，神運者能教化，然則天地生萬物，聖人隨狀而用之。○仲父曰：注「靜躁」治要引作「靖躁」。○釋文云：燾音蹈，覆也。粹音邃。

故有生者，有生生者；有形者，有形形者；有聲者，有聲聲者，有色者，有色色者；有味者，有味味者。〔注〕形、聲、色、味皆忽爾而生，不能自生者也。夫不能自生，則無爲之本。無爲之本，則無當於一象，無係於一味；故能爲形氣之主，動必由之者也。〔解〕有形之始謂之生，能生此生者謂之形神。能形其形，能聲其聲，能色其色，能味其味者，皆神之功，以無制有。○注「無當於一象」，「當」世德堂本作「留」。○汪萊曰：盧解「謂之形神」「形」字衍。○釋文云：係音計。

生之所生者死矣，而生生者未嘗終；形之所形者實矣，而形形者未嘗有；聲之所聲者聞矣，而聲聲者未嘗發；色之所色者彰矣，而色色者未嘗顯；味之所味者嘗矣，而味味者未嘗呈：〔注〕夫盡於一形者，皆隨代謝而遷革矣；故生者必終，而生生物者無變化也。○釋文云：呈，示見也。

皆無爲之職也。〔注〕至無者，故能爲萬變之宗主也。〔解〕神所運用，有始必終。形聲色味，皆非自辯者也；所以潛運者，乃神之功高焉，無爲而無不爲也。伯峻案：淮南精神訓云，「化者復歸於無形也，不化者與天地俱生也。」夫木之死也，青青去之也。夫使木生者，豈木也？猶充形者之非形也。故生生者未嘗死也，其所生則死矣；化物者未嘗化也，其所化則化矣」，可爲此文註解。能陰能陽，能柔能剛，能短能長，能員能方，能生能死，能暑能涼，能浮能沈，能宮能商，能出能沒，能玄能黃，能甘能苦，能羶能香。○江有誥曰：陽剛長方涼商黃香爲韻，古音同在陽部。○釋文云：羶，式連切。無知也，無能也，而無不知也，而無不能也。○[注]知盡則無知，能極則無能，故無所不知，無所不能。何晏道論曰：「有之爲有，恃無以生；事而爲事，由無以成。夫道之而無語，名之而無名，視之而無形，聽之而無聲，則道之全焉。故能昭音嚮而出氣物，包形神而章光影，玄以之黑，素以之白，矩以之方，規以之員。員方得形而此無形，白黑得名而此無名也。」[解]老子曰：「吾不知誰之子，象帝之先」，言此神也。先天先地，神鬼神帝，無能知者，無能證者。若能體證玆道，則天地之內無不知，無不能矣。○[注]「恃無以生」北宋本、藏本同，而世德堂本作「待」形近誤也。又盧解「則天地之內」秦刻本「天」誤作「夫」，今從四解本正。○釋文「嚮」作「響」，[影]作「景」云：論，盧困切。恃音市。名，彌正切，與諎同。響，許兩切。景音影。

子列子適衛，食於道，從者見百歲髑髏，○陶鴻慶曰：列子因見髑髏，攓蓬而指，以示弟子百豐，不當言「從者」。莊子秋水篇作「從見百歲髑髏」，無「者」字，當從之。從見者，蒙上之辭，言從道上見之也。（莊子釋文以道從連文，引司馬云，「從，道旁也。」非是。）後人誤讀從去聲，而臆增者字，則與下文意不相屬。伯峻案：陶以「從見」訓「從道上見」增字爲訓，似不確。從當依釋文作徒，字之誤也。詩王風中谷有蓷箋云：「徒用凶年深淺爲厚薄」，釋文引沈注云，「徒當作從」。又齊風載驅箋云，「徒爲淫亂之行」，釋文，「徒，一本作從」，皆其例也。徒與塗通，古同音也。食於道徒，即食於道路。（或訓道旁，於古無徵。）郭慶藩莊子集釋至樂篇注云「列子天瑞篇正作食於道徒」，是郭所見列子有作徒者矣，當據改。者字後人所加，陶説是。惟陶誤莊子至樂篇爲秋水篇，偶疎。○釋文作「食於道徒」，云：「司馬彪云，徒，道旁也；一本或作從。」髑髏音獨婁。

攫蓬而指，〔注〕攫，拔也。○類聚八二引作「搴蓬而指之」。○釋文「蓬」作「逢」，云：攫音襄。逢音蓬，蒿也。拔，皮八切。○任大椿云：九歎「登逢龍而下隕兮」注：「本作蓬」，「飄風蓬龍」注：「一作逢」，則逢蓬通。

顧謂弟子百豐曰：「唯予與彼知而未嘗生未嘗死也。〔注〕俱涉變化之塗，則予生而彼死；推之至極之域，則理既無生，亦又無死也。〔解〕形則有生有死，神也無死也。我如神在，彼如神去。髑髏與我生死不同，若悟其神，未嘗生死。

此過養乎？此過歡乎？〔注〕遭形則不能不養，遇生則不能不歡，此過誤之徒，非理之實當也。〔解〕既受其形，則歡養失理，以至於死耳。○洪頤煊曰：莊子至樂篇兩「過」字皆作「果」。國語晉語「知果」，漢書古今人表作「知過」。過即果，假借字。○俞樾曰：養當讀爲恙。爾雅釋詁：恙，憂也。恙與歡對，猶憂與樂對也。恙與養古字通。詩二子乘舟篇「中心養養」，傳訓養爲憂，即本雅詁矣。○釋文云：過，古卧切。當，丁浪切。

種有幾：〔注〕先問變化種數凡有幾條，然後明之於下。○陶鴻慶曰：幾當讀爲機，黃帝篇之「杜德幾」「善者幾」「衡氣幾」諸幾字，莊子皆作機，即其例也。機即下文「萬物皆出於機皆入於機」也。張注殷釋皆讀幾上聲，而以爲問辭，非。○釋文云：種，章勇切。幾，居豈切。

若蟸爲鶉，〔注〕事見墨子。○王叔岷曰：爾雅翼十五、玉海急就篇四補注引「蟸」並作「蛙」。「蛙」下並有「化」字。蛙即蟸之俗。○釋文云：鶉音淳。見，賢遍切。墨子曰：「夫物或有久，或无久。始當无久。化，若蟸爲鶉」也。伯峻案：墨子經說上云：「始（句），時或有久，或無久。始當無久。」孫詒讓閒詁云，列子釋文引「始」作「夫物」，疑誤。

得水爲蟸，○王先謙曰：釋草：「藚，牛脣。」郭注引毛詩傳曰：「水舄也，如續斷，寸寸有節，拔之可復。」說文：「藚，水舄也。」郝懿行云：「今驗馬舄生水中者，華如車前而大，拔之，節節復生。」據此，即㡭也。拔之寸節復生，故以㡭爲名。其或作斷，又作續斷者，㡭或誤斷，後人又妄加續字耳。蕢如續斷，與生山谷之續斷判然二物。節節復生，無根著土，故名水舄，與本文「得水爲㡭」合。○釋文云：㡭音計。司馬彪云：萬物雖有兆朕，得水潤之氣，乃相繼而生也。

得水土之際，則爲鼃蠙之衣。〔注〕衣猶覆蓋。○王先謙曰：釋草『蕍、蕮』郭注『今澤蕮』，案即澤瀉也。

本草云：一名水瀉。（即水舄。）陶注，葉狹而長，叢生淺水中。蘇頌圖經，葉似牛舌草，獨葉而長，秋開白花作叢，似穀精草。秋末採根暴乾。案此「得水土之交」，故有根可採也。○馬叙倫曰：爾雅釋草：「蕍，蕮。」「蕍，石衣。」郝懿行曰：「蕍、苔聲相轉。說文曰，『洺，水衣。』洺即苔也。水衣即石衣，一曰魚衣。周禮醢人曰，『加籩之實有洺菹。』鄭衆注曰：『洺，水中魚衣也（據先鄭解，字當作「洺」，後鄭作「笞」，故解作箭萌。今本周禮作「洺」者，後人誤合洺笞爲一字。段玉裁說）』。然則鼃蠙之衣即魚衣。蠙，說文作玭，爾雅釋魚作蠙，山海經西山經作魵。說文云，『蠯，陛也』。陛借爲蠯，蠯即蚌也。」○釋文曰：蠙，步田切。司馬彪云：物根在水土際，布在水中，就水上視之，不見，鈔之，可得，如張綿在水中矣。楚人謂之鼃蠙之衣。伯峻案：今莊子釋文「鈔」作「按」。

生於陵屯，〔注〕陵屯，高潔處也。○釋文潔作結，云：屯音豚，阜也。處，昌據切，下同。

則爲陵舄。〔注〕此隨所生之處而變者也。○王先謙曰：詩茉苜釋文引陸璣云「牛舌又名當道。」韓詩說云，「直曰車前，瞿曰茉苜」，乃就直道而生及生道兩旁析言之。直道即當道，皆與此生於陵屯合。○釋文云：陵舄，舄音昔，一名澤舄，隨燥濕之變也。伯峻案：此亦引司馬文。

陵舄得鬱栖，

則爲烏足。〔注〕此合而相生者也。○注中「者」字依藏本、四解本增。○釋文云：鬱栖，糞壤也。烏足，草名也。

烏足之根爲蠐螬，○御覽九四五引作「烏足以其根爲蠐螬」。王先謙曰：釋蟲「蠀，蠐螬」。郭注：「在糞土中。」蠐疑糞之音轉字。烏足係陵烏在糞壤所化，其根在糞土中，而出爲蠐螬。本草，「蠐螬生河內平澤及人家積糞草中，反行者良。」陶注，「蠐亦作蝤」。方言，「蠐螬謂之蟦」。蠐蟦雙聲。○馬叙倫曰：蠐螬非蟦蠐。韓保昇、蘇頌、陳藏器均辨之。論衡無形篇曰，「蠐螬化而爲復育，復育轉而爲蟬。」陳藏器曰，「蠐螬居糞土中，身短足長，背有毛筋，但從夏入秋蛻而爲蟬。」李時珍曰：「蠐螬狀如蠶而大，身短節促，足長有毛。生樹根及糞土中者外黃內黑，生舊茅屋上者外白內黯。」○釋文云：郭注爾雅云，「在木中。今雖通名爲蝎，所在異。」

其葉爲胡蝶。〔注〕根，本也；葉，散也。言鳥足爲蠐螬之本，其末散化爲胡蝶也。○注「其末」北宋本作「其未」，汪本從之，今依四解本正。○釋文云：蝶音楪，即蛺蝶也。蛺音頰。

胡蝶胥也〔注〕胥，皆也，言物皆化也。

化而爲蟲，○俞樾曰：「胥也」當屬下句讀之，本云「胡蝶胥也化而爲蟲」，與下文「鴝掇千日爲鳥」兩文相對。「千日爲鳥」，言其久也；「胥也化而爲蟲」，言其速也。○釋文云：師說云，胥，少也；，謂少去時也。

生竈下，○釋文云：得熱氣生。

其狀若脫，○釋文云：脫，他括切。郭注爾雅云，脫謂剝皮也。

其名曰鴝掇。〔注〕此一形之內變異者也。○釋文云：鴝音衢。掇，丁括切。鴝掇，蟲名。

鴝掇千日〔注〕千日而死。**化而爲鳥，其名曰乾餘骨。乾餘骨之沫爲斯彌。**〔注〕沫猶精華生起。○釋文「骨」作「胥」，云：沫音末。胥，南華真經作骨。李頤云，沫，口中汁也。斯彌，蟲名。

斯彌爲食醯頤輅。○釋文云：醯，許兮切，苦酒上蟣蠓也。亦曰醯雞，下同。頤輅，上怡下路。

食醯頤輅生乎食醯黃軦，○釋文云：軦音況。頤輅黃軦，皆蟲也。

食醯黃軦生乎九猷。○俞樾曰：「頤輅食醯黃軦食醯頤輅食醯黃軦」八字皆衍文。莊子至樂篇止作「頤輅生乎食醯，黃軦生乎九猷」，無此八字。○王叔岷曰：俞説非也。此文以「斯彌爲食醯頤輅」爲句，「食醯頤輅生乎食醯黃軹」爲句，「食醯黃軹生乎九獻」爲句。御覽八八七引莊子「黃軹生乎九獻」上「黃軹食醯」四字尚未挩。此當據列子以補莊子，不當據莊子挩誤之文以刪列子也。○釋文云⋯李云，九當作久⋯久，老也。獻，蟲名。

九獻生乎瞀芮，○朱駿聲曰⋯瞀芮即蟁蜹也。瞀蟁一聲之轉。○釋文云，瞀，茂謀二音。芮音蚋，小蟲也，喜去亂飛。

瞀芮生乎腐蠸。〔注〕此皆死而更生之一形者也。○釋文云，腐音輔。蠸音權，一音歡，謂瓜中黃甲蟲也。

羊肝化爲地皋，伯峻案⋯劉汝霖曾語我曰⋯「地皋」應作「地膏」，膏血連文，故地膏即地血。說文及爾雅翼，茹藘，人血所生，故一名地血。本草，茜根可以染絳，一名地血。蓋古人以茜根可染紅色，遂以爲動物膏血所化。

馬血之爲轉鄰也，○胡懷琛曰⋯「轉」字疑在「爲」字上。轉爲鄰與上文化爲地皋對文。○釋文云⋯皋音高。顧胤漢書集解云，如淤泥。鄰，説文作㷠，又作燐，皆鬼火也。淮南子云血爲燐也。音吝。

人血之爲野火也。〔注〕此皆一形之内自變化也。

鷂之爲鸇，○釋文云⋯鷂音曜。鸇音甀。

鸇之爲布穀，○釋文作「布穀」，云⋯本又作穀。陸機毛詩鳥獸疏云，鸇似鷂，黃毛、鸇頭、蒼身皆相似，其飛急疾，取鳩、鴿、燕、雀食之。布穀，鴶鵴也，一名尸鳩，一名挈穀，一名乘鳩。仲春雀、鷂、鷹、鸇之化爲鵻也，音掬。○秦恩復曰⋯「穀」「穀」古字通，老子「不穀」亦作「不穀」。

布穀久復爲鷂也，鷰之爲蛤也，○「鷰」各本作「燕」。○王叔岷曰⋯御覽八八七引莊子有此文，「久」作「之」。當從莊子作「之」。宋徽宗義解，「或因性而反復，則鷂之爲鸇，鸇之爲布穀，布穀之復爲鷂是也」，是所見本正作「之」。○釋文「鷰」作「燕」，云⋯蛤音閣。家語云，冬則燕雀入海化爲蛤。燕或作雀。周書云，雀入大水化爲蛤。

田鼠之爲鶉也，○釋文云⋯鶉音淳，與鼃化同。説文云，鶉，鷂也。大戴禮，三月田鼠化爲鶉，周書云化爲鴽。

郭注爾雅云，駕亦鶤也。鶤音諳。駕音如。伯峻案：今本説文隹部作「雛」，云，「雛，雛屬。」與敬順所見本不同。

朽瓜之爲魚也，○釋文「朽」作「殀」，云：殀音朽。

老韭之爲莧也，○釋文「莧」作「莞」，云：韭，舉有切。莞音官，似蒲而圓，今之爲蓆是也。楊承慶字統音關，一作莧，侯辨切，轉寫誤也。○任大椿曰：李氏易傳「莧陸夬夬」，虞翻曰：「莧，説也。莧讀夫子莧爾而笑之莧」。易夬釋文，「莧三家音期練反，一本作莞」。論語釋文，「莧爾，華版切，今作莞」。楚辭漁父「莞爾」一作「莧爾」，故莞莧通。管子地員篇「葉下於虉，即下於莧，莧下於蒲。」山國軌篇「有莞蒲之壤」，大戴禮勸學篇「莞蒲生焉」，然則莧與莞皆近於蒲，故老韭爲莞，莞一作莧也。

老羭之爲猨也，〔注〕羭，牝羊也。○「牝」北宋本、藏本作「牡」，世德堂本作「牝」。案説文云，「夏羊牝曰羭」，段注引師古急就篇注曰，「羭，夏羊之牝也」，則作牝者是。○釋文云：羭音俞，牝羊也，又黑羊也。猨音猿。

魚卵之爲蟲。〔注〕此皆無所因感自然而變者也。○王叔岷曰：「蟲」下當有「也」字，乃與上文句法一律。御覽八八七引莊子正有「也」字。○釋文云：卵，來短切。

亶爰之獸自孕而生曰類。〔注〕亶音蟬。山海經云，「亶爰之山有獸，其狀如狸而有髮，其名曰類，自爲牝牡相生也。」○盧文弨曰：注「而有髮」山海經作「髦」。○任大椿曰：山海經郭注云，「髦或作髮」，然則今本髦作髮，即郭注所云或作本也。○釋文「髮」作「髦」，云：亶爰，上蟬下袁。狸，力之切。髦音毛，垂髮也。牝，毗忍切。牝音某。

河澤之鳥視而生曰鶂。〔注〕此相視而生者也。莊子曰，「白鶂相視，眸子不運，而風化之也」。伯峻案：注引莊子，是天運篇文。「之也」兩字，今本無，恐是張湛所加。○釋文云：鶂，五歷切。三蒼云：鶃，鶃也。司馬彪云：鳥子也。眸音謀。

純雌其名大腰，純雄其名稺蜂。〔注〕大腰，龜鼈之類也。稺，小也。此無雌雄而自化。上言蟲獸之理既然，下明人道亦有如此者也。○黃承吉曰：「蜂」乃「鋒」之通用。鋒者，芒也，即勢也。「釋鋒」「大胥」對文，非蟲名。○釋文云：稺，古稚字也。蜂音豐。司馬彪云：稚蜂，細腰者，取桑蟲祝之，使似己之子也。

思士不妻而感，思女不夫而孕。 〔注〕大荒經曰，「有思幽之國，思士不妻，思女不夫。精氣潛感，不假交接而生子也。」此亦白鶂之類也。○釋文云，孕，以證切。

后稷生乎巨跡， 〔注〕傳記云，高辛氏之妃名姜原，見大人蹟，好而履之，如有人理感己者，遂孕，因生后稷。長而賢，乃為堯佐。即周祖也。○釋文「生」作「長」，云：好，呼報切。長，丁丈切。注同也。

伊尹生乎空桑。 〔注〕傳記曰：伊尹母居伊水之上，既孕，夢有神告之曰：「臼水出而東走，無顧！」明日視臼出水，告其鄰，東走，十里而顧，其邑盡為水，身因化為空桑。有莘氏女子採桑，得嬰兒于空桑之中，故命之曰伊尹，而獻其君。令庖人養之。長而賢，為殷湯相。○釋文：臼音舅。莘，踈臻切。嬰或作纓，非。相，息亮切。以文義論，亦宜有「視」字。○注「十里而顧」事文類聚前集四四、楚辭天問洪興祖補注引「顧」下並有「視」字。

厥昭生乎濕。 〔注〕此因蒸潤而生。○釋文：厥昭，曾子云，孤藜一名厥昭，恒翔繞其木，不能離之。師說云，孤藜，蜻蛉蟲也。蜻蛉音青零。濕，失入切。蒸音證。

醯雞生乎酒。 〔注〕此因酸氣而生。○釋文云：醯雞，蠛蠓也。

羊奚比乎不筍。 〔注〕此異類而相親比也。○「筍」世德堂本作「荀」。○秦恩復曰：「荀」莊子作「筍」，合下句讀。○釋文：比音毗。筍音笋。

久竹生青寧， 〔注〕因於林藪而生。○王叔岷曰：御覽八八七引莊子疊「不筍久竹」四字。「羊奚比乎不筍久竹」為句，「不筍久竹生青寧」為句，文理甚明。此「生青寧」上蓋亦挩「不筍久竹」四字也。○釋文云：南華真經從羊奚至青寧連為一句。司馬彪云，羊奚，草名，根似蕪菁，與久竹比合，皆生

非類。青寧，蟲名也。青寧生程，[注]自從蠛至於程，皆生生之物，蚋、鳥、蟲、獸之屬，言其變化無常，或以形而變，

或死而更生，終始相因，無窮已也。○釋文云：尸子云，程，中國謂之豹，越人謂之貘。按爾雅，熊虎醜，其子豹。豹，

熊虎之子也。山海經云，南山多貘豹。郭注云，貘是豹之白者，豹即虎生非類也。據程是貘之別名也。按貘似熊，毛又

黃而黑，有光澤者。貘音陌。伯峻案：爾雅釋獸：「熊虎醜，其子狗。」敬順引作「其子豹」不詳其故。程生馬，○

沈括曰：嘗觀文字注，「秦人謂豹曰程。」予至延州，人至今謂虎豹爲「程」，蓋言「蟲」也。方言如此，抑亦舊俗也？

馬生人。○蔣超伯曰：疑皆草木異名，如黑鵜馬夫之類。○釋文云：搜神記云，秦孝公時有馬生人，劉向以爲馬

禍。人久入於機。○王叔岷曰：莊子「久」作「又」，當從之。「久」乃「又」之誤，「又」「久」形近易混。下文「進

乎本不久」，「久」亦「又」之誤。萬物皆出於機，皆入於機。[注]夫生死變化，胡可測哉？生於此者，或死於

彼；死於彼者，或生於此。而形生之生，未嘗暫無。是以聖人知生不常存，死不永滅，一氣之變，所適萬形。萬形萬化

而不化者，存歸於不化，故謂之機。機者，羣有之始，動之所宗，故出無入有，散有反無，靡不由之也。[解]種之類也。

言種有類乎？設此問者，欲明神之所適則爲生，神之所去則爲死；形無常主，神無常形耳。神本無

期，形則有凝。一受有形之質，猶機關繫束焉，生則爲出，死則爲入。○注文「形生之生」四解本、世德堂本作「形生之

主」。○解「設此問」秦刻本「設」作「殺」，今從四解本正。○盧文弨曰：注「死不永滅」下藏本有「而」字。注末無

[也]字。○汪萊曰：盧解「種之類也」「種」上當有「幾」字。

黃帝書曰：「形動不生形而生影，聲動不生聲而生響，[注]夫有形必有影，有聲必有響，此自

然而並生，俱出而俱没，豈有相資前後之差哉？郭象注莊子論之詳矣。而世之談者，以形動而影隨，聲出而響應。聖

人則之以爲喻，明物動則失本，静則歸根，不復曲通影響之義也。○釋文云：響，許兩切，後同。應，於證切。復，扶又

切。

無動不生無而生有。〔注〕有之爲有，恃無以生；言生必由無，故生

動之稱，因事而立耳。〔解〕形有所生，不能生無，影響是也；神而無形，動則生有，萬類是也。○盧文弨曰：〔注〕「而無

不生有」「不生」下當有「於」字。伯峻案：盧説不可信。此言有非無所生，不過由無而生有耳。文意甚明，增「於」字反

失之。○釋文云：稱，尺證切。

形，必終者也；天地終乎？與我偕終。〔注〕料巨細，計修短，則與我

殊矣；會歸於終，理固無差也。〔解〕大小雖殊，同歸於盡耳。○釋文云：偕音皆。料音聊。**終進乎？不知**

也。〔注〕進當爲盡。此書盡字例多作進也。聚則成形，散則爲終，此世之所謂終始也。然則聚者以形實爲始，以離

散爲終；散者以虛漠爲始，以形實爲終。故迭相與爲終始，而理實無終無始者也。〔解〕進當爲盡。假設問者，言天地

有終盡乎？爲復不知乎？其下自答也。○陶鴻慶曰：「不知」二字無義，注亦弗及，疑知爲始字之誤。莊子列禦寇

篇云，「歸精神乎無始，而甘冥乎無何有之鄉。」「終盡乎不始」者，即「歸精神乎無始」也。張注云，「迭相與爲終始，而理

實無終無始」，蓋其所見本正作「不始」。此承上言「我與天地同體，天地與我偕終，而終則盡不始，未嘗有始，則亦未嘗

有終矣。」下云「道終乎本無始，進乎本不有」，即申言此義。○吳闓生讀「終進乎不知也」爲句，言「終進于不可知之數

之數也」。伯峻案：吳説與上下文意不合。○釋文云：進音盡，下同。漠音莫。迭音姪。**道終乎本無始，進**

乎本不久。〔注〕「久」當爲「有」。無始故不終，無有故不盡。○盧重玄本「進乎」下無「本」字。○王叔岷曰：注

「久當爲有」，其說是也。「久」蓋「又」之形誤，古多以「又」爲「有」。○釋文云：久音有。

有生則復於不生，有形則復於無形。〔注〕生者反終，形者反虛，自然之數也。〔解〕凡有始有終皆本乎無始，歸於不有。今從太初渾淪而言之，是有始也；安得不終乎？安得不盡乎？**不生者，**〔注〕此不生者，先有其生，然後之於死滅。○釋文云：先，悉薦切，下同。**非本不生者也；**〔注〕本不生者，初自無生無滅。**無形者，**〔注〕此無形亦先有其形，然後之於離散。**非本無形者也。**〔注〕本無形者，初自無聚無散者也。夫生生物者不生，形形物者無形，故能生形萬物，於我體無變。今謂既生既形，而復反於無生無形者，此故存亡之往復爾，非始終之不變者也。〔解〕所言神之不化者，非本不曾生也。萬物所以生，羣品所以形，皆神之所運也。以其能生生，而即體無生滅耳。是非都無形生，同夫太虛之氣。○釋文云：而復之復扶又切。

生者，理之必終者也。終者不得不終，亦如生者之不得不生。〔注〕生者不生而自生，故雖生而不知所以生。不知所以生，則生不可絕；不知所以死，則死不可禦也。**而欲恆其生，畫其終，惑於數也。**〔注〕畫，止也。〔解〕有生之物，必有終極，亦如和氣萌達，草木不得不生，而欲令長生者，迷於至數者也。○盧文弨曰：「畫」張本作「盡」，注「盡，亡也」。○俞樾曰：畫者，止也。論語雍也篇「今女畫」孔注曰：「畫，止也。」「畫其終」者，止之使不終也。上文云，「生者理之必終者也」，然則生固不可得而常，終固不可得而止矣。「而欲恆其生、畫其終」，故曰惑也。張注曰「畫，亡也」疑本作「畫止也」，以形似而誤。呂氏春秋本味篇「道者亡彼正己」，今誤作「止彼在己」，與此正可互證。殷敬順釋文曰，「畫亦作盡」，此乃字誤。盧氏文弨羣書拾補謂「張本作盡，注云盡亡也」，非是。伯峻案：俞說是也。藏本、北宋本、盧重玄本作「盡」，今從世德堂本正。○釋文云：「畫，胡麥切，計策也。」一本作盡，於義不長。

精神者，天之分；

○釋文「分」作「久」，云：久音有，下同。○任大椿本作篆文，與久字相類。按漢書楊王孫曰精神者天之有，骨骸者地之有。曰：「今本有作分，即釋文所云國子監本也。考淮南子精神訓「是故精神者天之有也，而骨骸者地之有也」，持以天壤」，高誘注，「精神天之有也，形骸地之有也」，與楊王孫所云皆本列子此文，然則漢人所見之本並作「有」，不作「分」。○敬順釋文謂久應作有，於古本猶可考見。○孫詒讓曰：釋文謂「久當作有」，是也。但「有」篆文與「久」字不甚相類，疑殷所據別本「有」當作「又」，篆文又作ㄟ，久作ㄟ，正相類。「又」「有」古通，故殷氏徑定爲有字也。

骨骸者，地之分。屬天清而散，屬地濁而聚。精神離形，各歸其真；

〔注〕天分歸天，地分歸地，各反其本。

故謂之鬼。鬼，歸也，歸其真宅。

〔注〕真宅，太虛之域。〔解〕神明離於形，謂之死也。歸真宅，反乎太清。以太清爲真宅者，明此形骸而爲虛假耳。○王重民曰：下「鬼」字下本有「者」字，今本脫之。韓詩外傳：「死者爲鬼。鬼者，歸也。」論衡論死篇：「人死精神升天，骸骨歸土，故謂之鬼。鬼者，歸也。」「死者，澌也；鬼者，歸也。精神消越，骨肉歸於土也。」「鬼」下並有「者」字可證。意林引正作「鬼者歸也。」

黃帝曰：「精神入其門，骨骸反其根，我尚何存？」

〔注〕何生之無形，何形之無氣，何氣之無靈？然則心智形骸，陰陽之一體，偏積之一氣；及其離形歸根，則反其真宅，而我無物焉。〔解〕凡人以形爲我，緣我則有情。情多者愛溺深，而情少者嗜欲薄。唯至人無我，了識其神；凡人不知，封執彌厚。令神歸乎真，形歸乎地，向時之我，竟何在耶？伯峻案：根存爲韵，古音同在文部。又解「封執」當作「封殖」，封殖見左氏傳昭二年。

人自生至終，大化有四：

〔注〕其間遷易，無時暫停，四者蓋舉大較而言者也。〔解〕夫嬰兒者，是非未生乎心也，故德厚而志專矣。及欲慮充起，攻之者必多；衰老氣柔，更近於道；命之終極，乃休息焉。○盧文弨曰：注「暫停」藏本作「暫停」，下同。伯峻案：原本不提行，今依文義分段。○釋文「大較」作「本較」，云：較音角。嬰孩也，少壯也，○釋文云：少，詩照切，下同。老耄也，○釋文云：耄，莫報切。死亡也。其在嬰孩，氣專志一，和之至也；物不傷焉，德莫加焉。〔注〕老子曰「含德之厚，比於赤子。」其在少壯，則血氣飄溢，○釋文云：飄音漂。欲慮充起，物所攻焉，德故衰焉。〔注〕處力競之地，物所不與也。○釋文「故」作「殷」，云：殷，正也。一本作故。其在老耄，則欲慮柔焉；體將休焉，物莫先焉。〔注〕休，息也。己無競心，則物不與爭。○釋文云：爭音諍。雖未及嬰孩之全，方於少壯，間矣。伯峻案：間，息也，安也。見國語晉語注及楚辭招魂注。言人在老耄，比於少壯之血氣飄溢欲慮充起爲安靜也。或曰，當讀爲論語子罕「病間」之間。○釋文云：間，古莧切，隔也。其在死亡也，則之於息焉，反其極矣。〔解〕近於性則體道，惑於情則喪真，故含德之厚比於赤子。倦而不作，猶爲次焉。方之馳競，大可知也。

孔子遊於太山，

○釋文「太」作「大」，云：大音泰。見榮啓期行乎郕之野，伯峻案：淮南子主術訓云，「夫榮啓期一彈而孔子三日樂感於和」，蓋即此榮啓期。○釋文云：郕音成，魯之邑名。伯峻案：郕，亦作成，本國名，周武王封其弟叔武於此。春秋時屬魯，爲孟氏邑。在今山東泰安地區寧陽縣東北九十里。鹿裘帶索，○沈濤曰：鹿裘乃裘之麤者，非以鹿爲裘也。鹿車乃車之麤者，非以鹿駕車也。麤從三鹿，故鹿有麤義。呂氏春秋貴生篇，顔闔鹿布之衣，猶言麤布之衣也。伯峻案：韓非子五蠹篇云：「冬日鹿裘，夏日葛衣，雖監門之服養不虧於此矣」（鹿本作麤，今依李斯傳及御覽二十七又八十又六百九十四所引訂正）。史記自序云「夏日葛衣，冬日鹿裘」。淮南子精神訓云，「文繡狐白，人之所好也」；而堯布衣揜形，鹿裘御寒」，則鹿裘爲冬日惡服。○釋文云：索，先各切。鼓琴而歌。孔子問曰：「先生所以樂，何也？」○王重民曰：御覽四六八引「以」作「爲」，類聚四十四引作「先生爲樂何也」「以」亦作「爲」。○釋文「以樂」作「爲樂」，云：樂音洛，下同。對曰：「吾樂甚多：天生萬物，唯人爲貴。而吾得爲人，是一樂也。〔注〕推此而言，明人之神氣，與衆生不殊，所適者異，故形貌不一。是以榮啓期深測倚伏之緣，洞識幽顯之驗，故忻過人形，兼得男貴，豈孟浪而言？伯峻案：御覽四六八引作「吾既得爲人」，與下「吾既得爲男」「吾既已行年九十」句法一律，說苑雜言篇作「吾既已得爲人」，家語六本篇作「吾既得爲人」，疑當從家語。男女之別，○釋文云：別，彼列切。男尊女卑，故以男爲貴；吾既得爲男矣，是二樂也。〔注〕人之將生，男女亦無定分，故復喜得男身。○釋文云：分，扶問切。復，扶又切。人生有不見日月、不免襁褓者，○釋文「襁褓」作「繦保」，云：繦，居兩切；本或作襁褓，博物志云，織縷爲之，廣八寸，長尺二，以約小兒於背上。吾既已行年九十矣，○王重民曰：類聚四十四引作「吾年九十有五矣」，疑今本列子「九十」下挩「有五」二字。說苑雜言篇、御覽五百零九引聖賢高士傳並作「九十有五」。高士傳所據當爲列子古本，則「九十」下本有「有五」二字明矣。伯峻案：高士傳有二，一爲皇甫謐作，晉書謐傳載其釋勸論云，「榮期以三樂感尼父」，即此事。一爲嵇康作，名曰聖賢高士傳，亦有此人，見太平御覽五〇九引。藝文類聚三六引孫楚榮啓期贊，皆本于先秦兩漢書，非用列子。陶潛飲酒「九十行帶索」，即用此事，可見亦有作「九十」者。是三樂也。貧者士之常也，死者人之終也，伯峻案：御覽四六八引作「貧者人之常，死者命之終」。類聚四四引作「貧者士之常，死者生之終」。處常得終，○盧文弨曰：「得」說苑雜言篇作「待」。○王重民曰：作「待」是也。蓋榮啟期樂天知命，既明貧者士之常，死者人之終，故自謂處常以待終，當有何憂。若作得，則非其旨矣。御覽四六八引正作「待」。類聚四十四引作「居常以待終」，文雖小異，「待」字固不誤也。伯峻案：盧王說是也。下章張注云：「樂天知命，泰然以待終。」待終之語即襲此文，可見張所見本猶作「待」也。當何憂哉？伯峻案：當讀為尚。史記魏公子列傳：「使秦破大梁，而夷先王之宗廟，公子當何面目立天下乎？」當亦應讀為尚，可以互證。孔子曰：「善乎！能自寬者也。」〔注〕不能都忘憂樂，善其能推理自寬慰者也。〔解〕夫大冶鑄金，依範成質；故神為其範，羣形以成。男女修短，陰陽已定矣。何者？神運其功，形為功報耳。形既不能自了，神者未形己知。啟期暮年方始為樂，是知道之晚。情滯於形，夫子但善其自寬，未許其深達至道。

林類年且百歲，〔注〕書傳無聞，蓋古之隱者也。伯峻案：且，將也。○釋文云：類音淚，或本作穎者誤認。底春被裘，〔注〕底，當也。○注末「也」字依四解本增。伯峻案：說文：裘，皮衣也。重文作求。求即象裘形，蓋本字。凡皮衣皆曰裘，固無美惡之別。後之為文，或以為美服，如呂覽「孟冬天子始裘」，淮南子氾論訓「世以為裘者，難得貴賈之物也」，公羊桓八年傳「則冬不裘，夏不葛」注，「裘葛者，御寒暑之美服」，皆其例也。又可以為惡服，如莊子天下篇「使後世之墨者多以裘褐為衣，以跂蹻為服」，成玄英疏云：「裘褐，粗衣。」新序雜事五「昔者楚丘先生行

年七十，披裘帶索，往見孟嘗君」，及此篇「底春被裘」，皆其例也。○釋文云：底，都禮切。被音備。拾遺穗於故

畦，〔注〕收刈後田中棄穀捃之也。○釋文云：穗音遂。畦音攜。捃，居運切。並歌並進。伯峻案：並歌並進

猶言且歌且進。○釋文云：並，蒲浪切，下同；謂旁畦而行。孔子適衛，望之於野。顧謂弟子曰：訊音信，一本無有字。

「彼叟可與言者，○釋文云：叟，西口切。試往訊之！」○釋文作「有試往訊之」，云：

子貢請行。逆之壠端，○釋文云：壠，力踵切。面之而歎曰：層。

而行歌拾穗？」林類行不留，歌不輟。○釋文云：輟，丁劣切，止也。

云：叩，丘候切。乃仰而應曰：○釋文云：應，於證切。「吾何悔邪？」子貢曰：子貢叩之不已，○釋文

行，○釋文云：少，詩照切。行，下孟切，下同。長不競時，○釋文云：長，丁丈切，下同。先生曾不悔乎，○釋文云：曾音先生少不勤

將至：亦有何樂而拾穗行歌乎？」○釋文云：樂音洛。林類笑曰：「吾之所以為樂，人皆老無妻子，死期

有之，而反以為憂。〔注〕我所以為樂者，人人皆同，但未能觸事而夷，故無蹔歡。〔解〕仁者不憂，智者不懼，不受

長不競時，故能壽若此。〔注〕不勤行，則遺名譽；不競時，則無利欲。二者不存於胸中，則百年之壽不祈而自少不勤行，

形也。生分已隨之，是以君子不戚戚於貧賤，不遑遑於富貴。人不達此，反以為憂，汝亦何怪於我也？少不勤行，人皆

獲也。〔解〕勤於非行之行，競於命外之時，求之不跋，傷生夭壽矣。吾所以樂天知命，而得此壽。○汪萊曰：盧解「求

之不跋」，「跋」字當作「獲」。○釋文云：壽音受。老無妻子，死期將至，故能樂若此。」〔注〕所謂樂天知

命，故無憂也。【解】妻子適足以勞生苦心，豈能延人壽命？居常待終，心無憂戚，是以能樂若此也。子貢曰：

「壽者人之情，死者人之惡。」伯峻案：漢書董仲舒傳云：「情者人之欲也。」又云：「人欲之謂情。」後漢張衡傳注云：「情者，性之欲。」古人多以欲惡對文，如呂覽論威篇「人情欲生而惡死」是也。則此情字當訓欲。○釋文云：惡，烏路切。○

「子以死為樂，何也？」林類曰：「死之與生，一往一反。故死於是者，安知不生於彼？○梁章鉅曰：輪迴之說，蓋出於此。故吾知其不相若矣。○俞樾曰：「吾」下脫「安」字。上云「死之與生，一往一反」，故云「安知其不相若」，言死生一致也。下云「吾又安知營營而求生非惑乎」，正承此而若作「知其不相若」，則於語意大背矣。淺人見下兩言安知，句末並用乎字，而此是矣字，疑其不協，遂妄刪「安」字。不知「矣」猶「乎」也，語有輕重耳。古書多以矣字代乎字，說詳王氏經傳釋詞。○吳闓生謂故讀為固，言吾固知也，與俞說相反，俞說較長。吾又安知營營而求生非惑乎？亦又安知吾今之死不愈昔之生乎？」尋此旨，則存亡往復無窮已也。【解】知形有代謝，神無死生，一往一來，猶朝與暮耳，何故營營貪此而懼彼哉？○王叔岷曰：「求生」下當有之字。文選鮑明遠行藥至城東橋詩注引正有「之」字。○釋文云：愈音與。子貢聞之，不喻其意，還以告夫子。○釋文云：告，古沃切，下章同。夫子曰：「吾知其可與言，果然；然彼得之而不盡者也。」【注】卒然聞林類之言，盛以為已造極矣；而夫子方謂未盡。夫盡者，無所不盡，亦無所不忘，即理自夷，而實無所遣。夫冥內遊外，同於人群者，豈有盡與不盡者乎？【解】死此生彼，必然之理也。林類所言然後盡理都全耳。今方對無於有，去彼取此，則不得不覺內外之異。然所不盡者，亦少許處耳。若夫萬變玄一，彼我兩

「安知」者是疑似之言耳，故云未盡。○注「冥内遊外」北宋本「遊」作「逆」，汪本從之，誤，今依道藏本、世德堂本訂正。○「釋文」云：卒，倉没切。造，七到切。去，丘呂切。處，昌據切。

子貢倦於學，告仲尼曰：「願有所息。」〔注〕學者，所以求復其初，乃至於厭倦，則自然之理虧矣。○錦繡萬花谷前集二十、合璧事類前集四三引作「告於仲尼曰」。○「釋文」云：厭，於艷切。仲尼曰：「生無所息。」〔注〕勞知慮，役支體，此生者之事。莊子曰：生爲徭役。子貢曰：「然則賜息無所乎？」伯峻案：據下答語，曰「息無所」疑原作「無所息」，即本上文「生無所息」而言，今本「息」字誤錯在「無所」上。○王叔岷「息無所」不誤。仲尼曰：「有焉耳。望其壙，○「釋文」云：壙音曠，墓穴也。荀卿有此篇。伯峻案：荀子大略篇作皋如也。劉台拱曰：睪即皋。王念孫曰：家語困誓篇亦作睪如也。王肅曰：睪，高貌。○「釋文」云：睪音皋。宰如也，○「釋文」云：言如家宰也。墳如也，○盧文弨曰：墳如，如大防也。○「釋文」云：如墳墓也。鬲如也，○郝懿行曰：鬲如，蓋若覆釜之形，上小下大，今所見亦多有之。○「釋文」云：鬲音歷，形如鼎，又音隔。則知所息矣。」〔注〕見其墳壤鬲異，則知息之有所。莊子曰，死爲休息也。子貢曰：「大哉死乎！君子息焉，小人伏焉。」〔注〕樂天知命，泰然以待終，君子之所以息；去離憂苦，昧然而死，小人之所以伏也。伯峻案：荀子大略篇、家語困誓篇皆有此文。○「釋文」云：伏焉，荀卿作休焉。樂音洛，下同。去，丘呂切。離，力智切。味音妹。○吳闓生曰：息伏爲韻，作「休」非是。仲尼曰：「賜！汝知之矣。人胥知生之樂，未知生之苦，知老之憊，○「釋文」云：憊，蒲界切，疲也。未知老之佚，○「釋文」云：佚音逸。知死之惡，未知死之息也。【注】莊子曰：大塊載我以形，勞我以生，佚我以老，息我以死耳。【解】夫生者，動用之質也，唯死乃能休息耳。亦猶太陽流光，羣物皆動。君子徇名，小人徇利，未嘗休止也。伯峻案：注所引莊子乃大宗篇文。

晏子曰：○釋文云：晏子，齊大夫晏嬰。『善哉，古之有死也！【注】生死古今所同，而獨善古之死者，明古人不樂生而惡死也。○釋文云：樂音洛。惡，烏路切。仁者息焉，不仁者伏焉。』【注】修身慎行，恆懷兢懼，此仁者之所憂；貪欲縱肆，常無厭足，此不仁者之所苦；唯死而後休息寢伏之。伯峻案：此晏子春秋內諫篇上文。○釋文云：行，下孟切。厭，一鹽切。

死也者，德之徽也。【注】德者，得也。徽者，歸也。言各得其所歸。○釋文云：徽音叫。古者謂死人爲歸人。夫言死人爲歸人，則生人爲行人矣。行而不知歸，失家者也。一人失家，一世非之；天下失家，莫知非焉。【注】此眾寡相傾者也。晏子儒墨爲家，重形生者，不辨有此言，假託所稱耳。【解】老子曰：「歸根曰靜，靜曰復命，復命曰常，知常曰明。不知常，妄作，凶。」神之有形，一期之報。迷本執有，勞神苦心，疲亦極矣。唯死也乃歸乎真，猶脱桎梏而捨負擔也。貪生惡死者苟戀乎有，曾不知歸於本焉，而天下不以爲非，迷者多矣。伯峻案：莊子齊物論云，「終身役役而不見其成功，苶然（依盧文弨說正）疲役而不知其所歸，可不哀耶？」正是此意。又案：今晏子春秋內諫上云：晏子曰，「昔者上帝以人之没爲善（没字依王念孫說正），仁者息焉，不仁者伏焉。」列子所引亦僅此三句。第一句文稍變者，古人引書原不拘本文也。玩處度此注，似以莫知非焉以上皆晏子語，故注列此下，而評謂假託，不知晏子實有此語，處度未嘗見晏子書耳。

有人去鄉土、離六親、廢家業、遊於四方而不歸者，何人哉？○釋文「哉」作「才」，云：才音哉，下同。

世必謂之爲狂蕩之人矣。又有人鍾賢世、[注]鍾賢世宜言重形生。○釋文「鍾」作「種」，云，種賢世音重形生。○任大椿曰：考荀子議兵篇，「按角鹿埵隴種東籠而退耳」，楊倞注：或曰即龍鍾。新序作龍鍾。今本種之作鍾，蓋通用字。**矜巧能、修名譽、**○釋文云：譽，余據切。**誇張於世而不知已者，**○釋文「誇」作「跨」，云：跨，口花切。已音以。**亦何人哉？世必以爲智謀之士。此二者，胥失者也。**[注]此二者雖行事小異，而並不免於溺喪也。○盧文弨：「溺」當作「弱」，語見莊子，下同。伯峻案：莊子齊物論「予惡乎知惡死之非弱喪而不知歸者邪」，此盧氏所本。**而世與一不與一，唯聖人知所與，知所去。**[注]以生死爲寤寐者與之，溺喪忘歸者去之。[解]夫棄本逐末，勞神苦心，順情之與求名，逐欲之與徇利，二者俱失也。何厚何薄哉？而羣所謂，則舉世爲是也；凡執所滯，則舉世爲非矣。唯有道者知去與焉。故莊子云：臧與穀二人俱牧羊，俱亡羊。一則博塞問，一則讀書。善惡雖殊，亡羊一也。苟失道，則游方之與修學，夫何遠哉？○秦恩復曰：莊子，問臧奚事？一曰博塞。問穀奚事？一曰讀書。盧注「博塞」下多一「問」字，當是衍文。伯峻案：與即論語「吾與女弗如也」，左傳僖廿八年「子與之」之與，許也。而列子書常用以訓取，義得相通也。下章云：「靜也虛也，得其居矣；取也與也，失其所矣。」靜虛同義，則取與亦同義。又楊朱篇云：「名者固非實之所取也，實者固非名之所與也。」取與互文，皆其證也。○釋文云：去，丘呂切，注同。寤音悟。

或謂子列子曰：「子奚貴虛？」[注]許維遹曰：呂氏春秋不二篇云：「子列子貴虛。」**列子曰：「虛者無貴也。」**[注]凡貴名之所以生，必謂去彼而取此，是我而非物。今有無兩忘，萬異冥一，故謂之虛。虛既虛矣，貴賤之名，將何所生。○釋文云：去，丘呂切。

子列子曰：「非其名也，〔注〕事有實著，非假名而後得也。**莫如静，莫如虛。静也虛也，得其居矣；取也與也，失其所矣。**〔注〕夫虛静之理，非心慮之表，形骸之外；求而得之，即我之性。内安諸己，則自然真全矣。故物所以全者，皆由虛静，故得其所安；所以敗者，皆由動求，故失其所處。【解】或問貴虛。答曰：無貴。吾所以好虛者，非爲名也。夫虛室生白，吉祥止耳。唯静唯虛，得其居矣。若貪求取與，神失其安，然後名利是非，紛競交湊，將何以堪之？故虛非我貴耳。○注「故物所以全者」，本無「所」字，今從藏本增。○秦恩復曰：解「吉祥止耳」據莊子當作「止止」。伯峻案：莊子作「止止」，乃「止之」之誤。此作「止耳」，淮南子俶真訓作「止也」，皆可通。說詳俞氏莊子平議。

事之破礰而後有舞仁義者，弗能復也。」〔注〕當爲之於未有，治之於未亂；乃至虧喪凋殘，方欲鼓舞仁義，以求反性命之極者，未之得也。礰音毀。【解】吾所言虛，是修於未亂耳。若使真性破毀，心神汩昏，更弄仁義之辭教，易情之波蕩，故不能克復矣。○陶鴻慶曰：張注解「舞仁義」爲「鼓舞仁義」，非也。舞讀爲舞文之舞。仲尼篇「爲若舞，彼來者奚若？」張注釋爲舞弄，是也。言事已破礰而後爲仁義以補苴之，則毀者不能復全也。道德經上篇云「大道廢，有仁義」，莊子馬蹄篇云，「聖人蹩躠爲仁，踶跂爲義，而天下始疑」，皆此旨也。注未達。○釋文云：礰音毀。喪，息浪切。

粥熊曰：○梁章鉅曰：諸子書以鬻子爲最古，然其書有二。漢書藝文志道家鬻子説二十二篇，又小説家鬻子説十九篇。列子所引鬻子凡三條，皆黄老清净之説，與今本不類，疑即道家二十二篇之文。伯峻案：今本鬻子一卷，自宋人葉夢得以來多疑其偽，而四庫全書提要疑其爲「唐以來好事之流，依仿賈誼所引，撰爲贗本」，蓋可信。○釋文云：粥音育。粥熊，周文王師，封於楚，著子書二十二篇。

運轉亡已，○釋文云：已音以。**天地密移，疇**

覺之哉？〔注〕此則莊子舟壑之義。孔子曰：「日夜無隙，丘以是徂。」夫萬物與化爲體，體隨化而遷。化不蹔停，物豈守故？故向之形生非今形生，俯仰之間，已涉萬變，氣散形朽，非一旦頓至。而昧者操必化之器，託不停之運，自謂變化可逃，不亦悲乎？ 伯峻案：本不提行，今依文義分段。○釋文云：操，七刀切。

此，成於此者虧於彼。〔注〕所謂川竭谷虛，丘夷淵實也。 損盈成虧，隨世隨死。 故物損於彼者盈於此 伯峻案：莊子大宗師篇云，「无不毁也，无不成也」，亦是此意。○釋文云：世音生，下同。 往來相接，間不可省，疇覺之哉？〔注〕成者方自謂成，而已虧矣；生者方自謂生，潛已死矣。○釋文云：省，上聲。 凡一氣不頓進， 伯峻案：進本訓登，見說文。又訓前，見詩常武箋、士冠禮注及公羊莊十三年傳注。引伸爲增長之義，故周禮小司寇「以圖國用而進退之」，鄭注云：「進退猶損益也」。此文進與虧相對，下文亦不覺其成，承不頓進而言，亦不覺其虧，承不頓虧而言，則進猶成也。○釋文云： 進音盡。 一形不頓虧， 亦不覺其成，亦不覺其虧。〔注〕皆在冥中而潛化，固非耳目所瞻察。○盧文弨曰：注「耳目」下藏本有「之」字。 伯峻案：「亦不覺其虧」本無「亦」字，今從四解本、秦刻本增。○釋文瞻作矚，云：矚音燭，一本作瞻。 亦如人自世〔注〕音生。○釋文云：世音生。 至老，貌色智態，亡日不異； 皮膚爪髮，隨世隨落，非嬰孩時有停而不易也。〔注〕形色髮膚，有之麤者，新故相換，猶不可識，況妙於此者乎？ 伯峻案：注「之麤」或作「精麤」，非。又盧抱經以形色髮膚有之爲句，亦非。 間不可覺，俟至後知。」〔解〕夫心識潛運，陰陽鼓作，故形體改換，大地密移，損益盈虛，誰能覺悟？所以貴夫道者，知本而不憂亡也。

杞國有人憂天地崩墜，身亡所寄，廢寢食者，○初學記二「有人」引作「昔有人」。○釋文「墜」作「隧」，云：杞音起。系本云：殷湯封夏後於杞，周又封之，今在陳留雍丘縣，武德年曾置杞州地是也。隧音墜。○任大椿云：考楚辭九歌「矢交墜兮」，墜作隧。荀子儒效篇，「至共頭而山隧」，楊倞注：「隧讀爲墜。」淮南子説林訓「縣垂之類有時而隧」，注云：「隧，墜也。」漢書王莽傳「不隧如髮」，敍傳「厥宗不隧」，不隧即不墜。隸釋西狹頌橫海將軍呂君碑賈隧即賈墜。樊安碑失隧即失墜。敬順釋文猶存古字。伯峻案：武德爲唐高祖年號。黃蕘圃疑釋文爲宋人僞託（見北宋本列子跋），即此可見其非。又杞國，周初所封，即今河南開封地區杞縣。史記有世家。又有憂彼之所憂者，因往曉之，〔注〕彼之所憂者惑矣，而復以不惑憂彼之所惑，不憂彼之所憂，喻積惑彌深，何能相喻也。○道藏本注文「也」下有「哉」字。伯峻案：注「不憂彼之所憂」當作「以不憂憂彼之所憂」。曰：「天，積氣耳，亡處亡氣。若屈伸呼吸，終日在天中行止，奈何憂崩墜乎？」〔注〕夫天之蒼蒼，非鏗然之質，則所謂天者，豈但遠而無所極邪？自地而上則皆天矣。故俯仰喘息，未始離天也。○合璧事類前集一引作「奈何憂其崩墜乎」。其人曰：「天果積氣，日月星宿，不當墜耶？」○釋文云：宿音秀，下同。曉之者曰：日月星宿，亦積氣中之有光耀者，〔注〕氣亦何所不勝，雖天地之大，猶自安於太虛之域，況乃氣氣相舉者也？○御覽二引宿作辰。○王重民曰：「曉」下「之」字蒙上文「因往曉之」句而衍。御覽二引作「曉者云」，無「之」字。下文「曉者曰地積塊耳」云云，亦無「之」字，可證。「積氣中之有光耀者」御覽三又六引並「中之」互倒，疑御覽所引近是。○釋文云：勝音升。只使墜，亦不能有所中傷。」○藝文類聚一、初學記一、事文類聚前集二

「只使墜」作「正復使墜」。○吳闓生曰：只使，藉使也，然非三代語。○釋文云：中，丁仲切。其人曰：「奈地壞何？」曉者曰：「地積塊耳，○釋文云：塊，口對切。充塞四虛，○釋文云：塞，蘇則切。亡處亡塊。伯峻案：顏氏家訓歸心篇云：「天爲積氣，地爲積塊」，似用此文。若蹢步跐蹈，○釋文云：蹢音除。蹢音此。蹈，徒到切。四字皆踐蹈之貌。終日在地上行止，奈何憂其壞？」其人舍然大喜，[注]舍宜作釋，此書釋字作舍。○釋文云：舍音釋，下同。曉之者亦舍然大喜。[注]此二人一以必破爲憂，一以必全爲喜。此未知所以爲憂喜也，而互相慰喻，使自解釋，固未免於大惑也。[解]天爲積氣，何處無氣也？地爲積塊，何處無塊也？塊無所隱，氣無所崩，日月是氣中有光者，汝何憂於崩墜乎？○注「必破」道藏本、世德堂本作「必敗」。長盧

子聞而笑之曰：伯峻案：御覽二引無「之」字，是也，當刪。下文「子列子聞而笑曰」亦無「之」字，可證。○釋文作長盧子，云：史記云，楚有長盧子。漢書云，長盧子著書九篇，屬道家流。○任大椿云：考荀子富國篇「君盧屋妾」，楊倞注訓盧屋作廬屋。莊子讓王篇「盧水」，釋文音閭，司馬本作盧水。淮南子說林訓「陶者用缺盆，匠人處狹盧」，盧即廬也。國語晉語「侏儒扶盧」，韋昭注，「盧，矛戟之秘」。考工記「秦無盧」，註，「矛戟柄，竹攢秘也」，則盧廬一也。吳越春秋「吳子柯盧」，史記盧作廬。左傳桓十三年釋文「盧戎如字，本或作廬，音同。」又左傳成十三年釋文「伯盧，力吳反，本一作廬。」則盧廬通。與釋文盧之作廬，可以互證。又考史記慎到傳「楚有尸子長盧」，索隱曰「長盧，未詳。」蓋未考列子此文耳。

「虹蜺也，○釋文云：虹蜺音紅倪。雲霧也，風雨也，四時也，此積氣之成乎天者也。山岳也，河海也，金石也，火木也，此積形之成乎地者也。知積氣也，知積塊

也，奚謂不壞？〔注〕夫混然未判，則天地一氣，萬物一形。分而爲天地，散而爲萬物。此蓋離合之殊異，形氣之虛實。夫天地，空中之一細物，有中之最巨者。○釋文云：最，子外切。難終難窮，此固然矣；難測難識，此固然矣。伯峻案：終窮爲韻，古音同在冬中部。測識爲韻，古音同在職德部。憂其壞者，誠爲大遠；○釋文云：大音泰。言其不壞者，亦爲未是。天地不得不壞，則會歸於壞。遇其壞時，奚爲不憂哉？」〔注〕此知有始之必終，有形之必壞；而不識休戚與陰陽升降，器質與天地顯沒也。〔解〕積氣積塊，以成天地。有積有成，安得無壞耶？但體大難終，不可則見。若遇其壞時，不得不憂。○注「必壞」本作「必敗」，依藏本改。又解「不得不憂」四解本作「何得不憂」。「不可則見」，當作「不可測見」。

子列子聞而笑曰：「言天地壞者亦謬，言天地不壞者亦謬。壞與不壞，吾所不能知也。雖然，彼一也，此一也。〔注〕彼一謂不壞者也，此一謂壞者也。若其不壞，則與人偕全；若其壞也，則與人偕亡。何爲欣戚於其間哉？故生不知死，死不知生；來不知去，去不知來。壞與不壞，吾何容心哉？」〔注〕生之不知死，猶死之不知生。故當其成也，莫知其毀；及其毀也，亦何知其成？此去來之見驗，成敗之明徵，而我皆即之，情無彼此，何處容其心乎？〔解〕夫天地者，物之大者也；形體者，物之細者也。大者亦一物也，細者亦一物也。有物必壞，何用辯之哉？且人生不知死，死不知生；來去不自知，成壞不能了。近取諸己，且未能知；亦何須用心於天地而憂辯於物外耶？○釋文云：見，賢遍切。處，昌據切。

舜問乎烝曰：○皮錫瑞曰：烝當作丞。伯峻案：皮說是。莊子知北游篇作丞，御覽五一九引亦作丞。

○釋文「烝」作「丞」，云：「丞謂輔弼疑丞之官」，一本作烝。○任大椿云：考漢書王子侯表「承陽侯景」，師古曰：「承音烝，字或作丞。」翟方進傳「太保後丞承陽侯甄邯」，師古曰：「丞音烝。」又丞陽侯後漢書郡國志作烝陽侯。蓋承丞皆有烝音，故通作烝。敬順釋文丞之作烝，猶存古讀。

「道可得而有乎？」〔注〕郭象以爲發問之端。○盧文弨曰：注末藏本有「也」字。

曰：「汝身非汝有也，汝何得有夫道？」〔注〕郭象欲明羣有皆同於無，故舉道以爲發問之端。○釋文云：夫音符。

舜曰：「吾身非吾有，孰有之哉？」〔注〕據有此身，故重發問。○俞樾曰：國策齊策「願委之於子高」，注曰：「委，付也。」成二年左傳「王使委於三吏。」杜注曰：「委，屬也。」天地之委形，謂天地所付屬之形也。下三委字並同。

曰：「是天地之委形也。〔注〕是一氣之偏積者也。○釋文云：重，柱用切，下同。

生非汝有，是天地之委和也。〔注〕積和故成生耳。

性命非汝有，是天地之委順也。〔注〕積順故有存亡耳。郭象曰：若身是汝有，則美惡、死生當制之由汝。今氣聚而生，汝不能禁也；氣散而死，汝不能止也。明其委結而自成，非汝之有也。

孫子非汝有，是天地之委蛻也。〔注〕氣自委結而蟬蛻耳。若是汝有，則男女多少亦當由汝也。伯峻案：六帖十、御覽五一九引「孫子」作「子孫」，疑當從之。張注下文云「子孫何所委蛻」，似其所見本亦作「子孫」。○釋文云：蛻音稅。

故行不知所往，處不知所持，食不知所以。〔注〕皆在自爾中來，非知而爲之也。○俞樾曰：莊子知北遊篇作「食不知所味」。○王叔岷曰：宋徽宗義解：「食不知所味」，范致虛解：「食安知所味」，是所見本

「以」並作「味」，與莊子同。

天地強陽，氣也；又胡可得而有邪？」〔注〕天地即復委結中之最大者也。今行處食息，皆彊陽氣之所運動，豈識其所以然？彊陽猶剛實也。非剛實理之至，反之虛和之極，則無形無生，不死不終，則性命何所委順？子孫何所止泊？飲食何所因假也？〔解〕既不知神明之爲道也，故假天地以言之。天主神用，地主形物。涉有者，委形也；體和者，生性也；應用者，委順也；情育者，委蛻也。汝今行止食息，但知強陽之所運，而不知神明之真宰也。亦可得有夫道者邪？或曰：虞舜聖人也，安得不知道乎？答曰：夫假賓主辯惑，豈可玄默而已耶？然莊子曰：「卜梁倚有聖人之才，而無聖人之道；我有聖人之道，而無聖人之才。是知有濟物之才，居君極之位者，未必能知道。處山林之下有獨善之名者，未必能理人。是故黃帝即位三十年，然後夢華胥之國；放勛見乎四子，然後窅然汾水之陽，舜之未寤，亦何足怪之？○注「非剛實」四解本作「而非剛實」。○王重民曰：莊子知北遊篇「天地」下有「之」字，此不可省。疑列子本有「之」字，而今本脫之也。郭注云：強陽猶運動耳。又寓言篇「彼來則我與之來，彼往則我與之往，彼強陽則我與強陽」郭注云，「直自強陽運動相隨往來耳」，是強陽有運動義，蓋與徜徉、襄羊等字同爲叠韻連緜字。此謂身生性命子孫非人所有，均是天地之委結，更不知天地之旋轉運動亦一氣耳。若明天地之旋轉乃氣之運動，則天地間一切將胡可得而有耶？天地之強陽句當逗，若無「之」字，則語不明晰。張注曰「強陽猶剛實也」，失之。○釋文云：復，扶又切。

齊之國氏大富，宋之向氏大貧，○釋文云：向音嚮。**自宋之齊，請其術。國氏告之曰：「吾善爲盜。始吾爲盜也，一年而給，二年而足，三年大穰。**○「穰」本作「壤」。○洪頤煊曰：莊子庚桑楚篇「居三年畏壘大壤」，釋文「崔本作穰」，古穰字皆作壤。○王重民曰：說文，穰，黍梨已活者。又

秧字下云，禾若秧穰也。秧穰叠韻字，猶穰穰也。是穰有二義，秧穰即此大穰義所本。又按說文，壤，柔土也。則壤爲

古字，於古無徵，疑後人亂之也。穰義當爲近之。許氏又曾用以解字，則穰字較古。莊子崔本及陸氏所見別本作穰，列

子吉府本御覽四百八十五引亦並作「穰」。伯峻案：王說是也，今從吉府本作「穰」。○釋文穰作壤，云：壤，如掌

切，又作穰。**自此以往，施及州閭。**○伯峻案：施，惠也（晉語夫齊侯好示務施注）。○釋文云：施，以智切，

延也。**向氏大喜。喻其爲盜之言，而不喻其爲盜之道，**○六帖九一引上「喻」字作「聞」「道」作「意」。

遂踰垣鑿室，手目所及，亡不探也。○六帖九一引「鑿室」作「穿宇」，「探也」作「探取」。○釋文云：亡音

無，下同。**未及時，**○六帖九一引「未及時」作「俄而」。**以贓獲罪，**○釋文云：贓音臧。**没其先居之財。**

○俞樾曰：居猶蓄也，謂其先所蓄之財也。論語公治長篇「臧文仲居蔡」，皇侃義疏曰：「居猶蓄也」，是其義。○吴

闓生曰：居讀曰貯。○王重民曰：御覽四百八十五引作先君，於義較善。伯峻案：周穆王篇云，「以居産之半請其

方」，居亦訓蓄。俞說與吴說實同，皆可用。御覽不得其義，妄改作「君」，不可憑信。○釋文云：先，悉薦切。**向氏**

以國氏之謬己也，○錢繹曰：謬，詐也。**往而怨之。國氏曰：「若爲盜若何？」向氏言其狀。**

國氏曰：「嘻！○釋文云：嘻音熙，哀痛之聲。**若失爲盜之道至此乎？今將告若矣。吾聞天**

有時，地有利。〔注〕謂春秋冬夏，凡土出所有也。○注「出」下各本無「所」字，今依四解本增。**吾盜天地之**

時利，○釋文云：句絕。**雲雨之滂潤，**○釋文云：滂，普郎切。**山澤之産育，以生吾禾，殖吾稼，**○

六帖九一引作「生吾禾黍，殖吾種稑」。**築吾垣，**○釋文「殖」作「植」，云：築音竹。垣音袁。植，時職切。伯峻

案：釋文植字之音在垣字下，疑敬順所見本作「築吾垣，建吾舍，生吾禾，植吾稼。」建吾舍。陸盜禽獸，水盜魚鼈，○釋文云：鼈，并列切。亡非盜也。夫禾稼、土木、禽獸、魚鼈，皆天之所生，豈吾之所有？〔注〕天尚不能自生，豈能生物？人尚不能自有，豈能有物？此乃明其自生自有也。然吾盜天而亡殃。〔注〕天亡其施，我公其心，何往而有怨哉？○陰符經疏中引作「吾盜天地而无殃咎」。○釋文云：施，尸智切。夫金玉珍寶，穀帛財貨，○秦刻本「金玉珍寶」作「禾土稼寶」。人之所聚，豈天之所與？〔注〕天尚不能與，豈人所能聚？此亦明其自能自聚。伯峻案：注「自能自聚」當作「自與自聚」。若盜之而獲罪，孰怨哉？」〔注〕人有其財，我犯其私，所以致咎。〔解〕夫天地不仁，以萬物爲芻狗。既無情於生育，豈有心於取與哉？小大相吞，智愚相役；因時以興利，力制以徇私；動用取與，皆爲盜也。人財則不爾，主守以自供，取之獲罪，此復怨誰也。向氏大惑，以爲國氏之重罔己也，伯峻案：罔讀爲論語雍也篇「不可罔也」之罔。漢書揚雄傳「不可姦罔」，注：罔，誣也。○釋文云：罔，文兩切。過東郭先生問焉。○「過」北宋本作「遇」，汪本從之，今從藏本、四解本、世德堂本改正。○釋文云：過音戈，一作遇字。東郭先生曰：俞樾曰：載亦成也。尚書皋陶謨篇「乃賡載歌曰」，枚傳，「載，成也」，是其義。「若一身庸非盜乎？盜陰陽之和以成若生，載若形，〔注〕若其有盜耶？則我身即天地之一物，不得私而有之。若其無盜耶，則外內不得異也。況外物而非盜哉？○注「不得私而有之」四解本作「不得不私有之」。誠然，天地萬物不相離也；○釋文云：離，力智切。仞

而有之，皆惑也。〔注〕夫天地，萬物之都稱，萬物，天地之別名。雖復各私其身，理不相離，仞而有之，心之惑也。因此而言，夫天地委形，非我有也；飫愛色貌，矜伐智能，已爲惑矣。至於甚者，橫仞外物以爲己有，乃標名氏以自異，倚親族以自固，整章服以耀物，藉名位以動衆，封殖財貨，樹立權黨，終身欣玩，莫由自悟。故老子曰「吾所以有大患，爲吾有身」；莊子曰：「百骸六藏，吾誰與爲親？」領斯旨也，則方寸與太虛齊空，形骸與萬物俱有也。○盧文弨曰：注藏本「飫」作「飾」，「吾所以有大患」下有「者」字，「太虛」作「大虛」。伯峻案：「仞而有之」，仞即認。本書周穆王篇「夢仞人鹿」，釋文云「仞一本作認」，可證。○釋文「太」作「大」。云：仞音忍。稱，尺證切。復，扶又切。吾之爲，爲，于僞切。藏，才浪切。大音泰。

國氏之盜，公道也，故亡殃；若之盜，私心也，故得罪。〔注〕公者對私之名，無私，則公名滅矣。今以犯天者爲公，犯人者爲私，於理未至。〔解〕天地無私，取之無對，故無殃也，人心有私，取之有情，故爲盜也。以有私之心，取有私之物，私則有對，得罪何疑？故法者，禁人之私；無對，無禁也。伯峻案：解「取之有情」，「情」當作「對」。對猶今言對方。

有公私者，亦盜也；〔注〕一身不得不有，財物不得不聚，復欲遣之，非能即而無心者也。〔解〕聖人設法教化不害人不侵衆者，皆非盜也。不違法者，則爲公道；違於法者，則爲私道焉。雖不違於公而封於己者，亦爲盜也；況違法封己乎？○解「況違法封己」秦本作「違法教化」，今從四解本正。

亡公私者，亦盜也。〔注〕直所犯之異耳，未爲非盜。

公公私私，天地之德。〔注〕生即天地之一理，身即天地之一物。今所愛吝，便是愛吝天地之間生身耳，事無公私，理無愛吝者也。○釋文云：吝，良刃切。

知天地之德者，孰爲盜耶？孰爲不盜耶？」〔注〕天地之德何耶？自然而已，自然而已。何所厭其公私之名？公私之名既廢，盜與不盜，理無差也。〔解〕知公知私而無私焉，與物同例而不怪者，是天地之德也。若知天地之德，取而無私心者，是不欺乎天，取之不殊於衆人，得之無私，不爲盜。若然者，誰爲盜耶？誰爲不盜耶？唯了神悟道者知之矣。○注「厭其公私之名」各本「厭」作「歷」，今從藏本改正。〔解〕「若知天地之德」，秦本「若」作「萬」，今從四解本正。○盧文弨曰：注「自然而已」藏本不疊此四字。○釋文云：厭音措。

列子集釋卷第二

黃帝第二〔注〕稟生之質謂之性，得性之極謂之和；故應理處順，則所適常通；任情背道，則遇物斯滯。

〔解〕此明忘形養神，從玄、默以發真智。始其養也，則遺萬有而內澄心；發其智，則化含生以外接物。故其

初也，則齋心服形，不親政事；；其末篇也，則贊孔墨以濟人焉。此其大旨。

黃帝即位十有五年，喜天下戴己，〔注〕隨世而喜耳。○王叔岷曰：路史後紀五注引「戴」上有「之」

字，當從之。「喜天下之戴己」與下文「憂天下之不治」句法一律。藝文類聚十一引「戴」上亦有「之」字。養正命，

〔注〕正當爲性。○俞樾曰：正當爲生。古字生與性通，周官大司徒職「辨五地之物生」，杜子春讀生爲性，是其例也。

列子原文本作「養生命」，蓋叚生爲性，因誤爲正耳。張注曰「正當爲性」，雖得其字，而古字亡矣。又胡懷琛說同。

釋文云：正音性。娛耳目，供鼻口，焦然肌色皯黣，○「焦」，世德堂本作「燋」。○釋文「焦」作「燋」云：

燋音焦。肌色一作顏色。皯，古旱切。皯音每。諸書無此字，埤蒼作皥，同音每，謂木傷雨而生黑斑點也。皯黣亦然

也。○秦恩復曰：皥，説文無此字。黣俗徽字，當作徽。楚辭漁父「顏色憔悴」，王逸注，皯徽黑也。昏然五情爽

惑。〔注〕役心智未足以養性命，祇足以焦形也。〔解〕舉代之人咸以聲色飲食養其身，唯豐厚者則爲富貴矣。而聖人

知此道足以傷生，故焦然不樂也。第一篇知神爲生主，第二篇欲明道以養身，故先示衆人之所溺，然後漸次而進之。伯峻案：盧解「舉代」即「舉世」，下文「代謂之君子」即「世謂之君子」。唐太宗名世民，唐人多以「代」代「世」。**又十有五年，憂天下之不治，**〔注〕隨世而憂耳。〇釋文云：治，直吏切；下致治同。**竭聰明，進智力，**〇釋文「進智」作「進治」，云：進音盡。**營百姓，焦然肌色皯黣，昏然五情爽惑。**〔注〕用聰明未足以致治，祇足以亂神也。〔解〕代謂之君子，理人之士也。皆勞生苦己，以身徇物，以求其名，以嚮其利耳。而不知役神以喪實，去道斯遠矣。〇解「勞生」四解本作「勞心」。**黃帝乃喟然讚曰：**〔注〕讚當作歎。〇釋文云：讚音歎。**「朕之過淫矣。**〔注〕淫當作深。〇釋文云：淫音深。**養一己其患如此，治萬物其患如此。」**〔注〕惟任而養，縱而不治，則性命自全，天下自安也。〔解〕淫者，失於其道也。含生之物咸知養己自私以爲生，不知所生生而知死也。操仁義者咸知徇名以取利自私以爲能，亦不知所以喪神傷生而知死也。徇己自私以爲小人，濟物無私代以爲君子。善之以惡，約外則有殊；求名喪實，約內則俱失。方明大道，故雙非之也。〇汪萊曰：解「不知所生」「所」下脫落「以」字。又「傷生而知死也」「知」當作「之」。**於是放萬機，舍宮寢，**〇「宮」秦刻盧解本作「官」，世德堂本亦作「官」，非也。御覽七十九引正作宮，類聚十一引同。〇釋文云：舍音捨。**去直侍，**〇釋文云：去，丘呂切。**徹鐘懸，**〇王叔岷曰：徹借爲撤。說文「撤，發也」引申有除去義。書鈔十二、御覽七九引徹並作撤。撤即撤之俗。〇釋文「懸」作「縣」，云：縣音玄。**減廚膳，退而間居大庭之館，**〇釋文云：間音閑。**齋心服形，**〔注〕心無欲則形自服矣。〇釋文「齋」作「齊」，云：齊音齋，下同。**三月不親政事。**〔解〕放萬機者，非謂都無所行也。事至而應，如四時焉。故曰：「天何言哉？四時行焉，百物生焉。」不勞焦思以邀虛名，不想能於千載，欲垂芳於竹帛耳。但冥冥然應用，不得已而運之。不封崇其身名，不增加其嗜慾，不豐厚其滋味，不放肆於淫聲，齋肅其心，退伏其體。三月者，一時也。孔子曰「顏回三月不違仁」是也。擇賢才而責成，賞罰無私焉，是不親政事也。晝寢而夢，〔注〕將明至理不可以情求，故寄之於夢。聖人無夢也。遊於華胥氏之國。華胥氏之國在弇州之西，台州之北，〔注〕不必便有此國也，明至理之必如此耳。淮南云，正西曰弇州，西北曰台州。伯峻案：注引淮南見地形訓。○釋文云：弇音奄。不知斯齊國幾千萬里；〔注〕斯，離也。齊，中也。○類聚十一、天中記二三引「斯」並作「距」，當是臆改。○釋文云：幾，居豈切。蓋非舟車足力之所及，神游而已。〔注〕舟車足力，形之所資者耳。神道恍惚，不行而至者也。其國無師長，○世德堂本「師」作「帥」。○俞樾曰：釋文「帥」或作「師」，當從之。周官太宰職「以九兩繫邦國之民」，「二曰長以貴得民，三曰師以賢得民」，此師長二字之義。其國無師長，見其無貴賤無賢愚也。若作帥長，則止是無貴賤耳，於義轉有所不盡矣。盧重玄本正作「師長」。○王重民曰：俞說是也。北宋本及御覽七十九又三百九十七引並作「師」。○釋文「師」作「帥」，云：帥，所類切，或作師。長，丁丈切。帥長，首主也。自然而已。其民無嗜慾，○釋文云：嗜，常二切。自然而已。〔注〕自然者，不資於外也。不知樂生，不知惡死，故無夭殤；不知親己，○釋文云：己音紀。不知疏物，故無愛憎；不知背逆，○釋文云：背音佩。不知向順，故無利害；〔注〕理無生死，故無所樂惡；理無愛憎，故無所親疏；理無逆順，故無所利害也。都無所愛惜，○王重民曰：惜當作憎，字之誤也。上文云不知親己，不知疎

物，故無愛憎，此正承以爲說。若作惜，則非其義矣。御覽七十九引正作憎。○王叔岷曰：范致虛解「都無所愛憎，

故其心無所知」，是所見本「惜」亦作「憎」。**都無所畏忌。入水不溺，入火不熱。斫撻無傷痛，**○釋文

云：斫音酌。撻，打也。**指摘無痏瘍。**〔注〕至和者無物能傷。熱溺痛瘍實由矜懼，義例詳於下章。痏瘍，酸痏

也」，義見周官。○盧文弨曰：注「痏瘍」之「瘍」衍文。「酸痏」之「痏」當作「削」。伯峻案：周禮天官疾醫鄭玄注，

「痏，酸削也」，此盧義所本。○釋文云：摘音偶，搔也。痏音消。瘍，餘兩切。痏瘍謂疼瘍也。周禮，春時有痏首疾，

夏時有癢疥疾。鄭玄云：痏，酸削也。説文云，痠，疼痛也。見，賢遍切。○任大椿云：説文有痏字，相邀切，疼痛。敬

酸痏，頭痛，從疒，肖聲。而無痠字。敬順釋文引説文作痠，云疼痛。今説文亦無此語。考玉篇，痠，先丸切，疼痛。敬

順乃誤引玉篇爲説文耳。**乘空如履實，寢虛若處牀。雲霧不硋其視，**○胡懷琛曰：硋，礙也。段玉裁註

説文礙字云：列子作硋，是也。○許維遹曰：硋與閡通。○釋文云：硋，五蓋切。**雷霆不亂其聽，**○釋文云：

霆音廷。**美惡不滑其心，**○王叔岷曰：御覽七九引「滑」作「汩」。范致虛解：「刳心無物，美惡不能汩也」，是

所見本亦作「汩」。「滑」「汩」古通。莊子齊物論：「置其滑湣」，釋文引向秀滑作汩。荀子成相篇：「讒謹將之無鈹

滑」。注「滑與汩同」，並其比。○釋文云：滑音骨。**山谷不躓其步，**○釋文云：躓音致。**神行而已。**

〔注〕至順者無物能逆也。〔解〕寄言也。齋心服形，神與道合，則至其大國矣。夫神者，生之主也。既爲生主，則役神

以養生，養之失理，却成於損也。俗以益嗜欲者爲養生，適爲喪年之本矣。故君子養於性，小人養於情。養性者，無嗜

欲，保自然，不樂生，不惡死，無向背憎愛，無畏忌自然。神行者，神合於道也。非是別有一國，別類之人耳。故曰，仁道

不遠，行之則至。一言契者，交臂相得焉。黃帝既寤，〔注〕亦寄之眠寤耳，聖人無眠覺也。怡然自得，○「怡」世

德堂本作「悟」。○王重民曰：作「怡」者近是。北宋本、吉府本並作「怡」，御覽三九七引作「悟」。

解本亦作「怡」。作「悟」者，字之誤也。○釋文云：怡，與之切。

○盧文弨曰：「太」藏本作「大」。○釋文「太」作「大」云：大音泰。召天老、力牧、太山稽，〔注〕三人，黃帝相也。

亮切。○任大椿曰：路史前紀，大塡為黃帝師，大山稽為黃帝司徒，唐渤海姓大。大山稽世音為泰，誤。考廣韻十四

泰，大字下列複姓曰大狐氏，曰黃邑大夫大心子成，曰秦將軍大羅洪，曰大羅氏，曰大庭氏，曰大叔氏。信如路史所云，

則廣韻大字下不列大山稽於複姓之前，是有遺也。姓氏急就篇大氏，唐渤海大祚榮，又大門藝，宋有大周仁焉，與路史

所云渤海姓大，可以互證，而不及大山稽。告之，曰：「朕聞居三月，齋心服形，思有以養身治物之

道，弗獲其術。〔注〕身不可養，物不可治，而精思求之未可得。疲而睡，○釋文云：句絕。所夢若此。

今知至道不可以情求矣。朕知之矣！朕得之矣！而不能以告若矣。」〔注〕不可以情求，則不

能以情告矣。又二十有八年，○「二十有八年」路史後紀五注引作「四十八年」，事文類聚後集二一引作「二十有

九年」。○釋文云：一本作三十有八年。天下大治，○釋文云：治，直吏切。幾若華胥氏之國，○釋文

云：幾音祈。而帝登假。〔注〕假當為遐。伯峻案：禮記曲禮下「告喪曰天王登假」，假亦作遐。登假乃帝王死

亡之詞，猶言升天。○釋文云：假音遐。百姓號之，○伯峻案：左宣十二年傳「號而出之」注：號，哭也。○釋

文云：號，戶刀切。二百餘年不輟。〔解〕既寢於道也，自不因外物以得之。疲而睡者，冥於理，去嗜欲也。識神歸

性，不可以情求也。不能以告若者，心澄忘言也。凡以數理天下者，但成其空名。上以虛

名貴於下，下以虛名應於上，上下相蒙，積虛以爲理；欲求純素，其可得乎？夫道者，神契理合，應物以真。非偏善於

小能，不暴怒於小過，如春之布，萬物皆生。俗易風移，自然而化；不知所以化，不覺所以成，故百姓思之不知其極也。

列姑射山在海河洲中，

【注】見山海經。○釋文云：射音夜。山海經曰：姑射國在海中，西南環之。從

國南水行百里，曰姑射之山。又西南行三百八十里，曰姑射山。郭云：河水所經海上也。言遙望諸姑射山行列在海、

河之間也。按西域傳，黃河東注蒲昌海，潛行地下，入中國。蒲昌海一名鹽澤，在交河郡。見，賢遍切。○秦恩復云：

釋文所引與今本山海經不同。姑射山，山海經凡兩見。東山經云：「盧其之山又南三百八十里曰姑射之山，無草木，

多水。又南水行三百，流沙百里，曰北姑射之山。無草木，多石。又南三百里，曰南姑射之山，無草木，多水。」海內北經

云：「列姑射在海河洲中。」郭璞注：「山名也。山有神人。河洲在海中，河水所經者，莊子所謂藐姑射之山也。」經

又曰：「姑射國在海中，屬列姑射，西南山環之。」考東山經之姑射在臨汾縣，見隋書地理志，即今平陽府西之九孔山。

左右前後並無所謂南北姑射者，則東山經之北姑射、南姑射二條當在海內北經西南山環之之下。敬順所引山海經乃唐

時之本，且言諸姑射山行列在海、河之間，解列字之義尤爲明據。又云：此章與山海經略同，據此則列子之吸風飲露

云云，山海經皆有之，今本之脫落錯簡，從可知矣。後人因莊子有藐姑射之山汾水之陽之文，遂以爲臨汾之姑射。畢氏

校刊山海經，於海內北經列姑射條下謂姑射在山西，郭注誤引莊子。殊不知莊子藐姑射之山有神人云云，與列子之說

同其爲海中之列姑射無疑。至堯見四子藐姑射之山汾水之陽，乃臨汾之姑射山，非列姑射山也。上下文絕不相蒙，遂

以景純爲誤，其未之深考歟？莊子「列」作「藐」。陸釋文引簡文云：邈，遠也。二山之名混淆已久，恐誤後學，故詳

識於此。

山上有神人焉，〔注〕凝寂故稱神人。○釋文云：此章與山海經略同。吸風飲露，○釋文云：吸，許及切。不食五穀，〔注〕既不食穀矣，豈復須吸風飲露哉？蓋吐納之貌，不異於物耳。○釋文云：復，扶又切。心如淵泉，○釋文云：淵字讀爲深字。形如處女，〔注〕盡柔虛之極者，其天姿自粹，非養而不衰也。○釋文云：粹音邃。偎，烏恢切，愛也。不偎不愛，〔注〕偎亦愛也。芻狗萬物，恩無所偏。偎音隱偎。字林云，偎，仿佛見不審也。伯峻案：説文：「偎，仿佛也。」詩曰：「偎而不見。」今詩偎作愛。此愛字亦借爲偎，故釋文訓隱。謂或隱或見。山海經曰：北海之隅，其人水居偎愛。隱偎也。字林云，偎，仿佛也。山海經海內經云「偎人愛人」，郭注云：「偎亦愛也」張注本此。仙聖爲之臣，〔注〕仙，壽考之跡；聖，治世之名。○盧文弨曰：注藏本「仙」下有「者」字，「聖」下亦同。不畏不怒，愿愨爲之使，〔注〕畏，威也。若此豈有君臣役使之哉？尊卑長短，各當其分，因此而寄稱耳。○釋文云：愿音願。愨，口角切。不施不惠，而物自足；不聚不斂，而已無愆。〔注〕愆，蹇乏也。○注「蹇乏」一本作「蹇之」，非。○釋文云：愆本又作蹇，去言切。陰陽常調，日月常明，四時常若，〔注〕若，順也。風雨常均，○釋文「均」作「鈞」，云：鈞音均。○任大椿曰：考詩大雅「四鍭既鈞」，書泰誓「厥罪維鈞」，左傳昭公二十六年「年鈞以德，德鈞以卜」，國語周語「細鈞有鐘無鎛，大鈞有鎛無鐘」，戰國秦策「鈞吾悔也」注，「鈞即均」，則鈞均通。字育常時，年穀常豐；而土無札傷，人無夭惡，物無疵厲，鬼無靈響焉。〔注〕天人合德，陰陽順序，昏明有度，災害不生，故道合二儀，契均四時。老子曰：「以道涖天下者，其鬼不神。」〔解〕此言神之合道也，故假以方外之中，託以神人之目。不因五穀以爲養，吐納真氣以爲全。心如

澄水，無波浪之能鼓；形如處女，無思慮之所營。喜怒不入其襟，是非不干其用。無求無欲，同天地之不仁；不惠不

施，正陰陽之生育。萬物所不能撓，鬼神所不能靈。證之真，其功若此也。○釋文「響」作「嚮」，云：札，側八切。鄭眾

注周禮云：越人名死爲札。左傳曰，人不夭札。疵，才移切，病也。厲音例。鄭眾注周禮云：厲，風氣不和之疾也。

嚮音響。○任大椿曰：考荀子勸學篇「君子如嚮矣」，楊倞注「嚮與響同，如響應聲」，則靈嚮猶靈響也。

列子師老商氏，友伯高子，進二子之道，○釋文云：進音盡，下同。**乘風而歸。**〔注〕莊子

云，列子御風而行，泠然善，旬五日而後反。蓋神人禦寇稱之也。〔解〕夫神之滯於有，則百骸俱碎，神之契乎真，則

五根俱通也。有通則無遠不鑒，無硋則乘風而行。被羽服以往來，託鱗毛以騰躍者，故爲常理也，非謂其尚奇也，而此

寓言者也。○注「泠」各本作「冷」，誤，今從藏本正。○王重民曰：張注引見逍遙遊篇，「旬」下有「有」字，蓋今本列子

注脫之也。御覽九引注文有「有」字，當據補。○釋文云：泠音零。稱，尺證切。

不省舍。○釋文云：數，色主切，下同。省，息井切。**因閒請蘄其術者，**○釋文云：閒音閑。蘄音祈。**尹生聞之，從列子居，數月**

反而十不告。尹生懟而請辭，○釋文云：懟音墜，怨也。**列子又不命。**○釋文作又不與命，云：一本

無與字。**尹生退。數月，意不已，又往從之。列子曰：「汝何去來之頻？」**○釋文「汝」作「女」，一本

云：女音汝。**尹生曰：「曩章戴有請於子，**〔注〕章戴，尹生名。○盧文弨曰：注尹生下藏本有「之」字。○釋文「戴」作「載」，云：曩，乃朗切。章載字載則，一本作章戴。**子不我告，固有憾於子。**○釋文云：憾，

胡紺切。**今復脫然，**○釋文云：脫，土活切。**是以又來。」列子曰：「曩吾以汝爲達，**〔注〕曩，昔也。

○王叔岷曰：疑此注當在上文「曩章戴有請於子」下。今汝之鄙至此乎？○釋文云：乎本又作于。姬！將告汝〔注〕姬，居也。○釋文云：姬音居。所學於夫子者矣。〔解〕昔汝去也，吾將謂汝達吾道；今汝之息憾而來，知汝之鄙陋矣。○「息憾」本作「懟憾」，今依四解本訂正。○釋文「汝」作「女」，云：女音汝。自吾之事夫子友若人也，〔注〕夫子謂老商，若人謂伯高。三年之後，心不敢念是非，口不敢言利害，始得夫子一眄而已。〔注〕實懷利害而不敢言，此匪怨藏情者也，故眄之而已。〔解〕專一而不離，恭敬以至，求顧吾之形，觀吾之行者也。○釋文云：眄音麪，斜眄。五年之後，心庚念是非，口庚言利害，〔注〕是非利害，世間之常理；本「庚」作「更」。○釋文云：庚音更，居行切，益也，下同。夫子始一解顏而笑。〔注〕庚當作更。○吉府本專於定也，顧眄而已。」，五年之後，越於專，其眄明矣。任心之所念，任口之所言，而無矜斉於胸懷，內外如一，不猶踰於匪而不顯哉？欣其一致，聊寄笑焉。〔解〕三年之後，○北宋本「斉」作「态」，「胸」作「匒」，「猶」作「循」，皆非，今正。七年之後，從心之所念，庚無是非，〔注〕夫心者何？寂然而無意想也；口者何？默然而自吐納也。若順心之極，則無是非；任口之理，則無利害。○釋文云：從音縱，下同。從口之所言，庚無利害，夫子始一引吾并席而坐。〔注〕道契師友，同位比肩，故其宜耳。〔解〕審之而後言，欲是非利害無所誤也。○釋文云：契，苦計切。九年之後，橫心之所念，○釋文云：橫去聲，下同，縱放也。橫口之所言，亦不知我之是非利害歟，亦不知彼之是非利害歟；亦不知夫子之爲我師，若人之爲我友…内外進矣。〔注〕心既無念，口既無違，故能恣其所念，縱其所言。體道窮宗，爲世津梁。終日念而非我念，終日言而非我言。若以無念爲念，無言爲言，未造於極也。所謂無爲而無不爲者如斯，則彼此之異，於何而求？師資之義，將何所施？故曰内外盡矣。〔解〕都无心，故是非利害不擇之而後言，縱橫者也。縱心而言，皆合斯道。○釋文云：造，七到切。

而後眼如耳，耳如鼻，鼻如口，無不同也。〔解〕眼、耳、口、鼻不用其所能，各任之而無心，故云無不同也。

心凝形釋，骨肉都融；不覺形之所倚，○釋文云：倚，於綺切。足之所履，隨風東西，猶木葉幹殼。○沈濤曰：戴侗六書故引唐本説文曰，幹濕之幹也。徐本無幹字。濤案：幹古幹濕正字，通假作乾。列子黃帝篇木葉幹殼，張湛注（伯峻案：當作釋文）幹音乾，可證。○釋文云：幹音乾。殼，口角切。

竟不知風乘我邪？我乘風乎？〔注〕夫眼、耳、鼻、口，各有攸司。令神凝形廢，無待於外，則視聽不資眼、耳，臭味不賴鼻、口，故六藏七孔，四肢百節，塊然尸居，同爲一物，則形奚所倚？足奚所履？我之乘風，風之乘我，孰能辨也？〔解〕神凝者，不動也；形釋者，無礙也；骨肉都融者，忘形骸也。形骸忘於所之，神念離於所著，則與風氣同之上下也。○盧文弨曰：注「令神凝形廢」「令」當作「今」。

今女居先生之門，曾未浹時，○釋文云：曾音層。浹，子協切。而懟憾者再三。女之片體將氣所不受，汝之一節將地所不載。〔注〕用其情，有其身，則肌骨不能相容，一體將無所寄？豈二儀之所能覆載。伯峻案：將，且也。

履虛乘風，其可幾乎？」○釋文云：幾音冀。尹生甚怍，○釋文云：怍音昨。屏息良久，○釋文云：屏息，屏氣似不息也。不敢復言。〔解〕列子所以乘風者，爲能忘其身也。老子曰：「吾所以有大患者，爲吾有身，及吾無身，吾有何患也？」若其形骸之不忘，則一節之重將地所不能載，何暇乘風而凌虛哉？伯峻案：解引老子「吾有何患也」，今本無「也」字。○釋文云：復，扶又切。

列子問關尹曰：○釋文云：關尹，關令尹喜，字公度，著書九篇。伯峻案：今本關尹子一卷，九篇，南宋陳振孫直齋書錄解題疑爲孫定（南宋人）依託，四庫提要則云「或唐五代間方士解文章者所爲也」。

「至人潛行不空，〔注〕不空者，實有也。至人動止不以實有爲閡者也。郭象曰：其心虛，故能御羣實也。○道藏江遹本、宋徽宗本「空」並作「窒」。作「窒」者是也。但張湛原本作「空」，故仍之。○俞樾曰：張注甚爲迂曲。釋文曰，「空一本作室」，當從之。莊子達生篇正作「不窒」。○仲父曰：俞說是也。潛行謂行於水也。說文十一上水部：泳，潛行水中也。哀十七年左傳：越子以三軍潛涉。韓非子十過篇記智伯伐趙事云，「決晉陽之水以灌之，圍晉陽三年。城中巢居而處，懸釜而炊。張孟談謂趙襄子曰：臣請試潛行而出見韓魏之君」，皆其證也。窒謂窒息，潛行入水與下入火正相對。○釋文云：潛或作漸，亦音潛。空一本作室，塞也。閡音礙。○秦恩復云：易「闐其无人」，陸釋文：孟作窒。虞翻注，空也。空之爲窒，猶亂之訓治也。

蹈火不熱，行乎萬物之上而不慄。〔注〕向秀曰：天下樂推而不厭，非吾之自高，故不慄者也。○釋文云：慄音栗。

請問何以至於此？」關尹曰：「是純氣之守也，非智巧果敢之列。〔注〕至純至真，即我之性分，非求之於外。慎而不失，則物所不能害，豈智計勇敢而得冒涉艱危哉？〔解〕言至人潛行積德，非本空虛者也，何如能蹈火不熱，登高不慄乎？以明純氣出乎性，守神以合道，則能至於此，故曰至人也；豈智巧果敢所能得耶？○釋文云：列音例。

姬！○釋文云：姬音居。

魚語女。〔注〕魚

當作吾。○吳闓生曰：鐘鼎古文多以魚為吾。○釋文云：魚音吾。語，魚據切。女音汝。

皆物也。〔注〕上至聖人，下及昆蟲，皆形聲之物。以形聲相觀，則無殊絕者也。

向秀曰：唯無心者獨遠耳。○釋文云：遠，于萬切。

是形色之物耳，未足以相先也。以相先者，唯自然也。〔解〕凡有形者皆物也。**夫奚足以至乎先？是色而已。**

者，情惑之甚也。會忘形守神習靜以生慧者，然後能通神明者也。伯峻案：「色」上脱「形」字，當作「是形色而已」。物皆是色，亦何後何先耶？而自貴賤物

「形色」承上文「貌像聲色」而言。注引向秀曰「同是形色之物耳」，則向所注莊子本有「形」字。江南古藏本莊子正作**物與物何以相遠也？**〔注〕向秀曰：同

「是形色而已」，當據正。說本奚侗莊子補注。「是形色而已」。

無形矣；形既無終，則所止者無化矣。造音作。○盧文弨曰：注「造音」下當有「造」字。伯峻案：盧説可商。據**則物之造乎不形，而止乎無所化。**〔注〕有既無始，則所造者

釋文，張注只作「造音作」。蓋張湛與殷敬順皆不曉音理，故其音有不可信者，不可以深求也。○釋文云：造音作，臧

祚切，注同。尋形聲欲窮其終始者，亦焉得至**夫得是而窮之者，焉得而正焉？**〔注〕

極之所乎？〔解〕忘形守神，造乎不形；寶真合道者，止乎无所化也。若得此道而窮理盡性者，何得不為正乎？

○「而正」本作「為正」。○俞樾曰：「為正」當作「而止」，字之誤也。止與正形相似。為古文作而，與而亦相似。襄十

四年左傳：「射為禮乎」，太平御覽工藝部引作「射而禮乎」；孟子滕文公篇「方里而井」，論語顏淵篇正義引作「方里

為井」，並其證也。莊子達生篇述此文曰「夫得是而窮之者物焉得而止焉」，可據以訂正。○王重民曰：吉府本「為」

正作「而」。伯峻案：俞、王兩説是也。「為」字今依吉府本正。**彼將處乎不深之度，**〔注〕即形色而不求其終始

者，不失自然之正矣。深當作淫。○釋文云：深音淫。**而藏乎無端之紀，**〔注〕至理豈有隱藏哉？任而不執，故冥然無迹，端崖不見。○釋文云：見，賢遍切。**游乎萬物之所終始。**〔注〕乘理而無心者，則常與萬物並遊，豈得無終始之迹者乎？〔解〕至人者，言无失德也，故不淫其度矣；行无失迹也，故藏乎无端矣；常歸其本也，故游萬物之終始矣。伯峻案：紀始爲韻，古音同爲之哈部之上聲。**壹其性，養其氣，**○釋文云：養其氣一本作真其氣。**含其德，以通乎物之所造。**〔注〕氣壹德純者，豈但自通而已哉？物之所至，皆使無閡，然後通濟羣生焉。○造音操。〔解〕性不雜亂，唯真與天地合其德而通於萬物之性命。○盧文弨曰：張注末「音操」下藏本有「有」字。○釋文云：造，七到切，至也。**夫若是者，其天守全，其神無郤，**○「郤」釋文作「郄」云，郄音給，閑也。○俞樾曰：釋文「閑也」，閑乃閒字之誤，謂閒隙也。郤與隙通。莊子知北遊篇「若白駒之過郤」，釋文曰「郤本作隙」，是也。故郤有閒隙之義。禮記曲禮篇「相見於郤地曰會」，鄭注曰：「郤，閒也」；莊子養生主篇「批大郤」，德充符篇「使日夜無郤」，釋文引崔李云，「郤，閒也」，並可爲證。**物奚自入焉？**〔注〕自然之分不虧，則形神全一，憂患奚由而入也？〔解〕寶道則性全，去情則无郤无朕无迹也，外物何從而入焉？**夫醉者之墜於車也，**○釋文「墜」作「隊」，云：隊音墜。**雖疾不死。骨節與人同，而犯害與人異，其神全也。乘亦弗知也，墜亦弗知也。**〔注〕此借麤以明至理之必然也。○釋文云：乘，食陵切。**死生驚懼不入乎其胸，是故遻物而不慴。**〔注〕向秀曰：遇而不恐也。○「遻」秦刻盧解本作「忤」。○秦恩復曰：「遻」「忤」古字通。○釋文云：遻音忤，遇也。一本作遻，心不欲見而見曰遻，於義頗迂。莊子亦作遻。慴，之涉切。**彼得全於酒而猶若是，**〔注〕向秀曰：醉故失其所知耳，非自然無心也。

而況得全於天乎？〔注〕向秀曰：得全於天者，自然無心，委順至理，故物莫之能傷也。**聖人藏於天，故物莫之能傷也。**」〔注〕郭象曰：不闕性分之外，故曰藏也。〔解〕夫醉人者，神非合於道也，但爲酒所全者，憂懼不入於天府，死生不傷其形神。若得全於神者，故物不能傷也。○釋文云：闕，去隨切。爲，于偽切。无，莫侯切，下並同。

列禦寇爲伯昏無人射，引之盈貫，〔注〕盡弦窮鏑。○釋文云：鏑音的。**措杯水其肘上，**〔注〕手停審故，杯水不傾。○注「故」四解本作「固」，誤。○釋文「鏑」作「摘」，云：摘音的，本作鏑。復，扶又切。沓音踏。○釋文云：杯，必回切。肘，竹九切。**發之，鏑矢復沓，**〔注〕郭象曰：矢去也。箭鏑去復往沓。**方矢復寓。**〔注〕郭象曰：箭方去，未至的，以復寄杯於肘，言敏捷之妙也。○奚侗曰：說文：鏑，矢鏠也。小爾雅：沓，合也。楚辭天問「天何所沓」，王逸注：「沓，合也。」詩秦風「方何爲期。」鄭箋，「方今以何時爲還期乎」，是方有今義。發之鏑矢復沓，言已發者，鏑與矢復相連合。方矢猶今矢，是引而未發之矢。對已發者言，則未發者爲今矢；若以先後言，則今矢又爲後矢。方矢復寓，言後矢又寓於弦也。仲尼篇「善射能令後鏃中前括，發發相及，矢矢相屬。前矢造準而無絕落，後矢之括猶銜弦，視之若一焉」，正可逐釋此文。○釋文云：寓音遇。捷，疾葉切。

當是時也，猶象人也。○釋文云：木偶人形曰象人。〔解〕引滿而置水於其肘上，發一箭復一箭，猶如泥木象人也。志審神定，形不動，以致於此也。○釋文云：木象人也。

伯昏無人曰：「是射之射，〔注〕雖盡射之理，而不能不以矜物也。**非不射之射也。**〔注〕忘其能否，雖不射而同乎射也。**當與汝登高山，履危石，臨百仞之淵，若能射乎？」**〔注〕內有所畏懼，則失其射矣。〔解〕恃其能而安其形審其當耳，非謂忘形遺物而以神運者也。伯峻案：當即儻，若也，如也。韓非子人主篇，「當使虎豹失其爪牙，則人必制之矣」，當即儻也，可證。

於是無人遂登高山，履危石，臨百仞之淵，背逡巡，足二分垂在外，○釋文云：逡，七旬切。二分垂謂足二分懸垂在外。**揖禦寇而進之。禦寇伏地，汗流至踵。**〔解〕登高履危而懼若此者，憂其身，惜其生也。曾不知有其形者，適足以傷其生；忘其形者，適所以成其生。禦寇但善於射者，非合於道也。若忘形全神無累於天下者，乃不射之射也。○釋文云：踵音腫。

伯昏無人曰：「夫至人者，上闚青天，下潛黃泉，揮斥八極，○釋文云：斥音尺。郭象云：揮斥猶放縱也。又曰：揮斥，奮迅也。**神氣不變。**〔注〕郭象曰：揮斥猶縱放也。夫德充於內，則神滿於外，無遠近幽深，所在皆明，故審安危之機而泊然自得也。○注「曰」字汪本作「云」，今從北宋本、藏本訂正。**今汝怵然有恂目之志，**○秦恩復曰：恂當作眴。○釋文云：怵，丑律切。恂音荀。何承天纂要云：吳人呼瞬目為恂目。**爾於中也殆矣夫！」**〔注〕郭象曰：不能明至分，故有懼而所喪者多矣，豈唯射乎？〔解〕夫至道之人自得於天地之間，神氣獨主，憂樂不能入也。今汝尚恐懼之若此，豈近乎道者耶？汝於是終始初習耳，未能得其妙也。○奚侗曰：志即識字，謂標識也。猶言表著於外。中讀如字，謂心中也。禮文王世子禮樂交錯於中，鄭注：中，心中也。○王叔岷曰：張注引郭象文，莊子田子方篇注疊「有懼」二字，當從之。此文挩「有懼」二字，文意不完。○釋文云：中，丁仲切。殆矣夫一本作始矣夫。

范氏有子曰子華，善養私名，〔注〕遊俠之徒也。○文選陸士衡擬古詩注引「范氏」上有「晉」字。○許維遹曰：名疑為客之壞字。注「遊俠之徒也」，則原文本作客明矣。又下文「子華使其俠客」，正承此而言。**舉國服**

之，有寵於晉君，不仕而居三卿之右。目所偏視，晉國爵之；口所偏肥，〔注〕音鄙。晉國黜之。〔注〕肥，薄也。○盧文弨曰：注「音鄙，肥，薄也」，疑本是「音鄙薄」，肥字乃衍文。○段玉裁曰：古肥與非通。口所偏肥，猶云口所偏非耳。○洪頤煊曰：漢書叙傳「安滔滔而不萉兮」，鄧展曰：「萉，避也。」肥又通作腓字。詩采薇「小人所腓」，毛傳：「腓，避也。」口所偏避，謂不齒之人。○釋文云：肥，皮美切。按說文字林並作庀，又作圮，皆毀也。字從其省。○秦恩復曰：說文無庀字，當作脆，俗作脆。圮當作肥，故釋文云字從其省。多肉之肥字古作朋，從冋，不從色。○俞樾曰：屵部：庀，嶏也。嶏與毀義近是。庀爲庀之誤。張注曰「音鄙，肥，薄也」，疑本作「肥音鄙，薄也」。蓋謂讀如鄙薄之鄙耳。庀字孫愐音符鄙切，與張讀正合。庀省作肥，故釋文曰字從其省也。秦氏恩復校刻盧重玄本以庀爲脆字之誤。夫脆何得訓毀，於義難通。蓋誤讀張注作肥薄也，故爲此說。今正其字爲庀，其義爲毀，其音爲鄙。秦說非也。

游其庭者侔於朝。○釋文云：侔音謀，齊也。朝音潮。子華使其俠客以智鄙相攻，彊弱相凌。○釋文云：相凌一本作相擊。雖傷破於前，不用介意。○釋文云：介音界，副也，稱也。終日夜以此爲戲樂，國殆成俗。〔解〕偏視者，顧眄之深也；偏肥者，毀謗之厚也。士因其談以爲榮辱，故遊其門者比於晉朝。而子華使令門客恣其言辯，無所迴避，人相毀辱，殆成風俗。禾生、子伯，范氏之上客，出行，經坰外，〔注〕坰，郊野之外也。○釋文云：坰，古螢切。○秦恩復曰：宿於田更商丘開之舍。〔注〕更當作叟。○釋文「更」作「叟」，云：叟，西口切。○秦恩復曰：三老五更，老人之通稱，作更於義亦通。○任大椿曰：考文王世子「三老五更」，注「更當爲叟」。文王世子釋文「更，工衡反，注同。蔡作叟，音素口反。」田更之作田叟，與五更之作五叟同。○王重民曰：蔡說見獨斷，且謂俗書嫂作娘，證更與叟互通。蔡氏五更之說姑俱不論，而張湛所見已作更，則釋文作叟者乃後人所改。御覽三百四十引亦作叟。

中夜，禾生、子伯二人相與言子華之名勢，能使存者亡，亡者存；富者貧，貧者富。〔解〕存者亡，毀之也；亡者存，譽之也。富者貧，奪之也；貧者富，施之也。而商丘開下里不達，將謂聖力所成之也。

商丘開先窘於飢寒，○釋文云：先，悉薦切。窘，奇隕切，困也。

潛於牖北聽之。○俞樾曰：牖北即室中矣。禾生子伯宿於田更商丘開之舍，必當在其室中，商丘開安得更於牖北聽之？牖北疑當作北牖，所謂向也。詩七月篇毛傳曰：「向，北出牖也」，是也。二子在室中，商丘開於北牖外聽之，正合事理。古者士庶人之室皆有北牖，說詳羣經平議。

因假糧荷畚之子華之門。○釋文云：荷，胡可切。畚音本，蕢籠也。

子華之門徒皆世族也，縞衣乘軒，緩步闊視。○釋文云：闊，苦括切，遠也，廣也。

顧見商丘開年老力弱，面目黎黑，衣冠不檢，莫不眲之。〔注〕眲音奴革。伯峻案：吳闓生謂「眲，蓋目訝之也，耳而目之之義」，蓋就字形為義。中華大字典謂「眲，輕視也」，蓋就文義為義。○釋文云：眲，奴革切。方言：揚越之間，凡人相輕侮以為無知謂眲。眲，耳目不相信也。

既而狎侮欺詒，○王重民曰：御覽四百三十引「詒」作「紿」。案說文「詒，相欺語也。」「紿，絲勞也。」詒本字，後人多以紿代之。仲尼篇「吾笑龍之詒孔穿」，此並古字之僅存者。○釋文云：詒音待。方言：相欺。本作紿。

攩㧙挨抌，〔注〕攩音晃。㧙音扶閉。挨音烏待。抌音都感切。○釋文云：攩，胡廣切。方言，今江東人亦名推為攩。又音晃，搥打也。㧙，蒲結切。方言，凡相推搏曰㧙。又扶畢切，推擊也。挨，烏駭切，推也。抌，丁感切。方言，擊背也。一本作抗，違拒也。亡所不爲。○釋文云：亡音無。商丘開常無慍容，○釋文云：慍，於問切。而諸客之技單，○釋文云：技，渠奇切。單音丹，盡也。憊於戲笑。【解】撫弄輕忽之極者也。狎侮者，輕近之也；欺詒者，狂妄之也。攙者，觸撥之也；抌者，拗捩之也；挨者，恥辱之也；扰者，違拒之也。○釋文云：憊，蒲界切，疲也。

遂與商丘開俱乘高臺，○釋文「俱乘」作「俱升」，云：俱升一本作俱乘。乘，登也。○任大椿曰：漢書張湯傳「迺遣山乘鄣」，師古曰：「乘，登也。」陳湯傳「乘城呼」，師古曰：「乘，登也。」貢禹傳「乘，登也。」與敬順乘訓登同。又考釋名，「乘，升也。」荀子大略篇「嘔其乘屋」，楊倞注乘亦訓升。故「升高臺」升又作乘。於眾中漫言曰：○釋文云：漫，莫汗切，散也。「有能自投下者賞百金。」○釋文「賞」作「償」，云：償音賞。眾皆競應。【解】以愚侮之，眾故僞爭應命耳。商丘開以爲信然，遂先投下，形若飛鳥，揚於地，○釋文云：飛鳥一本作飛鳬。揚，餘亮切，猶颺物從風也。骫骨無碾。○釋文「骫」作「骩」，云：骩音肌。按骩是古委字。說文云：骨曲直也，於義頗迂。碾音毀。○任大椿曰：骫即委。廣雅「骫，委曲也。」史記司馬相如傳「崔錯登（音校）骫」，椿案，骫音委。漢書揚雄傳「從者仿佛骫屬而還」，師古曰：「骫古委字也。」文選舞賦「漫末世之骫曲」，李善注，即委曲。骫無肌音。玉篇，肌，渠留切，熟肉醬也。與骫音義不同，骫不得音肌也。玉篇又有骩字，胡玩切，引說文云，搔生創也。又有骫字，亦音委。皆與骫音義不同。未知釋文骫之音肌，肌字究爲何字之誤。至今本骫作骩。伯峻案：正韻云音雞，篇海云同肌，骫骨即肌骨。范氏之黨以爲偶然，未詎怪也。○釋文「詎」作「巨」，云：偶，五口切。巨，大也。一本作詎。○任大椿曰：漢書高帝紀「沛公不先破關中，公巨能入乎」，師古訓巨爲詎。莊子齊物論釋文,「庸詎,徐本詎作巨」,則詎巨通,與敬順釋文詎之作巨,可以互證。因復指河曲之淫隈曰:○釋文云:復,扶又切。淫音深。隈,烏恢切,水曲也,一本作隅。「彼中有寶珠,泳可得也。」○釋文云:泳音詠,潛行水中也。商丘開復從而泳之。〔注〕水底潛行曰泳。○釋文云:底,都禮切。既出,果得珠焉。衆昉同疑。〔注〕昉,始也。○釋文云:昉,分兩切,或作放。○俞樾曰:古字放與方通。尚書堯典篇「方命圮族」,漢書傅喜傳王商傳竝作「放命圮族」,是其證也。廣雅釋詁:方,始也。然則昉者俗字,放者叚字,實即方始之方耳。子華昉令豫肉食衣帛之次。俄而范氏之藏大火。○王重民曰:御覽四百三十引大火作失火。子華曰:「若能入火取錦者,從所得多少賞若。」商丘開往,無難色,○釋文云:難,乃汗切。入火往還,埃不漫,○釋文云:爲句。埃一本作烌。身不焦。范氏之黨以爲有道,乃共謝之曰:「吾不知子之有道而誕子,〔注〕誕,欺也。吾不知子之神人而辱子。○御覽四三○引作「吾不知子之有道而紿子,吾不知子之有神而辱子」。子其愚我也,子其聾我也,子其盲我也。敢問其道。」〔解〕從臺而下若飛焉,入水取珠若陸焉,入火往來無所傷焉,子華門人咸以爲神而有道。此見欺怒而不愠者,必以我等聾盲之輩。敢問其道。商丘開曰:「吾亡道。○釋文云:亡音無。雖吾之心,亦不知所以。○御覽四三○引「不知」下有「其」字。雖然,有一於此,試與子言之。曩子二客之宿吾舍也,聞譽范氏之勢,○釋文云:譽音餘。能使存者亡,亡者存;富者貧,貧者富。吾誠之無二心，○盧文弨曰：「誠之」太平御覽四百三十作「誠信」。○俞樾曰：爾雅釋詁：「誠，信也。」吾誠之即吾信之也。

下文「唯恐誠之之不至」，即唯恐信之之不至也。

不至，○盧文弨曰：御覽引不重之字，下同。伯峻案：引見御覽四百三十卷。○釋文作「唯恐誠

之之不至，至之之不行，行之之不及」；云：一本無之之不行一句。

心一而已。物亡迕者，如斯而已。○王重民曰：吉府本無上「已」字，御覽四百三十引「而已」作「已矣」。

今昉知子黨之誕我，我内藏猜慮，外矜觀聽，追幸昔日之不焦溺也，怛然内熱，惕然震悸

矣。○釋文云：怛，丁達切，驚也。水火豈復可近哉？」〔解〕老子曰「大智若愚」者，似之而非也。但一志無

他慮，能頓忘其形骸者，則死生憂懼不能入，況泯然與道合，智周於宇宙，功備羣有者，復何得一二論之

耶？及是非生於心，則水火不可近之也。○釋文云：近，去聲。自此之後，范氏門徒路遇乞兒馬醫，弗

敢辱也，必下車而揖之。宰我聞之，以告仲尼。仲尼曰：「汝弗知乎？夫至信之人，可

以感物也。動天地，感鬼神，横六合，而無逆者，豈但履危險，入水火而已哉？○釋文云：

商丘開信偽物猶不逆，況彼我皆誠哉？小子識之！」〔解〕乞兒馬醫皆下人也，遇之不敢

險音嶮。夫子言其至信之感理盡矣。○釋文云：識音志。

輕。

周宣王之牧正有役人梁鴦者，○釋文云：宣王名靖，厲王子也。牧正，養禽獸之長也。鴦音央。**能**

養野禽獸，委食於園庭之內，○釋文云：委，於僞切。食音嗣，下食虎同。雖虎狼鵰鶚之類，無不柔馴者。○「柔」下原無「馴」字，藏本、世德堂本有，今據補。御覽九百二十六引無「馴」字。○釋文云：鵰鶚音彫鍔。馴，松倫切，順也。一本無馴字。雄雌在前，孳尾成羣，○釋文云：孳音茲，又音字。孳尾，牝牡相生也。乳化曰孳，交接曰尾。異類雜居，不相搏噬也。○釋文云：搏噬音博逝。王慮其術終於其身，令毛丘園傳之。○釋文「傳之」作「傳受之」，云：毛丘園，姓毛，名丘園也。一本作園，魚呂切。一本無受字。梁鴦曰：「鴦，賤役也，何術以告爾？懼王之謂隱於爾也，且一言我養虎之法。凡順之則喜，逆之則怒，此有血氣者之性也。然喜怒豈妄發哉？皆逆之所犯也。夫食虎者，不敢以生物與之，爲其殺之之怒也；〔注〕恐因殺以致怒。○王叔岷曰：北山錄異學篇引「之怒」作「而怒」，下同。御覽八九一、記纂淵海九八引並作「恐怒」，下同。○釋文云：爲，于僞切，下同。不敢以全物與之，爲其碎之之怒也。〔注〕恐因其用力致怒。○釋文一本作決之。○王叔岷曰：事類賦二十獸部一、記纂淵海九八、天中記六十引並作「決之」。莊子人間世篇同。碎之一本作決之。時其飢飽，達其怒心。〔注〕向秀曰：達其心之所以怒而順之也。○王叔岷曰：淮南主術篇「怒心」作「怒恚」。「怒恚」與「飢飽」對言，當從之。「心」蓋「恚」之壞字。虎之與人異類，而媚養己者，順也；〔注〕殊性而愛媚我，順之故也。故其殺之，逆也。〔注〕所以害物，逆其心故。○盧文弨曰：藏本注「害物」下有「而」字，疑當作「由」。注末有「也」字。○王重民曰：莊子人間世殺之作殺者，當從之。故猶則也，説見經傳釋詞。此謂虎雖與人異類，其媚養己者，由於能順其性；則其所以嗜殺者，由於逆其性也。

○王叔岷曰：疑此文本作「故其殺之者逆也」。今本此文挩「者」字，莊子挩「之」字，文意並不完。伯峻案：王説是也，張注即是此意，則張所見本尚未誤。　然則吾豈敢逆之使怒哉？亦不順之使喜也。夫喜之復也必怒，怒之復也常喜，皆不中也。〔注〕不處中和，勢極則反，必然之數。○王叔岷曰：埤雅三引「夫」作「何則」。疑「夫」上原有「何則」二字。埤雅或略引夫字也。　今吾心無逆順者也，則鳥獸之視吾，猶其儕也。

○釋文云：儕，助皆切。　故游吾園者，不思高林曠澤；○釋文「曠澤」作「廣澤」。○任大椿曰：左傳莊二十八年傳「廣莫」，注云：「曠莫之地。」荀子解蔽篇「則廣焉能克之」，楊倞注：「廣讀爲曠。」王霸篇「胡不廣焉」，楊倞注云：「或曰讀爲曠。」漢書武五子傳「橫術何廣廣兮」，蘇林曰：「廣音曠。」則廣曠通。　寢吾庭者，不願深山幽谷，理使然也。」〔注〕聖人所以陶運羣生，使各得其性，亦猶役人之能將養禽獸，使不相殘害也。〔解〕夫形質各有殊，神氣則不異也。故莊子云，視其異也，則肝膽楚越；視其同也，則萬物一體矣。至人以神會之也，入鳥不亂行，入獸不亂羣者，逆順同志而不迕；故猛獸可養，海鷗可狎也。夫禽獸之入深山幽谷者，欲全其身，遠人害也。苟無其虞，則園庭之與山林，夫何異哉？

顏回問乎仲尼曰：「吾嘗濟乎觴深之淵矣，津人操舟若神。○孫詒讓曰：說文水部云：「津，水渡也。」津人蓋掌渡之吏士。左傳昭二十四年：「王子朝用成周之寶珪于河，甲戌，津人得諸河上。」劉向列女傳辯通篇「趙津女娟者，趙河津吏之女。」○釋文云：操，七刀切，下同。　吾問焉，曰：『操舟可學邪？』

曰：『可。』能游者可教也，○釋文云：浮水曰游。**善游者數能。**〔注〕向秀曰：其數自能也，言其道數必能不懼舟也。○釋文「不懼舟」作「擢舟」，云：數，色據切，術也，注同。擢，直孝切，一本作懼，恐字誤。伯峻按：本作「擢舟」「擢」誤成「懼」，妄人又增「不」字也。敬順所見已有誤爲「懼」者，但尚未增「不」字耳。**乃若夫没人，則未嘗見舟而謖操之者也。』**〔注〕謖，起也。向秀曰：能鶩没之人也。○注「鶩」北宋本作「矜」，汪本從之，今依藏本正。又四解本注末有「鶩音木」三字。曾廣源曰：楚語通謂愚嫻曰俶頭俶腦，猶北人謂傻頭傻腦也。楚亦謂俶曰謖，列子未見舟而謖操之，謖即傻也。○釋文云：謖，所六切，莊子作便。鶩音木，鴨也。一本作矜，字誤。**焉，而不告。敢問何謂也？」**〔解〕善操舟者，能學之也；善游浮者，串習之也；至乎没人未嘗見舟而得者，吾問斯乃神會，彼不能達。**仲尼曰：「譆！**○釋文云：譆音衣，與譩同，歎聲也。○胡懷琛曰：譩即噫字。**吾與若玩其文也久矣，**○釋文云：玩，五貫切，習也。**而未達其實，而固且道與。**〔注〕見操舟之可學，則是玩其文，未悟没者之自能，則是未至其實，今且爲汝說之也。○陶鴻慶曰：張注「操舟之可學」云云殊謬。仲尼之意，言吾與汝但玩習道理之文，而未嘗取驗於事實，固不足以知道也。下文「壺子曰，吾與汝無〔俞氏以無爲毌字之誤，毌即貫習字〕其文未既其實而固得道與」注引向秀曰，「夫實由文顯，道以事彰」云云，正得其旨。疑此文且亦當作得，古文導字壞其下半，遂誤爲且矣。○釋文云：與音余。爲，于偽切。**能游者可教也，輕水也；善游者之數能也，忘水也。**〔注〕忘水則無矜畏之心。○盧文弨曰：注藏本作「忘水者則無矜畏之心也。」○陶鴻慶曰：「能游者」下亦當有「之」字。**乃若夫没人之未嘗見舟也而謖操之也，彼視淵若陵，視舟之覆猶其**

車卻也。覆卻萬物方陳乎前而不得入其舍。〔注〕神明所居故謂之舍。○盧文弨曰：注藏本作「神明所居者故謂之舍也。」○俞樾曰：方，並也。方之本義爲兩舟相並，故方有並義。荀子致仕篇：「莫不明通方起以尚盡矣」，楊注曰：「方起，並起。」漢書揚雄傳「雖方征僑與偓佺兮」，師古注曰：「方謂並行也。」皆其證也。方陳乎前謂萬物並陳乎前也。○奚侗曰：俞說非是。易恒卦「君子以立不易方。」王注：「方猶道也。」覆卻承上舟車言，覆卻萬方謂舟車覆卻之道甚多也。列子黃帝篇衍「物」字，莊子不衍。惡往而不暇？〔注〕所遇皆閒暇也。○釋文云：惡音烏。閒音閑。以瓦摳者巧，○釋文云：摳，探也，以手藏物探而取之曰摳，亦曰藏彄。風土記云：臘日飲祭之後，叟嫗兒童爲彄之戲。辛氏三秦記：漢鉤弋夫人手拳，時人傚之，因名爲藏鉤也。彄，口侯切，莊子作摳。○秦恩復曰：今本莊子摳作注。以鉤摳者憚，○釋文云：鉤，銀銅爲之。憚，待汗切。以黃金摳者惛。〔注〕互有所投曰摳。郭象曰：所要愈重，則其心愈矜也。○注「曰」世德堂本作「者」，非，今從藏本。○沈赤然曰：莊子達生篇襲用此語，而改「摳」爲「注」。按投曰摳，射而賭物曰注。伯峻案：吾師吳檢齋先生云：莊子作「注」，呂氏作「投」，淮南作「鉒」，聲大同，蓋博戲勝算之名。淮南注云：鉒者提馬，即投壺爲勝者立馬之馬。今方俗謂博進之算爲注馬，其遺語也。列子作摳，則以爲藏彄字，別有意義。○釋文「惛」作「殙」，云：殙音昏。方言曰：迷，殙也。要，於遙切。愈音庾，益也。巧一也，○許維遹曰：巧上疑挩其字。莊子達生篇作「其巧一也」呂氏春秋去尤篇作「其祥一也」，並有「其」字可證。而有所矜，則重外也。凡重外者拙內。」〔注〕唯忘內外，遺輕重，則無巧拙矣。〔解〕見操舟可學者，玩其文也。若會其真者，彼則視水如陵，覆溺不入其靈府矣，何往而不閒暇哉？以瓦投物者，但見其巧中而不憚於失瓦也；若以鉤投物，則不專於巧中，更恐失鉤之拙也；若以黃金爲投者，不敢祈中，惟懼失金之損矣。是知向時之妙忘於外物，今時之懼惜於外物也。代人知矜外之兩失，而貪物以喪其生。○「拙」北宋本作「撰」，汪本從之；他本作「拱」。盧文弨曰：「拱」藏本作「拙」是也。今從之。莊子亦作「拙」。「拱」「拙」形近，故致誤。○釋文「拙」作「拱」云：拱本作拙。

孔子觀於呂梁，○莊逵吉曰：呂梁有兩說，一說在西河。司馬彪曰：呂梁在離石縣西是也。水經注云：河水左合一水，出善無縣故城西南八十里，其水西流，歷于呂梁之山，而爲呂梁洪。昔呂梁未闢，河出孟門之上。蓋大禹所闢以通河也。今離石縣西歷山尋河，並無過岯，至是乃爲巨險，即呂梁矣。在離石北以東百有餘里。（伯峻註：水經注原文止此，因係節引，故不加引號。以東百有餘里，原文作以東可二百有餘里，當係偶誤。）道元雖駁正郡國志，然亦主西河之說矣。一說在彭城。○俞正燮曰：說符篇云：「孔子自衛反魯，息駕河梁而觀焉」，實是一事。莊子達生篇河梁即孔子所觀。釋文引司馬彪云：「河水有石絕處也，今西河離石西有此懸絕，世謂之黃梁。」呂氏春秋愛類篇：「呂梁未發」，高誘云：「在彭城呂縣，大石在水中，禹發而通之。」淮南本經訓「呂梁未發」注亦云：「在彭城」，按四書所說是兩呂梁，莊列之文合在彭城，呂氏淮南呂梁確在離石，古注乃互錯。水經注於泗水引孔子事，河水引呂文及司馬說，真爲通矣。莊子釋文云，「北人名水皆曰河」，則泗得有河名。漢書溝洫志云：禹釃二渠，後三代時自滎陽下引河東南爲鴻溝，以通宋、衛、陳、蔡、曹、鄭，與濟、汝、淮、泗會（於楚）。漢書正得名河梁。宋劉奉世校漢書以爲誤，妄矣。或謂泗呂梁始於唐，讀史方輿紀要言晉宋已有之，語俱不審。○釋文云：呂梁在今彭城郡。爾雅曰：石絕水曰梁。**懸水三十仞，**○文選謝靈運還舊園作見顏范二中書詩注引「三十」作「四十」。說苑雜言篇同。**流沫三**

十里，黿鼉魚鱉之所不能游也，見一丈夫游之。以爲有苦而欲死者也，使弟子並流而承之。○釋文云：並音傍。史記漢書傍海傍河皆作並。承音拯，方言：出溺爲承。諸家直作拯，又作撜。數百步而出，被髮行歌，而游於棠行。〔注〕棠當作塘，行當作下。○四解本「棠行」作「塘下」，當是依注意改。○釋文云：棠音塘，下同。孔子從而問之，曰：「呂梁懸水三十仞，流沫三十里，黿鼉魚鱉所不能游。向吾見子道之，〔注〕道當爲蹈。○四解本作「蹈」，亦是依張注之意而改。○釋文云：道音導，下道之同。郭璞注穆天子傳云，道，從也。伯峻案：道當從注改爲蹈，下文請問蹈水有道乎作蹈，可證。釋文讀爲導，雖可通，終不逮張注爲近之。以爲有苦而欲死者，使弟子並流將承子。○釋文云：承音拯。子出而被髮行歌，吾以子爲鬼也。察子，則人也。請問蹈水有道乎？」曰：「亡。○釋文云：亡音无，本無此亡字。吾無道。吾始乎故，長乎性，成乎命，與齊俱入，與汩偕出。〔注〕齊汩者，水迴入涌出之貌。○釋文「齊」作「齊」，云：司馬云，齊，洄水如磨齊也。汩，古忽切，涌波也。郭象云：洄伏而涌出者汩也。○任大椿曰：注曰，齊汩，洄入涌出之貌，即司馬所云齊洄水如磨齊者也。說文齊，肶齊。玉篇，臍又作齊。今本齊字當爲齊字之誤。又洄水洄伏莊子達生篇釋文作回水回伏。蓋回，轉也，洄，逆流也。說文、玉篇、廣韻、類篇訓此二字皆分二義，故荀子致士篇「水深則回」，楊倞注，「回，流旋。水深不湍峻，則多旋流也」。淮南子本經訓「旋流回波」，又云，「曲拂邅回以象渭澔。」凡水之回旋皆作回，若溯洄之洄則作洄。文選吳都賦「沂洄順流」，江賦「沂洄沿流」，李善注引毛傳「逆流而上謂之洄」。水經注「楊儀居上洄，楊顒居下洄」，水以洄名而分上下，則亦有逆流而上之意。後漢書任延傳「十里立一水門，令更相洄。」注李賢引爾雅逆流而上爲洄。故洄與回義各異也。但考爾雅釋水釋文「回，戶恢反，又作洄也。

文選七發「直使人洞閴悽愴焉」，李善注「洞與回同」。則回又爲通借之字。故莊子釋文作回，列子釋文又作洄也。

從水之道而不爲私焉，此吾所以道之也。」孔子曰：「何謂始乎故，長乎性，成乎命也？」

曰：「吾生於陵而安於陵，故也；〔注〕故猶素也。任其真素，則所遇而安。長於水而安於水，性

也；〔注〕順性之理，則物莫之逆也。不知吾所以然而然，命也。」〔注〕自然之理不可以智知；知其不可

知，謂之命也。〔解〕夫生於陵而安於陵，生於水而安於水，習以爲常，故曰始乎故也，長乎性也。習其故，安其性，忽然

神會，以成其命，得之不自知也。故易曰，窮理盡性以至於命。」命者，契乎神道也。

仲尼適楚，出於林中，見痀僂者承蜩，○「僂」世德堂本作「瘻」，或作「瘻」。○任大椿曰：說文，「僂

或言背僂。」通俗文，「曲脊謂之傴僂。」淮南子精神訓「子求行年五十有四而病傴僂」。楊倞注，「僂脊也」。地形訓，「其

人面末僂」，楊倞注：「末猶脊也。」凡訓曲脊者皆作僂。玉篇：僂，謹敬也，不輕也，下情也。無曲脊之義。今本僂作

僂，誤。伯峻案：任誤高誘注爲楊倞注。○釋文「承蜩」作「承鼂」云：痀，於禹切。僂音縷。痀僂，背曲疾也。鼂

音條，一本作蜩，蟬也。○任大椿曰：廣韻，鼂，直遙切；又涉遙切；條，徒聊切。鼂無條音。楚辭天問「胡惟嗜不同

而快鼂飽」，注：鼂一作晁，補曰：鼂晁並音朝暮之朝。天問又曰：「會鼂爭盟。」一作會晁，詩云「會朝

清明。」史記秦紀「庶長鼂」，正義曰：鼂，竹遙反。劉伯莊音潮。鼂錯傳，鼂音朝，謂子鼂之後。漢書「鼂采琬琰」，師

古曰：「鼂，古朝光也」。據此諸證，則鼂惟得與晁朝潮通讀。敬順釋文謂鼂音條，未詳所出。莊子作承蜩，

則鼂亦蜩也，但不必改讀耳。考説文云：「鼂，匽鼂也，讀若朝。揚雄説，匽鼂，蟲名。」又考夏小正「五月唐蜩鳴」盧辯

〔注〕「唐蜩者，匽也。」陸璣草木蟲魚疏「蜩，蟬之大而黑者，一名蝘。」埤雅云「蜩一名蝘，夏小正曰蜩蜩者，蝘是也。」然則說文之匽黿，即夏小正一名匽者也。匽即蝘也。蓋黿之屬，銳頭大腹。蟬亦銳頭大腹，故匽黿之黿從黽也，與蠅、黿從黽同意。是承蜩即承蜩，不必改讀也。猶掇之也。○釋文云：「掇，都括切，拾取也。」仲尼曰「子巧乎！有道邪？」曰「我有道也。五六月，累垸二而不墜，則失者錙銖；〔注〕向秀曰「累二丸而不墜，是用手之停審也，故承蜩所失者不過錙銖之間耳。」○釋文「累」作「絫」，云：「絫古累字。」司馬云，謂累丸於竿頭也。垸音丸。錙銖音淄殊。蜩音調。累三而不墜，則失者十一；累五而不墜，猶掇之也。〔注〕用手轉審，則無所失者也。吾處也，○許維遹曰：「處」下挩「身」字。「吾處身」與下文「吾執臂」對言。釋文有「身」字，莊子達生篇亦有「身」字，可據補。○釋文「吾處也」作「吾處身也」，云：一本無身字。伯峻案：釋文本無身字者，今據正。若橛株駒，〔注〕崔譔曰：橛株駒，斷樹也。○釋文「橛株駒」作「橛株駒」，云：橛本或作橜，同其月切。說文作橜，木本也。李頤云：橛，豎也。株駒亦枯樹本也。駒音俱。崔譔，譔音佺，清河人也，晉議郎，注南華真經內外二十七篇。○任大椿曰：今本作橜，橛橜通。荀子大略篇「和之璧，井里之厥也」，新校本讀厥爲橜，言璧賤如橜也。與敬順釋文橜之作橛可以互證。又考呂覽本生篇「伶蹶之機」，注，「蹶機，門内之位也。詩云，不遠伊爾，薄送我幾，此不過蹶之謂」。是伶蹶之蹶即門閫之橜。橜與厥通，又與蹶通也。又株駒、莊子達生篇作株拘。釋文引李云，「厥，豎也。豎若株拘」。考易林「蒙生株瞿，棘掛我鬚。」云蒙生，云棘，則亦林木之類。株駒、株拘、株瞿，皆一音相轉也。又考山海經「下有九拘」，注，「根盤錯也。」淮南子曰，大本則根攫。音劬。則駒、拘、瞿、枸、攫，皆有木本盤錯之義。吾執臂若槁木之枝。○王叔岷曰：「執臂」下當有「也」字，乃與上文句法

一律。莊子達生篇正有「也」字。○釋文云：槁，空好切。雖天地之大、萬物之多，而

唯蜩翼之知。吾不反不側，不以萬物易蜩之翼，何爲而不得？〔注〕郭象曰：遺彼故得此也。○北宋本無「雖」字。

〔解〕言初學累丸也，未嘗得之。習經半載而能累二不墜矣，習之不已，乃至累五而不墜者何耶？我身如橜株，臂如枯

木，心一志定，都無異思。雖萬物之多，而知在蜩翼，何爲而有不得耶？伯峻按：側翼得爲韻，古音同在職德部。孔

子顧謂弟子曰：「用志不分，乃疑於神。〔注〕分猶散。意專則與神相似者也。○盧文弨曰：「疑」藏

本作「凝」，莊子同。○焦循曰：管子內業篇云「思之思之，又重思之。思之而不通，鬼神將通之。非鬼神之力也，其

精氣之極也。」思之又思，用志不分也。鬼神將通之，疑於神也。○俞樾曰：「疑」道藏本作「凝」，盧重玄本亦作「凝」，

莊子同。然此字實當作疑，即所謂驚猶鬼神也。上文孔子曰「吾以子爲鬼也」，亦可爲乃疑於神之證。管

子形勢篇「無廣者疑」。神解篇曰：「以規矩爲方圓，則成；以尺寸量長短，則得；以法數治民，則安。故事不廣於

理者，其成若神。」此正用志不分乃疑於神之謂也。說互詳莊子平議。○陶鴻慶曰：俞說是也，張注云：「意專則與

神相似」，是其所見本正作「疑」，不作「凝」也。○王叔岷曰：雲谷雜記三、天中記五七引亦並作「疑」。疑猶擬也。莊

子天地篇：「子非夫博學以擬聖。」淮南俶真篇作疑，即其比。伯峻案：陶以張注爲證，補俞未足，實則俞於其莊子平

議亦嘗舉此相證也。又孔子所云疑爲成語，故諸子皆有此言。古成語多有韻，此分神乃真文合韻也（如老子十五章以

川鄰爲韻，禮記孔子閑居以神先雲爲韻，詩正月鄰云慇爲韻，易訟卦辭人川爲韻，楚辭天問分神爲韻，遠遊天聞鄰爲韻，

荀子雲賦損文神門存陳爲韻，例證極多，不煩枚舉）。真，段氏列入爲其十二部，文爲十三部，謂爲合韻最近，即是理也。

其痀僂丈人之謂乎！」〔解〕專心不雜，乃凝於神會也。夫子以其未忘於蜩翼，故凝於神，非謂神會者也。丈人

曰：「汝逢衣徒也，○孫詒讓曰：逢衣即禮經侈袂之衣。周禮司服鄭注云：士之衣袂皆二尺二寸而屬幅，其

袪尺二寸，大夫以上侈之。侈之者，蓋半而益一焉。半而益一，則其袂三尺三寸，袪尺八寸。○釋文「汝」作「女」云：

女音汝。禮記儒行篇曰：丘少居魯，衣逢掖之衣。長居宋，冠章甫之冠。鄭玄注云：逢猶大也，謂大掖之衣。向秀

曰：儒服寬而長大者。亦何知問是乎？修汝所以，而後載言其上。」[注]修，治也。言治汝所用仁義

之術，反於自然之道，然後可載此言於身上也。[解]言夫子之徒皆縫掖之士，用仁義以教化於天下，使天下紛然尚名

利，役智慮，而蕩失其真，勞其神明者，何知問此道耶？汝垂文字於後代者，復欲以言智之辯，將吾此道載之於文字然。

○秦恩復曰：解末「然」字疑作「焉」。○俞樾曰：張注於義未得。味丈人之言，其輕儒術甚矣，豈復使治其術乎？○

脩者，脩除也。周官典祀職「帥其屬而脩除」，鄭注曰：「脩芟掃之」，是其義也。又司尊彝職「脩酌」，司農注曰：

「以水洗勺而酌也。」以水洗勺謂之脩，亦脩除之義。此文脩汝所以，言汝所以者宜脩除之，然後可載吾言於其上也。○

王叔岷曰：俞氏以脩爲脩除字，是也。惟亦未得載字之義。載猶再也。言脩除汝故所以者，然後可以再言其上也。

林希逸口義云，「載言，更言也」，最得其解。莊子讓王篇：「夫子再逐於魯」，御覽四八六引作「載」，即「載」「再」通用

之證。○吳闓生亦曰：言先修汝之所行而後再求其上者，注誤。

海上之人有好漚鳥者，伯峻案：呂覽精諭篇作好蜻者，下同。○釋文云：好，呼報切。漚音鷗。漚鳥，

水鴞也，今江湖畔形色似白鴿而羣飛者是也。○王叔岷曰：藝文類聚九二、御覽九二五、爾雅翼十七、容齋四筆十四、記纂淵

海五六、事文類聚復集四六、合璧事類別集六九、韻府羣玉八、天中記五九引皆作數。○釋文云：住音數。

每旦之海上，從漚鳥游，漚鳥之至者百住而不止。[注]

心和而形順者，物所不惡。住當作數。○王叔岷曰：

其父曰，

「吾聞漚鳥皆從汝游，汝取來，吾玩之。」○釋文云：汝取來一本作可取來。明日之海上，漚鳥舞

而不下也。〔注〕心動於內，形變於外；禽鳥猶覺，人理豈可詐哉？伯峻案：三國魏志高柔傳注引孫盛曰「機

心內萌，則漚鳥不下」，則本有漚鳥故事，而僞作列子者襲取之。孫盛與張湛時代極近，未必能見列子此書。故曰，

至言去言，○釋文云：去，丘呂切。至爲無爲。齊智之所知，則淺矣。〔注〕言爲都忘，然後物無疑心。

限於智之所知，則失之遠矣。或有疑丈人假爲形以獲蟬，海童任和心而漚游，二情相背，而同不忤物。夫立言之本，各

有攸趣。似若乖互會歸不異者，蓋丈人明夫心慮專一，猶能外不駭物，況自然冥至，形同於木石者乎？至於海童，誠心

充於內，坦蕩形於外；雖非能利害兩忘，猜忌兼消，然輕群異類，亦無所多怪。此二喻者，蓋假近以徵遠，借末以明本

耳。〔解〕夫神會可以理通，非以情知。知生則骨肉所猜，理生則萬類無間，然後知審精微也。同萬物者，在於神會；

同羣有者，在於情滅。欲獨矜其心智，則去道遠矣。○注「丈人假爲形」之「爲」，北宋本、藏本作「僞」者義長。

○釋文云：齊，在詣切。忤音悟。駭，諧楷切，下同。

趙襄子率徒十萬狩於中山，〔注〕火畋曰狩。○王重民曰：御覽五十一、類聚八十並引「中山」作「山

中」。伯峻案：中山，春秋時爲鮮虞，戰國時爲中山國，在今河北保定地區定縣一帶。○釋文云：趙襄子名无恤，簡

子之子也。率，所律切。畋音田。藉荍燔林，○釋文云：藉，在夜切。荍，而振切。在下曰藉，草不剪曰荍。燔音

煩，燒也。扇赫百里。有一人從石壁中出，隨煙燼上下。○釋文云：燼，疾刃切。上，時掌切。眾謂

鬼物。○類聚八十引作「眾謂之鬼物」。火過，徐行而出，若無所經涉者。襄子怪而留之。○釋文

云：留，力救切，謂宿留而視之也。徐而察之：形色七竅，人也；○釋文云：竅，口弔切。氣息音聲，人也。問奚道而處石？奚道而入火？其人曰：「奚物而謂石？奚物而謂火？」〔注〕此則都不覺有石火，何物而能閡之？襄子曰：「而嚮之所出者，石也；而嚮之所涉者，火也。」○釋文云：嚮音向。其人曰：「不知也。」〔注〕不知之極，故得如此。魏文侯聞之，問子夏曰：「彼何人哉？」子夏曰：「以商所聞夫子之言，和者大同於物，物無得傷閡者，游金石，蹈水火，皆可也。」文侯曰：「吾子奚不爲之？」子夏曰：「刳心去智，○釋文云：刳音枯。去，丘呂切。商未之能。雖然，試語之有暇矣。」〔注〕夫因心以刳心，借智以去智；心智之累誠盡，然所遣心智之跡猶存。明夫至理非用心之所體忘，言之則有餘暇矣。〔解〕前章言游水之不礙，此章明火石之不傷，言人之習水者多，蹈火者少，恐物情之偏執也，故復言火以辯之。其內忘己形，外忘於物，不知石之所以礙，火之所以傷。文侯不曉而興問，子夏素知而善答。故文侯重質，子既能知者，何不爲之耶？子夏曰，我但知而說之，則有餘也；若行而證之者，商則未知之能。○秦恩復曰：解「未知之能」，「知」字疑衍。○釋文云：暇本又作假，亦音暇字。文侯曰：「夫子奚不爲之？」子夏曰：「夫子能之而能不爲者也。」文侯大説。〔注〕天下有能之而能不爲者，有能之而不能不爲者，有不能而彊欲爲之者，有不能而自能者。至於聖人，亦何所爲？亦何所不爲？亦何所不能？俛仰同俗，升降隨物；奇功異迹，未嘗蹔顯；體中之絶妙處，萬不視一焉。此卷自始篇至此章明順性命之道，而不係著五情，專氣致柔，誠心無二者，則處水火而不燋溺，涉木石而不挂硋，觸鋒刃而無傷殘，履危險而無顛墜；萬物靡逆其心，入獸不亂羣；神能獨游，身能輕舉；耳可洞聽，目可徹照。斯言不經，實駭常心。

故試論之：夫陰陽遞化，五才偏育。金土以母子相生，水火以燥濕相乘，人性以静躁殊途，升降以所能異情。故有雲飛之翰，淵潛之鱗，火遊之鼠，木藏之蟲。何者？剛柔炎涼，各有攸宜；安於一域，則困於餘方。至於至人，心與元氣玄合，體與陰陽冥諧；方員不當於一象，溫涼不值於一器；神定氣和，所乘皆順，則五物不能逆，寒暑不能傷。謂含德之厚，和之至也。故常無死地，豈用心去就而復全哉？蹈水火，乘雲霧，履高危，入甲兵，未足怪也。〔解〕言夫子能而不爲者，方以仁義禮節君臣之道以救衰俗耳，不獨善其身以羣鳥獸焉。○伯峻案：張華博物志載此事與此基本相同。又案：〔注〕世德堂本作「聖人」。○釋文「硋」作「礙」，云：…說音悦。强，其兩切。著，直略切。挂音卦。礙本作硋。顛，都年切，墜也。偏音篇。

有神巫自齊來處於鄭， ○釋文云：…男曰覡，女曰巫。顏師古曰：…巫覡亦通稱。**命曰季咸，** 伯峻案：荀子正名篇「然後隨而命之」，又「實不喻然後命，命不喻然後期」，楊注皆以名釋命。莊子大宗師篇「无以命之」，釋文引崔云：「命，名也。」左傳桓二年云：「君命太子曰仇，弟曰成師。」又六年云：「是其生也，與吾同物，命之曰同。」○釋命皆訓名。又案淮南子地形訓云：「巫咸在其北方。」高注：「巫咸，知天道，明吉凶。」○釋文云：「季咸，姓季名咸，鄭人也。」伯峻案：莊子應帝王篇作「鄭有神巫曰季咸」，淮南子精神訓作「鄭之神巫相壺丘子林見其徵」，故釋文以季咸爲鄭人也。

知人死生、存亡、禍福、壽夭，期以歲、月、旬、日，如神。 ○天中記四十、荆川稗編六五引「知人」下並有「之」字。○王先謙曰：或歲或月或旬日，無不神驗。伯峻案：王以旬日連讀非也。歲月旬日皆一字一逗，謂或歲或月或旬或日也。

鄭人見之，皆避而走。 〔注〕向秀曰：…不喜自聞死日也。○釋文云：避一本作棄。喜，許記切。**列子見之而心醉，**〔注〕向秀曰：迷惑其道也。**而歸以告壺丘子，**○釋文云：壺子，列子師也。**曰：「始吾以夫子之道爲至矣，則又有至焉者矣。」**〔注〕郭象曰：謂季咸之至又過於夫子也。○釋文云：過音戈。**壺子曰：「吾與汝無其文，未既其實，而固得道與？**○盧文弨曰：「無」藏本作「既」，案注似「無」字是，然莊子亦作「既」。○俞樾曰：「無」當作「毌」。毌讀爲貫，蓋「貫」「毌」本一字也。爾雅釋詁：貫，習也。毌其文，言習其文也。黃帝篇：「吾與若玩其文也久矣，而未達其實。」釋文曰：「玩，五貫反，習也。」然則此作毌，彼作玩，聲近而義同。因毌字誤作毋，後人遂以無字易之，而義不可通矣。盧重玄本作既其文未既其實，則據莊子改之，非列子之舊。○王叔岷曰：「吾與汝既其文，未既其實」，作「既」、作「无」，義皆不明。上文顏回問津人操舟章作「吾與若玩其文也久矣，而未達其實」，玩字義長。疑既即玩之誤，下既字亦當作玩。其作无者，玩壞爲元，傳寫因易爲无耳。○釋文「無」作「无」云：无諸家本作既，於義不長。與音余。**眾雌而無雄，而又奚卵焉？**〔注〕向秀曰：夫實由文顯，道以事彰。有道而無事，猶有雌無雄耳。今吾與汝雖深淺不同，然俱在實位，則無文相發矣。故未盡我道之實也。此言至人之唱，必有感而後和者也。伯峻案：淮南子覽冥訓云：「故至陰肅肅，至陽赫赫，兩者交接成和而萬物生焉。眾雄而無雌，又何化之所能造乎？」○釋文：卵，來短切。司馬云：汝受訓未孰，故未成；若眾雌無雄者則無卵也。和，胡臥切。**而以道與世抗，必信矣。**○釋文云：抗，口浪切；或作亢，音同。**夫故使人得而相汝。**〔注〕向秀曰：亢其一方以必信於世，故可得而相也。〔解〕列子見鄭巫而心醉，以其能知生死禍福，將以道盡於此。壺丘子曰：吾與汝且亡其文跡，都未盡其實理也。汝豈得吾道歟？夫澄神寂慮，如眾雌也；動用成功，若雄也。汝方息事以靜心，安得無雄而求卵耶？乃欲以至道與俗巫相敵，則汝之深信，故鬼物知汝也。○釋文云：相，悉亮切。

「際」云：際音視。明日，列子與之見壺子。出而謂列子曰：「譆！○釋文云：譆音熙。子之先生死矣，○光聰諧曰：古書傳專以先生稱師者，殆始見於此。弗活矣，不可以旬數矣。吾見怪焉，見濕灰焉。」○釋文云：司馬云，氣如濕灰。列子入，涕泣沾衿，以告壺子。○釋文云：○「衿」本作「衾」。○俞樾曰：衾當作衿，即襟字也。莊子應帝王篇正作「泣涕沾襟」。○王重民曰：吉府本正作「衿」。伯峻案：今從吉府本正。

壺子曰：「向吾示之以地文，〔注〕向秀曰：塊然若土也。○釋文云：向吾一本作庸吾，下同。罪乎不誫不止，〔注〕罪或作萌。向秀曰：萌然不動，亦不自止，與枯木同其不華，死灰均其寂魄，此至人無感之時也。夫至人其動也天，其靜也地，其行也水流，其湛也淵嘿。淵嘿之與水流，天行之與地止，其於不爲而自然一也。今季咸見其尸居而坐忘，即謂之將死；見其神動而天隨，便謂之有生。苟無心而應感，則與變升降，以世爲量，然後足爲物主而順時無極耳，豈相者之所覺哉？○注「其靜也地」北宋本「地」作「土」，汪本從之，今從藏本訂正。又「謂之有生」，「謂」各本作「爲」，今亦從藏本正。○俞樾曰：「罪」當讀爲「崒」。說文山部作崒，云「山貌」，是也。○釋文云：罪本作萌，盧重玄本亦作萌，乃後人據莊子改之。萌乃罪之誤字，說詳莊子平議。○王叔岷曰：罪讀爲崒，說殊牽強。此當以作萌爲是。萌有生義（淮南俶真篇：「孰知其所萌」注：「萌，生也」）「萌乎不誫不止」猶云「生於不動不止」，正對上文「子之先生死矣」而言。意甚明白。作罪者誤。○釋文云：罪本作萌。誫音震。崔譔云：不誫不止，

如動不動也。量音亮。是殆見吾杜德幾也。〔注〕向秀曰：德幾不發，故曰杜也。〔解〕夫鬼神之靈，能知人之

動用之心耳。有所繫，鬼便知也。壺子色存乎濕灰，心著乎土壤，萌然無慮，故曰天文。振動則爲生，止靜則冥寂，故曰

不動不止也。○秦恩復曰：解中之「天文」當作「地文」。嘗又與來！」明日，又與之見壺子。出而謂

列子曰：「幸矣，子之先生遇我也，有瘳矣。灰然〔注〕灰或作全。○釋文云：灰本作全。有生

矣，吾見杜權矣。」〔注〕有用而無利，故謂之杜權。列子入告壺子。壺子曰：「向吾示之以天壤，

〔注〕向秀曰：天壤之中，覆載之功見矣。比地之文，不猶外乎？○陶鴻慶曰：說文：「壤，柔土也。」書禹貢：

「厥土惟白壤。」馬注云：「天性和美也。」周禮大司徒：「辨十有二壤。」鄭注云：「壤，和緩之貌。」然則天壤取和柔

之義。質言之，則爲天和。此與地文皆形況之辭，張注以天壤爲天地，義殊難通。○王叔岷曰：注「比地之文」，莊子

應帝王篇注作「比之地文」，當從之。此文「之地」二字誤倒。○釋文云：見，賢遍切。名實不入，〔注〕向秀曰：

任自然而覆載，則名利之飾皆爲棄物。○注「名利之飾」北宋本作「名利之作」。而機發於踵，〔注〕郭象曰：常在

極上起。○釋文云：許慎注淮南子云：機發不旋踵。此爲杜權。是殆見吾善者幾也。〔注〕向秀曰：

有善於彼，彼乃見之，明季咸之所見者淺也。〔解〕有權而不用爲杜也。若天之覆而未見其功自下而升，爲名實未入，

故云有生矣。嘗又與來！」明日，又與之見壺子。出而謂列子曰：「子之先生坐不齋，〔注〕或

無坐字。○向秀曰：無往不平，混然一之。以管窺天者，莫見其崖，故以不齋也。○盧文弨曰：注「管」藏本作

「筦」。又「故以」下當有「爲」字。○釋文「齋」作「齊」，云：齊，側皆切，下同。吾無得而相焉。○盧重玄本「無

得」作「不得」。

試齋，將且復相之。」列子入告壺子。壺子曰：「向吾示之以太沖莫睽，〔注〕向秀曰：居太沖之極，浩然泊心，玄同萬方，莫見其迹。○釋文「太」作「大」，云：大音泰。睽，直引切，兆也。是殆見吾衡氣幾也。〔注〕衡，平也。鯢旋之潘〔注〕音藩。爲淵，○奚侗曰：「潘」當爲「瀋」，沈之叚字。沈正作湛。説文：湛，没也。引伸之則有深意。沈湛古今字，今多用沈爲湛。淵，説文：回水也。從水，象形，左右岸也。沈中象水貌。管子度地篇「水出地而不流者命曰淵」，是淵爲水所渟瀋之處。渟瀋則深，故淵亦訓深（見詩衛風注）。沈爲淵者，尤言深爲淵耳。禮記檀弓「爲榆沈故設撥」，是叚沈爲瀋也。而此則叚瀋爲沈。莊子作審。蓋瀋缺宀則爲潘，缺水則爲審，易滋譌誤，軼迹固可尋也。○釋文「旋」作「桓」，云：鯢音倪。桓，胡官切，盤桓也。一本作旋，謂盤旋也。潘音盤，本作蟠，水之瀅洄之瀅；今作蟠，恐寫之誤。鯢，大魚也。桓，盤桓也。蟠，洄流也。此言大魚盤桓，其水蟠洄，而成深泉。南華真經作審。梁簡文云：蟠，聚也。○任大椿曰：凡山水以桓名，皆有盤桓之義。水經注云：「桓是隴阪名，其道盤桓旋曲而上，故曰桓」。阪以桓名，與水以桓名，皆以盤桓爲義，與釋文旋之作桓可以互證。而盤桓二字古多訓爲旋。易屯釋文馬融云「盤桓，旋也」。故列子盤桓之桓又作旋。又考莊子應帝王釋文「鯢桓，司馬二魚名也。簡文云，鯢，鯨魚也。桓，盤桓也。崔本作鯢拒，云，魚所處之方穴也。又云，拒或作桓」。然則鯢桓之桓一作旋，見列子釋文」，一作拒，又見莊子釋文也。又曰：「潘」敬順釋文既云本作蟠，水之瀅洄之瀅，則是以蟠爲正字。又云今本作蟠，恐寫之誤，於義頗未順。其云今本作蟠之蟠，恐是潘之訛。然考莊子應帝王釋文鯢桓之審，審當爲蟠，聚也，崔本作潘，云回流所鍾之域。管子五輔篇「導水潦，利陂溝，決潘渚」，注云：「潘，溢也。渚潘溢者，疏決之令通。潘音飜。」補註謂水之溢洄爲潘。廣雅：「潘（孚袁）瀾也。」然則作蟠作潘，義各有據，皆不誤也。未知敬順釋文所云今本作蟠之蟠究爲何字之誤。又考玉篇「瀊，洄也」，敬順釋文瀊洄二字乃本於此。管子小問篇作洹桓。　止水之潘爲淵，流水之潘爲淵，濫水之潘爲淵，○釋文云：濫，咸上聲，爾雅云：水涌出也。沃水之潘爲淵，○釋文云：沃，烏僕切，水泉從上溜下也。氿水之潘爲淵，○釋文云：氿音軌，水泉從傍出也。雍水之潘爲淵，○釋文云：雍音擁，河水決出復還入也。汧水之潘爲淵，○釋文云：汧音牽，水不流行也。肥水之潘爲淵，○釋文云：水所出異爲肥也。是爲九淵焉。〔注〕此九水名義見爾雅。夫水一也，而隨高下夷險，有洄激流止之異，似至人之心因外物難易有動寂進退之容。　向秀曰：夫至人用之則行，舍之則止。雖波流九變，治亂紛紜，若居其極者，常澹然自得，泊乎無爲也。〔解〕心運於太沖之氣，漠然無跡，蕩然有形，而轉運不常，若水之變動殊名，未嘗離乎淵澄也，故不得其狀而辯之矣。○注「九變」北宋本作「凡變」，汪本從之，今從藏本訂正。○釋文云：洄音回。易，以豉切。舍音捨。澹，徒濫切。泊音魄。　嘗又與來！」○俞樾曰：上文云，「是殆見吾杜德幾也，嘗又與來」，然則此文「是殆見吾衡氣幾也」，下即當言「嘗又與來」，方與上文一律。乃於中間羅列九淵，殊爲無謂。疑此五十八字乃它處之錯簡。莊子應帝王篇止列首三句，而總之曰「淵有九名，此處三焉」。正以其與本篇文義無關，故略之耳。然可證莊子所見本已與今同，蓋古書之錯誤久矣。　明日，又與之見壺子。立未定，自失而走。○釋文云：喪失精神而走。壺子曰：「追之！」列子追之而不及，反以報壺子，曰：「已滅矣，已失矣，吾不及也。」壺子曰：「向吾示之以未始出吾宗。〔注〕向秀曰：雖進退同羣，而常深根寧極也。伯峻案：「未始出吾宗」即莊子「不離其宗」，淮南子覽冥訓「未始出其宗」之意。吾與之虛而猗移，〔注〕向秀曰：無心以隨變也。○「猗移」汪本作「倚移」，今從北宋本、藏本訂正。○馮登府曰：猗移即委蛇。○釋文云：猗，於危切。猗移，委移，至順之貌。不知其誰何，〔注〕向秀曰：汎然無所係者也。○各本注末無「者也」二字。○釋文云：汎，芳劍切。因以爲茅靡，○光聰諧曰：上文「吾與之虛而猗移」注既以猗移爲至順之貌（案此是釋文，光氏誤以爲注），則茅靡正謂如茅之從風靡，波流正謂如波之逐水流，皆言無逆於物。○洪頤煊曰：莊子應帝王篇「因以爲弟靡」釋文：「弟靡，不窮之貌。」崔云：猶遂伏也。」弟靡即迤靡之借。弟茅因字形相近而譌。○釋文云：茅莊子作茅，音頽。茅靡，崔譔云：遂伏也。伯峻案：釋文「莊子作茅」之「茅」字當作「弟」。因以爲波流，○莊子釋文引崔本作「波隨」。王念孫曰：崔本是也。蛇何靡隨爲韻。陶鴻慶説同。故逃也。」〔注〕茅靡當爲頽靡。向秀曰：變化頽靡，世事波流，無往不因，則爲之非我。我雖不爲，而與羣俯仰。夫至人一也，然應世變而時動，故相者無所用其心，自失而走者也。〔解〕絶思離念，入於無爲。至虛而無形，不見其相貌，如草之靡，如波之流，淼然汎然，非神巫之所識也。然後列子自以爲未始學而歸，三年不出，〔注〕向秀曰：棄人事之近務也。爲其妻爨，〔注〕向秀曰：遺恥辱。○釋文云：爲，于僞切。爨，七玩切。食豨如食人，〔注〕向秀曰：無適無莫也。○釋文云：食音嗣，下同。豨，虛豈切，楚人呼猪作豨。於事無親，〔注〕向秀曰：忘貴賤也。○伯峻案：莊子作「於事無與親。」○釋文云：適音的。雕琢復朴，塊然獨以其形立，〔注〕向秀曰：雕琢之文，復其真朴，則外事去矣。○「雕琢」藏本作「雕琢」，義同。○釋文云：琢，持究切，本作琢。忿然而封戎，〔注〕向秀曰：真不散也。戒或作哉。○釋文「戒」作「哉」,云：忿音紛。哉一本作戒,音哉。

也。〔解〕忘是非,等貴賤,齊物我,息外緣。不封於我,守一而終,然後契真。

子列子之齊,中道而反,〔注〕驚人之推敬於己,故不敢遂進。遇伯昏瞀人。伯昏瞀人曰：

「奚方而反?」曰：「吾驚焉。」「惡乎驚?」○釋文云：惡音鳥。「吾食於十漿,〔注〕客舍賣漿之

而五漿先饋。」〔注〕人皆敬下之也。○王重民曰：御覽八六一引下「吾」字上有「曰」字,蓋「惡」字與下「吾」

字之上本均有「曰」字,而今本並脫之。莊子列禦寇篇並有「而曰」字,是其證。○王叔岷曰：事文類聚續集十七、合

璧事類外集四三引「吾」上亦並有「曰」字。○釋文云：饋,求位切,餉也。伯昏瞀人曰：「若是,則汝何爲

驚已?」○釋文云：己音紀。驚已,謂驚其自失也。下處己同音。曰：「夫內誠不解,〔注〕郭象曰：外自

矜飾,內不釋然也。○釋文云：解音蟹。向秀曰：未能懸解。形諜成光,〔注〕郭象曰：舉動便辟成光儀。○釋

文云：諜音牒。辟,婢亦切。以外鎮人心,〔注〕外以矜嚴服物,內實不足。使人輕乎貴老,〔注〕使人輕而尊

長之者,由其形諜成光故也。○釋文云：長,丁丈切。而整其所患。〔注〕郭象曰：以美形動物,則所患亂至

也。○盧文弨曰：「整」當作「鼇」。○秦恩復曰：鼇即說文鼇字,或作鼇,見玉篇。○王重民曰：御覽八百六十一

引「鼇」作「察」。○釋文云：鼇,子西切。夫漿人特爲食羹之貨,○釋文云：食音嗣。多餘之贏,

〔注〕所貨者羹食,所利者盈餘而已。○汪本作「無多餘之贏」。○俞樾曰：無「無」字是也。依張注,張本亦無「無

字。「無」字淺人妄加也。若云「無多餘之贏」,則下不必更言其爲利也薄矣。盧重玄本無「無」字,莊子列禦寇篇亦無無

「無」字，當據刪。○王重民曰：俞說是也。北宋本、御覽八百六十一引並無「無」字。伯峻案：藏本亦無「無」字，今從之。○釋文作「无多餘之贏」，云：贏音盈。一本無无字。

其為利也薄，其為權也輕，而智盡於郭象曰：權輕利薄，可無求於人，而皆敬己，是高下大小無所失者。[注]**而況萬乘之主，身勞於國，而猶若是。**[注]**事；**[注]所以不敢之齊。○釋文「智」作「知」，云：知音智。**彼將任我以事，而效我以功，吾是以驚。**[注]推此類也，則貨輕者望利薄，任重者責功多。伯昏瞀人曰：「善哉觀乎！[注]汝知驚此者，是善觀察者也。**汝處己，人將保汝矣。」**[注]汝若默然不自顯曜，適齊之與處此，皆無所懼。苟違此義，所在見保矣。[解]見威儀以示人，故人輕死以尊敬。將恐人主之勞於事也，必委以責功；食祿增憂，所以驚懼耳。伯昏曰：[解]汝能退身以全真，含光以滅跡，人將保汝矣。何則？進善之心，人皆有之，多利之地，人皆競之。中人之性，可上可下。知名利之不可强也，則進善以自修。詩書禮樂，事不易習。若退跡守閑，灰心滅智也，無招招之利，得善人之名。故學道之門，善惡同趣者，君子以澄心，小人以誨身。雖不體悟，亦從善之益之也。故曰人將保汝矣。○汪萊曰：[解]「輕死以尊敬」「死」當作「先」。○陶鴻慶曰：保者任也，言人將信任之，即列子所謂彼將任我以事而效我以功也。」張注解為「所在見保」，義殊未安。○王重民曰：張注「苟違此義」「違」當作「達」，形近而誤耳。莊子人間世篇「時其飢飽達其怒心」，淮南主術篇誤作「違」，是其證。○奚侗曰：處當訓審，說詳王引之經義述聞。處己謂審乎己也。○釋文云：保，附也。**無幾何而往，則戶外之屨滿矣。**[注]歸之果眾。○釋文云：屨，九遇切，關西呼履謂之屨。**伯昏瞀人北面而立，敦杖蹙之乎頤。**[注]敦，竪也。○釋文云：敦音頓。蹙，子六切。頤音怡。**立**

有閒，○釋文云：閒，少時也。不言而出。賓者以告列子。○釋文云：賓本作儐，導也，必忍切。列子

提履徒跣而走，○釋文「履」作「屨」，云：提音蹄。屨一本作履。跣，先典切。暨乎門，○釋文云：暨，其器

切，至也。問曰：「先生既來，曾不廢藥乎？」〔注〕廢，置也。曾無善言以當藥石也。〔解〕廢當爲發。先

生既來，何不發藥石之言少垂訓耳。○王叔岷曰：莊子列禦寇篇「廢」正作「發」。「廢」「發」古通。「發无

知，何能情？發不能，何能爲？」釋文引一本作「廢無知，廢無能」，即其比。○釋文云：當，丁浪切。曰：「已

矣。吾固告汝曰，人將保汝，果保汝矣。非汝能使人保汝，〔注〕順乎理以接物，則物不保之。今背

理而感物，求物不保，不可得。○秦刻盧重玄本「使人保」下無「汝」字。疑無「汝」字者是。○釋文云：背音佩。而

汝不能使人無汝保也。〔注〕郭象曰：任平而化，則無感無求。無感無求，乃不相保。〔解〕汝之退身全行，絕

學棄智，人所以保汝者，非汝能召之也。若能滅跡混真，愚智不顯者，人亦不知保汝矣。由是言之，汝之行適足爲人所

保，而不能使人不保也。而焉用之感也？〔注〕汝用何術乃感物如此乎？○釋文云：焉，於虔切。感豫出

異。〔注〕郭象曰：先物施惠，惠不因彼豫出而異也。○「感豫」秦本作「應豫」。又注末「也」字北宋本作「者」，今依

藏本訂正。○釋文云：先，悉薦切。且必有感也，搖而本身，○釋文云：一本作搖而才本性。又無謂也。

〔注〕必恒使物感己，則彼我之性動易之。○許維遹曰：「且必有感也」，「必」當作「心」，形近致訛。緣心與本身相輔

而行，心有所感，則必搖動其本身（本身猶言本性）。故上文謂以外鎮人心而螫其所患。所謂患者，即心爲物所感，則本

身遂有搖動之患。○王重民曰：身有性義，蓋身性古通用。本身猶本性也。莊子列禦寇篇

莊子列禦寇篇誤與此同。○王

作搖而本才。○釋文曰：「一本才作性。」才字並是身之誤。淮南原道篇「故達於道者，不以人易天」，高注云：「天性也。一說曰，天身也。」天身也亦猶天性也。三國志吳質傳注：「上將真性肥，中領軍朱鑠性瘦。」性肥性瘦亦即身身瘦也。莊子郭注曰：「必將有感則與本性動也。」是也。伯峻案：王說本身猶本性，是也。但莊子作「本才」，亦非誤字。才讀爲孟子告子上「非天之降才爾殊也」之才，才亦性也。○釋文云：易，以豉切。與汝遊者，莫汝告也。〔注〕皆搖本之徒，不能相啓悟也。○注「不能」汪本作「不皆」，今依北宋本、藏本訂正。彼所小言，盡人毒也。〔注〕小言細巧，易以感人，故爲人毒害也。莫覺莫悟，何相孰也。〔注〕不能相成濟也。〔解〕汝用何道感之耶？必讚勝豫之詞而出奇異之教，搖鼓汝舌，見能於衆物；雖靡然順汝，有何益耶？與汝同居者，不攻汝之短，但稱汝之長，如此，適足毒汝之行，驕汝之心，有何相成耶？○「莫覺莫悟」秦本作「若覺若悟」。伯峻案：告毒孰爲韻，古音同是屋沃部。○釋文云：覺音教。

楊朱南之沛，○顧炎武曰：列子「楊朱南之沛」，莊子「楊子居南之沛」，子居正切朱。○釋文云：楊朱解在第七篇。沛音貝。老聃西遊於秦，邀於郊。○釋文云：邀，於宵切，抄也，遮也。至梁而遇老子。〔注〕莊子云楊子居，子居或楊朱之字，又不與老子同時。此皆寓言也。老子中道仰天而歎曰：〔注〕中道，道中。仰本作印，亦音仰。「始以汝爲可教，○釋文「汝」作「女」，云：女音汝。今不可教也。」〔注〕與至人遊而未能去其矜夸，故曰不可教者也。○釋文云：去，丘呂切。夸，口瓜切。楊朱不答。至舍，進涫漱巾櫛，○釋文云：涫音管，莊子作盥。漱音瘦。櫛，壯乙切。脫履戶外，○釋文云：履本作屨。膝行而前，曰：「向者夫子仰天而歎曰：〇釋文「向」作「嚮」，云：「嚮音向。

教。』弟子欲請夫子辭，行不閒，〇釋文云：閒音閑，下同。是以不敢。今夫子閒矣，請問其

過。』老子曰：「而睢睢而盱盱，〇釋文云：睢，許惟切。盱音吁。說文云：盱，仰目也。蒼頡篇云，盱，張

目貌。高誘注淮南子云：睢盱，視聽貌。而誰與居？〔注〕汝云何自居處而夸張若此，使物故歎之乎？伯峻

案：盱居爲韻，古音同是魚部之平聲。大白若辱，盛德若不足。」〔注〕不與物競，則常處卑而守約也。〇馬其

昶曰：辱足爲韻。伯峻案：辱借爲韻，古音同是侯部入聲。老子四十一章作「廣德若不足」，馬叙倫老子覈詁以爲作

〔盛〕者是。楊朱蹵然變容曰：〇釋文云：蹵，子六切。「敬聞命矣。」其往也，舍迎將家，〔注〕客舍

家也。〇道藏各本「舍」下有「者」字，惟四解本無「者」字，是也。〇俞樾曰：舍與舍者不同。下云

「舍者」，又云「舍者與之爭席矣」，皆謂同居逆旅者。此云舍，則謂逆旅主人也。主逆旅者即謂之舍，猶典市者即

謂之市，主農者即謂之田。禮記王制篇注曰：「市，典市者。」月令篇注曰：「田，主農之官。」是其例也。公執席，妻

執巾櫛，舍者避席，煬者避竈。〔注〕厚自藏異，則物憚之也。〇盧文弨曰：注「藏」疑當作「尊」。伯峻

案：韓非子内儲說上云：「夫竈一人煬焉，則後人無從見矣。」由此可知煬者避竈之義。〇釋文云：煬音楊。司馬

云：對火曰煬。淮南子云：富人衣纂錦，貧人煬竈口。其反也，舍者與之爭席矣。〔注〕自同於物，物所不

惡也。〔解〕夫真隱之者，無矜夸之聲，無可貴之容。故楊子之往也，人迎送之，及聞善而改，居者與之爭席矣。前章

言列子之使人保汝，而此章言楊朱能使人無汝保也。〇王重民曰：御覽七百零九引「席」上有「竈」字。以上文「舍者

避席，煬者避竈」覈之，疑本有「竈」字。○王叔岷曰：御覽七百九引「舍者」作「煬者」，「席」上原有「竈」字。疑此文「舍者」下原有「煬者」二字（或在舍者上），「席」上原有「竈」字。「舍者煬者與之爭竈席矣」乃兼承上文「舍者避席，煬者避竈」而言。御覽所引，蓋略「舍者」二字也。○釋文云：惡，烏路切。

楊朱過宋，○釋文云：過音戈。　東之於逆旅。逆旅人有妾二人，其一人美，其一人惡；惡者貴而美者賤。楊子問其故。逆旅小子對曰：伯峻案：韓非子說林上作「逆旅之父答曰」。「其美者自美，吾不知其美也；其惡者自惡，吾不知其惡也。」楊子曰：「弟子記之！行賢而去自賢之行，○王叔岷曰：韓非子說林上篇「之行」作「之心」，審文意，當從之。今本「心」作「行」，即涉上「行」字而誤。○釋文云：去，丘呂切。行，下孟切。安往而不愛哉？」〔注〕夫驕盈矜伐，鬼神人道之所不與；虛己以循理，天下之所樂推。以此而往，孰能距之？〔解〕此重結前兩科之義也。夫能使人保於我者，其不保者心嫉之哉。不敢令物之保己也，則天下皆忘其惡矣；況逆旅之妾乎？伯峻案：韓非子說林上作「焉往而不美」。

天下有常勝之道，有不常勝之道。○陶鴻慶曰：「不常勝」當作「常不勝」。下文云，「常勝之道柔，常不勝之道彊」，承此言。常勝之道曰柔，常不勝之道曰彊。二者亦知，〔注〕亦當作易。○釋文云：亦本作易，以豉切。而人未之知。故上古之言：彊，先不己若者；〔注〕所勝在己下者耳。柔，先出於己者。〔注〕不與物競，則物不能加也。先不己若者，至於若己，則殆矣；〔注〕遇敵必險之也。先出於己者，亡所殆矣。〔注〕理常安也。○釋文云：亡音無。以此勝一身若徒，以此任天下若徒，謂不勝而自勝，不任而自任也。〔注〕夫體柔虛之道，處不競之地，雖一身之貴，天下之大，無心而御之，同於徒矣。徒，空默之謂也。郭象曰：聽耳之所聞，視目之所見，知止其所不知，能止其所不能，用其自用，爲其自爲，順性而不競於物者，此至柔之道也。故舉其自舉，持其自持；既無分銖之重，而我無力焉。〔解〕强之與柔，二者易知也。人所以未知者何？即求勝之心多也。即遇不如己者，未足爲强；若遇敵於己者，則常危矣。以此心求勝一身，一任天下也，常如徒役無時自安。若柔者，在己下者，亦不欲勝之；況出乎己者耶？人謂不勝，而我乃自勝也；自任，故未嘗有失也。

老子曰：柔弱勝剛强。○吳闓生曰：若徒猶言此道也，注誤。

粥子曰：○釋文「粥」作「鬻」，云：鬻本作粥，余六切。○任大椿曰：考禮記曲禮釋文，「饘鬻，本又作粥，之六反」；左傳隱十一年釋文，「鬻本又作粥，之六反，又與六反」；夏小正「雞桴粥」，盧辯注「或曰，粥，養也」；淮南子天文訓「行桴鬻」，高誘注「桴鬻，粥也」；文選潘岳閒居賦「灌園粥蔬」，李善注，「粥與鬻同」，則鬻粥通。

欲剛，必以柔守之；欲彊，必以弱保之。〔注〕守柔不以求剛而自剛，保弱不以求彊而自彊，故剛彊者，非欲之所能致也。伯峻案：守保爲韻，同是幽部上聲字。

積於柔必剛，積於弱必彊。觀其所積，以知禍福之鄉。〔注〕禍福生於所積也。

彊勝不若己，至於若己者剛；〔注〕必有折也。○吳闓生曰：剛當作戕，故注云必有折也。○王叔岷曰：淮南原道篇「不若己」下有「者」字（文子道原篇同），與下文句法一律，當從之。

柔勝出於己者，其力不可量。伯峻案：粥子所云又見淮南子原道訓、文子道原篇，皆不云粥子之言。又案：剛彊鄉剛量爲韻，古音同是陽唐部字。淮南子詮言訓作「强勝不若己者，至於與同則格；柔勝出於己者，其力不可度」，以格度爲韻。

老聃曰：「兵彊則

滅，〔注〕王弼曰：物之所惡，故必不得終焉。木彊則折。〔注〕彊極則毀矣。伯峻案：老子七十六章作「兵彊者

則不勝，木彊則兵」。俞樾、易順鼎、馬叙倫皆云當從列子引，説詳老子覈詁。滅折爲韻，古音同是祭部字。柔弱者

生之徒，堅彊者死之徒。〔解〕君子曰：强梁者不得其死，好勝者必遇其敵。積德累仁，柔之道也。伯峻案：

此亦老子七十六章文。又「死之徒」北宋本、汪本作「化之徒」，今從藏本、世德堂本訂正。又案：韓非子解老篇云，

「屬之謂徒也。」此徒字亦當訓屬。

狀不必童〔注〕童當作同。○吳闓生曰：以童爲同。而智童，智不必童而狀童。聖人取童智而

遺童狀，衆人近童狀而疏童智。狀與我童者，近而愛之；狀與我異者，疏而畏之。有七

尺之骸，手足之異，戴髮含齒，倚而趣者，謂之人；○釋文云：倚，於綺切。趣音趨。而人未必

無獸心。雖有獸心，以狀而見親矣。傅翼戴角，○釋文云：傅音附。分牙布爪，仰飛伏走，謂

之禽獸；而禽獸未必無人心。雖有人心，以狀而見疏矣。庖犧氏、○釋文云：庖音匏。犧，許

宜切。女媧氏、○釋文云：媧音瓜。庖犧、女媧皆古天子。神農氏、夏后氏、蛇身人面，牛首虎鼻：

此有非人之狀，而有大聖之德。〔注〕人形貌自有偶與禽獸相似者，古諸聖人多有奇表；所謂蛇身人面，非

被鱗臆行、無有四支；牛首虎鼻，非戴角、垂胡、曼頿、解頷；亦如相書龜背、鵠步、鳶肩、鷹喙耳。○釋文云：臆音

億。曼音萬。頿，烏葛切，鼻上也。頷，胡感切。相，息亮切。鵠音鶴。鳶音緣。喙，許穢切。夏桀、殷紂、魯桓、

楚穆，狀貌七竅，皆同於人，而有禽獸之心。而眾人守一狀以求至智，未可幾也。〔解〕夫異物之所親者，神也。神去，則父子之親亦隔矣。故居恐怖之夜，與生物同宇，則不懼者，神有同也。處平常之宅，與死屍同室，則恐矣，神有異也。則彼死我生，猶是向時之形；一安一懼者，同類去而形非親也。而人不知含生之物神同形殊，以爲憂畏；乃以狀貌同異以爲親疏者，惑矣。故莊子曰，物所齊有者爲神。故神爲養生之主也。伯峻案：魯桓殺兄自立，楚穆殺父自立，故曰有禽獸之行。〔解〕引莊子，今本無此文。〔解〕「居恐怖之夜」秦刻本「居」作「后」，今從四解本正。○釋文云：幾音冀。

黃帝與炎帝戰於阪泉之野，○釋文云：阪，蒲板切。阪泉在上谷。 帥熊、罷、狼、豹、貙、虎爲前驅，伯峻案：貙，虎之大者。○釋文云：帥音率。罷音碑。貙，丑俱切。 鵰、鶡、鷹、鳶爲旗幟，○王叔岷曰：藝文類聚九十、九一，初學記二二，御覽九一九，玉海八三，引「鵰」上並有「以」字，當從之。今本挩「以」字，文意不完。○釋文云：鵰鶡音彫曷，一本作鶚。幟音熾。自熊罷皆猛獸勇鬬者也。○胡懷琛曰：作鶚者是也。原文所言皆猛獸、鷙鳥，鶡非鷙鳥，非其倫也。以作鶚爲是。 此以力使禽獸者也。堯使夔典樂，擊石拊石，百獸率舞，簫韶九成，鳳皇來儀：此以聲致禽獸者也。然則禽獸之心，奚爲異人？形音與人異，而不知接之之道焉。○釋文作「而人不知接之之道」，云：一本無人字。 聖人無所不知，無所不通，故得引而使之焉。禽獸之智有自然與人童者，其齊欲攝生，亦不假智於人也：伯峻案：「假」或作「暇」，暇假皆讀爲下。 牝牡相偶，母子相親，避平依險，違寒就溫；伯峻案：胡懷琛謂人未有惡平喜險者，因謂避平依險乃指守衛言。實則諸句皆以禽獸爲主語，人在

其外。胡說非。居則有羣，行則有列；○釋文云：行，戶剛切。小者居內，壯者居外，飲則相

攜，食則鳴羣。太古之時，○釋文「太」作「大」，云：大音泰。則與人同處，與人並行。〔注〕德純者，

禽獸不忌也。帝王之時，始驚駭散亂矣。逮於末世，隱伏逃竄，以避患害。〔注〕人有害物之心，物

亦知避之也。今東方介氏之國，○釋文云：介音界。其國人數數解六畜之語者，○釋文云：數音朔。

畜，朽又切。解音蟹，注同。蓋偏知之所得。〔注〕夫龜龍，甲鱗之宗；麟鳳，毛羽之長；爰逮蜎飛蠕動，皆鳴呼

相聞，各有意趣，共相制御，豈異於人？但人不能解，因謂禽獸之聲無有音章。是以窮理備智，則所通萬途，因事偏

達，偶識一條。春秋左氏傳曰：「介葛盧聞牛鳴，曰，是生四子，盡為犧矣。」○注「鳴呼」四解本誤作「鳴呼」。○盧文

弨曰：注「四」字別本依左氏改為「三」。伯峻案：「四」「三」兩字古皆積畫而成，因以致悞，此當依左傳改正。觀

章末盧解，盧所見本亦作「三」。沈濤乃依此文改左傳，是顛倒是非矣（沈氏說見交翠軒筆記卷三）。世說新語言語篇

注亦引左傳作「是生三犧，皆用之矣」，與今本左傳合，可證。○釋文云：長，張丈切。蜎，許緣切。蠕，而兗切。太

古神聖之人，備知萬物情態，悉解異類音聲。會而聚之，訓而受之，同於人民。故先會鬼

神魑魅，〔注〕禹朝羣神於會稽是也。○釋文云：魑，丑知切。魅音媚。次達八方人民，末聚禽獸蟲蛾。

〔注〕百獸率舞是也。○釋文云：爾雅云：有足曰蟲，無足曰蛾。一本作蟲蟻。言血氣之類心智不殊遠也。

神聖知其如此，故其所教訓者無所遺逸焉。〔解〕春秋介葛盧聞牛鳴，知生三牲犧；禹朝羣神，舜百獸，

則其事也。○秦恩復曰：盧解「百獸」下當脫「率舞」二字。○孫詒讓曰：解「舜」下挩一「舞」字。「舜舞百獸」與上

「禹朝羣神」句正相對，秦謂脱「率舞」二字，非。

宋有狙公者，〔注〕好養猿猴者，因謂之狙公也。○釋文云：狙，七余切。狙公，養狙公也。好，呼報切。愛狙，養之成羣，能解狙之意；○釋文云：解音蟹。狙亦得公之心。損其家口，充狙之欲。俄而匱焉，將限其食。恐衆狙之不馴於己也，〔注〕馴音脣。○釋文云：馴音脣。先誑之曰：「與若芧，〔注〕芧，栗也。○釋文云：芧音序，橡子也。朝三而暮四，足乎？」衆狙皆起而怒。俄而曰：「與若芧，朝四而暮三，足乎？」衆狙皆伏而喜。物之以能鄙相籠，皆猶此也。○吳闓生曰：鄙讀爲否。○釋文云：能鄙相籠。一本作智鄙相籠。伯峻案：疑作「智」者是，下文「以智籠羣愚、衆狙」正承此而言。莊子齊物論作「名實未虧」。○釋文「不」作「未」，云：名實未虧，一本作若從之，今依藏本、秦刻本、世德堂本訂正。聖人以智籠羣愚，亦猶狙公之以智籠衆狙也。名實不虧，○「名實」北宋本作「若實」，汪本實未虧也。使其喜怒哉！〔解〕含識之物雖同有其神，而圓首方足，人最爲靈智耳。智之尤者爲聖爲賢，才之大者爲君王。聖人隨才而任，各得其宜。無小無大，各當其分。既無棄人，亦無棄物。籠之以智，豈獨衆狙也？

紀渻子爲周宣王養鬥雞，○藏本作「紀消子」，秦本同，今依北宋本、吉府本、御覽本、御覽九一八及類聚九十一引正。莊子達生篇同。伯峻案：左傳昭二十五年，季郈之雞鬥，季氏介其雞，郈氏爲之金距。呂氏春秋去宥篇、淮南子人間訓同有此文。古之鬥雞，猶今之鬥蟋蟀也。古樂府及陶潛歸園田居云，「雞鳴桑樹顛。」杜子美羌村三首云，「羣雞正亂叫，客至雞鬥争。驅雞上樹木，始聞叩柴荆。」唐時雞猶能上樹木，今則鮮能矣。近代廣東及湘南尚有鬥雞者。○

釋文「紀渻子」作「紀消子」，云：姓紀名消，或作渻，所景切。爲，于僞切。十日而問：「雞可鬭已乎？」曰：「未也，方虛驕而恃氣。」〔注〕無實而自矜者。十日又問。曰：「未也，猶應影嚮。」〔注〕接悟之速。○盧文弨曰：注「速」藏本作「迅」。○釋文「速」作「迅」，云：嚮音響。李頤云：應響鳴，顧影行。迅，峻信二音，一本作速。十日又問。曰：「未也，猶疾視而盛氣。」〔注〕常求敵而必己之勝。十日又問。曰：「幾矣。雞雖有鳴者，已無變矣，〔注〕彼命敵而我不應，忘勝負矣。望之似木雞矣，其德全矣。〔注〕至全者更不似血氣之類。異雞無敢應者，反走耳。」〔注〕德全者，非但己無心，乃使外物不生心。郭象曰：養之以至於全者，猶無敵於外，況自全乎？恃氣以自矜，非必勝之道也。應物疾速如影響者，爲物所轉，未必自得也。疾視盛氣者，機心未忘也。唯忘形神，全死生，不知變者，斯乃無敵於外物也。

惠盎見宋康王。〔注〕惠盎，惠施之族。○淮南子道應訓「惠盎」作「惠孟」，下同。注文道藏本作「惠施之孫」。張注本呂覽順說注，「孫」字誤。○釋文云：盎，阿浪切。見宋康王。伯峻案：吕覽順說篇高注云：「康王，宋昭公曾孫，辟公之子，名侵。立十一年，僭號稱王。四十五年，大爲不道，故曰宋子不足仁義者也。齊湣王伐滅之。」畢沅曰：梁伯子云注「名侵」當是「偃」字之訛。「四十五年」與禁塞篇注「四十七年」又異，其實六十一年也。○釋文云：見，賢遍切。康王蹀足謦欬，○吳闓生曰：以蹀爲跕。伯峻案：六朝人多言「蹀足」而有數解。梁書昭明太子傳「驤蹀足以酸嘶，挽悽鏘而流泆」。以古代喪車歌車不得疾馳，則此「蹀足」當作慢步解。顏延之赭白馬賦「眷西極而驤首，望朔雲而蹀足」，此「蹀足」又當作疾馳解。○釋文云：蹀音牒。謦，口頂切。欬音慨。疾言曰：「寡人之所說者，○釋文云：說音悅，下同。勇有力也，不說爲仁義者也。客將何以教寡人？」惠盎對曰：「臣有道於此，使人雖勇，刺之不入；○釋文云：刺，七亦切。雖有力，擊之弗中。○釋文云：中，丁仲切，下同。大王獨無意邪？」宋王曰：「善；此寡人之所欲聞也。」惠盎曰：「夫刺之不入，擊之不中，此猶辱也。臣有道於此，使人雖有勇，弗敢刺；雖有力，弗敢擊。夫弗敢，非無其志也。臣有道於此，使人本無其志也。夫無其志也，○道藏白文本、林希逸本「也」並作「者」。未有愛利之心也。臣有道於此，使天下丈夫女子莫不驩然皆欲愛利之。○釋文云：驩音歡。此其賢於勇有力也，四累之上也。大王獨無意邪？」〔注〕處卿大夫士民之上，故言四累也。○光聰諧曰：四累之上，一累謂刺不入、擊弗中，二累謂弗敢刺、弗敢擊，三累謂使人本無其志，四累謂使天下皆欲利之。○胡懷琛說同。○陶鴻慶曰：此文當以此其賢於勇有力也四累之上也十三字連讀。四累總上文四事而言。勇有力，一也；刺之不入，擊之不中，二也；弗敢刺，弗敢擊，三也；本無擊刺之志，四也。今所言者，既無其志而又有愛利之心，故在四累之上。累，層累也，猶言四層之上也。淮南子道應訓引此文，高注云，「此上凡四事皆累於世，而男女莫不歡然爲上也」，義亦未晰。○吳闓生曰：四累之上即上文所言四者，注誤。宋王曰：「此寡人之所欲得也。」〔解〕刺不入擊不中，一也；不敢刺不敢擊，二也；本無擊之心，三也；使男女驩然愛利之，四也。如此四重，取其上者，何如耶？故宋王傾意欲聞之。惠盎對曰：「孔墨是已。〔解〕此明智以齊物，崇教以化人，皆道之餘事陟乎德者。孔丘墨翟無地而爲君，○釋文云：翟音狄。墨翟，宋大夫也，在孔子後，著書七十一

篇，崇孝尊鬼，强本節用，亦救世之難；有攻守之術。**無官而爲長，**○秦本「官」作「宫」。○釋文云：長，張丈

切。**天下丈夫女子莫不延頸舉踵而願安利之。今大王，萬乘之主也；**○「萬乘」呂覽作「千

乘」。**誠有其志，則四竟之内**○秦本「竟」作「境」。○釋文云：竟音境。**皆得其利矣。其賢於孔墨**

也遠矣。」宋王無以應。惠盎趨而出。宋王謂左右曰：「辯矣，客之以説服寡人也！」○釋文

〔解〕此崇道以明德，垂跡以利人。衆徒見孔墨之教傳，豈知隱道以彰德？所以問津不羣於鳥獸，此其大旨也。〔伯峻

案：〔解〕「問津不羣於鳥獸」，乃用論語微子篇使子路問津，夫子憮然曰，鳥獸不可與同羣事，而不合論語原旨。○釋文

云：説如字，又音税。服寡人也一本作曉寡人也。

列子集釋卷第三

周穆王第三

〔注〕夫禀生受有謂之形，俛仰變異謂之化。神之所交謂之夢，形之所接謂之覺。原其極也，同歸虛偽。何者？生質根滯，百年乃終，化情枝淺，視瞬而滅。神道恍惚，若存若亡；形理顯著，若誠若實。故洞監知生滅之理均，覺夢之塗一；雖萬變交陳，未關神慮。愚惑者以顯昧爲成驗遲速而致疑，故竊然而自私，以形骸爲真宅。孰識生化之本歸之於無物哉？〔解〕天地成器，無所不包。人生其中，但保其有，曾不知神爲形主，無制於有。聖人所以養其本，愚者但知養其〔原脫一字〕。形約以爲生，貪生而不識生之主；形謝以爲死，不知神識之長存。迷者爲凡人，悟者通聖智。惑者多矣，故先説悟者以辯之。○汪萊曰：解「無制於有」當作「有制於無」。〔解〕「形約」上脱「末」字。伯峻案：注「洞監（鑒）」下當有「者」字。○釋文「視瞬」作「視瞚」，「恍惚」作「怳惚」，云：俛音免。覺音教。悅，況往切。惚音忽。

周穆王時，○釋文云：周穆王名滿，昭王子也。

西極之國有化人來，〔注〕化幻人也。伯峻案：書鈔一二九、御覽一七三、六一六引「西極」並作「西域」。類聚六二引作「西胡」。○釋文云：幻，胡辦切。

入水火，貫金石，○釋文云：貫音官，穿也。

反山川，移城邑；乘虛不墜，○釋文「墜」作「隧」，云：隧音墜。

觸實不硋。○釋文云：硋音礙。千變萬化，不可窮極。既已變物之形，又且易人之慮。〔注〕能使人暫忘其宿所知識。穆王敬之若神，事之若君。〔解〕凡人之慮不過嗜慾、憂憎、名利、仁義矣，化人今反其真，故云易也。化人者，應物之身也。窮理極智，應用無方，千變萬化，未始有極者也。推路寢以居之，引三牲以進之，選女樂以娛之。化人以爲王之宮室卑陋而不可處，王之廚饌腥螻而不可饗，〔注〕嬪御僁惡而不可親。」○釋文云：腥音星。螻音樓。饗音享。周禮天官內饔「腥不可食者，馬黑脊而般臂螻」，鄭玄云：「般臂，毛自有文也。螻，蛄臭也。」今讀者宜依周禮饔食。按隋祕書王卲讀書記云，螻蛄古本多作女旁者，方言亦同。饗音邕。般音斑。伯峻案：今本方言仍作「螻蛄」，不作女旁。王之嬪御膻惡而不可親。〔解〕陋王之宮室，腥王之廚膳，膻王之嬪御者，明化人不貴聲色滋味及居處也。○俞樾曰：膻當作羶，言臭惡而不可親也。廣雅釋器：「羶，臭也。」○釋文云：膻音羶。穆王乃爲之改築。爲，于僞切。○王叔岷曰：容齋四筆三引「築」下有「宮室」二字。土木之功，○釋文「乃」作「迺」云：迺古乃字。爲，于僞切。赭堊之色，○釋文云：赭音者，赤色。堊音惡，白土也。無遺巧焉。五府爲虛，○釋文云：周禮：太府掌九貢九職之貨賄，玉府掌金玉玩好，內府主良貨賄，外府主泉藏，膳府主四時食物者也。而臺始成。其高千仞，臨終南之上，○釋文云：終南，山名，在京兆。號曰中天之臺。簡鄭衛之處子娥媌靡曼者，〔注〕娥媌，妖好也。靡曼，柔弱也。○釋文云：媌音茅。好而輕者謂之娥，自關而東、河齊之間謂之媌，或謂之妖。曼音萬。施芳澤，正娥眉，○「娥」各本作「蛾」。

○王重民曰：吉府本「蛾」作「娥」。娥正字，蛾俗字也。方言：「娥、好也」；秦晉之間好而輕者謂之娥」。此娥眉本字。形若蠶蛾之説始於顏師古漢書注，蓋以詩衛風碩人「螓首蛾眉」螓蛾相對，既誤以螓爲蜻蜻，因此以蛾爲蠶蛾；而不知螓當爲頜，蛾當爲娥也。楚辭大招：「娥眉曼只。」枚乘七發：「皓齒娥眉。」張衡思玄賦：「嫭眼娥眉。」並作「娥」。伯峻案：王此説乃本陳奐毛詩傳疏説，是也。今從吉府本。○釋文云：娥音俄。

設笄珥，〔注〕笄，首飾；珥，瑱也。○釋文云：珥音餌，瑱也，冕上垂玉以塞耳也。瑱，他見切。

衣阿錫，〔注〕阿，細縠；錫，細布。○胡懷琛曰：錫通緆。阿謂齊東阿縣，見李斯傳徐廣註。阿錫與齊紈對文。阿確謂東阿，張注非也。○釋文云：衣，於既切。縠音斛。

曳齊紈。〔注〕齊，名紈所出也。○釋文云：曳音裔。齊紈，范子云：「白紈素出齊魯」。

粉白黛黑，○釋文云：黛音代。

珮玉環。雜芷若〔注〕芷若，香草。○釋文云：芷音止。

以滿之，〔注〕充滿臺館。

奏承雲、六瑩、九韶、晨露以樂之。〔注〕承雲，黃帝樂；六瑩，帝嚳樂；九韶，舜樂；晨露，湯樂。○釋文「九韶」作「九招」，云：瑩，烏定切，又音莖。招本作韶，市昭切。樂音洛。○任大椿曰：離騷經「奏九歌而舞韶兮」，補注：「山海經，夏后開始歌九招。開即啓也。竹書云，夏后啓舞九韶。」招韶古多通。

月月獻玉衣，旦旦薦玉食。〔注〕言其珍異。○「月月」世德堂本作「日月」，非。

化人猶不舍然，○釋文云：舍音釋。

不得已而臨之。〔解〕王不達其意，更崇飾之。化人猶不釋然，明心之不在此也。○秦恩復曰：〔解〕「之」字衍文。

居亡幾何，○釋文云：亡音無。幾，居豈切。

謁王同游。○釋文云：謁，請也。

王執化人之袪，〔注〕袪，衣袖也。○釋文云：袪音墟。

騰而上者，中天迺止。○釋文云：上，時掌切。

暨及化人之宮。

○王重民曰：「暨、及」同義，於文爲複，蓋後人附注「及」字於「暨」之下而誤入正文者。類聚六十二、初學記二十七、御覽八百十二引並無「及」字。○王叔岷曰：北山録一聖人生篇、文選左太沖魏都賦注、御覽一七三引亦並無「及」字。○釋文云：暨，其器切。

化人之宮構以金銀，絡以珠玉；

出雲雨之上，而不知下之據，○王叔岷曰：北山録一聖人生篇引「據」上有「所」字，文意較完，當從之。

望之若屯雲焉。耳目所觀聽，鼻口所納嘗，皆非人間之有。

王實以爲清都、紫微、鈞天、廣樂，帝之所居。〔注〕清都、紫微，天帝之所居也。傳記云：「秦穆公疾不知人，既寤，曰：我之帝所甚樂，與百神游鈞天廣樂，九奏萬舞，不類三代之樂，其聲動心。」一説云趙簡子亦然也。伯峻案：注云云見史記扁鵲倉公傳。○釋文「穆」作「繆」，云：廣樂之樂音岳，注同。甚樂之樂音洛。繆音穆。

王俯而視之，其宮榭若累塊積蘇焉。○釋文云：塊，口對切。蘇，樵人。伯峻案：釋文「人」字疑「也」字之誤。世德堂本改作「也」。

王自以居數十年不思其國也。〔注〕所謂易人之慮也。〔解〕中天，至靈之心也。以穆王未能頓忘其嗜慾，故化以宮室之盛，奪其所重之心焉。

化人復謁王同游，○釋文云：復，扶又切。

所及之處，○釋文云：處，昌據切。

仰不見日月，俯不見河海。光影所照，○王叔岷曰：北山録一聖人生篇引「影」作「彩」。

王目眩不能得視，○釋文云：眩音懸。

音響所來，王耳亂不能得聽。

百骸六藏，悸而不凝。○釋文云：悸，其季切。

意迷精喪，○釋文云：喪，息浪切。

請化人求還。〔注〕太虛恍惚之域，固非俗人之所涉。心目亂惑，自然之數也。

化人移之，〔注〕移猶推也。

王若殒虛焉。〔注〕殒，墜也。〔解〕至極之理，即化人所及之處也。萬象都盡也，何日月江海之可存？衆昏皆除也，何光景之能有？此俗形所不能止，常心所未曾知。常戀未忘，故請歸也。○「殣」各本亦作「磧」。○汪萊云：解「光景」上脫「音響」二字。○「殣」作「磧」，云：音隕，落也。○既寤，所坐猶嚮者之處，○釋文云：嚮音向。侍御猶嚮者之人。視其前，則酒未清，肴未晞。○釋文云：晞，乾物也，扶貴切。又音沸。王問所從來。左右曰：「王默存耳。」由此穆王自失者三月而復。○釋文云：三月而復爲句，一本作不復。更問化人。〔注〕問其形不移之意。〔解〕亡攀緣之慮，入寂照之方。一念之間，萬代所不及。至人之域，豈更別有方？聖故酒未清肴未晞，左右見王之默坐而都無所往來，王因坐忘三月不敢問矣。○秦恩復曰：解中「聖」字誤，或衍文也。伯峻案：解「肴未晞」秦本「未」作「夫」，今依四解本訂正。化人曰：「吾與王神遊也，形奚動哉？〔注〕所謂神者，不疾而速，不行而至。以近事喻之，假寐一昔，所夢或百年之事，所見或絕域之物。其在覺也，俛仰之須臾，再撫六合之外。邪想淫念，猶得如此，況神心獨運，不假形器，圓通玄照，寂然凝虛者乎？○釋文云：覺音教。且曩之所居，○釋文云：曩，乃朗切。奚異王之宮？曩之所游，奚異王之圃？王閒恆有，疑蹔亡。〔注〕彼之與此，俱非真物。習其常存，疑其蹔亡者，對成文。「王閒恆疑攘亡」，各本「恆」下無「有」字，今從世德堂本增。閒，習也。恆有即注所謂「常存」「對成文」。○釋文云：閒音閑。謂習其常存也，一本無有字。變化之極，徐疾之間，可盡模哉？〔注〕不可窮極，徐疾理亦無間，欲以智尋象模，未可測。〔解〕夫神之異形，此益明矣。王但閑習常見，故有疑於蹔亡。若夫至道之人常亡其形者，復何疑哉？神之變化徐疾不可盡言。○釋文「模」作「摸」，云：摸音謨。王大悅。不恤

國事，〇釋文云：恤，思律切。　**不樂臣妾，**〔注〕感至言，故遺世事之治亂，忘君臣之尊卑也。〇釋文云：治，直吏切。　**肆意遠游。**〔解〕莊子之論，夫貴道之人遺天下不顧，是猶塵垢糠粃將猶陶鑄堯舜也，孰肯以物為事乎？且聲色嗜慾之溺也，豈有道之所就甄乎？故王大悦其道，不恤國事，不樂臣妾也。遠游者，忘於近習者也。〇解「陶鑄」本作「陶情」，今依四解本訂正。　**命駕八駿之乘，**〇釋文云：駿音俊。乘，實證切，下同。　**右服䮝**〔注〕古驊字。**驊而左綠耳，**〇世德堂本「䮝」作「騧」。〇釋文云：䮝者，說文馬部騧字籀文作驧，此變㤋為旬，爾為萮，又左右互易，遂不可辨（本張文虎舒藝室隨筆說，穆天子傳作䮝騧，亦誤）。〇釋文云：驊音華。䮝音留。騧驊、綠耳，皆八駿名。〇任大椿曰：穆天子傳「右服騧驪」注云：「疑驊騧字。」騧字與䮝字形相近，可以互證。　**右驂赤驥而左白䮝，**〔注〕古義字。〇「義」世德堂本作「犧」。〇洪頤煊曰：爾雅釋畜，「馬屬同毛在肘後減陽」。「䮝」即「減」字。穆天子傳作「左白儀」，郭璞注，「古義字」。故注以犧釋䮝，犧即儀字之譌，䮝非犧字。〇孫詒讓曰：白䮝，穆天子傳兩見，䮝一作義，一作儀。郭璞亦云，「古義字」，與張注同。廣雅釋畜，馬類有駅鹿，疑即騇之借字。今本作䮝，洪頤煊謂即爾雅釋畜之減陽，雖形頗相近，然與穆傳及張郭讀竝不合，恐未塙。〇釋文「䮝」作「犧」，云：驂，七南切。驥音冀。犧音義。　史記曰：「造父為穆王得驊騮、綠耳、赤驥、白犧之馬，御以遊巡，往見西王母，樂而忘歸」，與穆天子傳略同。郭璞注云，「皆毛色以為名也」。後有渠黃、踰輪、盜驪、山子，為八駿也。　**主車則造父為御，䯂啇為右，**〔注〕上齊下合，此古字，未審。〇孫詒讓曰：「䯂」釋文作「啇」，云：啇音泰，篆作龠。啇當作㐬，上從大從叙，與齊字上半形近；下從水而變為合，則失之遠矣。殷云篆作龠，亦傳寫之誤。張注舊本當與釋文同，故注云「上齊下合」。此注本當著「嗇」下，謂其字上從齊（依釋文本實從齊省），下從合。古字書無此文，形聲皆不可説，故云未審。

蓋張殷本雖譌蔡爲嗇，而音泰則自不誤。上齊下合之云，自專釋嗇字之形，本與音不相涉，與嚣字尤不相涉也。自別本

譌嗇爲嚣（上齊變爲凶，下合變爲回），既失其齊合之形，而孤存此注，又誤移著於「嚣」字下。讀者不見故書，無從索

解，遂以其釋嗇字之形者析而爲嚣嗇二字之音。其誤於釋文引或本，（殷本嗇字尚未譌，疑不當絶無辯正。或釋文此條

爲陳景元所增竄與？）而丁度集韻、韓道昭五音集韻竝襲其説。於齊紐收嚣字，合紐收嚣字，蓋古書之重牲貤繆失其本

始有如是者。（玉篇弓部有胥字，云：胡閣切，會也。亦即嚣字之譌。此必非顧野王之舊，蓋宋人所妄增也。）「嚣」釋

文引石經作「戹」。（此據魏三體石經，古文丙字也。郭忠恕汗簡及洪氏隸續所載石經殘字並無此字。今無攷），亦不成

字。以意推之，石經古文疑當本作囚（阮元積古齋鐘鼎款識周劼鼎，夏字作囚，丙正作此形。石鼓文乙鼓鰥字省從囚，

形尤完備），蓋重絫丙字之形（古籀多重形，如五作乂，貝作員，車作畺之類是也），隸寫當作囚，傳鈔貿亂，變上丙爲凡，

下丙爲只，遂不可辨識。字林作西，則當作丙，此正丙字篆文，下誤增一畫耳。穆天子傳作「窗窗爲右」，亦傳寫之誤。

又案：「主車則造父爲御」，造父既爲御，不當復主車。此主車則下當有王字。蓋王乘車，即王爲主車，下次車王不

乘，故別以柏夭爲主車也。穆天子傳作「天子主車」，是其塙證。今本挩一王字，遂似主車與御爲一，與下次車不相應

矣。○王叔岷曰：今本挩一「王」字是也。惟「王」字似當在「主車」上，「王主車」與下文「柏夭主車」句法一律。○釋

文「嚣」作「嗇」，云：造，七到切。父音甫。史記云：周穆王乘驊駵、綠耳，使造父爲御，日行千里。嗇音泰，篆作俞。

嚣音丙，石經作戹。字林云隱作石，本作嚣嗇，音上齊下合，於義無取焉。鉗且泰丙之御也，除轡銜，棄鞭

策。高誘云：皆古之得道善御也。鉗，其炎切。且，子余切。○任大椿曰：「嗇」作「嚣」。宋陳景元序云，「嚣嗇」乃

「泰丙」二字，則景元所見本作「齍」不作「卨」，與今本同。獨釋文作卨，猶存古字。吳任臣云，「石林燕語，唐王起不識卨齍二字，今考列子卨音丙，齍字未見所出。又王世貞作齍卨二字，似誤。」吳任臣知「卨」字之出列子，而謂「齍」字未見所出，則以任臣但見今本列子，未見敬順釋文耳。攷通雅引屠緯真序曰：唐辨「齍卨」止存王起，王元美、胡名瑞作「卨齍」（即「齍」字之訛），然則王起所見者「齍卨」猶作「齍卨」，故云不識「齍卨」二字。證之亦作齍卨，可見唐時舊本「齍」多作「卨」。王元美、胡名瑞作「卨卨」，雖爲「卨齍」二字傳寫之訛，而釋文舊本之作「卨齍」轉可藉以攷鏡。惟是釋文於「卨」字之下又云本作「齍」，「卨」音「上齊下合」，於義無取。蓋敬順謂「卨」，上齍音齊，下卨音合，是不特卨齍異文，并齍卨之讀齊合與卨卨之讀泰丙亦異。五音集韻：齍，徂奚切，與齊同紐；卨，壺臘切，與盍同紐。此即一本作齍音齊，作卨音合之明證。但淮南子作太丙，而此音齊合，於義無所取，故傳寫訛誤。○孫詒讓曰：釋文字林云隱，「云」當作「音」，一切經音義六引字林音隱，即此書也。各本並誤作「云」，任氏亦未校正。

次車之乘，右服渠黃而左踰輪，左驂盜驪而右山子， ○蔣超伯曰：爾雅馬屬有小領盜驪，廣雅作駃騠，玉篇作桃騕，史記秦紀作溫驪，皆盜驪之異文。○釋文云：驪，力移切。盜驪即荀子之纖離者也（荀子纖離見性惡篇）。**柏夭主車，** ○釋文云：夭，於表切。郭璞云：柏夭，人姓名。**參百爲御，奔戎爲右。** ○蔣超伯曰：奔戎據傳（案即穆天子傳）乃高氏掌七萃之士，而張湛注未詳。**馳驅千里，至於巨蒐氏之國。** ○汪中曰：巨蒐即禹貢之渠搜也。○釋文：巨蒐音渠搜，西戎國名。**巨蒐氏乃獻白鵠之血以飲王，** ○釋文云：飲，於禁切。**具牛馬之湩以洗王之足，** 〔注〕湩，乳也。以己所珍貴獻之至尊。**及二乘之人。** ○釋文云：渾，竹用切。洗，先禮切。乘，實證切。已飲而行，遂宿於崑崙之阿，赤水之陽。〔注〕山海經云：「崑崙山有五色水也。」○釋文云：崑崙音昆論。山海經云：流沙之濱，赤水之後，黑水之前，有大山，名崑崙之丘。有人穴處，名曰西王母也。別日升於崑崙之丘，○各本無「於」字。○釋文「丘」作「丠」，云：丠古丘字。以觀黃帝之宮，而封之以詒後世。○釋文云：陸賈新語云：黃帝巡游四海，登崑崙山，起宮，望於其上。遂賓於西王母，觴於瑤池之上。〔注〕西王母，人類也，虎齒蓬髮，戴勝善嘯也，出山海經。○釋文云：河圖玉版云：西王母居崑崙山。紀年云：穆王十七年，西征，見西王母，賓于昭宮。西王母爲王謠，〔注〕徒歌曰謠，詩名白雲。○釋文云：爲，于偽切。王和之，〔注〕和，答也，詩名東歸。○釋文云：和，胡卧切。其辭哀焉。西觀日之所入。〔注〕穆天子傳云：「西登弇山。」○「西」本作「迺」。○王引之曰：焉猶於是也，乃也，則也。招魂曰：「巫陽焉乃下招。」遠遊篇曰，「焉乃遊以徘徊。」列子周穆王篇曰「焉迺觀日之所入」。此皆古人以焉乃二字連文之證。○王重民曰：王説非是。「迺」本作「西」，字之誤也。焉字仍當屬上爲句。張注引穆天子傳云「西登弇山」，按郭璞穆天子傳注曰，弇兹山，日所入也。弇山在瑤池之西，爲日所入處，張氏引之正以釋西觀之義，御覽三引作「西觀日所入處」，文雖小異，「西」字尚不誤。吉府本正作「西」。伯峻案：王重民説是。迺西形近而訛，今從吉府本改正。○釋文云：弇音奄。○蔣超伯曰：坊本穆天子傳殘闕不完，惟郭璞山海經注所引文義較足。其引傳曰：「吉日甲子，賓於西王母，執玄圭白璧以見西王母，獻錦組百緤，金玉百斤。西王母再拜受之。乙丑，天子觴西王母於瑤池之上。西王母爲天子謠曰：白雲在天，山陵自出。道里悠遠，山川間之。將子無死，尚復能來。天子畣之曰：「予還東土，和理諸夏。萬民均平，吾顧見汝。比及三年，將復而野。」徂彼西土，爰居其所。虎豹爲羣，鳥鵲與處。嘉命不遷，我爲帝女。彼何世民，又將去子。吹笙鼓簧，中心翱翔。世民之子，惟天之望。天子遂驅升於奄山，乃紀迹於奄山之石而樹之槐，眉曰西王母之山。」一日行萬里。〇釋文作「萬行」，云：行讀爲里。王乃歎曰：「於乎！〇釋文「乎」作「于」，云：於于音嗚呼，又作乎。予一人不盈於德而諧於樂，〔注〕諧，辨。後世其追數吾過乎！」〔注〕自此已上至命駕八駿之乘事見穆天子傳。〇釋文云：數，色句切，責也。穆王幾神人哉！〔注〕言非神也。〇吳闓生曰：幾當讀爲豈，觀下文「幾虛語哉」可證。〇釋文云：幾音豈。能窮當身之樂，〇釋文云：樂音洛。猶百年乃徂，〔注〕知世事無常，故肆其心也。伯峻案：晉書束晳傳引竹書紀年云「自周受命至穆王百年」，世因誤謂穆王享壽百年。世以爲登假焉。〔注〕假字當作遐，世以爲登遐，明其實死也。〔解〕擇翹駿，揀賢才，應用隨方。不限華夷之國，唯道所趣。不遠軒轅之宮，窮天地之所有，極神知之所説。不崇德以矜用，方樂道以通神。千載骸化而上升，世俗之人以爲登遐焉矣。〇秦恩復曰：解「骸」字書所無。集韻有骸字，音奇，即古跂字，於義難通。〇孫詒讓曰：解「骸化」當作「肢化」，肢化猶言尸解也。秦引集韻骸爲古跂字，非此義。〇釋文云：假音遐。

老成子學幻於尹文先生，〇王重民曰：御覽七百五十二引作「考成子」，與釋文本同。〇釋文「老」作「考」，云：考成子一本作老成子，著書十八篇。〇任大椿曰：姓氏急就篇，「老成氏，世本有宋大夫老成方，列子老成子學幻於尹文，藝文志有老成子」，然則伯厚所見列子本作「老成子」，與今本同。三年不告。老成子請其過而求退。尹文先生揖而進之於室。屏左右而與之言曰：○釋文云：屏，必郢切。「昔老聃之徂西也，○釋文云：聃，吐藍切。顧而告予曰：有生之氣，有形之狀，盡幻也。造化之所始，陰陽之所變者，謂之生，謂之死。窮數達變，因形移易者，謂之化，謂之幻。〔注〕窮二儀之數，握陰陽之紀者，陶運萬形，不覺其難也。造物者其巧妙，其功深，固難窮難終。〔注〕造物者豈有心哉？自然似妙耳。夫氣質憒薄，結而成形，隨化而往，故未即消滅也。○陶鴻慶曰：張注未得妙字之義。妙之本字當爲秒，亦作䏢。道德經上篇「常無欲以觀其妙」，王注云：「妙者，微之極也。」其巧妙，言其巧微妙不可知也；與下文「因形者其巧顯其功淺」相對爲義。伯峻案：御覽七二五引作「故難窮難終」，「固」作「故」，於義較長。○釋文云：憒，房吻切。因形者其巧顯，其功淺，故隨起隨滅。〔注〕假物而爲變革者，與成形而推移，故暫生暫沒。功顯事著，故物皆駭。知幻化之不異生死也，始可與學幻矣。〔注〕注篇目已詳其義。○盧文弨曰：注「下」藏本有「見」字。○王重民曰：與猶以也，說見釋詞。謂始可以學幻也。御覽七百五十二引作「始可學夫幻矣」，文異義同。吾與汝亦幻也，奚須學哉？」〔注〕身則是幻，而復欲學幻，則是幻幻相學也。〔解〕夫形氣之所變化，新新不住，何殊於幻哉？故神氣所變者，長遠而難知；法術之所造，從近而易見；乃不知乎難知者爲大幻，易見者爲小幻耳。若知幻化之不異生死，更何須學耳。○釋文云：復，扶又切。老成子歸，用尹文先生之言深思三月，○釋文「深」作「淫」，云：淫音深。○任大椿曰：楚辭九懷「汎淫兮無根」，注云「一作沉淫，猶深淫也」（戰國燕策，其智深而慮沉。注云：沉猶深）。史記樂書：「聲淫及商。」王肅曰：「聲深淫貪商」，此淫訓爲深之證也。

又此書淫深二字多相通。黃帝篇，「彼將處乎不深之度」，注云，「深當作淫」。淫讀爲深，深又讀爲淫，義相通也。

遂能存亡自在，幡校四時，〔注〕深思一時，猶得其道，況不思而自得者乎？夫生必由理，形必由生。未有有生而無理，有形而無生。變動不居，或聚或散。撫之有倫，則功潛而事著。修之失度，則跡顯而變彰。今四時之令或乖，則三辰錯序，雷冰反時。○釋文云：幡音翻。校音絞。顧野王讀作翻交。

冬起雷，夏造冰。飛者走，走者飛。〔注〕器物蒸爍，則飛煉雲沙以成冰澒。得之於常，衆所不疑。推此類也，盡陰陽之妙數，極萬物之情者，則陶鑄羣有，與造化同功矣。若夫偏達數術，以氣質相引，俛仰則一出一没，顧眄則飛走易形，蓋術之末者也。○注「冰澒」各本作「水頃」，非。○釋文云：爍音鑠。澒音洪。

終身不箸其術，○釋文「箸」作「著」，云：著，陟慮切。故世莫傳焉。〔注〕日用而百姓不知，聖人之道也。顯奇以駭一世，常人之事耳。〔解〕精乎神氣之本，審乎生死之源，則能變化無方，此必然之理也。會須心悟體證，故不可以言語文字傳者也。○俞樾曰：「故」盧重玄本作「固」。固與故通，此古本也。張湛本竟改作「故」，轉非古書之舊。

子列子曰：「善爲化者，其道密庸，其功同人。〔注〕取濟世安物而已，故其功潛著而人莫知焉。○釋文云：已音以。

五帝之德，三王之功，未必盡智勇之力，或由化而成。孰測之哉？」〔注〕帝王之功德，世爲之名，非所以爲帝王也。揖讓干戈，果是所假之塗，亦奚爲而不假幻化哉？但駭世之迹，聖人密用而不顯焉。○釋文云：爲之爲，于僞切。

覺有八徵，○釋文云：覺音教。夢有六候。〔注〕徵，驗也。候，占也。六夢之占，義見周官。○釋文云：見，賢遍切。**奚謂八徵？一曰故，**〔注〕故，事。**二曰爲，**〔注〕爲，作也。○陶鴻慶曰：故謂舍其舊，爲謂圖其新，與下文得喪、哀樂、生死皆相對爲義。張注未晰。**三曰得，四曰喪，**○釋文云：喪，息浪切。**五曰哀，六曰樂，**○釋文云：樂音洛。**七曰生，八曰死。此者八徵，形所接也。**○俞樾曰：當作「此八者形所接也」，與下文「此六者神所交也」相對。○王重民曰：俞說是也。吉府本作「此八者徵形所接也」。疑先誤衍一「徵」字，後人遂以意移「八」於「者」字之下，吉府本猶存其跡。○王叔岷曰：道藏高守元本引范致虛解云，「此八者，形所接也」，所見本與俞說合。稗編六五引作「此八者徵形所接也」，與吉府本合。徵字非衍文，疑本作「此八徵者，形所接也」，與下文「此六候者神所交也」相對。今本下文「六」下既挩「候」字（詳後），此文亦錯亂不可讀矣。宋徽宗義解云：「故曰，此八證者，形所接也」（以證詁徵），所見本不誤。**奚謂六候？一曰正夢，**〔注〕平居自夢。**二曰蘁夢，**〔注〕周官注云：蘁當爲驚愕之愕，謂驚愕而夢。○釋文云：蘁音愕。**三曰思夢，**〔注〕因思念而夢。**四曰寤夢，**〔注〕覺時道之而夢。○釋文云：寤音悟。**五曰喜夢，**〔注〕因喜悅而夢。**六曰懼夢。**〔注〕因恐怖而夢。**此六者，神所交也。**〔注〕此一章大旨亦明覺夢不異者也。○王叔岷曰：宋徽宗義解：「故曰，此六候者，神所交也」。是所見本「六」下有「候」字，與上文「此八徵者形所接也」相對。當據補。草堂詩箋補遺四引「六」下有「夢」字，亦可證今本有挩文。伯峻案：據下盧解「然覺有八徵、夢有六候」「知八徵、六候之常化」，可以證成王叔岷說。**不識感變之所起者，事至則惑其所由然；識感變之所起者，事至則知其所由然。知其所由然，則無所怛。**〔注〕夫變化云爲皆有因而然，事以未來而不尋其本者，莫不致惑。誠識所由，雖譎怪萬端，而心無所駭也。〔解〕夫虛心寂慮，反照存神，則能通感無礙，化被含靈矣。人徒見其用化之跡，不識夫通化之本也。

何者？以其道密用而難知，其功成不異於人事，故五帝三王，人但知其智勇之力，不能識其感化而成之者也。然覺有

八徵、夢有六候者，生人之跡不過此矣。故、爲、得、喪、哀、樂、生、死，形所接也；正、愕、思、寤、喜、懼，神所交也。

所接者，咸以爲覺；神所交者，咸以爲夢。而覺夢出殊，其於化也未始有別。知八徵、六候之常化也，是則識其所由

矣。夫知守神不亂而化之有由，則所遇徵候，何所驚怛也？○釋文云：怛，丁達切。譎音決。一體之盈虛消

息，皆通於天地，應於物類。〔注〕人與陰陽通氣，身與天地並形；吉凶往復，不得不相關通也。

壯，則夢涉大水而恐懼；〔注〕失其中和，則濡溺恐懼也。○釋文云：濡音儒。陽氣壯，則夢涉大火

而燔焫；〔注〕火性猛烈，遇則燔焫也。○「焫」各本並作「焫」，字之誤也。禮記郊特牲：「既奠然後焫蕭合羶

薌。」釋文云：「焫，如悅切。」敬順釋文正作「焫」，亦取此音，可知唐時尚未誤。玉篇有「焫」字，而悅切，同爇，非顧氏

原本，乃後人增竄，亦當據此校正也。惜古逸叢書玉篇殘卷缺火部，無從證明矣。○釋文云：燔音煩。焫，如悅切

陰陽俱壯，則夢生殺。〔注〕陰陽以和爲用者也。抗則自相利害，故或生或殺也。○釋文云：抗或作亢。甚

飽則夢與，甚饑則夢取。〔注〕有餘故欲施，不足故欲取。此亦與覺相類也。○注「欲取」北宋本、汪本作「涉

取」，今從道藏本訂正。是以浮虛爲疾者，則夢揚，以沈實爲疾者，則夢溺。藉帶而寢則夢

蛇，○釋文云：藉，慈夜切。飛鳥銜髮則夢飛。〔注〕此以物類致感。○藏本「類」下有「而」字，注末有「也」

字。將陰夢火，將疾夢食。飲酒者憂，歌儛者哭。〔注〕此皆明夢：或因事致感，或造極相反，即周禮六

夢六義，理無妄然。〔解〕神氣執有則化隨，陰陽所感則夢變。或曾極而爲應，或像似而見跡，或從因而表實，或反理而未表情。若凝理會真，冥神應道者，明寂然通變，憂樂不能入矣。○陶鴻慶曰：飲酒者憂，歌舞者哭，兩句之首皆當有「夢」字。伯峻案：陶說是也。莊子齊物論「夢飲酒者旦而哭泣，夢哭泣者旦而田獵」，文雖小異，而有「夢」字則同。又案：〔解〕「或反理而未表情」「未」字衍文。

子列子曰：「神遇爲夢，形接爲事。〔注〕莊子曰：其寐也神交，其覺也形開。又注引莊子見齊物論。今本「神交」作「魂交」。伯峻案：御覽三九七引作「故神遇爲夢」「子列子曰」四字作「故」。故晝想夜夢，神形所遇。〔注〕間常語晝日想有此事而後隨而夢也。○釋文云：造，七到切。故神凝者想夢自消。〔注〕晝無情念，夜無夢寐。信覺不語，信夢不達，物化之往來者也。〔注〕夢爲鳥而戾於天，夢爲魚而潛於淵，此情化往復也。○注「戾」本作「厲」，亦通。但處度用詩（小雅四月云：匪鶉匪鳶，翰飛戾天。匪鱣匪鮪，潛逃于淵），詩本作「戾」，當以「戾」爲正。今從藏本訂。古之真人，其覺自忘，其寢不夢，幾虛語哉？」〔注〕真人無往不忘，乃當不眠，何夢之有？此亦寓言，以明理也。

〔解〕夫六情俱用，人以爲實，意識獨行，人以爲虛者，同呼爲幻；夢行人以爲夢爲實者，同呼爲真。是曾不知覺亦神之運，夢亦神之行。信一不信一，是不達者也。若自忘則不夢，豈有別理者乎？○秦恩復曰：解疑有脫誤。○汪萊曰：解「人以爲虛者」上當增「人以爲虛」四字。「夢行」「爲夢」四字衍。伯峻案：莊子刻意篇云：「聖人之生也天行，其死也物化。（中略）其寢不夢，其覺無憂。」（下略）大宗師篇略同。淮南子俶真訓云：「夫聖人用心杖性依神相扶而得終始，是故其寐不夢，其覺不憂。」皆是此意。○釋文云：幾音豈。

西極之南隅有國焉，○釋文「隅」作「嵎」，云：「嵎與隅同。」○任大椿曰：爾雅釋水釋文云：「隅又作嵎堨，同音魚吁反。」説文：「嵎，封嵎之山，在吳楚之間汪芒之國。從山禺聲。」徐鍇按：國語「防風氏守封嵎之山者也。」今魯語云：「汪芒氏之君，守封隅之山者也。」韋昭注：「封，封山；隅，隅山。」則嵎隅通，又史記夏本紀索隱曰，「今文尚書及帝命驗並作禺鐵」，禺即嵎也。則嵎隅禺並通。○「辨」或作「辯」，下同。○釋文云：亡音無，下同。

不知境界之所接，名古莽之國。○釋文云：莽，莫朗切。 陰陽之氣所不交，故寒暑亡辨；日月之光所不照，故晝夜亡辨。其民不食不衣而多眠。五旬一覺，以夢中所爲者實，覺之所見者妄。四海之齊謂中央之國，〔注〕即今四海之内。○陶鴻慶曰：齊，中央也。謂與爲通用。伯峻案：上文云「名古莽之國」，下文云「曰阜落之國」，則此謂字當與「名」「曰」同義，不當讀爲爲。陶說疑未審。 跨河南北，○釋文云：跨，苦化切。 越岱東西，萬有餘里。其陰陽之審度，故一寒一暑；○俞樾曰：審度二字傳寫誤倒，本作「陰陽之度審」。下句云「其昏明之分察，故一晝一夜。」度與分對，審與察對，以是明之。昏明之分察，故一晝一夜。○釋文云：分，符問切。 其民有智有愚。萬物滋殖，才藝多方。有君臣相臨，禮法相持。其所云爲不可稱計。一覺一寐，以爲覺之所爲者實，夢之所見者妄。

東極之北隅有國曰阜落之國。○釋文云：阜音婦。 其土氣常燠，○釋文云：燠音郁。 日月餘光之照。其土不生嘉苗。其民食草根木實，不知火食，性剛悍，彊弱相藉，○釋文云：藉音陵。

伯峻案：　藉不當有陵音。釋文之意，蓋以藉當訓陵轢之陵（後漢書朱浮傳注：陵轢猶欺蔑也），遂以陵音擬之。藉自

有欺陵之意（史記田蚡傳「今吾身在也，而人皆藉吾弟」注，藉，蹈也，踐踏之也），不必改讀也。此條疑景元所補。　貴

非者也。【解】故舉此二國之異，而神之可會者未嘗殊也。故知神理之契運不明夢覺衣食。苟嗜欲之不忘，則情繫于俗

矣。〇陶鴻慶曰：「西極之南隅有國焉不知境界之所接名古莽之國」云云，「東極之北隅有國曰阜落之國」云云，以今

地理學考之，南北二字當互易。

周之尹氏大治產，〇釋文云：　治音持。　其下趣役者侵晨昏而弗息。　〇秦本「趣」作「趨」。〇釋

文云：　趣音趨，下同。〇任大椿曰：　史記張儀傳：「方將約車趨行。」正義：「趨音趣。」司馬遷傳：「趣舍異路。」

趣舍即趨舍也。　漢書賈誼傳：「趣中肆夏。」趣即趨。故敬順釋文云趣音趨也。　伯峻案：　趨俗趨字（見廣韻十虞趨

下及龍龕手鑑），與說文「趨」之「趨」（音池）形同而音義異。　有老役夫筋力竭矣，　伯峻案：　管子輕重己篇

云：　「處里為下陳，處師為下通，謂之役夫。」役夫為賤者之稱，故可為詬詈之辭。　文元年左傳云：「江羋怒曰：」伯峻

役夫！宜君王之欲殺女而立職也。」　而使之彌勤。　晝則呻呼而即事，　〇釋文云：　呻呼音申吟，下同。　夜則昏憊而熟

案：　呼不當有吟音，或文有脫誤。不然，則疑敬順蓋以吟訓呼，遂爾標音，不知其不合音理也。

寐。　〇釋文云：　憊，蒲介切。　精神荒散，昔昔夢為國君。　〇秦恩復曰：　昔與夕聲相近。　伯峻案：　詩云，

「樂酒今昔」，今昔，今夕也。　穀梁傳「日入至于星出謂之昔」，昔即夕。　管子云「旦昔從事」，旦昔，旦夕也。　皆昔夕相假

之證。○釋文云：昔昔，夜夜也。居人民之上，總一國之事。遊燕宮觀，○釋文云：燕音宴。觀，古亂切。恣意所欲，其樂無比。○釋文云：樂音洛。覺則復役。○釋文云：覺音教，下同。人有慰喻其懃者。○秦本「懃」作「勤」。役夫曰：「人生百年，晝夜各分。〔注〕分，半也。吾晝爲僕虜，苦則苦矣；夜爲人君，其樂無比。何所怨哉？」尹氏心營世事，慮鍾家業，心形俱疲，夜亦昏憊而寐。昔昔夢爲人僕，趨走作役，無不爲也；數罵杖撻，無不至也。眠中噭囈呻呼，〔注〕噭，吾南反。囈音藝。○釋文云：噭，吾南切。囈音詣。噭囈呻吟，並寐語也。徹旦息焉。尹氏病之，以訪其友。友曰：「若位足榮身，資財有餘，勝人遠矣。夜夢爲僕，苦逸之復，數之常也。〔注〕夫盛衰相襲，樂極哀生，故覺之所美，夢或惡焉。○釋文云：惡，烏路切。若欲覺夢兼之，豈可得邪？」尹氏聞其友言，寬其役夫之程，減己思慮之事，○釋文云：思音四。疾並少間。〔注〕此章亦明覺夢不異，苦樂各適一方，則役夫懃於晝而逸於夜，尹氏榮於晝而辱於夜。理苟不兼，未足相跨也。〔解〕夫勞形而逸其神者，則覺疲而夢安；勞神而役形者，則覺樂而夢苦。神者，生之主也；而人不知養神以安形。形者，神之器也；而人不知資形以逸神也。故形神俱勞，兩過其分。若勞佚適中者，疾並少間矣。○注「則役夫」汪本作「明役夫」，今從各本改。「適一方」或作「通一切」。○釋文「跨」作「吁」，云：少間，病差也。吁音誇。

鄭人有薪於野者，遇駭鹿，御而擊之，〔注〕御，迎。○釋文云：御音訝，迎也。斃之。○釋文云：斃音幣。恐人見之也，遽而藏諸隍中，○釋文云：隍音黃，無水池也。覆之以蕉。○黃生曰：蕉樵古字通用。取薪曰樵，謂覆之以薪也。莊子人間世：「死者以國量乎澤若蕉」。字與此同，謂死人骨如積薪也。今以蕉字爲芭蕉用，而相如子虛賦但作巴且。○釋文云：蕉與樵同。

不勝其喜。○釋文云：勝音升。

俄而遺其所藏之處，遂以爲夢焉。順塗而詠其事。傍人有聞者，用其言而取之。既歸，告其室人曰：「向薪者夢得鹿而不知其處；吾今得之，彼直真夢矣。」○「夢」下本有「者」字。○俞樾曰：此本作「彼直真夢矣」，「者」字衍文。盧重玄本無者字。伯峻案：俞說是也。今依秦刻盧重玄本、四解本刪「者」字。

室人曰：「若將是夢見薪者之得鹿邪？詎有薪者邪？今真得鹿，是若之夢真邪？」夫曰：「吾據得鹿，何用知彼夢我夢邪？」薪者之歸，不厭失鹿。○伯峻案：厭懕通。說文「懕，安也。」詩小戎：「厭厭良人。」傳云：「厭厭，安靜也。」不厭失鹿猶言不甘心於失鹿。○釋文云：厭音懕，又於艷切。

其夜真夢藏之之處，又夢得之之主。爽旦，案所夢而尋得之。遂訟而爭之，歸之士師。○釋文云：士師，掌五禁之法者。

士師曰：「若初真得鹿，妄謂之夢；真夢得鹿，妄謂之實。彼真取若鹿，而與若爭鹿。○陶鴻慶曰：「而與若爭鹿」當作「而若與爭鹿」。此云爭鹿，指失鹿者言，下云今據有此鹿，指取鹿者言。故請二分之也。室人又謂夢仞人鹿，○吉府本、世德堂本「仞」作「認」。○釋文云：仞一本作認。無人得鹿。今據有此鹿，請二分之。」以聞鄭君。鄭君曰：「嘻！○釋文云：嘻音熙。士師將復夢分人鹿乎？」○釋文云：復，扶又切。訪之國相。○釋文云：相，息亮切。國相

曰：「夢與不夢，臣所不能辨也。欲辨覺夢，唯黃帝孔丘。〔注〕聖人之辨覺夢何邪？直知其不異

耳。○釋文云：邪，似遮切。直或作真。今亡黃帝孔丘，○釋文云：亡音無。執辨之哉？○俞正燮曰：

史記正義引帝王世紀云：「黃帝夢大風吹天下塵垢皆去，又夢人執千鈞之弩驅羊萬羣。帝寤而歎曰：風爲號令，執

政者也；垢去土，后在也。天下豈有姓風名后者哉？夫千鈞之弩，異力者也；驅羊萬羣，能牧民爲善者也。天下豈

有姓力名牧者哉？於是依二占而求之，得風后於海隅，登以爲相；得力牧於大澤，進以爲將。黃帝因著占夢經十一

卷。」其圓夢之法經情直遂而竟得之，可謂象罔得珠矣。靈樞有淫邪發夢篇。占夢經，藝文志有之，曰：黃帝長柳占

夢。孔子兩楹之夢見檀弓。辨夢言黃帝孔丘，此其義也。且恂士師之言可也。」〔注〕恂，信也，音荀。因喜怒而

迷惑，猶不復辨覺夢之虛實，況本無覺夢也？〔解〕夫以爲夢者，但妄識耳。神識之不審，則爲妄夢焉。傍聞而取鹿者，

亦不審也，此復爲夢矣。得鹿者又夢而求鹿，以經獄官焉。其皆不審也。妄情同焉，故二分之。能了其妄者，其唯聖人

乎！若時無聖人，事無的當，故士師之以不了斷不了，更爲妄焉。○吳闓生曰：恂當爲徇。伯峻案：說文：「恂，

信心也。」文十一年左傳「國人弗徇」，杜注：「徇，順也。」○釋文云：恂音荀，信也。

宋陽里華子中年病忘，○釋文云：華，胡化切。忘音望，不記事也。朝取而夕忘，夕與而朝

忘，在塗則忘行，在室則忘坐：今不識先，後不識今。○王重民曰：「今不識先後不識今」二句

有誤，御覽七三八引作「不識先後不識今古」，近是。闔室毒之。○釋文云：闔，胡臘切。毒，苦也。謁史而卜

之，弗占；○吳闓生曰：弗占，弗驗也。伯峻案：荀子賦篇「請占之五泰」，楊倞注：「占驗也。」謁巫而禱

之，弗禁；謁醫而攻之，弗已。魯有儒生自媒能治之，華子之妻子以居產之半請其方。○陶鴻慶曰：居猶蓄也，謂其素所蓄積也。天瑞篇「没其先居之財」，義與此同。儒生曰：「此固非卦兆之所占，〔注〕夫機理萌於彼，著龜感於此，故吉凶可因卦兆而推，情匿可假象數而尋。今忘者之心，泊爾鈞於死灰，廓焉同乎府宅；聖人將無所容其鑒，豈卦兆之所占？○釋文云：著音尸。匿，昵力切。泊音魄。鑒音鑑。非祈請之所禱，〔注〕夫信順之可以祈福慶，正誠之可以消邪僞，自然之勢也。故負愧於神明，致怨於人理者，莫不因兹以自極。○釋文「自極」作「自拯」，云：拯，蒸上聲，本作極。行，下孟切。辟音僻。伯峻案：極，病困也。此魏晉人常語。淺人不明此義，乃改爲拯字，義反而不可通。釋文此條疑景元所加，非殷氏之舊。非藥石之所攻。〔注〕疾痾結於府藏，疾病散於肌體者，必假脉診以察其盈虛，投藥石以攻其所苦。若心非嗜慾所亂，病非寒暑所傷，則醫師之用宜其廢也。○注「疾痾」或作「疾病」，或作「疼痾」，或作「疾痾」。又「假脉診」北宋本作「攻脉診」，「嗜慾」作「食慾」。義俱不長。○釋文云：疾音救。痾音阿。藏，才浪切。診，止忍切。吾試化其心，變其慮，庶幾其瘳乎！」〔注〕大忘者都無心慮，將何所化？此義自云易令有心，反令有慮，蓋辭有左右耳。○注「辭」或作「亂」，疑誤。○釋文云：瘳，丑鳩切。於是試露之，而求衣；飢之，而求食；幽之，而求明。〔注〕先奪其攻已之物以試之。儒生欣然告其子曰：「疾可已也。然吾之方密，○釋文云：然吾之方密爲句。傳世不以告人。試屏左右，獨與居室七日。」從之。○釋文云：從音縱。

伯峻案：「從」當讀如字，謂依之也。釋文誤。莫知其所施爲也，〔注〕儒者之多方，固非一塗所驗也。而積年

之疾一朝都除。〔注〕上句云使巫醫術之所絕思而儒生獨能已其所病者，先引華子之忘同於自然，以明無心之極，

非數術而得復推：：儒生之功有過史巫者，明理不冥足，則可以多方相誘。又欲令忘者之悟知曩之忘懷，實幾乎至理

也。〔解〕老子曰：「爲學日益，爲道日損。損之又損之，以至於無爲。」華子學道而忘其有，儒生學有以益其知。益其

知者，是非必辯於目前，忘其有者，得喪不入於天府。豈占卜、醫藥所能痊之哉？於是儒生以多方誘其心，是非惑其

慮。華子於是失道而後德，失德而後是非交馳於胸中，故坐忘之道失矣。○注「有過」下藏本有「乎」字。○汪萊曰：

解「損之又損之」下「之」字衍。伯峻案：根據范應元道德經集註、彭耜道德經集註，古本都有兩「之」字，與重玄所引

同。則下「之」字非衍文。汪說誤。○釋文云：思音四。華子既悟，迺大怒，黜妻罰子，操戈逐儒生。

伯峻案：左傳僖二十三年云：「姜曰：行也！懷與安，實敗名。公子不可。」姜與子犯謀，醉而遣之。醒，以戈逐子

犯。〕古人以戈爲隨身之兵，故古書屢言操戈也。○釋文云：操，七刀切。宋人執而問其以。華子曰：

「曩吾忘也，蕩蕩然不覺天地之有無。今頓識既往，數十年來存亡、得失、哀樂、好惡，擾擾

萬緒起矣。○釋文云：數，色主切。樂音洛。好，呼報切。惡，烏路切。吾恐將來之存亡、得失、哀樂、

好惡之亂吾心如此也，須臾之忘，可復得乎？」〔注〕疾病與至理相似者猶能若斯，況體極乎？〔解〕華

子思反真而無從也，故怒其妻子以逐儒生也。○釋文云：復，扶又切。子貢聞而怪之，以告孔子。孔子

曰：「此非汝所及乎！」顧謂顏回紀之。〔注〕此理亦當是賜之所逮，所以抑之者，欲寄妙賞於大賢耳。

〔解〕子貢辯學之士，進取強學者也，故曰此非汝所及也。顏回好學亞聖，不違於仁者也，故令顏回記之者，用明道於大

賢耳。○「紀」藏本作「記」，兩通。○釋文「妙賞」作「妙當」，云：當，丁浪切，一本作賞。

秦人逢氏有子，○釋文「逢」，云：逢音龐。少而惠，伯峻案：御覽四九○引「惠」作「慧」。後漢書孔

融傳：「將不早惠乎？」注云，「惠作慧」，可證。○釋文云：少，詩照切。及壯而有迷罔之疾。〔注〕惠非迷

也，而用惠之弊必之於迷焉。○釋文云：罔，文兩切。聞歌以為哭，視白以為黑，饗香以為朽，〔注〕月令

曰，其臭朽。○錢大昕曰：古人香與朽對，取其相反，猶味有甘苦也。月令：「春之臭羶，夏之臭焦，中央之臭香，秋

之臭腥，冬之臭朽。」嘗甘以為苦，○「嘗」世德堂本作「常」。○俞樾曰：常嘗古通用。禮記少儀篇「馬不常秣」，

釋文曰，「常一本作嘗」；爾雅釋詁：「嘗，祭也。」釋文曰，「嘗字又作常」，並其證也。列子原文借常為嘗。道藏本易

以本字，轉非古書之舊矣。行非以為是：意之所之，天地、四方、水火、寒暑，無不倒錯者焉。楊

〔解〕夫矜於小智者，人以為慧；體道保和者，人以為愚。夫齊聲色、忘水火者，非俗人之所辯，故以道為迷罔焉。

氏告其父曰：「魯之君子多術藝，將能已乎？汝奚不訪焉？」其父之魯，過陳，○釋文云：

過音戈。遇老聃，因告其子之證。老聃曰：「汝庸知汝子之迷乎？今天下之人皆惑於是

非，昏於利害。同疾者多，固莫有覺者。且一身之迷不足傾一家，一家之迷不足傾一鄉，

一鄉之迷不足傾一國，一國之迷不足傾天下。天下盡迷，孰傾之哉？○王重民曰：傾字與上

文不相應，蓋正字之誤。此老聃與逢氏之言，謂汝子迷罔之病非病也，今天下之人皆惑於是非，昏於利害，乃真病耳。

特以同病者多，反不覺病。若天下盡如汝子之迷，尚孰求而正之哉？此因上文傾一家傾一鄉等傾字而誤。下文「哀樂

聲色臭味是非孰能正之」云云，正承此言。若作「傾」，則非其義矣。御覽四百九十引正作「正」，可證。向使天下之

人其心盡如汝子，○釋文「向」作「鄉」，云：鄉音向。哀樂、聲色、臭味、是非，孰能

正之？○釋文云：樂音洛。○世德堂本「言」上無「此」字，御覽四百九十引有「此」字。○汪中曰：郵尤通。○

義，明言是非，故曰迷之郵者也。○伯峻案：尤郵古字通，可參看顧炎武日知錄卷二十七爾

王重民曰：御覽四百九十引「郵」作「尤」，當亦引者所改。且吾之此言未必非迷，而況魯之君子迷之郵者，〔注〕魯之君子盛稱仁

雅注條。○釋文：郵音尤。焉能解人之迷哉？○釋文云：焉，於虔切。榮汝之糧，不若遄歸也。」

矣。魯之儒生於忘形保神之道乃迷之甚者也，何能曉人之迷？爾不如棄汝路糧速歸矣。○秦恩復曰：解「趙」字疑

以嗤獨智，翻以為迷。故老子云：「下士聞道大笑之。不笑不足以為道也。」今欲使趙競之士正其是非者，失道彌遠

〔注〕榮，棄也。此章明是非之理未可全定，皆眾寡相傾以成辨争也。〔解〕榮，棄也。天下俗士甚多，悟道者少。眾迷

「趙」字之誤。○牟庭曰：荀子議兵：「贏三日之糧。」注：「贏，負擔也。」莊子胠篋：「贏縢而趨之。」釋文：

「贏，裹也。」方言：「攍，儋也。」然則贏縢謂緘縢而負之。列子榮亦攍之假音。○俞樾曰：張湛盧重玄注並訓榮為

棄，不知何據，殆非也。榮者對實而言，榮猶華也。爾雅釋草曰：「木謂之華，草謂之榮。不榮而實者謂之秀，榮而不實

者謂之英」，是其義也。古人之詞凡無實者謂之華。後漢書馬融傳注曰：「華譽，虛譽也。」訓華為虛，則榮亦可為虛

矣。榮汝之糧言其虛費而無實用也。漢書揚雄傳：「四皓采榮於南山。」師古曰：「榮者，聲名也。」蓋榮與實對，故

亦可訓名。以草木言之，則榮實也，以人事言之，則名實也，虛實也。其義固得通矣。○吳闓生曰：榮當與贏同，棄

當爲弄。伯峻案：俞説迂曲，牟説近是。○釋文云：遄，士緣切。争音諍。

燕人生於燕，長於楚，○釋文云：長，張丈切。**及老而還本國。過晉國，**○釋文云：過音戈。**同行者誑之；**○釋文云：誑，九況切。**指城曰：「此燕國之城。」其人愀然變容。**○釋文云：愀，七小切。**指社曰：「此若里之社。」**○王重民曰：類聚三十四、御覽五五八引「若」下有「若猶汝也」四字注。**乃喟然而歎。**○釋文云：喟，丘愧切。**指舍曰：「此若先人之廬。」乃涓然而泣。**○釋文云：涓，音泫，胡犬、胡絹二切。**指壟曰：「此若先人之冢。」其人哭不自禁。**○釋文云：禁音金。**同行者啞然大笑，曰：**○釋文云：啞，烏陌切。**「予昔紿若，**○王重民曰：御覽五百五十八引「昔」作「等」。「等」當爲「皆」，字之誤也。○釋文云：紿音待，欺也。**此晉國耳。」其人大慙。及至燕，真見燕國之城社，真見先人之廬冢，悲心更微。**〔注〕此章明情有一至，哀樂既過，則向之所感皆無欣戚者也。〔解〕夫人性相近習相遠者，各隨其情習所安也。生於燕者，未離其本也；長於楚者，安於所習也。所歸於本而不之識，故僞薄者是人得之焉，將所似而誘之，信者於是生惑也。反知不實，忘情以生慙。縱得見真，仍以爲薄者，是非皆不相了，因人以惑其情焉。況今之君子，咸妄執晉國之城社也，寧知養神反本之至道哉？○「更」世德堂本作「便」。○汪萊曰：解「是人得之」四字當在「所歸於本」上，「焉」字當在「識」字下。○釋文云：微，少也；作徹者誤。

列子集釋卷第四

仲尼第四

〔注〕智者不知而自知者也。忘智故無所知，用智則無所能。知體神而獨運，忘情而任理，則寂然玄照者也。〔解〕此篇言證無爲之道者，方可無所不爲。世人但見聖人之跡，而不知所證之本也。學者徒知絕情之始，而不知皆濟之用。皆失其中也。○釋文「忘情」作「去情」，云：去，丘呂切，一本作忘。

仲尼閒居，○釋文云：仲尼，魯國曲阜縣人；顏氏禱尼丘山生，因名，字仲尼，周靈王二十一年庚戌歲生。

閒音閑。伯峻案：釋文「名」下疑挩「丘」字。子貢入侍，○釋文云：子貢，端木賜，衛人，字子貢，利口巧辭。

而有憂色。子貢不敢問，〔注〕子貢雖不及性與天道，至於夫子文章究聞之矣。聖人之無憂，常流所不及，況於賜哉？所以不敢問者，將發明至理，推起予於大賢，然後微言乃宣耳。○注「推起予」本作「惟起余」，參照世德堂本及藏本正。「起予」乃用論語八佾「起予者商也」語。

出告顏回。○釋文云：顏回，魯人，字子淵。顏回援琴而歌。○釋文云：援音袁。孔子聞之，果召回入，問曰：「若奚獨樂？」○王重民曰：御覽四百六十八又四百六十九引「獨」上並有「敢」字。○釋文云：樂音洛。

回曰：「夫子奚獨憂？」〔注〕回不言欲宣問，故弦歌以激發夫子之言也。○注「宣」藏本作「旨」。孔子曰：「先言爾志。」曰：「吾昔聞之夫子

曰：『樂天知命故不憂』，回所以樂也。」〔注〕天者，自然之分，；命者，窮達之數也。○釋文云：分，符

問切，下同。孔子愀然有間曰：○釋文云：愀，七小切；愀然，變色少時。「有是言哉？〔注〕將明此

言之不至，故示有疑間之色。○道藏本注文「疑間」作「疑問」。汝之意失矣。○釋文「失」作「夾」云：夾音狹，

一本作失。○任大椿曰：夾音狹，故與狹通。據文義蓋謂汝之意狹而未廣也。管子霸言篇：「夫上夾而下且。」注

云：「上既狹則下爲所包。」周禮司市釋文：「廣夾即廣狹。」又廣雅：「夾〈古匣〉、次、遒、迫、促、近也。」夾與迫促同

訓，則夾即狹也。後漢書駒驪傳：「東西夾，南北長。」李賢注，「夾音狹」，然則意夾即意狹。釋文猶存古字。此吾

昔日之言爾，請以今言爲正也。〔注〕昔日之言，因事而興；今之所明，盡其極也。汝徒知樂天知命

之無憂，未知樂天知命有憂之大也。〔注〕無所不知，無所不樂，無所不憂，故曰大也。○王重民曰：御覽

四百六十八引「有」上有「之」字。今告若其實：修一身，任窮達，知去來之非我，亡變亂於心慮，

○「亡」本作「止」，今從藏本、世德堂本、秦本正。○釋文云：亡音忘，一本作止。爾之所謂樂天知命之無憂

也。〔注〕此直能定內外之分，辨榮辱之境，如斯而已，豈能無可無不可哉？〔解〕夫樂乎天知乎命而不憂戚者，是時

濟之道，非應用救物之事焉。仲尼曰：吾昔有此言，今則異於昔。曩吾修詩書，正禮樂，○釋文云：曩，乃朗

切。樂音岳，下同。將以治天下，遺來世；〔注〕詩書禮樂，治世之具；聖人因而用之，以救一時之弊；用失

其道，則無益於理也。○釋文云：遺，唯季切。非但修一身，治魯國而已。〔注〕夫聖人智周萬物，道濟天下。

若安一身，救一國，非所以爲聖也。而魯之君臣日失其序，仁義益衰，情性益薄。此道不行一國與

當年，其如天下與來世矣？〔注〕治世之術實須仁義。世既治矣，則所用之術宜廢。若會盡事終，執而不舍，則情之者寡而利之者衆。衰薄之始，誠由於此。以一國而觀天下，當今而觀來世，致弊豈異？唯圓通無閡者，能惟變所適，不滯一方。○仲父曰：「其如天下與來世矣」如，如何也。省去何字，特爲罕見。伯峻案：于省吾易經新證以爲「矣」即詩召南采蘩「于以采蘩」之「以」，何也。○釋文云：治，直吏切，下治亂同。舍音捨。閡音礙。吾始知詩

書、禮樂無救於治亂，而未知所以革之之方。此樂天知命者之所憂。〔注〕唯棄禮樂之失，不棄禮樂之用，禮樂故不可棄，故曰，未知所以革之之方。而引此以爲憂者，將爲下義張本，故先有此言耳。〔解〕非詩書、禮樂不足以爲治天下之法，而世之理論不由詩書、禮樂所能救焉。若去其法，又無以爲禮之本也。此唯有道者之所深憂。伯峻案：御覽四六八引「此樂天知命者之所憂」下有「也」字。○釋文云：爲，于僞切。雖然，吾得之矣。夫

樂而知者，非古人之所謂樂知也。〔注〕莊子曰：「樂窮通物非聖人。」故古人不以無樂爲樂，亦不以無知爲知。任其所樂，則理自無樂；任其所知，則理自無知。○「所謂」二字各本皆倒作「謂所」，今從吉府本正。伯峻又案：莊子大宗師篇云：「故聖人之用兵也，亡國而不失人心；利澤施乎萬世，不爲愛人。故樂通物，非聖人也」，而注文引作「樂窮通物」，「窮」字當是衍文。無樂無知，是眞樂眞知；〔注〕都無所樂，都無所知，則能樂天下之樂，知天下之知，而我無心者也。故無所不樂，無所不知，無所不憂，無所不爲。〔注〕居宗體備，故能無爲而無不爲也。詩書、禮樂，何棄之有？革之何爲？」〔注〕若欲捐詩書、易治術者，豈救弊之道？即而不

去，爲而不恃，物自全矣。〔解〕知天命之所無可奈何而安其分以不憂者，君子之常心也。古之開物成務，濟人利俗，則不然也。不安其樂，不任其知；先天而不違，後天而奉天時：是真樂真知也。若然者，故無不樂，無不知，故能無所不爲矣。豈復委任之哉？是以詩書、禮樂誠可以助化之本也，革之者何爲乎？○釋文云：捐音緣。

顏回北面拜手曰：「回亦得之矣。」〔注〕所謂不違如愚者也。伯峻案：「拜手」連文不辭。拜當作拜，拜汗簡作釋。拜拜形相近而誤也。說文：「拜，竦手也，重文拜，揚雄說拜從兩手。」即今拱字。荀子不苟篇「君子審後王之道而論于百王之前，若端拜而議」。王念孫校云：「拜乃拜之譌」。是其證例。出告子貢。子貢茫然自失，〔注〕未能盡符至言，故遂至自失也。歸家淫思七日，不寢不食，以至骨立。〔注〕發憤思道，忘眠食也。顏回重往喻之，乃反丘門，弦歌誦書，終身不輟。〔注〕既悟至理，則忘餘事。〔解〕顏生亞聖之道，不違聞而得之矣。子貢因詩書以爲智，故爲言而失其所宗。回重喻之，乃悟爲學之益，不知日損之道也。○注「忘」北宋本作「亡」，汪本從之，今從藏本、世德堂本訂正。

陳大夫聘魯，○釋文云：聘，匹正切。私見叔孫氏。○世德堂本「曰」上無「氏」字。叔孫氏曰：「吾國有聖人。」曰：「非孔丘邪？」曰：「是也。」「何以知其聖乎？」〔注〕至哉此問！夫聖人之道絕於羣智之表，萬物所不闚擬；見其會通之迹，因謂之聖耳。豈識所以聖也？自非體二備形者，何能言其髣髴，瞻其先後乎？以顏子之量，猶不能爲其稱謂，況下斯者乎？○釋文云：髣，芳昧切。量音亮。稱，尺證切，下同。叔孫氏曰：「吾常聞之顏回〔注〕至哉此答！曰，『孔丘能廢心而用形。』」〔注〕此顏回之辭。

夫聖人既無所廢，亦無所用。廢用之稱，亦因事而生耳。故俯仰萬機，對接世務，皆形迹之事耳。冥絕而灰寂者，固泊然而不動矣。〔解〕聖人應物而生，濟時用，導羣有以示跡，不顯真以化凡焉。○釋文云：泊音魄，下同。陳大夫曰：「吾國亦有聖人，子弗知乎？」曰：「聖人孰謂？」曰：「老聃之弟子有亢〔注〕古郎切，又音庚。倉子者，○釋文云：亢倉音庚桑，名楚，史記作亢倉子。賈逵姓氏英覽云：吳郡有庚桑姓，稱爲士族。段玉裁曰：賈逵姓氏英覽必賈執姓氏英賢譜耳，見隋書經籍志。得聃之道，〔注〕老聃猶不言自得其道，亢倉於何得之？蓋寄得名以明至理之不絕於物理者耳。能以耳視而目聽。」〔注〕夫形質者，心智之室宇。耳目者，視聽之戶牖。神苟徹焉，則視聽不因戶牖，照察不閡牆壁耳。○蔣超伯曰：莊子雜篇作「老聃之役有庚桑楚者，偏得聃之道，以北居畏壘之山」。魯侯聞之大驚，〔注〕不怪仲尼之用形，而怪耳目之易任。迹同於物，故物無駭心。使上卿厚禮而致之。○王重民曰：意林引作「以上卿禮致之」，亢倉子全道篇作「使叔孫氏報聘，且致亢倉子，待以上卿之禮」，與意林所引義合。伯峻案：今本亢倉子二卷，爲唐開元末襄陽處士王士源所僞作，見孟浩然集序及大唐新語。亢倉子應聘而至。〔注〕汎然無心者，無東西之非己。魯侯卑辭請問之。亢倉子曰：「傳之者妄。○事文類聚後集十九引「妄」下有「也」字。○釋文云：傳，丈專切。我能視聽不用耳目，不能易耳目之用。」〔注〕夫易耳目之用者，未是都無所用。都無所用者，則所假之器廢也。〔解〕夫耳目者，視聽之器也；唯神能用之。若神不在焉，則死人之耳目不能視聽矣。亢倉子知人之所能，故不用耳目爲視聽之主矣。是命耳見而目聞耶？此乃傳者不曉，因妄爲說耳也。魯侯曰：「此增異矣。其道奈何？寡人終願聞之。」〔解〕魯侯仍未了此意，更以爲增加奇異焉，固請其道矣。 合於氣，〔注〕此又遠其形智之用，任其泊然之氣也。 亢倉子曰：「我體合於心，〔注〕此形智不相違者也。心獨運，感無不通矣。 神合於無。〔注〕同無則神矣，同神則無矣。二者豈有形乎？直有其智者不得不親無以自通，忘其心者則與無而爲一也。〔解〕夫體既有質而成礙，心則有繫而成執。體合於心者，不在於形礙而在於封執也。故氣之於心，雖動而無所執，故心合於氣者，不在於封執而在於動用也。故氣合於神者，不在於動而在於識也。神之於無則妙絕有形，故不在於識而在於冥真矣。 伯峻案：莊子人間世篇云：「一若志，无聽之以耳，而聽之以心；无聽之以心，而聽之以氣。耳止於聽（此句依俞曲園説正），心止於符。氣也者，虛而待物者也。唯道集虛。虛者，心齊也」，蓋同此義。 其有介然之有，唯然之音，〇孫詒讓曰：此文以「有」與「音」相儷，「有」疑當作「形」。盧重玄注云，「是故有形有音無遠無近」云云，疑盧本正作「形」字。（亢倉子全道篇襲此文亦作有。）〇釋文云：唯，唯癸切。雖遠在八荒之外，近在眉睫之内，〇釋文云：睫音接。 來干我者，我必知之。〔注〕唯谹然之無不干聖慮耳。 涉於有分，神明所照，不以遠近爲差也。〇釋文云：谹，火活切。分，扶問切。 乃不知是我七孔四支之所覺，心腹六藏之所知，〇釋文云：藏，徂浪切。心、肺、肝、脾、腎謂之五藏。今六藏者，爲腎有兩藏。其左爲腎，右爲命門。命門者，謂神之所舍也。男子以藏精，女子以繫胞。其尻與腎通，故言藏有六也。 其自知而已矣。」〔注〕所適都忘，豈復覺知之至邪？〔解〕是故有形有音，無遠無近，來干我者，皆能知之；都不用四支七竅，如明鏡高懸，朗然自照；；豈運其耳目也哉？ 魯侯大悦。他日以告仲尼，仲尼笑而不答。〔注〕亢倉言之盡矣，仲尼將何所云。今以不答爲答，故寄之一笑也。〔解〕寄之一笑者，得忘言之旨也。

商太宰見孔子曰：○法苑珠林二十引作「吳太宰噽」，廣弘明集一歸正論、十　對傳奕廢佛僧事，翻譯名

義一，事文類聚前集三五，合璧事類前集四八引並作「太宰噽」，恐均不足爲據。○盧文弨曰：藏本「太」作「大」，下

同。伯峻案：韓非子説林上云：「子圉見孔子於商太宰。」說林下云：「宋太宰貴而主斷。」内儲説上云：「戴驩，

宋太宰。」又云：「商太宰使少庶子之市。」顧廣圻曰：「此皆一人，商，宋也」，然則商太宰姓戴名驩，宋之貴臣也。論

語子罕篇云：「大宰問於子貢曰：夫子聖者與？何其多能也？」子貢曰：「固天縱之將聖，又多能也。」子聞之曰：

大宰知我乎！吾少也賤，故多能鄙事。君子多乎哉？不多也」。此章即本此論語之事而設太宰與孔子相問答，且以

太宰爲商太宰。○釋文作「商大宰」，云：大音太。商，宋國也。宋都商丘，故二名焉。大宰，官名。伯峻案：宋爲商

後，故亦曰商。左傳僖公二十二年云：「楚人伐宋以救鄭。宋公將戰，大司馬固諫曰：天之棄商久矣，君將興之，弗

可赦也！」又哀九年傳云：「史龜曰：是謂沈陽，可以興兵，利以伐姜，不利于商。伐齊則可，敵宋不吉」，是其確證。

商之國號，雖本于地名（詳見王國維觀堂集林説商），但不如釋文之説。**「丘聖者歟？」孔子曰：「聖則丘**

何敢，〔注〕世之所謂聖者，據其蹟耳；豈知所以聖所以不聖者哉？　**然則丘博學多識者也。」**〔注〕示現博學

多識耳，實無所學，實無所識也。○釋文「示現」作「示見」，云：見，賢遍切。　**商太宰曰：「三王聖者歟？」孔子**

孔子曰：「三王善任智勇者，聖則丘弗知。」○「弗」各本作「不」，今從道藏白文本、林希逸本。**曰：**

「五帝聖者歟？」孔子曰：「五帝善任仁義者，聖則丘弗知。」曰：「三皇聖者歟？」孔子

曰：「三皇善任因時者，聖則丘弗知。」〔注〕孔丘之博學，湯武之干戈，堯舜之揖讓，義農之簡朴：此皆聖人因世應務之麤迹，非所以爲聖者。所以爲聖者，固非言迹之所逮者也。〔解〕將明大道之非迹也。代人所詮者，徒知其跡耳，故夫子因衆人之所常見欲明至真之聖人也。○注「孔子」世德堂本作「孔丘」。○王重民曰：「善任因時」義不可通。蓋本作「三皇善因時者」，「任」字因上文「三王善任智勇」「五帝善任仁義」諸「任」字而衍。智勇仁義可言任，因時則不必言任矣。類聚三十、御覽四百零一引並無「任」字。○釋文云：朴，片角切。商太宰大駭，〔注〕世之所謂聖者，孔子皆云非聖，商太宰所以大駭也。曰：「然則孰者爲聖？」伯峻案：「者」字疑當在「聖」字下，本作「孰爲聖者」。孔子動容有閒，曰：「西方之人〔注〕聖豈有定所哉？趣舉絕遠而言之也。有聖者焉，不治而不亂，〔注〕不以治治之，故不可亂也。○俞樾曰：此本作「不治而自亂」。亂，治也，謂不治而自治也。正與下文「不言而自信，不化而自行」文義一律。後人不達亂字之義，改爲不亂，失之矣，張注曰：「不以治治之故不可亂也」，是其所據本已誤。盧本同。○釋文云：治，直吏切，下治之同。不言而自信，〔注〕言者不信。不化而自行，〔注〕爲者則不能化。此能盡無爲之極也。蕩蕩乎民無能名焉。〔注〕何晏無名論曰：「爲民所譽，則有名者也；無譽，無名者也。若夫聖人，名無名，譽無譽，謂無名爲道，無譽爲大。則夫無名者，可以言有名矣；無譽者，可以言有譽矣。然與夫可名可譽者豈同用哉？此比於無所有，故皆有所有矣。而於有所有之中，當與無所有相從，而與夫有所有者不同。同類無遠而相應，異類無近而不相違。譬如陰中之陽，陽中之陰，各以物類自相求從。夏日爲陽，而夕夜遠與冬日共爲陰；冬日爲陰，而朝晝遠與夏日同爲陽。皆異於近而同於遠也。詳此異同，而後無名之論

可知矣。凡所以至於此者何哉？夫道者，惟無所有者也。自天地已來皆有所有矣，然猶謂之道者，以其能復用無所

有也。故雖處有名之域，而沒其無名之象，由以在陽之遠體，而忘其自有陰之遠類也。

聖人以自然用。自然者，道也。道本無名，故老氏曰彊爲之名。仲尼稱堯蕩蕩無能名焉。下云魏魏成功，則彊爲之名，

取世所知而稱耳。豈有名而更當云無能名焉者邪？夫唯無名，故可得徧以天下之名名之；然豈其名也哉？惟此足

喻而終莫悟，是觀泰山崇崛而謂元氣不浩芒者也。○注世德堂本「足」作「是」，「芒」作「茫」。○釋文云：彊，其兩切。

爲，于僞切。崛，兼勿切。芒音茫。丘疑其爲聖。弗知真爲聖歟？真不聖歟？〔注〕聖理

冥絕，故不可擬言，唯疑之者也。○梁章鉅曰：尊佛之言蓋始於此。商太宰嚏然心計曰：「孔丘欺我

哉！」〔注〕此非常識所及，故以爲欺罔也。〔解〕夫立跡以崇教，明行以興化者，皆救俗之賢聖耳。若夫體大道者，覆

載如天地，化行若四時，不見有可治而不可亂者，不假立言而爲信者，沛然而澤利萬物，裒然而含識皆生，蕩蕩難明。

此爲聖者，寄之於方所立言以辯之，猶恐未爲至也；故以疑似而遣言，斯乃太宰所不知，以爲夫子誑之耳。○釋文

云：嚏音墨。

子夏問孔子曰：「顏回之爲人奚若？」子曰：「回之仁賢於丘也。」伯峻案：說苑雜言、

家語六本「仁」作「信」。曰：「子貢之爲人奚若？」子曰：「賜之辯賢於丘也。」伯峻案：說苑雜

言、家語六本「辯」作「敏」。曰：「子路之爲人奚若？」子曰：「由之勇賢於丘也。」曰：「子

張之爲人奚若？」子曰：「師之莊賢於丘也。」〔注〕猶矜莊。子夏避席而問曰：「然則四子

者何爲事夫子？」曰：「居！吾語汝。　　夫回能仁而不能反，〔注〕反，變

也。夫守一而不變，無權智以應物，則所適必閡矣。〔解〕可與適道，未可與權。○俞樾曰：「反」字無義，疑刃字之

誤。俗書刃字作刄，故誤爲反耳。刃與忍通。詩將仲子篇毛傳：「彊忍之木」，抑篇鄭箋「柔忍之木」，釋文竝云「忍

本作刃」，是其證也。「能仁而不能刃」，即「能仁而不能忍」，正與下文「賜能辨而不能訥，由能勇而不能怯，師能莊而

不能同」一律。淮南子人間篇亦載此事，曰「丘能仁且忍，辨且訥，勇且怯」，字正作忍，是其明證。張注曰「反，變也」，

是其所據本已誤矣。盧本同。伯峻案：俞說甚辯。若然，則此「忍」字宜讀爲左傳文公元年之「且是人也，蠭目而豺

聲，忍人也」之「忍」，今日「忍心」之忍。　　　賜能辯而不能訥，〔解〕有進取之能，未階乎道也。伯峻案：說苑雜言、

家語六本「訥」作「屈」。○釋文云：訥，奴忽切。　　　由能勇而不能怯，〔解〕但知其雄，不能守其雌也。師能莊

而不能同。〔注〕辯而不能訥，必虧忠信之實；勇而不能怯，必傷仁恕之道；莊而不能同，有違和光之義；此皆

滯於一方也。〔解〕自守矜嚴，不能同物，失於和也。○徐時棟曰：論語「曾子曰：堂堂乎張也」，是即所謂莊也，曰

「難與並爲仁」，是即所謂不能同也。　　　兼四子之有以易吾，吾弗許也。〔注〕四子各是一行之極，設使兼而有

之，求變易吾之道，非所許。伯峻案：此易字宜解爲交易，交換。張注解爲變易，誤。盧解爲交易，是也。○釋文云：

行，下孟切。　　　此其所以事吾而不貳也。」〔注〕會同要當寄之於聖人，故欲罷而不能也。〔解〕兼有仁辯嚴勇，吾

且不與之易，況不能兼之？夫子能兼四子之不能也，故事我而不貳心矣。此論道之大者，更在其行藏之卷耳。○釋文

云：貳，疑也。要，一遥切。

子列子既師壺丘子林，〔注〕曰損之之師。友伯昏瞀人，○釋文云：瞀，莫侯切。乃居南郭。○釋文云：乃居一本作反居。伯峻案：御覽四零六引正作「反」。從之處者，日數而不及。〔注〕來者相尋，雖復日日料簡，猶不及盡也。○胡懷琛曰：「日」為「百」字之誤。「百數而不及」，謂從列子處者之多，而莫有能及列子者。黄帝篇，「漚鳥之至者百住(呂氏春秋作數)而不止」，與此句法相同，是其證也。○王叔岷曰：初學記十八引「處」作「遊」，「日」作「百」，御覽四百四引「日」亦作「百」，疑作「百」者是也。○釋文云：數，色主切。料音聊。雖然，子列子亦微焉。〔注〕列子亦自不知其數也。○俞樾曰：微猶昧也。周易屯象傳：「天造草昧。」正義引董遇曰：「昧，微物。」繫辭傳：「知微知彰。」文選西京賦注引舊注曰「知微謂幽昧」，是微謂之昧，昧謂之微，二字義通。「子列子亦微焉」，猶曰「子列子亦昧焉」。故張注曰，「亦自不知其數」。○陶鴻慶曰：微謂精微。孫卿子議兵篇：「諸侯有能微妙之以節。」楊注：「微妙精盡也。」此言列子道術精微，故弟子雖多，亦能朝朝與辯而聞於遠近也。本篇下文：「龍叔謂文摯曰，子之術微矣，吾有疾，子能已乎？」湯問篇：「師襄乃撫心高蹈曰，微矣子之彈也！」皆謂藝術精微，可證此文之義。張注云，「列子亦自不知其數」，俞氏從張注解微為昧，失之。朝朝相與辯，無不聞。〔注〕師徒相與講肆聞於遠近。〔解〕來者既多，列子亦不知其數，日日談講聖人之跡，無不聞也。而與南郭子連牆二十年，不相謁請，〔注〕其道玄合，故至老不相往來也。相遇於道，目若不相見者。〔注〕道存則視廢也。伯峻案：下門之徒役以爲子列子與南郭子有敵不疑。〔注〕敵，讎。〔解〕衆疑有讎怨，見不相往來也。伯峻案：學徒弟文「圃澤之役有伯豐子者」，注云：「役猶弟子。」莊子庚桑楚篇「老聃是役有庚桑楚者」，釋文引司馬云：「役，學徒弟

子也」，故此徒役連文。　有自楚來者，問子列子曰：「先生與南郭子奚敵？」子列子曰：「南

郭子貌充心虛，耳無聞，目無見，口無言，心無知，形無惕。○陶鴻慶曰：「惕」當爲「傷」。說文：

「傷，交傷也。」即易之本字。「形無傷」者，謂其形無變易也。下文云，「見南郭子，果若欺魄焉，而不可與接。顧視子列

子，形神不相偶，而不可與羣。」即形無變易之驗。後人多見易，少見傷，遂誤爲惕矣。○釋文云：惕，他歷切。

奚爲？〔注〕充猶全也。心虛則形全矣，故耳不惑聲，目不滯色，口不擇言，心不用知；內外冥一，則形無震動也。

〔解〕貌全而心至，終不耳目心口之爲辯也，故心無所用知，形無所憂惕。○「爲」汪本作「焉」，今依各本正。　雖然，

試與汝偕往。」閱弟子四十人同行。〔注〕此行也豈復簡優劣計長短？數有四十，故直而記之也。○釋文

云：閱音悦。　見南郭子，果若欺魄焉，而不可與接。〔注〕欺魄，土人也。一說云：欺魄，神凝形喪，外

物不能得闚之。○注「頴」本作「頭」，依世德堂本正。○任大椿曰：本文云「南郭子貌似欺魄焉」，張湛注曰：「欺魄

土人」。蓋以土爲人而飾以人面，即所謂顙頭也。○蔣超伯曰：「欺魄」當作「顙醜」，字之訛也。淮南子精神訓，「視

至尊窮寵猶行客也，視毛嬙西施猶甚顙醜也」，高誘注：「顙醜，言極醜也。」張湛注非。○王重民曰：任說非是。欺

顙雖是一字，而「欺魄」「顙頭」非一物也。欺魄用以請雨，顙頭用以逐疫。顙頭以貌醜惡，欺魄乃即土偶。此謂南郭子

若欺魄者，以見其得道之深，即所謂形若槁木心若死灰也。張注又引一說云欺顙神凝形喪外物不能得闚之，是其義也。

伯峻案：王説是也。　魄，片各切。字書作欺顙，人面醜也。顙，片各切。喪，息浪切。○秦恩復曰：釋

文作「欺」，欺字寫誤，當作「顙」。說文解字曰：「醜也。」顙，廣韻，匹各切。與魄音相近，通借字也。○任大椿曰：

欺魄之「欺」，以「顡」爲本字。說文：「顡，醜也，從頁，其聲。今逐疫有顡頭。」玉篇、廣韻同。又作「魌」，周禮方相氏注云：「如今魁頭也。」又作「倛」，荀子非相篇：「仲尼面如蒙倛。」楊倞注：「方相也。」又作「䫏」，玉篇云：「䫏同顡。」音皆同欺，故此文又作欺。

顧視子列子，形神不相偶，而不可與羣。〔注〕神役形者也。心無思慮，則貌無動用；故似不相攝御，豈物所得羣也？〔解〕閱簡弟子往見之，果若欺魄爲像人，若令之欺頭者，形神不可與接也。○釋文云：思音四。

南郭子俄而指子列子之弟子末行者與言，〔注〕偶在末行，非有貴賤之位。遇感而應，非有心於物也。〔解〕末行者，情未忘於是非耳。○釋文云：行，戶郎切。

衍衍然若專直而在雄者。〔注〕夫理至者無言。及其有言，則彼我之辯生矣。聖人對接俯仰，自同於物，故觀其形者，似求是而尚勝也。〔解〕衍衍然，求勝之氣耳。○釋文云：衍，口汗切。在雄，一本作存雄。○俞樾曰：「在一本作存」，當從之。莊子天下篇：「施存雄而無術。」亦有存雄之文，可以爲證。

子列子之徒駭之。〔注〕見其尸居，則自同土木；見其接物，則若有是非，所以驚。〔解〕欲發列子之言。○釋文「駭」作「駴」，云：駴與駭同。

反舍，咸有疑色。〔注〕窮理體極，故言意兼忘。〔解〕其未忘勝負之心。

子列子曰：「得意者無言，進知者亦無言。〔注〕方欲以無言廢言，無知遣知；希言傍宗之徒固未免於言知也。○釋文云：進音盡。

用無言爲言亦言，無知爲知亦知。〔注〕比方亦復欲全自然，處無言無知之域，此即復是遣於言知也。

無言與不言，無知與不知，亦言亦知。〔注〕言無所遣，知無所知。遣無所遣者，未能離遣；知無所知者，曷嘗忘知？固非自然而忘言知也。○注「未能離遣」汪本「未」作「无」，今依北宋本、藏本訂正。○俞樾曰：與猶爲也。上云「用無言爲言亦言，無知爲知亦知」，故此云「無

言爲不言，無知爲不知，亦言亦知」。蓋承上文而更進一義也。上文用爲字，此文用與字，文異而義不異，古書多有此

例。〇管子戒篇：「自妾之身之不爲人持接也。」尹知章注曰，「爲猶與也」，然則與亦猶爲也。說詳王氏經傳釋詞。〇

釋文云：離，力智切。**亦無所不言，亦無所不知；亦無所言，亦無所知。**〔注〕夫無言者，有言之宗

也；無知者，有知之主也。至人之心豁然洞虛，應物而言，而非我言；即物而知，而非我知；故終日不言，而無玄默

之稱；終日用知，而無役慮之名。故得無所不言，無所不知也。〇釋文云：稱，尺證切。**如斯而已。汝奚妄**

駭哉？〔注〕不悟至妙之所會者，更矚；至高之所適者，反下；而便怪其應寂之異容，動止之殊貌，非妄驚如何？雖然，有

道自當辯之，則未嘗言，未嘗不言；未嘗知，未嘗不知。理正合如此而已，汝何妄怪哉？

〔解〕至知之與意，兩俱忘言也。若優劣不等，則須用言以導之。用无言之言，无知之知，亦何異乎言之與知？

子列子學也，〔注〕上章云，列子學乘風之道。伯峻案：「學」上疑挩「之」字。**三年之後，心不敢念**

是非，口不敢言利害，始得老商一眄而已。〇釋文云：眄音麫，斜視也。**五年之後，心更念是**

非，口更言利害，老商始一解顏而笑。七年之後，從心之所念，〇釋文云：從音縱。**更無是**

非；從口之所言，更無利害。夫子始一引吾並席而坐。〔注〕眄笑並坐，似若有褒貶昇降之情。夫

聖人之心，應事而感，以外物少多爲度，豈定於一方哉？〇王重民曰：「吾」字當衍。此事又見黃帝篇。黃帝篇爲列

子對尹生之言，故可有「吾」字。此篇既改爲作者所述之言，而著「吾」字，則不可通矣。**九年之後，橫心之所**

念，〇釋文云：橫，去聲。**橫口之所言，亦不知我之是非利害歟，亦不知彼之是非利害歟，外內**

進矣。○釋文云：進音盡。

前卷「無不同」下有「也」字，當從之。○王叔岷曰：盧說是也。黃帝篇正不重「口」字。

融，不覺形之所倚，足之所履，心之所念，言之所藏。如斯而已。則理無所隱矣。〔注〕黃

帝篇已有此章，釋之詳矣。所以重出者，先明得性之極，則乘變化而無窮，後明順心之理，則無幽而不照。二章雙出，

各有攸趣，可不察哉？〔解〕老子曰：「大智若愚，大辯若訥。」人徒知言知之爲異，不知夫不言不知之爲同，故黃帝篇

中明用無言之言以濟人，此篇復重論言，明用言之不殊於无矣。○〔注〕「則」藏本作「明」，「攸趣」北宋本作「攸極」，汪本

從之，今從藏本、世德堂本訂正。○釋文云：重，柱用切。

初，子列子好游。○釋文云：好，呼報切，下同。壺丘子曰：「禦寇好游，游何所好？」列

子曰：「游之樂所玩無故。〔注〕言所適常新也。○釋文云：樂音洛。人之游也，觀其所見；我

之游也，觀其所變。〔注〕人謂凡人、小人也，惟觀榮悴殊觀以爲休戚，未覺與化俱往，勢不暫停。○世德堂本作

「觀之所變」。〔注〕「惟觀」藏本、世德堂本作「惟覩」。○俞樾曰：之即其也。呂氏春秋音初篇：「之子是必大吉。」高

誘訓之爲其是也。孟子公孫丑篇：「皆悦而願爲之氓矣。」周官載師注引作「皆悦而願爲其民矣」，是之其同義。上言

「觀其所見」，下言「觀之所變」，文異義同。古書多有此例。作其者，乃不達古書義例而改之。○釋文云：悴，疾醉

切。游乎游乎！未有能辨其游者。」〔注〕人與列子游則同，所以游則異，故曰游乎游乎；明二觀之不同

也。未有辨之者，言知之者鮮。〔解〕翫物之變，遷謝無恒。人但樂其見，吾觀其化，此所以異於人。○「辨」藏本作

〔辯〕。○〔釋文〕云：鮮，息淺切。壺丘子曰：「禦寇之游○「游」汪本作「遊」。固與人同歟，而曰固與

人異歟？凡所見，亦恆見其變。〔注〕苟無蹔停之處，則今之所見常非向之所見，則觀所以見，觀所以變，無

以爲異者也。玩彼物之無故，不知我亦無故。〔注〕彼之與我與化俱往。務外游，不知務內觀。伯峻

案：外遊內觀相對，則觀亦游也。孟子梁惠王篇云：「吾何修而可以比於先王觀也？」趙岐注云：「當何修治可以

比先王之觀遊乎？」以遊釋觀。呂氏春秋季春云：「禁婦女無觀。」高注「觀，遊」，皆其證也。○釋文云：不知一本

作不如。觀，古亂切，下同，諦際也。外游者，求備於物；內觀者，取足於身。取足於身，游之至

也；求備於物，游之不至也。」〔注〕人雖七尺之形，而天地之理備矣。故首圓足方，取象二儀；鼻隆口窊，

比象山谷；肌肉連於土壤，血脉屬於川瀆，温蒸同乎炎火，氣息不異風雲。內觀諸色，靡有一物不備；豈須仰觀俯

察，履淩朝野，然後備所見？〔解〕汝自以異於人；人之所視，未嘗異汝也。何者？汝知物知物之變遷，不知汝之無

故。但外游而不內觀，雖感物而亡身，斯爲至矣，亦何必求備於外游乎？○〔注〕「履淩」藏本、世德堂本作「履涉」。○汪

萊曰：〔解〕「知物」二字重出。「至」上當有「不」字。○釋文云：窊，烏瓜切。蒸音證。於是列子終身不出，自

以爲不知游。〔注〕既聞至言，則廢其游觀。不出者，非自匿於門庭者也。○釋文云：匿，尼力切。壺丘子

曰：「游其至乎！〔注〕向者難列子之言游也，未論游之以至，故重叙也。○釋文云：難，乃旦切。重，柱用

切。至游者，不知所適；至觀者，不知所眂。〔注〕內足於己，故不知所適；反觀於身，固不知所眂。○

釋文「眂」作「眡」，云：眡音視。物物皆游矣，物物皆觀矣，〔注〕忘游故能遇物而游，忘觀固能遇物而觀。

是我之所謂游，是我之所謂觀也。〔注〕我之所是，蓋是無所是耳。所適常通而無所凝滯，則我之所謂游觀者，真至游矣乎！

故曰：游其至矣乎！游其至矣乎！」〔解〕夫形无所適，目无注視，則物无不視而物无不游矣。若此游觀

龍叔謂文摯曰：○釋文云：摯音至。文摯，六國時人，嘗醫齊威王。或云：春秋時宋國良醫也，曾治齊文王，使文王怒而病愈。「子之術微矣。吾有疾，子能已乎？」文摯曰：「唯命所聽。○釋文云：聽，平聲。然先言子所病之證。」〔解〕文摯所醫，止於藏府骨肉之疾耳。龍叔所說，忘形出俗之心耳。不與俗類，自以為疾焉。

龍叔曰：「吾鄉譽不以為榮，國毀不以為辱；得而不喜，失而弗憂；視生如死；視富如貧，視人如豕；〔注〕無往不齊，則視萬物皆無好惡貴賤。視吾如人。〔注〕忘彼我也。處吾之家，如逆旅之舍；〔注〕不有其家。觀吾之鄉，如戎蠻之國。〔注〕天下為一。凡此衆疾，○「疾」北宋本作「庶」，汪本從之，今依藏本、世德堂本、秦本訂正。○釋文云：凡此衆疾一本作衆庶，非是。爵賞不能勸，刑罰不能威，盛衰、利害不能易，哀樂不能移。○釋文云：樂音洛。固不可事國君，交親友，御妻子，制僕隸。〔注〕夫人所以受制於物者，以心有美惡，體有利害。苟能以萬殊為一貫，其視萬物，豈覺有無之異？故天子所不能得臣，諸侯不能得友，妻子不能得親，僕隸不能得狎也。○陶鴻慶曰：固讀為故。伯峻案：注「天子所不能得臣」「所」字疑衍。四解本作「諸侯所不能得友，妻子所不能得親，僕隸所不能得狎

也」，諸所字疑後人所加。**此奚疾哉？奚方能已之乎？**〔解〕莊子曰：「譽之不加勸，毀之不加沮；定乎

内外之分，辯乎榮辱之境也。」夫契其神而忘其形者，則貧富、死生、人畜、彼此皆過客耳，夫何異哉？今用心之若此也，

則君臣、朋友之道廢，愛憎、喜怒之心絕矣，何方能愈之耶？**文摯乃命龍叔背明而立，**〇釋文云：背音佩。**既而**

文摯自後向明而望之。〇釋文作「文摯後向明而望之」，云：一本文摯下加「從」及「自」字者，皆非也。

〔注〕舊說聖人心有七孔也。〇王重民曰：御覽三百七十六又四百零一又七百二十四引「流通」並作「通流」。**今以**

曰：「嘻！吾見子之心矣：方寸之地虛矣。幾聖人也！子心六孔流通，一孔不達。

聖智爲疾者，或由此乎！非吾淺術所能已也。」〔解〕背明而立者，反歸於凡俗之慮也；向明而望者，

仰側至道之心也。方寸虛者，緣執書也；一孔不達者，未盡善也。夫七竅俱通者，寧復以聖智之道爲病耶？此病非

文摯所能止。〇秦恩復曰：〔解〕「執書」疑是「勢盡」二字。伯峻案：〔解〕「仰側」疑當作「仰測」。

無所由而常生者，道也。〔注〕忘懷任過，通亦通，窮亦通，其無死地，此聖人之道者也。〔解〕至道常存，

不由外物。**由生而生，故雖終而不亡，常也。**〔注〕老子曰：「死而不亡者壽。」通攝生之理，不失元吉之會，

雖至於死，所以爲生之道常存。此賢人之分，非能忘懷闇得自然而全者也。〔解〕真常順理，隨形死生，而自不亡者，道

之常也。〇釋文：分，符問切。**由生而亡，不幸也。**〔注〕役智求全，貴身賤物，違害就利，務內役外，雖之於

死，蓋由於不幸也。〔解〕貪有生而亡道者，不幸也。**有所由而常死者，亦道也。**

〔注〕行必死之理，而之必死之地，此事實相應，亦自然之道也。〔解〕俗聞禮教之道必分而至死者。**由死而死，**

故雖未終而自亡者，亦常也。〔注〕常之於死，雖未至於終，而生理已盡，亦是理之常也。〔解〕愛生死之身，行生死之教，而不存道，俗以爲常。○各本「亦常」下無「也」字，今依吉府本補。

由死而生，幸也。〔注〕犯理違順，應死而未及於此，此誤生者也。〔解〕居遷謝之業而節於嗜慾者，亦爲知生之幸也。○釋文作「由死而生不幸也」云：本多無「不」字。觀上下文於理有闕，故特添之。○任大椿曰：今本「生」下無「不」字，考「生」字下當有「不」字。此節詞義皆兩兩相對，謂彼由生之道而死爲不幸，則此由死之道而生亦爲不幸也。敬順釋文謂生字下當有不字，與此節義例極爲脗合，當爲定本。伯峻案：殷説、任説皆可商，下文引陶鴻慶説較順。

有所用而死者亦謂之道，用道而得死者亦謂之常。〔注〕乘凶危之理，以害其身，亦道之常也。故無用而生謂之道，用道得終謂之常。〔注〕用聖人之道，存亡得理也。〔解〕不役智以全者，道也；用此道而終者，常也。俗上役其智以至死，以爲濟物之道也；用此道而至死亦謂之常。眾所樂者眾爲道，眾所安者眾爲常。然則出離之道與世間之道，名同而實異也。○陶鴻慶曰：「有所由而常死者，亦道也」張注云：「行必死之理，而之必死之地」，此事實相應，亦自然之道也。「無用而生謂之道，用道得終謂之常」，若然，則與下所謂「由死而死」者毫無區別，而與上所謂「無所由而常生謂之道」者義尤不倫矣。「無用而生，有所用而死」，用亦由也。自「無用而生」以下四句語意與上文亦無區別，而既云「用道得終謂之常」，又云「用道而得死者亦謂之常」，終與死義又不殊，本書不如是之複沓也。蓋此節詞繁而義隱，傳寫易致譌謬，復經淺人竄改，遂成今本之誤。今考本書之旨，輒正其文如下，以存疑焉：「無所由而常生者，道也。由生而生，故雖終而不亡，常也。由生而亡，不幸也。無所由而常死者，道也。由死而死，故雖未終而自亡者，常也。由死而生，幸也。有所用而常生者，道也，用道而得生者亦謂之常。有所用而死者亦謂之道，用道而得死者亦謂之常」。「無所由而常生、無所由而常死」者，〈天瑞篇云：

「不生者能生生，不化者能化化」，所謂「自生自化」也。「有所用而死」者，〔天瑞篇云：「生者不能不生，化者不能不化」，所謂「陰陽爾、四時爾」也。「由生而生」者，賢哲是也；「由死而死」者，桀跖是也。「用道而得生，用道而得死」者，謂隨化推移，即下文所謂「隸人之生，隸人之死」也。「無所由而生死」與「有所用而生死」，皆以天道言，故謂之道。「由生而生，由死而死」，與「用道而生死」，皆以人事言，故謂之常也。季梁之死，楊朱望其門而歌。

〔注〕盡生順之道，以至於亡，故無所哀也。○王重民曰：御覽四百八十七引「歌」作「不哭」。又注「生順」作「生性」。

伯峻案：戰國策魏策云：「魏王欲攻邯鄲，季梁聞之，中道而反，衣焦不申，頭塵不去，而諫梁王」云云，不知是否即此季梁。 隨梧之死，楊朱撫其尸而哭。〔注〕生不幸而死，故可哀也。隸人之生，隸人之死，眾人且歌，眾人且哭。〔注〕隸猶羣輩也。亦不知所以生，亦不知所以死，故哀樂失其中，或歌或哭也。〔解〕得全生之理哉？ ○注「隸」下藏本有「者」字。○釋文云：中，丁仲切。

而歸盡者，聖賢所以不哀也；失真以喪理與至於死者，賢智所以傷也。凡眾人之生死歌哭，皆物之常，何知其所至

目將眇者，先睹秋毫；〔解〕老人之視也遠，則見近則昏，是失明之漸也。○釋文云：眇，亡少切。睹音覩。 耳將聾者，先聞蚋飛；〔解〕秦呼蚊爲蚋。患耳者聞耳中蟲飛之聲，是失聰之漸也。○釋文云：蚋，而銳切。 口將爽者，先辨淄澠；〔注〕爽，差也。淄澠水異味，既合則難別也。〔解〕余陵反。二水名，在齊地。○四解本張注「爽」下有「者」字，「難」下有「辯」字。○秦恩復曰：〔解〕上當有「澠」字。○釋文云：淄音緇，澠音乘。淄水出魯郡萊蕪縣，澠水西自北海郡千乘縣界流至壽光縣，二水相合。說符篇曰：淄澠之合，易牙嘗之。別，

彼列切，下同。伯峻案：淄水源出山東博山廢縣治西二十五里原山之陰，流經臨淄鎮、廣饒縣東，入小清河。澠水則自臨淄鎮西北古齊城外西北流，逕廣饒縣西南，注於麻大湖。

鼻將窒者，先覺焦朽；〔注〕焦朽有節之氣，亦微而難別也。

體將僵者，先呕犇佚；〔注〕僵，仆也。如顏淵知東野之御馬將奔也，與人理亦然。○注「人」下四解本有「之」字。○釋文云：僵音姜。呕，去吏切。方言：「呕，愛也。」犇佚音奔逸。仆音赴。伯峻案：呕同亟，詩靈臺「經始勿亟」可證。

心將迷者，先識是非；〔注〕目耳口鼻身心此六者常得中和之道，則不可渝變。居六極之勢，莫不頓盡，故物之弊必先始於盈滿，然後之於虧損矣。窮上反下，極盛必衰，自然之數。是以聖人居中履和，視目之所見，聽耳之所聞，任體之所能，順心之所識，故智周萬物，終身全具者也。〔解〕口失正味，則別有所辯，鼻失所聞，則別有所覺；體將僵仆，必先奔馳；心迷至道，在於是非，是非所以彰，道之所以亡。○注「則不可渝變」，渝，北宋本作「側」，道藏本、世德堂本作「測」。○釋文云：渝音俞。亢與抗同。

故物不至者則不反。〔注〕要造極而後還，故聰明強識皆為闇昧衰迷之所資。〔解〕反其常執，則階於至道矣。故曰視秋毫之末者不見太山，聽蚊蚋之音者不聞雷震。故莊子曰：膠離朱之目，故天下皆明矣；戾工倕之指，故天下皆巧矣。合儒墨之學，矜是非之名以為富，記糟粕之跡以為能，欲反於真，何方可致也？故易曰「无思也，无為也。寂然不動，感而遂通。」此聖人所以殷勤於至道也。伯峻案：盧解所引莊子，蓋撮取胠篋篇之旨要而為之，非原文也。○釋文云：造，七到切。還音旋。

鄭之圃澤多賢，〔注〕有道德而隱默者也。○釋文云：圃澤，圃田也，在中牟縣。**東里多才。**〔注〕有治能而參國政者。〔解〕修崇道德者賢，習文審刑者才。○釋文云：治，直吏切。

圃澤之役有伯豐子者，〔注〕役

猶弟子。

行過東里，遇鄧析。〔注〕鄧析，鄭國辯智之士，執兩可之說而時無抗者，作竹書，子產用之也。○盧文弨曰：注「竹書」左傳作「竹刑」。○釋文云：過音戈。析音錫。鄧析顧其徒而笑曰：「為若舞，〔注〕世或謂相嘲調為舞弄也。○朱駿聲曰：舞借為侮。○釋文云：為，于偽切。嘲，陟交切。調，徒弔切。彼來者奚若？」其徒曰：「所願知也。」〔注〕知猶聞也。〔解〕鄧析自矜於其同侶，為而欲欺弄於伯豐，析之門人咸願如此也。伯峻案：解「為而欲欺弄於伯豐」句疑有誤字。○釋文云：知一本作如。鄧析謂伯豐子曰：「汝知養養〔注〕上音余亮，下音余賞。○注八字藏本作「上去聲下上聲」六字。之義乎？」〔解〕張湛云：上音颺字，下音癢字。○秦恩復曰：今張湛本無此文。伯峻案：解引注颺癢之音即注「上去聲下上聲」或「余亮余賞」之音也。盧換文言之，而秦云「今張湛本無此文」，非也。○釋文云：養養，上余亮切，下如字。受人養而不能自養者，犬豕之類也；養物而物為我用者，人之力也。使汝之徒食而飽，衣而息，執政之功也。〔注〕喻彼為犬豕，自以為執政者也。長幼羣聚而為牢藉庖廚之物，○洪頤煊曰：藉，薦也。易大過：「藉用白茅。」馬注：「在下曰藉。」爾雅釋獸：「豕所寢橧。」郭璞注：「橧，其所卧蓐。」蓐即藉也。○釋文云：長，張丈切。藉本作籍，側戟切。牢，牲牢也，圈也。籍謂以竹木圍繞，又刺也。周禮鼈人：以時籍魚鼈蜃也。又國語云：羅籍魚也。莊子云：以臨牢柵。李頤云：牢，豕室也。柵，木欄也。文字雖異，其意同也。籍音柵。庖音匏。○秦恩復曰：今莊子本作「牢筴」。奚異犬豕之類乎？」〔解〕嫌其不知，本不足與言也。○注「譏」世德堂本作「機」。伯豐子不應。〔注〕非不能應，譏而不應。伯豐子之從者越次而進曰：○釋文云：從，

才用切。「大夫不聞齊魯之多機乎？」〔注〕機，巧也。多巧能之人。有善治土木者，有善治金革

者，有善治聲樂者，有善治書數者，有善治軍旅者，有善治宗廟者，羣才備也。而無相位

者，無能相使者。〔注〕事立則有所不周，藝成則有所不兼。巧偏而智敵者，則不能相君御者也。○注「巧偏」各

本作「巧徧」，疑誤。○俞樾曰：「位」當作「涖」。涖，臨也。言無相臨者也。周官肆師職：「凡師甸用牲于社宗則爲

位。」注曰，「故書位爲涖」，是位與涖古字通。○釋文「智」作「知」，云：相，息亮切。知音智，下以意求之。而位之

者無知，使之者無能，而知之與能爲之使焉。〔注〕不能知衆人之所知，不能爲衆人之所能，羣才並爲之

用者，不居知能之地，而無惡無好，無彼無此，則以無爲心者也。故明者爲視，聰者爲聽，智者爲謀，勇者爲戰，而我無事

焉。荀粲謂傅嘏夏侯玄曰：「子等在世，榮問功名勝我，識減我耳。」嘏玄曰：「夫能成功名者識也，天下孰有本不足

而有餘於末者邪？」答曰：「成功名者志也，局之所弊也。然則志局自一物也，固非識之所獨濟。我以能使子等爲貴，

而未必能濟子之所爲也。」伯峻案：張注所引荀粲與傅嘏答對之言亦見于三國志魏志荀或傳注引晉陽秋文，而文字小

異。此云「成功名者志也，局之所弊也」，彼作「功名者志局之所獎也」，則此「弊」字當爲「獎」字之譌誤。○釋文云：

並爲之爲，于僞切。好，呼報切。惡，烏路切。粲，七汗切。嘏音賈。局，衢足切。執政者，廼吾之

所使：，子奚矜焉？」鄧析無以應，目其徒而退。伯峻案：四解本此下有注云：「夫任羣才以爲理，

因衆物以爲用，使雞犬牛馬咸得其宜，士農工商各安其位者，唯有道者能之耳。豈汝曹自致耶？汝徒見其末而不識其

本，欲以螳螂之臂而拒車轍者，是不知量也。」鄧析理析而恥見其徒，故目之而去也。」爲各本所無。但注「理析」或爲

「理折」之誤。

公儀伯以力聞諸侯，堂谿公言之於周宣王，○釋文云：公儀、堂谿，氏也。皆周賢士。伯峻案：韓非外儲說右上云：「堂谿公謂昭侯曰」，又問田篇「堂谿公謂韓子曰」，皆另一堂谿公。王備禮以聘之。公儀伯至，觀形，懦夫也。〔注〕懦，弱也，音奴亂切。○藏本無「音奴亂切」四字。○釋文云：懦，乃玩切。王心惑而疑曰：「女之力何如？」○釋文云：女音汝。公儀伯曰：「臣之力能折春螽之股，○釋文云：折，之舌切。螽音終，一曰，蝗也。股音古。堪秋蟬之翼。」〔注〕堪猶勝也。○俞樾曰：堪當讀爲戡。說文戈部：「戡，刺也。」春螽之股細，故言折，見能折而斷之也。秋蟬之翼薄，故言戡，見能刺而破之也。作戡者假字耳。尚書：「西伯既戡黎。」爾雅釋詁注引作「堪」，此古字通用之證。張注曰「堪猶勝也」，則螽股亦可言堪，不見古人文字之密矣。○胡懷琛曰：勝謂勝任也。古人多以蟬翼指最輕之物。「堪蟬翼」謂能負荷蟬翼也。王作色曰：「吾之力能裂犀兕之革，曳九牛之尾，○世德堂本「力」下有「者」字。○釋文云：裂或作分字。兕，徐子切。曳音裔。猶憾其弱。〔注〕憾，恨。○釋文云：憾，戶暗切。女折春螽之股，堪秋蟬之翼，而力聞天下，何也？」公儀伯長息退席，曰：「善哉王之問也！臣敢以實對。臣之師有商丘子者，力無敵於天下，而六親不知，以未嘗用其力故也。〔注〕以至柔之道御物，物無與對，故其功不顯。臣以死事之。乃告臣曰：「人欲見其所不見，視人所不窺，○釋文云：窺，去隨切。

欲得其所不得，修人所不爲。〔注〕人每攻其所難，我獨爲其所易。〔解〕衆人之所爲、衆人之所視者，皆利名之道，動用之跡耳。衆人所窺不爲者，斯乃有道者之所遊，故能無敵天下者，力無對也。○汪萊曰：〔解〕「窺」上當有「不」字。○釋文云：易，以豉切，下同。

故學際者先見輿薪，〔注〕古人有言曰：善力舉秋毫，善聽聞雷霆，亦此之謂也。○釋文云：輿音余。

學聽者先聞撞鐘。○釋文云：鐘，宅紅切。○釋文云：霆音亭。

夫有易於內者無難於外。於外無難，故名不出其一家。〔注〕道至功玄，故其名不彰也。〔解〕輿薪，近物也；撞鐘，巨聲也；夫易聞易見，自近而及遠也。夫善爲生者，先養其神。神全則无爲之功著，則外物无不通；故曰有易於內者无難於外也。是以得之於一心，成之於一家，故外人不知也。○「故名不出其一家」「家」北宋本、藏本、秦刻盧重玄本、汪本作「道」，吉府本、世德堂本作「家」。○秦恩復曰：觀盧注亦作「家」。○王重民曰：北宋本「家」作「道」近是，張注「道至功玄」云云可證。伯峻案：王說似未審。張注「道至功玄」正釋「不出一家」之理，故又云「故其名不彰」。「其名不彰」正釋「不出一家」之義。「名不出其一家」正承上文「六親不知」而言，而與下「臣之名聞於諸侯」相映也。其誤爲「道」者，正涉張注「道至功玄」所致也。今從吉府本、世德堂本正。○釋文云：一家，一本作一道，於義不長。

今臣之名聞於諸侯，是臣違師之教，顯臣之能者也。〔注〕未能令名迹不顯也。

然則臣之名不以負其力者也，〔注〕猶免於矜，故能致稱。○注藏本「猶」作「愈」，「致稱」作「致此也」。

以能用其力者也；〔注〕善用其力者，不用其力也。

不猶愈於負其力者乎？」〔注〕矜能顯用。〔解〕我雖不及師之隱晦其迹也，豈不猶負其能而自顯乎？夫合大道而化萬物者，爲有力也。故莊子曰：「藏山於澤，藏舟於壑，有力者夜半負之而趨，昧者猶不知也。」而宣王誤爲筋力耳。○汪萊曰：「解『猶』下當有『愈於』二字。

中山公子牟者，魏國之賢公子也。〔注〕公子牟，文侯子，作書四篇，號曰道家。魏伐得中山，以邑子牟，因曰中山公子牟也。〔解〕公子牟，文侯之子也，封於中山，故曰中山公子。○孫詒讓曰：鮮虞之中山初亡於魏，文侯十七年使樂羊圍中山，三年滅之，以其地封子擊。後擊立爲太子，改封次子摯。後中山復國，又亡於趙，則惠文王四年滅之。並見史記魏趙世家及樂毅傳。至列子仲尼篇、莊子讓王篇、呂氏春秋審爲篇、淮南子道應訓並云魏中山公子牟。高誘、張湛皆謂魏伐中山，以邑子牟。然魏牟與趙平原君、秦魏冄、范雎同時，其時中山入趙已久，安得尚屬魏？則牟所封必非鮮虞之中山，殆無疑義。張湛又以子牟爲魏文侯子，蓋掍牟與摯爲一人，其説尤謬，則楊倞已疑之矣。伯峻案：漢書藝文志有公子牟四篇，列道家。又案：錢穆先秦諸子繫年考辨魏牟攷云：後人疑列子爲張湛僞書，然如此條陳義精卓，蓋得之古籍，或即四篇之遺，非湛所能僞。○沈欽韓曰：張湛注云：「公子牟，文侯子。」公孫龍時，文侯後且百年，不得爲文侯子也。○釋文云：牟，莫侯切。好與賢人游，不恤國事，○釋文云：好，呼報切。恤，雖律切。而悦趙人公孫龍。〔注〕公子牟、公孫龍似在列子後，而今稱之，恐後人所增益以廣書義。苟於統例無所乖錯，而足有所明，亦奚傷乎？諸如此皆存而不除。伯峻案：漢志名家有公孫龍子十四篇，今本五篇，二千字，亦有疑爲後人所僞者。樂正子輿之徒笑之。○釋文云：輿音余。公子牟曰：「子何笑牟之悦公孫龍也？」子輿曰：「公孫龍之爲人也，行無師，〔注〕釋文云：行，下孟切。學無友，〔注〕不祖宗聖賢也。佞給而不中，〔注〕雖才辯而不合理也。○釋文云：中，丁仲切。漫衍而無家，〔注〕儒墨刑名亂行而無定家。○注「定家」藏本、四解本作「一定之家」。○釋文云：漫音萬。衍，以戰切。好怪而妄言。〔注〕愛奇異而虛誕其辭。 欲惑人之心，屈人之口，與韓檀等肆之。」〔注〕韓檀，人姓名。共習其業。莊子云：「桓國公孫龍能勝人之口，不能服人之心，辯者之囿。」〔解〕行不因師，獨學无友，辯而不中，於理漫衍而无所宗。其道能屈人之口，不能服人之心也。 韓檀，莊子云桓團，俱爲人名，聲相近者也。○注「桓國」當從釋文作「桓團」。「囿」本作「固」，今從藏本正。○釋文「國」作「團」，云：檀，不安切。肆，戈二切。肆，習也。團，大端切。囿音又。伯峻案：「檀」不當切「不安」（廣韻：檀，徒干切）「不」字疑誤。「肆」亦不當切「戈二」（廣韻：肆，羊至切）「戈」當爲「弋」字之誤。「羊至切」與「弋二切」同屬喻母至韻。 公子牟變容曰：「何子狀公孫龍之過歟？請聞其實。」〔注〕不平其言，故形於色，罪狀龍太過，故責其實驗也。 子輿曰：「吾笑龍之詒孔穿，〔注〕孔穿，孔子之孫。 世記云，爲龍弟子。詒，欺也。○釋文云：詒音待，欺也，下同。 言『善射者能令後鏃中前括，○釋文云：鏃，作木切。中，丁仲切，下及注同。 發發相及，矢矢相屬，○釋文云：屬音燭，注同。 前矢造準而無絕落，○釋文云：造，七到切。 後矢之括猶銜弦，視之若一焉。』〔注〕箭相連屬無絕落處，前箭著垺，後箭復中前箭，而後所湊者猶銜弦，視之如一物之相連也。○釋文云：著，直略切，下同。垺音朋。復，扶又切，下同。湊，七豆切。 孔穿駭之。 龍曰：『此未其妙者。○王重民曰：御覽七百四十五引「未」下有「躋」字。 逢蒙之弟子曰鴻超，○釋文云：逢，薄江切。 怒其妻而怖之。 引烏號之弓，綦衛之箭，〔注〕烏號，黃帝弓。 綦，地名，出美箭。衛，羽也。○王重民曰：王引之始以綦衛爲一物，謂皆是箭竹之名。其說曰：「方言

曰：簿，或謂之箭裏，或謂之䇭。竹譜曰，『䇭中博箭。』以䇭爲博箭謂之䇭，以䇭爲射箭則亦謂之䇭耳。淮南兵略篇注

云，『淇衛䇭簵，箭之所出也。』竹譜引淮南而釋之云，淇園，衛地，毛詩所謂『瞻彼淇奧，綠竹猗猗』是也。淇乃衛之水

名，先言淇而後言衛，則不詞矣』。王氏以衛非地名甚是；而以綦亦爲箭竹之名，恐非也。烏號爲弓之善者，則淇衛亦

當爲箭之善者。博箭與射箭不同，而以博箭爲射箭之善者，可乎？淮南子兵略篇「淇衛䇭簵」，若皆是箭竹之名，則廣

雅釋草「䇭簬簜箭也」，何以獨遺淇乎？蓋淇（或綦）爲箭竹之説，張揖亦以爲於古無徵也。竹譜曰：「䇭，細也。」淇

自是衛之淇園。淇衛即指淇園之美竹。以淇園之美竹爲箭，故能與烏號桑柘之勁弓相對也。況淇衛爲箭竹，䇭簵亦爲

箭竹，焉見其不能相偶也？王氏之説失之於泥。至「綦衛」，淮南原道篇作「綦衛」，兵略篇作「淇衛」，並通假字，當

以作「淇衛」者爲正。御覽七百四十五引列子亦作「淇衛」。又按釋名曰：「矢旁曰羽，齊人曰衛。」張注曰「衛，羽也」，

即本於此。○釋文云：號，戶羔切。綦音其。史記云：綦園之竹。晉灼曰：衛之苑多竹簜。**射其目。** ○釋

云：射，食弋切。**矢來注眸子而眶不睫，** ○王重民曰：御覽三百五十引「來」作「末」，與釋文本同。又七百四

十五引「來注」兩字作「至」。疑「來」字本衍文也。「至」與「注」義同。下文云，「矢注眸子而眶不睫」，正承此言，則

「來」字爲衍文甚明。伯峻案：王説未審。「來」字當從釋文作「末」。矢末謂矢尖也。御覽三百五十引作「末」，又

「末」字之誤刻。○釋文作「矢末」，云：末一本作來。眸，莫侯切。眶音匡。睫本作映，目瞬也，下同。映，且洽切。○

任大椿曰：類篇，睫映並失涉切，目動貌，故睫一本又作映。史記扁鵲傳：「忽忽承映。」索隱曰，「映即睫也」，此睫

映相通之證也。又釋文訓睫爲目瞬。考類篇，目開合數動搖曰瞬。韓非子喻老篇：「惠子見鄒君曰，今有人見君則映

其一目，奚如？君曰：我必殺之。惠子曰：瞽兩目映君，奚爲不殺？曰：不能勿映。」此映字之義，可與映之訓瞬

相證。

矢隧地而塵不揚。』〔注〕箭行勢極，雖著而不覺，所謂彊弩之末不能穿魯縞也。○釋文「穿」作「撤」，云：隧音墜。彊，其兩切。撤一本作穿。縞，古老切。 是豈智者之言與？』○釋文云：與音余。 公子牟曰：

「智者之言固非愚者之所曉。」〔注〕以此言戲子輿。 後鏃中前括，鈞後於前。〔注〕同後發於前發，則無不中也。 近世有人擲五木，百擲百盧者，人以爲有道，以告王夷甫。王夷甫曰：「此無奇，直後擲如前擲耳。」庚子嵩聞之，曰：「王公之言闇得理。」皆此類也。○注汪本「後發」作「發發」，「百擲」作「者擲」，「嵩」作「松」，今從北宋本、藏本訂正。○釋文云：擲，直炙切。 矢注眸子而眶不睫，盡矢之勢也。〔注〕夫能量弓矢之勢，遠近之分，則入物之與不入，在心手之所銓，不患所差跌。今設令至拙者闇射，箭之所至，要當其極。當其極也，則豪分不復進。闇其極，則隨遠近而制其深淺矣。 劉道真語張叔奇云：「嘗與樂彦輔論此云，不必是中賢之所能，孔顏射者則必知此。」湛以爲形用之事，理之麤者，偏得其道，則能盡之。若庖丁之投刃，匠石之運斤，是偏達於一事，不待聖賢而後能爲之也。 ○釋文云：分，符問切。差跌音蹉經。語，魚據切。 子何疑焉？」〔解〕鈞後於前者，百發如一焉，故視之若一耳。 眸不睫者，矢勢至眸而盡矣，故塵不揚於地；非是中眸而落也。子輿之聞視之若一也，則謂自弦及堋箭相連接不絶如一焉；聞注眸而墜，則謂射目不入。是解之不了於至理，非公孫龍之詭妄焉。 樂正子輿曰：「子，龍之徒，焉得不飾其闕？」○釋文云：焉，於虔切。 吾又言其尤者。〔注〕尤，甚。 龍誑魏王曰：「子，

『有意不心。』〔注〕夫心寂然無想者也。若橫生意慮，則失心之本矣。〔解〕心之動者爲意。世人皆識其意，而不識其心。 有指不至。〔注〕夫以指求至者，則必因我以正物。因我以正物，則未造其極。唯忘其所因，則彼此玄得矣。

惠子曰：「指不至也。」〔解〕凡有所指皆未至也。至則無指矣。

有物不盡。〔注〕在於纖有之域，則常有有；在於物盡之際，則其一常在而不可分，雖欲損之，理不可盡。唯因而不違，則泰山之崇崛，元氣之浩芒，泯然爲一矣。若盡則非有也。**惠子曰：「一尺之棰，日取其半，萬世不竭也。」**〔解〕一尺之棰，日取其半，萬世不竭者，折之雖多，但微細，而理不應盡也。○〔注〕「棰」北宋本作「經」，世德堂本作「神」。

有影不移。〔注〕夫影因光而生。光苟不移，則影更生也。**惠子曰：「飛鳥之影未嘗動也。」**〔解〕移則影變矣。新新相及，故不見其移焉。夫萬物潛變，莫不如此。而惑者未悟，故借喻於影。○〔注〕「未嘗」汪本作「未宜」，今依藏本正。「光苟不移」不字疑衍。○釋文云：借，子亦切。

髮引千鈞。〔注〕夫物之所以斷絕者，必有不均之處。處處皆均，則不可斷。故髮雖細而得秤重物者，勢至均故也。〔解〕細而衆鈞，可以舉重；亦猶毛之折軸，積而不輕也。伯峻案：墨子經下云：「均之絕不，說在所均」。〔注〕此論見在多有辯之者，辯之者皆不弘通，故闕而不論也。○注「見在」本作「見存」，藏本作「見在」，今從藏本正。○釋文云：見，賢遍切。

白馬非馬。〔解〕白馬非馬，辯形色也。白以命色，馬以命形。

孤犢未嘗有母。〔注〕不詳此義。〔解〕謂之孤犢，安得有母也。○釋文云：犢音獨。

其負類反倫，不可勝言也。〔注〕負猶背也。　類，同也。　言如此之比皆不可備載也。○釋文云：勝音升。

公子牟曰：「子不諭至言而以爲尤也，尤其在子矣。〔注〕尤，失也。反在子歟。**夫無意則心同，**〔注〕同於無也。**無指則皆至，盡物者常有，**〔注〕常有盡物之心。物既不盡，而心更滯有也。○〔注〕「滯有」四解本作「帶……」**影不移者，說在改也，**〔注〕影改而更生，非向之影。墨子曰：「影不移，説在改爲也。」**髮引千鈞，勢**

至等也。〔注〕以其至等之故，故不絕。絕則由於不等。故墨子亦有此說也。

白馬非馬，形名離也。〔注〕離猶分也。白馬論曰：「馬者，所以命形也；白者，所以命色也。命色者非命形也。」尋此等語，如何可解，而猶不歷然。

孤犢未嘗有母，非孤犢也。〔注〕此語近於鄙，不可解。○俞樾曰：「有母」下當更疊「有母」二字。本云：「孤犢未嘗有母。有母，非孤犢也。」莊子天下篇釋文引李云：「駒生有母，言孤則無母。孤稱立，則母名去也。」此可證「有母非孤犢」之義，因古書遇重字多省不書，但於字下作二畫識之，故傳寫脱去耳。伯峻案：俞説是也。張注以爲此句不可解，疑其所據本即已脱去，以致文意不明，故謂不可解也。但道藏本林希逸口義云，「既謂之孤，則未嘗有母矣。謂之有母，則非孤犢也」，似其所見本疊「有母」兩字，或爲後人所增歟？○釋文云：解音蟹，下同。

樂正子輿曰：「子以公孫龍之鳴皆條也。〔注〕言龍之言無異於鳴，而皆謂有條貫也。○北宋本「之鳴」作「於馬」，注同，汪本從之。藏本作「於鳴」，又注「無異於鳴」作「無異於馬」。○秦恩復曰：當作「於馬」。伯峻案：秦説未審，今依世德堂本正。○釋文云：公孫龍，平原君之客，字子秉，趙人。一本作公孫龍於馬，並注无異於鳴亦作无異於馬。云馬者，白馬論之義也」，云鳴者，但鳴而无理趣取，爲義則長矣。

設令發於餘竅，○釋文云：竅，口弔切，穢穴也。

子亦將承之。」〔注〕既疾龍之辯，又忿牟之辭，故遂吐鄙之慢言也。伯峻案：〔注〕「之慢」當乙正。

公子牟默然良久，告退，曰：〔注〕既忿氣方盛而不可理論，故遜辭告退也。〔解〕失理而忿者，不可與言，故告退也。○注「理論」北宋本、藏本作「理論」。○釋文云：曰，人質切。「請待餘日，更謁子論。」

堯治天下〔注〕天下欲治，故堯治之。○釋文云：堯治天下爲句。治，直吏切，「治歟」「治名」「治道」同。五十年，不知天下不治歟，不治歟？不知億兆之願戴己歟？不願戴己歟？〔注〕夫道洽於物者，則治名滅矣。〔注〕治名既滅，則堯不覺在物上，物不覺在堯下。○注「洽」各本作「治」，今依北宋本訂正。○釋文云：洽本作合。顧問左右，左右不知。問外朝，○釋文云：朝音朝。伯峻案：「音朝」之「朝」當作「潮」。○釋文云：外朝不知。問在野，在野不知。〔注〕若有知者，則治道未至也。堯乃微服游於康衢，聞兒童謠曰：「立我蒸民，莫匪爾極。不識不知，順帝之則。」〔注〕蒸，衆也。夫能使萬物咸得其極者，不犯其自然之性也。若以識知制物之性，豈順天之道哉？○江有誥曰：極、則爲韻，古音同在之部。伯峻案：古音之部有平上入之分，按之詩經楚辭及羣經諸子之用韻者皆劃然不相溷也（説詳段玉裁六書音韻表）。此極則兩字皆之部入聲字。又案：文選班固西都賦「采遊童之讙謠」，李善注即引列子，可見此謠早見於古書，僞作列子者用之也。堯喜問曰：「誰教爾爲此言？」○王重民曰：「誰」，御覽四百六十七引作「疇」，類聚五十六引作「孰」。○釋文「誰」作「疇」，云：疇古疇字，直留切，誰也。童兒曰：「我聞之大夫。」問大夫。○四解本無此三字，此三字蓋不可省。大夫曰：「古詩也。」〔注〕當今而言古詩，則今同於古也。堯還宮，召舜，因禪以天下。〔注〕功成身退。○釋文云：禪，時戰切。舜不辭而受之。〔注〕會至而應。〔解〕夫貴其身以居衆人之上也，則常懼不尊於人；愛其身以居衆人之上也，則常恐不益於物。若兼亡於天下者，則順之而不宰，理之於未萌；取之不以爲尊，去之不以爲失。如天之運，四時成焉，如地之載，萬物生焉。功成事遂而身退者也，故无私焉。夫能无私也，禪大位而不恍，受大位而不辭也。○俞樾曰：「辭」通作「詞」。釋名釋典藝曰：「詞，嗣也。」故「辭」亦通作「嗣」。尚書大誥篇：「辭其考我民。」辭即嗣也。顧命篇：「恐不獲誓言嗣。」嗣即辭也。說詳羣經平議。蓋「辭」籀文作「嗣」，本與嗣同聲，故得通用。堯典篇：「舜讓于德弗嗣」，而此云「舜不辭而受之」，然則古本堯典作弗辭也。所謂「舜讓于德」者，讓當爲攘。禮記曲禮篇注曰「攘古讓字」，然則古本堯典必作「舜攘于德」也。攘者，取也。尚書微子篇枚傳曰：「自來而取曰攘。」舜無得天下之心，而天下自來，是其取天下也以德取之也。正所謂自來而取曰攘也。故曰「舜攘于德弗辭」。下文無帝堯申命之文，而即紀元日受終之事，然則舜之不辭審矣。賴列子此言可以見尚書之古義。余作羣經平議未見及此，故具說之。

關尹喜曰：「在己無居，〔注〕汎然無係，豈有執守之所？○釋文云：汎，芳劍切。係音計。形物其箸。〔注〕形物猶事理也。事理自明，非我之功也。○盧文弨曰：「箸」古「著」字。伯峻案：莊子天下篇作「形物自著」。細味張注，似張湛所據本亦作「自箸」。作「其」者於義不長，或爲字之訛誤歟？其動若水，〔注〕順水而動，故若水也。其靜若鏡，〔注〕應而不藏，故若鏡也。其應若響。〔注〕應而不唱，故若響也。〔解〕夫至道者神也。微妙玄通，深不可極。視之不見，聽之不聞，常在於己而莫知其居，形萬物而不可著見。其動若水，潤下而濟上；其靜若鏡，照用而不疲；其應若響，不遺於物。此養神之至理也。○釋文云：應音膺。伯峻案：「音膺」之「膺」或作「應」，誤。故其道若物者也。物自違道，道不違物。〔注〕同於道者，道亦得之。〔解〕此至道者非有形之物，而善應而不遺；故物自違道，道不違於物也。○釋文「道不違物」作「道亡違物」云：亡音無。一本作道不違物。善若道者，亦不用耳，亦不用目，亦不用力，亦不用心。〔注〕唯忘所用，乃合道耳。欲若道而用視聽形智以求之，弗當矣。〔解〕欲得善爲此道者隳支體，黜聰明，虛其心而養其神，則自然而自證也。

瞻之在前，忽焉在後；用之彌滿，六虛廢之，莫知其所。〔注〕道豈有前後多少哉？隨所求而應之。〔解〕唯此養神之道難知難見，非有非无。瞻之者居萬物之先，輕忽之者不與物競。用之，則六虛皆備；廢之，則莫知所存。獨立而不改，周行而不殆，其至矣哉！

亦非有心者所能得遠，亦非無心者所能得近。〔注〕以有心无心而求道，則遠近其於非當；若兩忘有無先後，其於無二心矣。〔解〕有心而求之者，自遠於道，非道遠之也；无心而合道，自近於道，非道近之也。有心无心，人自異耳，道无遠近也。

唯默而得之而性成之者得之。〔注〕自然無假者，則無所失矣。○俞樾曰：「而性成之」當作「性而成之」。湯問篇，「默而得之，性而成之」，是其證。

知而亡情，○「亡」北宋本、吉府本、世德堂本作「忘」。○釋文云：亡本作忘。能而不爲，真知真能也。〔注〕知極則同於無情，能盡則歸於不爲。〔解〕唯默然而內昭，因性而成者，乃得之矣。知因性者，必亡其情。能亡其情而无爲者，此乃真知真能也。

發無知，○釋文云：發无知一本作廢无知，下作廢无能。何能情？發不能，何能爲？〔解〕夫發者，起人所不能知，更何能爲情哉？發起人所不能爲，復何能自爲情哉？惑者變性以爲情，智者變情以爲性。故易曰「不性其情，何能久行其正也」。○秦恩復曰：解「不性其情」二語乃易「利貞者性情也」王弼注文。○陶鴻慶曰：殷氏釋文云：「一本作廢无知廢无能」。今案發亦讀爲廢。發廢古同聲通用，說詳王氏雜志史記平原君傳。疑此文本作「廢知何能情，廢能何能爲」。廢知即无知，廢能即无能。故下以聚塊積塵爲比。或本有作「无知无能」者，校者旁註而傳寫誤合之耳。

聚塊也，積塵也，〔注〕此則府宅。〇「塊」世德堂本作「瑰」，誤。**雖無爲而非理也。」**

〔解〕夫无爲者而无不爲也。若兀然如聚塊、積塵者，雖則去情无爲，非至理者也。〇釋文云：雖无爲而非理也」一本漏爲字。

列子集釋卷第五

湯問第五〔注〕夫智之所限知，莫若其所不知；而世齊所見以限物，是以大聖發問，窮理者對也。〔解〕夫

萬物之情，各貴其生，不知養其所注生，而愛身以喪其生。故此篇去形全生以通其情，情通性達以契其道也。

○秦恩復曰：盧解「注生」之「注」字疑誤。○釋文云：齊，才細切。

殷湯問於夏革〔注〕革字，莊子音棘。○郭慶藩曰：釋文云：革棘古同聲通用。論語「棘子成」，漢書古今人表作「革

子成」。詩「匪棘其欲」，禮坊記引作「匪革其猶」。漢書「焭棗侯革朱」，史記索隱，「革音棘」，皆其證。○釋文：殷

湯姓子，名履，字天乙。革音棘。夏棘字子棘，爲湯大夫。伯峻案：釋文「夏棘」疑「夏革」之誤。**曰：「古初有**

物乎？」〔注〕疑直混茫而已。○釋文云：茫音忙。**夏革曰：「古初無物，今惡得物？」**〔注〕今所以有

物，由古有物故。○盧文弨曰：注藏本「今」「古」下有「之」字，「故」下有「也」字。○釋文云：惡，音烏，下同。**後**

之人將謂今之無物，可乎？」〔注〕後世必復以今世爲古世，則古今如循環矣。設令後人謂今亦無物，則不可

矣。○路史前紀二引「後」上有「使」字。○釋文云：復，扶又切，下同。**殷湯曰：「然則物無先後乎？」**

夏革曰：「物之終始，初無極已。始或爲終，終或爲始，惡知其紀？」〔注〕今之所謂終者，或爲

物始，所謂始者，或是物終。終始相循，竟不可分也。○江有誥曰：始已紀爲韻，古音同住之部。**然自物之外，**

自事之先，朕所不知也。」〔注〕謂物外事先，廓然都無，故無所指言也。〔解〕後世必以今日爲古，何殊今日問古

耶？安得無物也？由湯以上古爲先，然則物始事先更相前後，此不可知也。**殷湯曰：「然則上下八方有**

極盡乎？」〔注〕湯革雖相答，然於視聽猶未歷然，故重發此問，令盡然都了。○王叔岷曰：釋文本注「盡」作「畫」，

疑當從之。莊子庚桑楚篇「其臣之畫然知者去之」，即此「畫然」二字所本。盡蓋畫之形誤，或涉正文盡字而誤。○釋

文「盡」作「畫」，云：重，柱用切，下同。畫音獲，一本作盡。**革曰：「不知也。」**〔注〕非不知也，不可以智知也。

取其半，萬世不竭」，西儒所謂「物質不滅」也。下文「無極之外，復無無極，無盡之中，復無無盡」，即承此言。今本誤作

陶鴻慶曰：「有則有盡」下「有」字亦當作「無」。「有則無盡」者，即公孫龍所謂「有物不盡」，惠施所謂「一尺之極，日

湯固問。革曰：「無則無極，有則有盡，朕何以知之？〔注〕欲窮無而限有，不知而推類也。○

「有盡」，則非其旨矣。張注云云，正謂無無窮而有無限也。是其所見本正作「無盡」。**然無極之外復無無極，**

無盡之中復無無盡。〔注〕既謂之無，何得有外？既謂之盡，何得有中？所謂無無極無無盡，乃真極真盡矣。

○注「既謂之盡」北宋本作「既謂之虛」，汪本從之，今從藏本訂正。**無極復無無極，無盡復無無盡。**〔注〕或

者將謂無極之外更有無極，無盡之中復有無盡，故重明無極復無無極，無盡復無無盡也。**朕以是知其無極無盡**

也，而不知其有極有盡也。」〔注〕知其無，則無所不知；不知其有，則乃是真知也。**湯又問曰：「四海**

之外奚有?」○王重民曰：御覽二引「有」下有「乎」字。革曰：「猶齊州也。」〔注〕齊，中也。〔解〕言無

安得有極盡耶？是以道無不徧，無之謂也，體用俱大，非虛實無有也。伯峻案：齊州謂中國。周穆王篇云「四海之齊

謂中央之國」云云，可證。○釋文云：爾雅云：距齊以南，戴日爲丹穴。北，戴斗極爲空桐。距，去也。齊，中也。

漢書順帝紀云「詔幽、并、涼州刺史使各實二千石以下至黃綬，年老劣弱不任軍事者」注云，「實謂驗實之也」，皆可爲

湯曰：「汝奚以實之？」伯峻案：淮南精神訓云「衆人以爲虛言，吾將舉類而實之」，高誘注，「實，明也」。後

此實字之義。革曰：「朕東行至營，○釋文云：今之柳城，古之營州，東行至海是也。人民猶是也。

〔注〕如是聞也。問營之東，復猶營也。西行至幽，○釋文云：幽與邠同。人民猶是也。問幽之

西，復猶幽也。朕以是知四海、四荒、四極之不異是也。〔注〕四海、四荒、四極，義見爾雅。知其不異

是聞，則是是矣。〔解〕四方窮之不可盡，皆有生死、愛惡、父母、妻子，故知四荒、四極之外不異營幽之內，則是是也。○

王重民曰：「之」下疑本有「外」字，今本脱之。上文湯問「四海之外奚有」，此革所答語，故云「四海四荒四極之外」，御

覽一引「之」下正有「外」字。伯峻案：王説是。玩盧重玄解，其所見本亦有「外」字。○釋文云：爾雅云：九夷、八

狄、七戎、六蠻謂之四海。觚竹、北戶、西王母、日下謂之四荒。東泰遠、西邠國、南濮鉛、北祝栗謂之四極。見，賢遍切。

伯峻案：釋文「泰遠」或作「秦遠」，「邠國」或作「郊國」，「北祝栗」或作「此祝栗」，誤。故大小相含，無窮極

也。含萬物者，亦如含天地。〔注〕夫含萬物者天地，容天地者太虛也。○釋文「太虛」作「大虛」，云：大音

泰，下同。含萬物也故不窮，〔注〕乾坤含化，陰陽受氣，庶物流形，代謝相因，不止於一生，不盡於一形，故不窮

也。含天地也故無極。〔注〕天地籠罩三光，包羅四海，大則大矣；然形器之物，會有限極。窮其限極，非虛如

何？計天地在太虛之中，則如有如無耳。故凡在有方之域，皆巨細相形，多少相懸。推之至無之極，豈窮於一天，極於

一地？則天地之與萬物，互相包裹，迭爲國邑；豈能知其盈虛，測其頭數者哉？○釋文云：罩，陟孝切。朕亦焉

知天地之表不有大天地者乎？〔注〕夫太虛也無窮，天地也有限。以無窮而容有限，則天地未必形之大者。

然則鄒子之所言，蓋其掌握耳。○「掌」世德堂本作「嘗」。○釋文云：焉，於虔切，下同。朕吾所不知也。〔注〕

夫萬事可以理推，不可以器徵。故信其心智所知及，而不知所知之有極者，膚識也；誠其耳目所聞見，而不知視聽之

有限者，俗士也。至於達人，融心智之所滯，玄悟智外之妙理；豁視聽之所閡，遠得物外之奇形。若夫封情慮於有方

之境，循局步於六合之間者，將謂寫載盡於三墳五典，歸藏窮於四海九州焉。知太虛之遼廓，巨細之無垠，天地爲一宅，

萬物爲遊塵，皆拘短見於當年，昧然而俱終。故列子闡無內之至言，以坦心智之所滯；恢無外之宏唱，以開視聽之所

閡。使希風者不覺矜伐之自釋，束教者不知桎梏之自解。故刳斫儒墨，指斥大方，豈直好奇尚異而徒爲夸大哉？悲

夫！聃周既獲譏於世論，吾子亦獨以何免之乎？〔解〕夫神道之含萬物也，故不窮；陰陽之含天地也，故無極。天地

萬物之外，我所不知以辯之，非謂都不知也。○注「無垠」本作「無限」，今從世德堂本作「無垠」。○釋文「限」作「垠」，

云：「知及」及字一本作反，恐字誤。豁，呼括切。垠音銀，下同，一本作限。拘音俱。桎梏音質谷。解音蟹。刳音

枯。夸，口花切。聃，他甘切，老子名。周，莊子名。然則天地亦物也。物有不足，故昔者女媧氏練五

色石以補其闕；〔注〕陰陽失度，三辰盈縮，是使天地之闕，不必形體虧殘也。女媧，神人，故能練五常之精以調

和陰陽，使晷度順序，不必以器質相補也。〔解〕張湛此注當矣。○秦恩復曰：「練」古「鍊」字，淮南亦作「練」。○何

琇曰：張湛注以五色石爲寓言五常，是亦巧爲之詞。戰國諸子多與小說相出入，不盡可詰。即以列子而論，龍伯釣鼇

之事，化人擘裾之談，又譬何事乎？○王叔岷曰：藝文類聚六、御覽二、五一引「石」上並有「之」字，與下文句法一

律，當從之。○釋文云：媧音瓜，女媧氏，古天子，風姓。斷鼇之足〔注〕鼇，巨龜也。○釋文云：斷鼇音短遽，具

後釋。以立四極。其後共工氏與顓頊爭爲帝，〔伯峻案：史記三皇本紀謂與祝融戰，淮南原道篇謂與高辛

爭爲帝，而天文訓又云與顓頊爭爲帝，皆古傳說之異也。○釋文云：共工氏，共音恭，古帝王。顓頊音專旭。怒而

觸不周之山，〔注〕共工氏興霸於伏羲神農之間，其後苗裔恃其彊，與顓頊爭爲帝。顓頊，黃帝孫。不周山在西北之

極。○盧文弨曰：〔注〕「顓頊」下藏本有「是」字，「黃帝」下有「之」字。○釋文「伏」作「處」，「處」云：處音伏。義，許宜切。

折天柱，絕地維，故天傾西北，日月星辰就焉。○王叔岷曰：淮南天文篇、論衡談天篇「故」字並在

「日」字上，與下文句法一律。地不滿東南，故百川水潦歸焉。〔解〕亂常敗德，則爲折天柱絕地維也。是以

聖人知天道損有餘補不足，故三光百川得其大要也。○釋文云：潦音老。湯又問：「物有巨細乎？有修

短乎？有同異乎？」革曰：「渤海之東不知幾億萬里，有大壑焉，○釋文云：渤海，今樂安郡。其下無

山海經云，東海之外有大壑。實惟無底之谷，〔注〕事見大荒經。詩含神霧云：「東注無底之谷」。其下無

底，〔注〕稱其無底者，蓋舉深之極耳。上句云無無極限，有不可盡。實使無底，亦無所駭。○注末「駭」字世德堂本作

閬」。名曰歸墟。〔注〕莊子云「尾閭」。○洪頤煊曰：文選吳都賦李善注、太平御覽卷六十七引列子作「歸塘」，

顏氏家訓歸心篇「歸塘尾閭，漈何所到」，亦與或本同。○王重民曰：御覽六十又六十七引並作「歸塘」，與釋文所見或本同。○釋文云：歸墟或作歸塘。

八紘九野之水，天漢之流，莫不注之，而無增無減焉。〔注〕八紘，八極也；九野，天之八方中央也。世傳天河與海通。〔解〕大壑無底者，言大道之無能窮盡者也。至微至細入於無間者，不過水也。注之無增減者，萬有無不含容者也。○釋文云：紘音宏。

其中有五山焉：一曰岱輿，○釋文云：輿音余。**二曰員嶠，**○釋文云：嶠，渠廟切，山銳而高也。**三曰方壺，**○釋文云：一曰方丈。**四曰瀛洲，**○釋文云：瀛音盈。**五曰蓬萊。**○釋文云：史記曰，方丈、瀛洲、蓬萊，此三神山，在渤海中。蓋嘗有至者，諸仙人及不死之藥皆在焉。未至，望之如雲。欲到，即引而去，終莫能至。

其山高下周旋三萬里，○釋文「周旋」作「周犯」云：犯一本作範圍字，一本作周旋字。○任大椿曰：戴記：「范金合土。」荀子彊國篇：「刑范法正。」太元經：「國家之矩范也。」隸釋楊著碑：「喪茲師范。」司空殘碑：「納我鎔范。」則範多通作范（通俗文規模曰范。則范當作范）。又逢盛碑：「制中圖椴。」亦模範字，範又通作椴。惟範之通作犯則不多見。陳編修昌齊曰：莊子大宗師篇云，「今一犯人之形，而曰人耳人耳。夫造化者，必以為不祥之人。」「犯人之形」即「範人之形」也，此範犯相通之一證也。

其頂平處九千里。山之中間相去七萬里，以為鄰居焉。其上臺觀皆金玉，其上禽獸皆純縞。○陶鴻慶曰：「其上」二字貫下六句，下「其上」字誤複。○王重民曰：陶說是也。御覽三十八引正無下「其上」二字。○釋文云：純音淳。縞，古老切。

珠玕之樹皆叢生，○釋文云：玕音千。**華實皆有滋味；食之皆不老不死。**○王重民曰：御覽三十八引無下「皆」字，蓋是衍文。**所居之人**

皆仙聖之種；一日一夕飛相往來者，不可數焉。〔注〕兩山間相去七萬里，五山之間凡二十八萬里；而日夜往來。往來者不可得數，風雲之揮霍不足逾其速。〔解〕有形之物生於大道之中，而增飾翫好而不知老，不知死，動用不住，倏往忽來，無限數也。○注世德堂本不重「往來」二字。「不可得數」「不」作「乃」，北宋本同。○釋文云：數，色主切，注同。而五山之根無所連箸，〔注〕若此之山猶浮於海上，以此推之，則凡有形之域皆寄於太虛之中，故無所根蒂。○盧文弨曰：〔注〕「浮」下「於」字藏本無。○釋文「箸」作「著」，云：著，直略切。下往還，○釋文云：上，時掌切。不得蹔峙焉。〔解〕眼耳鼻舌身爲五根，隨波流不得暫止也。此舉世皆隨聲、色、香、味染著而不得休息，乃至忘生輕死，以殉名利，不知止慮還源，養神歸道者也。○釋文「蹔」作「暫」，云：蹔，直里切。仙聖毒之，○釋文云：毒，病也。訴之於帝。帝恐流於西極，失羣仙聖之居，○盧文弨曰：「恐」坊本作「怒」，「羣仙聖」原作「羣聖」，藏本作「仙聖」，四解本、秦本作「羣仙聖」。○俞樾曰：盧重玄本作「帝恐流於西極，失羣仙聖之居」，當從之。五山之根無所連著，其流於西極，勢使然耳，何怒之有？蓋涉下文「帝憑怒」而誤。又「仙聖」字上下文三見，可證此作「羣聖」之非矣。至「西極」字亦疑有誤。五山隨波上下往還，安知其必流於西極也？下文云「岱輿員嶠二山流於北極」，可證其不必西流矣。「西極」似當作「四極」。伯峻案：俞說是也，今從秦本、四解本增「仙」字。○王叔岷曰：藝文類聚九六、御覽九三一引上「帝」字上並有「上」字，事文類聚後集三五、天中記五七引兩「帝」字上並有「上」字。錦繡萬花谷續集五引下「帝」字上有「天」字，今本兩「帝」字上蓋並挩「上」字或並挩「天」字也。乃命禺彊〔注〕大荒經曰：北極之神名禺彊，靈龜爲之使也。○釋文「禺彊」作「禺强」，云：禺與隅同。神仙傳：北方之神名禺强，號曰玄冥子。山海經曰：大荒之中有神，人面鳥身，名曰禺强。北海神也。○任大椿曰：淮南子地形訓「隅强，不周風之所生也」，高誘注：「隅强，天神也。」水經注曰：「縣名番禺，償謂番山之禺也。」「番山之禺」猶言「番山之隅」。山海經：「桂林八樹在番隅東。」郭璞注：「番隅今番禺縣。」則禺隅通。

使巨鼇十五舉首而戴之。〔注〕離騷曰：「有巨靈之鼇背負蓬萊之山抃，何以安之？」王逸注引列仙傳曰：「有巨靈之鼇背負蓬萊之山而抃舞」，洪興祖補注始引列子此文。○釋文云：列仙傳云：巨鼇戴蓬萊山而抃滄海之中。玄中記云：即巨黿也。

迭爲三番，○釋文云：番音翻，更代也。

六萬歲一交焉。五山始峙而不動。〔解〕夫形質者，神明居也。若五根流浪而失所守，則仙聖無所居矣。莊子云：「一受其成形，不亡以待盡。」若五根漂蕩，則隨妄而至死矣。一生虛過，豈不哀哉！故大聖作法設教以止之，五根於是有安矣。五塵以對之，五識以因之，故云「十五」也。因心以辯之，故云「三番」。六萬歲一交耳，自此知制五根之道也。○藏本、秦本、世德堂本無「而不動」三字。○王重民曰：類聚九十六、御覽八百三十四引有此三字，蓋今本脱之也。伯峻案：文選左太沖吳都賦注、木玄虛海賦注，御覽九三一，楚辭天問洪興祖補注引均有此三字。

而龍伯之國有大人，舉足不盈數步而暨五山之所，○「數步」北宋本作「數千」，汪本從之，今從藏本訂正。○王重民曰：北宋本「步」作「千」，與釋文所見一本同。類聚九十六引作「數十步」，疑類聚所引近是。蓋北宋本「千」爲「十」字之誤，下又脱「步」字耳。伯峻案：御覽九三一、事文類聚後集三五引並作「數十步」。○釋文云：數，色主切。步一本作千。

一釣而連六鼇，○釋文云：釣一本作鈎。

合負而趣○釋文云：趣音趨。

歸其國，灼

其骨以數焉。〔注〕以高下周圍三萬里山而一鼇頭之所戴，而此六鼇復爲一釣之所引，龍伯之人能并而負之，又鑽

其骨以卜計，此人之形當百餘萬里。鯤鵬方之，猶蚊蚋蚤虱耳。則太虛之所受，亦奚所不容哉？〔解〕伯者，長也。龍，

有力之大者也。以喻俗中之嗜慾矜夸愛貪縱情求以染溺，而爲鈎負六情以自適，豈徒失其所守，乃更毀而用之也。○

黃生曰：字書皆以鼇爲大龜，據本書云云，則鼇者龜也，非鼇之大者也。○秦恩復曰：「矜夸」以下注文疑有脱誤。

○王叔岷曰：初學記十九、草堂詩箋三五、錦繡萬花谷續集五引「灼」上並有「因」字。○釋文云：灼音酌。數，所據

切，算計也。鑽，祖官切。鯤鵬音昆朋。蚊蚋音文芮。蚤虱音早瑟。**於是岱輿員嶠二山流於北極，沈於大**

海，仙聖之播遷者巨億計。〔解〕俗心所溺唯聲色爲重，君子小人困於名利也，故曰二山流焉。愛溺深重，喻之

大海。神識流浪，不可勝言。**帝憑怒，**〔注〕憑，大也。○釋文「憑」作「馮」，云：馮音憤。○任大椿曰：史

阤，○注中曰：古阤隓通，語之轉。○釋文「侵」作「浸」，云：浸，子禁切，一本作侵。阤，烏賣切。**侵減龍伯之國使**

記孝武紀：「侵尋於太山矣。」索隱曰：「侵尋即浸淫也。」淮南子詮言訓，「陰陽之始，皆調適相似，日長其類，以侵相

遠」，謂始則相似以漸而遠也。釋名：「目生膚人眸子曰浸，浸，侵也。亦言浸淫轉大也」，則侵浸通。**侵小龍伯之**

民使短。至伏羲神農時，其國人猶數十丈。〔注〕山海經云：東海之外，大荒之中，有大人之國。河圖

玉板云：從崑崙以北九萬里，得龍伯之國，人長四十丈，生萬八千歲始死。〔解〕大聖惡夫嗜慾之爲害也，乃立法以制

之。因聖智之教行，故其國漸小。然神農雖治，猶數十丈焉者，蓋人不能滅之，但減削而已。○王重民曰：御覽三百

七十七引「猶」下有「長」字。○釋文「其國人」作「有國人」，「數十丈」作「數千丈」，云：數千丈一本作數十丈。從

中州以東四十萬里得僬僥國，○王重民曰：「東」當作「西」，字之誤也。淮南墜形篇：「西南方曰僬僥。」韋昭魯語注：「僬僥，西南蠻之別名。」是古者一謂僬僥在西南也。御覽七百九十引外國圖云，「僬僥去九疑三萬里」，是又謂在南方也。釋文引括地志云：「在大秦國北。」大秦在西南，是又謂在西方也。約之以謂在西南者爲折中。其謂在西在南者，蓋觀點略有不同耳。而從未有謂在東方者，則東爲誤字審矣。此段記四方之特異，荆南冥靈，髮北鯤鵬，東北諍人，西方僬僥。若作東，則與諍人相複矣。「東」爲誤字，此又一證也。御覽三百七十八又七百九十引「四」並作「三」。疑列子此文本作「從中州以西三十萬里得僬僥國」，後「西」字誤作「四」，因衍入「東」字，削去「三」字耳。○釋文云：僬僥音譙堯，短人國名也。史記云：僬僥氏三尺，短之至也。韋昭曰：僬僥，西南蠻之別名也。案括地志，在大秦國西北。　人長一尺五寸。〔注〕事見詩含神霧。○釋文云：見，賢徧切，下同。東北極有人名曰諍人，長九寸。〔注〕見山海經。詩含神霧云：「東北極有此人。」既言其大，因明其小耳。○秦恩復曰：「諍」山海經作「靖」。○王重民曰：御覽三百七十八引「諍」作「竫」，當讀爲「靖」。說文：「靖，一曰細貌。」山海經大荒東經曰：「東海之外，大荒之中有小人國，名靖人。」郭注曰：「靖或作竫。」○釋文云：諍音爭，山海經曰：「東海之外，有小人，名曰諍人。」荆之南有冥靈者，○釋文云：冥靈，木名也，生江南，以葉生爲春，葉落爲秋。以五百歲爲春，五百歲爲秋。上古有大椿者，○釋文云：椿，丑倫切，木名也。一名櫄。以八千歲爲春，八千歲爲秋。朽壤之上有菌芝者，○王重民曰：御覽九百四十五引「上」作「土」。○釋文云：菌，其陰切。崔譔云：「糞上生芝也。朝生暮死。」簡文云：「欻生芝。」生於朝，死於晦。春夏之月有蠓蚋者，○

王叔岷曰：雲笈七籤九十「春夏之月」作「晴空之中」。御覽九四五、廣韻上聲三、韻府羣玉九引「蠛蠓」並作「蠛蠓」。○釋文云：蠓，莫孔切。蚋音芮，謂蠛蠓蚊蚋也。二者小飛蟲也。

因雨而生，見陽而死。〔解〕苟有嗜慾失其真焉，則形巨者與形小，長壽者與促齡，亦何異也？故知上極神仙，下及蠮螉，迷真失道，情慾奔馳，其喪一也。

終北之北〔注〕莊子云「窮髮」。○藏本、世德堂本作「終髮北之北」。○汪中曰：莊子曰「窮髮」，終窮語之轉。○俞樾曰：釋文曰，一本無髮字，當從之。終北，國名。下文曰「禹之治水土也，迷而失塗，謬之一國，濱北海之北，其國名曰終北」是也。終北之北謂在其國之北。今衍「髮」字者，蓋後人據莊子逍遙遊篇加之。不知彼自言窮髮之北，此自言終北之北，兩文不同。若據彼以增此，則既言終髮北，又言之北，文義複沓矣。○釋文作「終髮之北」，云：一本作終北之北。

有溟海者，○釋文云：十洲記云：水黑色謂溟海。

天池也，有魚焉，其廣數千里，○釋文云：廣數，上古曠切，下色主切。

其長稱焉，伯峻案：考工記輿人「謂之參稱」注：「稱猶等也。」今言相稱，讀去聲。○釋文云：稱，尺證切，下同。

其名爲鯤。○釋文云：鯤，鯨魚也。

有鳥焉，其名爲鵬，○釋文云：鵬，步登切。

翼若垂天之雲，其體稱焉。〔注〕莊子云，鯤化爲鵬。

世豈知有此物哉？〔注〕翫其所常見，習其所常聞；雖語之，猶將不信焉。○釋文云：語，魚據切。

大禹行而見之，伯益知而名之，○釋文云：名，彌正切，與諸同。

夷堅聞而志之。〔注〕夫奇見異聞，衆之所疑。禹、益、堅豈直空言譎怪以駭一世？蓋明必有此物，以遣執守者之固陋，除視聽者之盲聾耳。夷堅未聞，亦古博物者也。○伯峻案：文選張衡西京賦「伯益不能名，隸首不能紀」，此反用其義。○盧文弨曰：注「衆之」藏本無「之」字，「禹」作「焉」。○釋文云：志之，記之也。

江浦

之間生麼蟲，〔注〕麼，細也。○王叔岷曰：爾雅翼二六引「生」作「有」。事文類聚後集四九引作「海上有蟲」。今

本「有」作「生」，疑誤。○釋文云：麼，亡果切。「麼，小也。」其名曰焦螟，○釋文云：螟音名。羣飛

而集於蚊睫，○釋文云：睫音接。弗相觸也。栖宿去來，蚊弗覺也。離朱子羽方晝拭眥揚眉

而望之，○釋文云：拭音式。眥，在詣切，目際也。弗見其形，〔注〕離朱，黃帝時明目人，能百步望秋毫之

末。子羽未聞。魽俞師曠方夜擿耳俛首而聽之，○釋文云：魽，除倚切。魽俞師曠，皆古之聰耳人也。擿

音惕。俛音免。弗聞其聲。〔注〕魽俞未聞也。師曠，晉平公時人，夏革無緣得稱之，此後著書記事者潤益其辭耳。

夫用心智賴耳目以視聽者，未能見至微之物也。○盧文弨曰：注「緣得」下藏本有「而」字。唯黃帝與容成子居

空峒之上，○盧文弨曰：「峒」藏本作「桐」。○王叔岷曰：藝文類聚九七引「容成子」作「廣成子」。莊子在宥篇

亦作「廣成子」。○釋文云：史記云：黃帝至于河，登空桐之山。今在澧泉郡。同齋三月，心死形廢，

〔徐〕作「倏」，是也。蓋「倏以神視」與下「徐以氣聽」相對。伯峻案：王說失之泥，仍以作徐字者於義爲長。塊然

見之，若嵩山之阿，〔注〕以有形涉於神明之境，嵩山未足喻其巨。徐以氣聽，〔注〕氣者，任其自然而不資

外用也。砰然聞之，○釋文云：砰，普耕切。若雷霆之聲。〔注〕以有聲涉於空寂之域，雷霆之音未足以喻其

大也。〔解〕苟有形聲之礙也，則積壤成山，聚蚊成雷；塊然見之，砰然聞之，不足多怪。○釋文云：霆音廷。吳楚

之國有大木焉，其名爲櫾。〔注〕音袖。○釋文云：櫾音柚。山海經曰：荆山多橘柚。柚似橘而大，皮厚味

酸。碧樹而冬生，實丹而味酸。○王重民曰：「櫾」即「柚」字。「生」當作「青」字之誤也。中山經，「荆山多

橘櫾。」郭注：「櫾似橘而大也。」史記司馬相如傳：「橘柚芬芳。」正義曰：「小曰橘，大曰柚。樹有刺，冬不凋，葉

青。」是櫾樹葉青，經冬不凋，故列子曰「碧樹而冬青」也。此蓋「青」字闕壞爲「主」，因誤爲「生」。齊民要術卷十引作

「碧樹而冬青生」，雖衍二「生」字，而「青」字尚不誤。類聚八十七（引作「列傳」，當是列子之誤。）、御覽九百七十三並

引正作「冬青」，可證。「碧樹冬青」「實丹味酸」，相對爲文。若作「生」，則不相偶矣。○王叔岷曰：記纂淵海九二引

亦作「青」。食其皮汁，已憤厥之疾。○許維遹曰：呂氏春秋至忠篇高注：「已猶愈也。」○王叔岷曰：

「厥」乃「瘚」之借字。說文：「瘚，屰（逆）氣也。」○釋文云：憤，房吻切。憤厥之疾，氣疾也。

而北而化爲枳焉。○釋文云：周禮曰：橘渡淮北而化爲枳。鸜鵒不踰濟，○釋文云：濟，子禮切。鸜鵒

音瞿浴。貉踰汶則死矣，○釋文云：貉音鶴，似狐，善睡獸也。汶，武巾切。鄺元水經曰：濟水出王屋山爲

兌（音兗）水，東經溫爲濟水，下入黃河十餘里，南渡河爲滎澤，又經濟陰等九郡而入海。周禮云：鸜鵒不踰濟，貉踰汶

則死，此地氣使然也。鄭玄云：汶水在魯城北。先儒相因以爲魯之汶水，皆大誤也。案史記，汶與嶓同武巾切，謂汶

江也，非音問之汶。案山海經：大江出汶山。郭云：東南逕蜀郡，東北逕巴東，江夏，至廣陵入海。韓詩外傳云，昔

者江出於汶山，其始也足以濫觴是也。又楚詞云：隱汶山之清江。固可明矣。且列子與周禮通言水土性異，則遷移

有傷，故舉四瀆以言之。案今魯之汶水，闊不踰數十步，源不過二百里，揭屬皆渡，斯須往還，豈狐貉暫游，生死頓隔

矣？〔說〕文云：貉，狐類也。皆生長丘陵皋地，今江邊人云，狐不渡江。是明踰大水則傷本性遂致死者也。地氣然也。〔注〕此事義見周官。○秦本作「地氣使然也」。雖然，形氣異也，性鈞已，○王叔岷曰：釋文「一本云情性鈞已」，有情字是。「情性鈞已」與上「形氣異也」對文。○釋文云：皆至已字爲句。一本云情性鈞已。無相易已。生皆全已，分皆足已。○釋文云：分，符問切。吾何以識其巨細？何以識其修短？何以識其同異哉？」〔注〕萬品萬形，萬性萬情，各安所適，任而不執，則鈞於全足，不願相易也。豈智所能辯哉？〔解〕陰陽所生，土地所宜，神氣所接，習染所變，皆若是也。復何足以辯之哉？

太形王屋二山，〔注〕形當作行。太行在河內野王縣，王屋在河東東垣縣。○王重民曰：御覽四十引「形」作「行」，當爲引者所改。○釋文「太形」作「大形」，云：音泰行，注同。垣音袁。方七百里，高萬仞，本在冀州之南，河陽之北。北山愚公者，〔注〕俗謂之愚者，未必非智也。年且九十，面山而居。懲山北之塞，出入之迂也，〔解〕形，户剛反。懲，戒也。創也，草政也。○釋文云：韓詩外傳云：懲，苦也。迂音于，下同。聚室而謀，曰：「吾與汝畢力平險，指通豫南，達于漢陰，可乎？」雜然相許。〔注〕雜猶僉也。○釋文云：雜，七合切，下同。斂，七廉切。其妻獻疑〔注〕獻疑猶致難也。○釋文云：難，乃旦切。曰：「以君之力，曾不能損魁父之丘。伯峻案：太平御覽引淮南子云：「牛蹄之涔，無經尺之鯉」；魁父之山，無營宇之材…皆其狹小而不能容巨大。」藝文類聚山部引淮南「魁父」作「頹府」。淮南本文作「魁阜」，音同字異耳。○釋文云：曾音層，下同。魁父淮南子作魁阜，謂小山如堆阜。如太形王屋何？〔注〕魁父，小山也，在陳留界。且焉置土石？○釋文云：焉，於虔切。投諸渤海之尾，隱土之北。〔注〕淮南云：「東北得州曰隱土」。伯峻案：今本淮南子地形訓作「東北薄州曰隱土」，疑注文「得」乃誤字。遂率子孫荷擔者三夫，○釋文云：荷，胡可切。擔，丁甘切。叩石墾壤，○釋文云：叩，擊也。墾，苦恨切，起土也。箕畚運於渤海之尾。○釋文云：畚音本，籠也。鄰人京城氏之孀妻〔注〕孀，寡也。○釋文：孀音霜。有遺男，始齔。○釋文云：齔，初刃切。韓詩外傳云，男女七歲或毀齒謂之齔。跳往助之。○任大椿曰：漢書高帝紀：「漢王跳。」晉灼曰：「跳，獨出意也」，即下文「獨與滕公出成皋玉門」是也。列子此節述愚公移山無與為助，而遺男獨往助之，故云跳往助之也。跳往之跳與晉灼之訓可以互證。○洪頤煊曰：漢書高帝紀：「漢王跳。」如淳曰：「跳音逃，謂走也。」晉灼曰：「跳，獨出意也。」燕王澤傳：「遂跳驅至長安。」亦謂逃驅也。○釋文云：跳音調，躍也。或作趒，誤也。寒暑易節，始一反焉。河曲智叟笑而止之，〔注〕俗謂之智者，未必非愚也。曰：「甚矣汝之不惠！○吉府本「止」作「正」，「惠」作「慧」。○王重民曰：御覽四十引「惠」作「慧」。以殘年餘力，曾不能毀山之一毛，其如土石何？」北山愚公長息曰：「汝心之固，固不可徹，伯峻案：徹，通也。○釋文云：徹，丑列切。曾不若孀妻弱子。雖我之死，有子存焉。○王重民曰：御覽五百十九引「存」作「在」。子又生孫，孫又生子；子又有子，子又有孫；子子孫孫，無窮匱也；而山不加增，何苦而不平？」○道藏各本俱作「何若而不平」。○王重民曰：〈釋文〉本、吉府本「苦」作「若」是也；蓋形近而譌。〈御覽〉四十引「平」上有「可」字。○〈釋文〉「苦」作「若」，云：若一本作苦。

河曲智叟亡以應。〔注〕屈其理而服其志也。**操蛇之神聞之，**〔注〕大荒經云：「山海神皆執蛇。」**懼其不已也，**〔注〕必其不已，則山會平矣。世咸知積小可以高大，而不悟損多可以至少。夫九層起於累土，高岸遂爲幽谷。苟功無廢舍，不期朝夕，則無微而不積，無大而不虧矣。今砥礪之與刀劍，相磨不已，則知其將盡。二物如此，則丘壑消盈無所致疑。若以大小遲速爲惑者，未能推類也。○〈釋文〉「岸」作「峯」，云：操，七刀切。高峯墜爲幽谷一本作高岸遂爲幽谷。舍音捨。砥礪音旨例。**告之於帝。帝感其誠，**〔注〕感愚公之至心也。**命夸蛾氏二子**〔注〕夸蛾氏，傳記所未聞，蓋有神力者也。○〈釋文〉云：夸蛾氏一本作夸蟻氏。夸，口花切。**負二山，一厝朔東，**○〈釋文〉云：厝音措。**一厝雍南。自此，冀之南、漢之陰無隴斷焉。**〔注〕夫期功於日夕者，聞歲暮而致歎；取美於當年者，在身後而長悲。此故俗士之近心，一世之常情也。至於大人，以天地爲一朝，億代爲瞬息；忘懷以造事，無心而爲功；在我之與在人，弗覺其殊別，莫知其先後。故北山之愚與嫠妻之孤，足以咄河曲之智，嗤一世之惑。悠悠之徒，可不察歟？〔解〕此一章興也。俗安所習而隨於衆。衆所共者，則爲是焉。雖嗜慾所纏，從生至死，生既流蕩無已，死又不知所之，愚者營營於衣食以至終，君子營營於名色以至死，咸以爲樂天知命，自古而然。若夫至學之人，必至於求道忘生以契真。聞斯行諸，不計老少，窮生不聞神，或感而自通。故易曰「寂然不動，感而遂通」，然後形礙之可忘，至平之理暢矣。○注「瞬息」本作「曠息」，今從藏本正。○〈釋文〉「隴」作「壠」，「察歟」作「察與」，云：

壟，力踵切。○鏊音狸。哂，式忍切。嗔，赤之切。與音余。

夸父不量力，[伯峻案：]呂覽求人篇云：「夸父之野。」高注云：「夸父，獸名也。」又郭璞注海外北經云：

「夸父者，蓋神人之名也。」又淮南地形訓云：「夸父取耳（取字依王念孫說改）在其北方，夸父棄其策，是爲鄧林。」高

注：「夸父，神獸也。鄧猶木也。一曰仙人也。」○釋文云：夸，口花切。父音甫。大荒經云：有人珥兩黃蛇把兩黃

蛇，名曰夸父。 **欲追日影，逐之於隅谷之際。**[注]隅谷，虞淵也，日所入。 **渴欲得飲，赴飲河渭。河**

渭不足，將走北飲大澤。未至，道渴而死。棄其杖，尸膏肉所浸，生鄧林。○釋文云：浸，子

禁切。**鄧林彌廣數千里焉。**[注]山海經云：「夸父死，棄其杖，而爲鄧林。」[解]夫人一至以祈道，則去有以契

真；若將恃能以求勝，則步影而不及。及其契真也，則形盡平焉；及其追末也，則喪生以見跡。跡之著也，鄧林所以

生；真之契也，丘隴所以平也。○王叔岷曰：草堂詩箋補遺十、記纂淵海九、事文類聚前集二引並不疊「鄧林」二字，

疑衍。

大禹曰：「六合之間，四海之內，照之以日月，經之以星辰，紀之以四時，要之以太

歲。[伯峻案：]太歲即木星，木星公轉周期爲一一·八六年，古人誤以爲十二年，於是分黃道帶爲十二次，每年經過一

次，故云要之以太歲。要，約也。○釋文「太歲」作「大歲」，云：要，一遙切。大音泰。**神靈所生，其物異形；**

或夭或壽，唯聖人能通其道。」[注]聖人順天地之道，因萬物之性，任其所適，通其逆順，使羣異各得其方，壽

夭咸盡其分也。○畢沅曰：列子正用山海經海外南經。○盧文弨曰：注「咸」下藏本有「得」字。○王叔岷曰：治

要引注「通其逆順」作「通其所逆」，與上「任其所適」相對。○釋文云：分，符問切。

夏革曰：「然則亦有不待神靈而生，不待陰陽而形，不待日月而明，〔注〕夫生者自生，形者自形，明者自明，忽然自爾，固無所因假也。不待殺戮而夭，不待將迎而壽，〔注〕自夭者不由禍害，自壽者不由接養。不待五穀而食，不待繒纊而衣，○釋文云：繒，似陵切。纊音曠。不待舟車而行，○釋文云：車音居。其道自然，〔注〕自然者，都無所假也。非聖人之所通也。」〔注〕聖人不違自然而萬物自運，豈樂通物哉？自此章已上皆夏革所告殷湯也。〔解〕夫形動之物各有所宜，聖人能順其生以通其道也。然則神識至靈，更無所待，非羣有之所資育；蓋獨運之自然，豈聖人所能通哉？○注「已上」藏本作「以上」。

禹之治水土也，迷而失塗，謬之一國。〔注〕游絶垠之外者，非用心之所逮，故寄言迷謬也。○盧文弨曰：注末「也」字藏本作「耳」。濱北海之北，不知距齊州幾千萬里。〔注〕距，去也。○盧文弨曰：注「去」字藏本作「至」。其國名曰終北，〔解〕終北者，言其極幽極微，玄黙之地。不知際畔之所齊限，○釋文云：齊，子細切。無風雨霜露，不生鳥獸、蟲魚、草木之類。四方悉平，周以喬陟。〔注〕山之重壠也。〔解〕玄黙之境無有際畔，風雨鳥獸羣動所不至也。其中坦然至平而已矣。喬陟者，形器之礙。○王重民曰：注文「重壠」當作「重襲」，字之誤也。爾雅釋山云：「山三襲，陟。」郭注：「襲亦重也。」○釋文云：爾雅云：喬，高曲也。又云：山三襲，陟。郭璞云：重隴也。當國之中有山，山名壺領，○王叔岷曰：御覽五八、天中記九引「山」字並不疊，疑衍。狀若甔〔注〕擔。甀。〔注〕搥。○釋文云：甔，丁甘切。甀，直爲切。甔甀謂瓦缾也。

頂有口，狀若員環，名曰滋穴。○「穴」世德堂本作「宂」，誤。御覽四百九十引作「穴」，不誤。有水湧出，名曰神瀵，〔注〕山頂之泉曰瀵。○釋文云：瀵，甫問切。郭璞云：今河東汾陰有水，中如車輪許大，瀵沸湧出，其深無底，名曰瀵。瀵，汾上聲。臭過蘭椒，味過醪醴。〔解〕山中喻心，水爲慧用，蓋神瀵所出者。○釋文云：椒音焦。醪醴音勞禮。

一源分爲四埒，注於山下。〔注〕山上水流曰埒。○釋文云：埒音劣。經營一國，亡不悉徧。〔解〕通乎四支，徧乎百體，以周形器。○釋文云：亡音無，下同。土氣和，亡札厲。○釋文云：札，側八切。札厲，疫死也。人性婉而從物，○釋文云：婉音宛。不競不爭，柔心而弱骨，不驕不忌；長幼儕居，○釋文云：儕，士皆切。不君不臣；男女雜游，不媒不聘；○釋文「聘」作「娉」。云：音聘。緣水而居，不耕不稼；土氣溫適，不織不衣；百年而死，不夭不病。其民孳阜亡數，○釋文云：孳，息也。阜，盛也。有喜樂，亡衰老哀苦。〔解〕百骸九竅，應事而用。不争不競，不相矜誇。含陰含陽，隨運而用。其道至柔，不衣不食。衰老所不逐，夭壽所不拘。上士勤之，則至其國矣。○俞樾曰：「孳阜」二字疑當在「喜樂」之上，「其民亡數，有孳阜喜樂，亡衰老哀苦」。蓋以「衰老」對「孳阜」「哀苦」對「喜樂」。其俗好聲，○釋文云：好，呼報切。相攜而迭謠，○釋文云：迭音姪。謠音遙。終日不輟音。飢惓則飲神瀵，○釋文云：惓音倦。力志和平。過則醉，經旬乃醒。沐浴神瀵，膚色脂澤，香氣經旬乃歇。〔解〕人以氣爲生，故曰好聲也。出入之息，故云不輟。飲食真慧，無雜思，故云醉也。覺慮起，又沐其中，故云澤香。周穆王北遊過其國，三年忘歸。既反周室，慕其國，懊然自失。○釋文云：懊，昌兩切。不進酒肉，不召嬪御者，數月乃復。〔解〕周穆王亦曾至其國矣，不能常止其地，故云乃復焉。伯峻案：上文言「既反周室」，則「不進酒肉」者，乃歸後事。此云「乃復」，謂恢復常態，仍進酒肉，召嬪御也。解未達。○釋文「乃」作「迺」云：數，色主切。迺古乃字。管仲勉齊桓公因遊遼口，俱之其國，幾尅舉。〔解〕管仲能說其處也，故云「遊遼口」。欲往而不能得至，故曰「幾尅舉」也。○釋文：幾，其既切。隰朋諫曰：○釋文云：隰音習。「君舍齊國之廣，○釋文云：舍音捨。人民之眾，山川之觀，殖物之阜，禮義之盛，章服之美；妖靡盈庭，忠良滿朝。肆咤則徒卒百萬，〔注〕肆疑作叱。○釋文云：肆音叱。咤，陟嫁切。卒，子忽切。視撝則諸侯從命，〔注〕視疑作指。○釋文云：視撝音指揮。亦奚羨於彼而棄齊國之社稷，從戎夷之國乎？此仲父之耄，奈何從之？」〔解〕大俗之君子，心所言者正在於人民、禮義、章服、聲色，是尊貴稱情也。○釋文云：父音甫。耄，莫報切。桓公乃止，以隰朋之言告管仲。仲曰：「此固非朋之所及也。〔注〕朋之知極於齊國，豈知彼國之巨偉，故管仲駭之也。○盧文弨曰：注「駭之」藏本作「孩之」，當本老子。○釋文云：偉，于鬼切。臣恐彼國之不可知之也。○俞樾曰：張注曰：「此國自不可得往耳」。然則不可知之者，不可得往也。呂氏春秋審應篇：「其在於民而君弗知。」高注曰：「知猶得也」，是其義。下文云：「伯牙所念，鍾子期必得之」，得猶知也。知與得義相近。○王重民曰：「知猶得」御覽四百九十引

「知」作「升」，與張注義相近。○釋文云：恐，去聲。齊國之富奚戀？○釋文云：戀，力卷切。隰朋之言奚顧？」〔注〕此國自不可得往耳，豈以朋之言故止也。〔解〕隰朋之所及者不達於此耳。夷吾云，以我之所聞，但恐不得如所傳耳，故云恐不可知之也。所審如所傳說，往而能到者，則世俗聲色富貴何足戀？禮義忠良何足顧哉？

南國之人祝髮而裸，〔注〕力果反。○注文各本無「反」字，今從元本、世德堂本增。○釋文云：祝，之六反。孔安國注尚書云：祝者，斷截其髮也。漢書云：越人斷髮文身，以避蛟龍之害。一本作被，恐誤。謂不以衣蔽形也。北國之人鞨巾而裘，○釋文云：鞨音末，方言俗人帕頭是也。帕頭，幰頭也。帕又作鞨，又作帙。帕，亡八反。幰，七消反。中國之人冠冕而裳。九土所資，或農或商，或田或漁，如冬裘夏葛，水舟陸車。默而得之，性而成之。〔注〕夫方土所資，自然而能，故吳越之用舟，燕朔之乘馬，得之於水陸之宜，不假學於賢智。慎到曰：「治水者茨防決塞，雖在夷貊，相似如一。學之於水，不學之於禹也。」○釋文云：茨，疾移切。貊音陌。越之東有輒沐〔注〕又休。之國，○「輒」北宋本作「輆」字，汪本從之，字書無此字，今從藏本訂正。世德堂本「沐」作「木」，注「休」作「康」。○秦恩復曰：墨子作「輆沐」，太平廣記引作「輆沐」。伯峻案：博物志作「駭沐」。○釋文「沐」作「休」，云：輒説文作耴，猪涉切，耳垂也。休，美也。蓋儋耳之類是也。諸家本作軷沐者誤耳。其長子生，則鮮而食之，○盧文弨曰：「鮮」當以解剥爲義。墨子魯問篇作「鮮而食之」，與列子同。其節葬篇作「解而食之」，明鮮解一也。禮記月令「季夏行春令，則穀食鮮落」，呂氏春秋作「解落」，亦其證。又曰：「鮮」與「析」一聲之轉，故「析支」亦作「鮮支」，墨子亦作「鮮」。○汪中曰：鮮，析也。聲之轉。○

仲父曰：「鮮」當訓析。呂覽報更篇云：正同，「斯」「鮮」古音義並同也。○王重民曰：「鮮」蓋「解」字之誤。「解」俗書或從羊作鮮，而從魚之字又易譌從角。史記賈生傳「細故慸葪兮」，「葪」譌作「葪」。漢北海相景君銘，「元元鰊寡」，「鰊」譌作「鰊」。爾雅釋山「小山別，大山鮮。」釋文曰：「鮮或作嶰字。」文選吳都賦李善注引爾雅作「嶰」。莊子人間世：「挫鍼治繲。」釋文云：「崔本作繬。」均「解」二字互亂之證。然則墨子魯問作「鮮」，節葬作「解」者，魯問譌也。月令作「鮮」，呂覽作「解」者（淮南時則篇亦作「穀實解落」）月令亦譌也。列子作鮮當同此例。盧氏乃欲以通叚之說明之，斯爲謬矣。伯峻案：王說本孫詒讓墨子閒詁魯問篇引顧君之說而引申之，其實鮮字自可通，不必改字。博物志作「解」而食之」。○釋文云：長，丁丈切。杜預注左傳云：人不以壽死曰鮮，謂少也。伯峻案：杜預於左傳昭公五年「葬鮮者自西門」注云：「不以壽終爲鮮。」孔穎達正義云：「鮮，少也。」此敬順所本，而未嘗別白。**謂之宜弟。其**

大父死，負其大母而棄之，曰：鬼妻不可以同居處。○盧文弨曰：「以」藏本作「與」。○王重民曰：廣雅：「以，與也。」古以字與與通，說詳釋詞。「不可以同居處」，謂「不可與同居處」也。墨子節葬篇作「與」，北宋本、吉府本同。**楚之南有炎人之國，**○盧文弨曰：「炎」墨子節葬篇作「啖」。○孫詒讓曰：魯問篇亦作「啖人」，新論同，博物志引作「炎」，後漢書亦作「噉人國」。疑當從「啖」爲是。○釋文「炎人」作「啖人」云：啖，談去聲，本作炎。**其親戚死，**○錢大昕曰：古人稱父母爲親戚，大戴禮記曾子疾病篇：「親戚既沒，雖欲孝，誰孝？」孟子盡心篇：「人莫大焉亡親戚君臣上下。」**剮其肉而棄之，**○世德堂本「棄」下無「之」字。○釋文云：剮本作咼，音寡，剔肉也。又音朽。○王重民曰：釋文一本作咼，蓋冎之譌。說文冎部云：「冎，剔人肉，置其骨也」，是其義。伯峻案：博物志亦作「朽其肉而棄之」，御覽七九〇引「朽」作「刳」，蓋從列子。

文云：迺古乃字。**秦之西有儀渠**〔注〕又康。**之國者，**○釋文云：渠音蘧。**然後埋其骨，迺成爲孝子。**○釋

之。○「紫」藏本、世德堂本作「柴」。○釋文云：紫音柴。說文：燒柴焚燎以祭天神。或通作柴。積，子智切，聚

也。○任大椿曰：詩時邁釋文：「柴望，說文字林作紫。」禮記王制釋文「岱宗柴，依字作紫。」爾雅釋天釋文：「柴，

説文作紫。」史記五帝紀：「岱宗柴。」漢隸字原樊毅修華岳碑「柴」作「紫」，可與釋文互證。**燻則煙上，**○釋文

云：燻音勳。上，時掌切。**謂之登遐，**○陶鴻慶曰：既言聚，又言積，於文複矣。積當爲紫之假字。詩衛風「綠竹

如簀」，毛傳云：「積也。」積簀聲義皆同，例得通同。説文：「簀，牀棧也。」朱氏駿聲以簀爲席藉之通稱。史記范睢

列傳：「睢佯死，即卷以簀。」索隱云：「簀謂葦荻之薄也。」「聚柴簀而焚之」，謂聚柴爲藉，以便其焚也。「燻則煙上

謂之登遐」，謂視其燻而煙上則謂之登遐也。則猶而也，説詳王氏經傳釋詞。○王叔岷曰：列子「登遐」新論作「昇

霞」，「昇」正作「升」，登即升也。登霞者謂其仙去也。遐即霞之借。本書黃帝篇「而帝登假」，假亦霞之借。淮南齊俗

篇：「其不能乘雲升假者亦明矣。」「升假」與「乘雲」對言，是「升假」即「登霞」也。楚辭遠遊，「載營魄而登霞兮」，即

用本字。**然後成爲孝子。此上以爲政，下以爲俗，而未足爲異也。**〔注〕此事亦見墨子。〔解〕夫眾

是則爲當，眾習則爲常。故至當至常，人所不辯。彼習俗者眾矣，寧知其至理哉？伯峻案：列子此文與博物志相同。

今本博物志固非張華原書，然列子僞作于西晉末至東晉初，得以見張華原書，極可能剿竊博物志。

孔子東游，見兩小兒辯鬥。○釋文云：鬥，都豆切。**問其故。一兒曰：「我以日始出時**

去人近，而日中時遠也。」一兒以日初出遠，而日中時近也。○俞樾曰：「兒」下當有「曰我」二字，方與上句一律。伯峻案：事類賦天部一、御覽三又三八五引正有「曰我」二字，類聚一引有「曰」字而脱「我」字，可爲俞説之證。

一兒曰：「日初大如車蓋；○王重民曰：意林、初學記一、御覽三引「車蓋」，事類賦又御覽三引「一兒」上有「曰爾何以知」五字。○王叔岷曰：天中記一引「一兒」上亦有「曰爾何以知」五字，事類賦天部一引「一兒」上有「曰爾何以知之」六字。「車蓋」亦作「車輪」。韻府羣玉十八引亦作「車輪」。 及日中，則如盤盂：此不爲遠者小而近者大乎？」伯峻案：此「盤」當爲食器，非承水器。

一兒曰：「日初出滄滄涼涼：○釋文「滄」作「愴」，云：愴，初良切，又本作滄。周書曰：天地之間有愴熱，善用道者終無竭。孔鼌注云：愴，寒也。桓譚新論亦述此事作愴涼。鼌音潮。字林云：涼，微寒也。○任大椿曰：説文、廣雅：「滄，寒也。」荀子正名篇：「疾養滄熱。」楊倞注，「滄，寒也」，是訓寒者字作滄。列子云「愴愴涼涼」，以涼涼之義求之，則「愴愴」當作「滄滄」。今本逸周書太子晉解，「天地之間有滄熱」不作「愴」耶？「滄滄」之作「愴愴」，乃叚借字。伯峻列子同。惟釋文引逸周書作「愴熱」。豈敬順所見舊本作「愴」不作「滄」耶？「滄」，亦作「滄」，不作「愴」，與今本案：説文仌部：「滄，寒也。」水部：「滄滄音義皆同，疑是一字。故集韻云，「滄，寒也，或從水」。朱駿聲謂滄之本訓爲水名，似近武斷。 及其日中如探湯：此不爲近者熱而遠者涼乎？」○王重民曰：「日」字衍文。其即指日也，若有日字，則文詞贅矣。 類聚一、初學記一、御覽三引並無「日」字，可證。○王叔岷曰：法苑珠林七、事類賦一、御覽三八五、韻府羣玉五五八引亦並無「日」字。 意林、錦繡萬花谷前集一引則並無「其」字。疑一本「日」作「其」，傳寫因並竄人耳。○釋文云：爲，于僞切，下同。

孔子不能決也。兩小兒笑曰：「孰爲汝多知乎？」〔注〕所謂六合之外，聖人存而不論。二童子致笑，未必不達此旨，或互相起予也。〔解〕聖人之生，達則兼濟天下，窮則獨善其身。獨善者養道以全真，兼濟者設教以利物。若進非全道，退非利生，一曲之辯，聖人所以未嘗說也。夫不決者，非不知也。世人但以問無不知爲多，聖人以辯之無益而不辯。若有理無理一皆辯之，則聖人無益之勞實亦多矣。然則二童之爭也，事亦可明。何者？日之初升，光未遠，人居光外，見其大焉。日之既中，光備萬物，人居光內，見其質焉。亦如遠望燭光，更見其大；近窺，則焰乃更以小焉。物理則然，辯之何益？○王重民曰：類聚一、初學記一、御覽三引「爲」作「謂」。爲謂古字通用。伯峻案：一九五五年八月十五日北京光明日報科學副刊曾有戴文賽氏一文，題曰「中午太陽是否比早晚離我們近」，附錄於此。文曰：「太陽是在中午離人們近些呢？　還是早晨和晚上離人們近些呢？　相傳古時孔子曾遇到兩個人爭論這個問題，各有根據。主張中午太陽離人們近些的根據是，中午陽光比早晚熱得多，主張早晚太陽離人們近些的根據是，早晚看到的太陽比中午大得多。孔子對這個爭論不能作出決定。這兩個爭論者的根據，拿現代科學的眼光來看，都是站不住的。早晚看到的太陽比中午大，是由於人們的錯覺；中午陽光比早晚熱些，是由於中午陽光直射，陽光在大氣裏走過的路程較短，熱量被吸收較少之故。那末究竟怎樣回答這個問題呢？　首先，我們應該搞清楚，在中午和早晚的時候，人們觀測太陽的距離，爲什麼會有不同。它的原因很多：　（一）地球是球形，不斷地自轉着。如若地球除了自轉以外沒有其它的運動，而且自轉軸與太陽和地球間的直線垂直，則對於在赤道上的人來說，中午太陽總比早晚近，也就是說，近的距離相當於地球的半徑（六四〇〇公里）。（二）地球緯度的不同，觀測的人不一定在赤道上。緯度愈大（即離赤道愈遠），太陽在中午和早晚的距離差就愈小。（三）地球不只自轉，也繞太陽公轉，自轉軸和公轉軸交成二三·五度的角度。自轉軸的方向變化很慢。因此中午太陽在天空的高度一年內不斷變化。（四）地球公轉軌道是橢圓形，所以地心和日心的距離逐日變化。（五）日出日落時間在一年中也在逐日變化著，同一天的日出日落時間又隨緯度而不同。（六）由於地球自轉軸方向很慢的變化和行星引力對地球公轉軌道所生的影響等原因，地心和日心最接近的日期並不固定。（在目前日心和地心距離最近的日子是一月二日，此後每一〇〇〇年往後推移十七天半。）考慮到上述各原因，可以推出適當的公式來計算中午和早晚太陽和觀測者的距離差。必需的資料可由天文年曆查到。　計算結果如下：　對於北緯四〇度（如北京）來說，目前每年從一月廿二日到六月五日中午太陽比日出時遠，二月初遠一〇〇〇公里，三月初遠四〇〇〇公里，四月初遠達六四〇〇公里，以後差別減小到零。六月五日之後中午太陽比日出時近，七月初近五八〇〇公里，九月中近達一六〇〇〇公里，以後差別減小到第二年的一月廿二日。　午和晚的差別情況大不相同，從八月一日到十二月十五日午比晚遠，其餘七個半月午比晚近，四月中近達一七〇〇〇公里。　除北極圈內和南極圈內地區外，其它地區一年可分為四時期：　在第一時期裏（十二月十五日到一月廿二日，共三十八天）中午太陽比早晚都近；　在第二時期裏（一三四天）午比早遠，比晚近；　在第三時期裏（六月五日到八月一日，共五十七天）午又比早晚都近；　在第四時期裏（共一三六天）午比早近，比晚遠。　在這四個時期的交界點，中午太陽和日出時一樣遠近（一月廿二日和六月五日）或和日落時一樣遠近（八月一日和十二月十五日）。　緯度不同時，這四個交界點也不同。　緯度愈大，第一和第三時期愈長，其它兩時期愈短。　南緯情況和北緯相差不多。　衹是南緯四〇度第一時期的長度（五十四天）比第三時期（四十一天）大，和北緯四〇度相反。　上面的計算是對於一九五四年所作的。　但由於第六原因在短時間內影響很小，所以上述計算結果對今後一〇〇年仍適用。由此可見，一切現象必須用科學來解釋，才是正確的。」又案：論衡說日篇云：「儒者或以日暮日出入爲近，日中爲遠。其以日出入爲近，日中爲遠者，見日出入時大，日中時小也。其以日出入爲遠，日中時爲近者，見日中時溫，日出入時寒也。二論各有是非，故是非曲直未有所定。」或爲僞作列子者所本。今本博物志亦載此，且言「亦出列子」，則正如四庫全書博物志提要所云好事者剿剟列子諸書餖飣成帙者也。又注「所謂『六合之外，聖人存而不論』」，「六合」句見莊子齊物論。

均，天下之至理也，〔注〕物物事事皆平皆均，則理無不至也。**連於形物亦然。**〔注〕連，屬也。屬於器物者，亦須平焉。○釋文云：屬音燭，下同。**均髮均縣，輕重而髮絕，髮不均也。**〔注〕髮甚微脆而至不絕者，至均故也。今所以絕者，猶輕重相傾有不均處也。○王叔岷曰：下「髮」字疑涉上而衍。林希逸口義，「故曰，輕重而髮絕，不均也」，是所見本正無下「髮」字。墨子經說下篇同。○釋文云：脆，七歲切。處，昌據切。**均也，其絕也，**〔注〕若其均也，寧有絕理。**莫絕。**〔注〕言不絕也。**人以爲不然，**〔注〕凡人不達理也。**自有知其然者也。**〔注〕會自有知此理爲然者。墨子亦有此說。〔解〕夫理之至者，天下無不均，不待均之然後均也。有形之物亦然，當理則自均矣。猶如以髮懸重，雖微不絕。絕者不均，均則不絕。世人以爲不是，不知理之必然也。**詹何**〔注〕詹何，楚人，以善釣聞於國。**以獨繭絲爲綸，**○釋文云：詹音占。繭，古典切。**芒鍼爲鉤，**○王念孫曰：「鉤」本作「釣」，釣即鉤也。今本作「鉤」者，後人但知釣爲釣魚之釣，而不知其又爲鉤之異名，故以意改之耳。列子湯問篇，「詹何以芒鍼爲鉤」，後人改「釣」爲「鉤」，不知御覽引此正作「釣」也。又下文「投綸沈釣」，今本「釣」作「鉤」，亦是後人所改。韻府羣玉「釣」字下引列子「投綸沈釣」，則所見本尚作「釣」也。○釋文云：綸音倫。○「篠」道藏本、元本、世德堂本作「蓧」，誤。○釋文云：篠一本作蓧，云：本作條字。「粒」藏本作「粒」。○釋文云：剖，片口切。粒音立。

引盈車之魚〔注〕家語曰：「鯤魚其大盈車。」於百仞之淵、汩流之中，○釋文云：汩，古沒切，疾也。綸不絕，鉤不伸，竿不橈。〔注〕夫飾芳餌，挂微鉤，下沈青泥，上乘驚波，因水勢而施舍，頡頏委縱，與之沈浮，及其弛絕，故生而獲也。伯峻案：博物志自「詹何」以下至此，文與此全同。又案：御覽八三四引「撓」下更有「因水勢而施舍之」七字，當係因注文而誤衍。○釋文云：撓，乃孝切，曲木也。餌，仍耳切。挂音卦。舍音捨。頡頏，上胡結切，下戶郎切。

楚王聞而異之，召問其故。詹何曰：「臣聞先大夫之言，蒲且子之弋也，〔注〕蒲且子，古善弋射者。伯峻案：漢書藝文志技巧家有蒲且子弋法四篇。又淮南子覽冥訓云：「故蒲且子之連鳥於百仞之上，而詹何之騖魚於大淵之中。」高注云：「蒲且子，楚人，善弋射者。」○釋文云：且，子余切。弱弓纖繳，○釋文云：繳音灼。乘風振之，○文選張平子西京賦注、王子淵四子講德論注引並作「乘風而振之」。連雙鶬於青雲之際。○釋文云：鶬音倉。用心專，動手均也。臣因其事，放而學釣。○釋文云：放，分兩切。五年始盡其道。當臣之臨河持竿，心無雜慮，唯魚之念，投綸沈鉤，手無輕重，物莫能亂。魚見臣之鉤餌，猶沈埃聚沫，吞之不疑。○王重民曰：吉府本兩「鉤」字並作「釣」，是也。釣即鉤也。今本作鉤者，後人但知釣爲釣魚之釣，而不知其又爲鉤之異名，故以意改之耳。廣雅曰：「釣，鉤也。」莊子田子方篇：「文王觀於臧，見一丈夫釣，而其釣莫釣，非持其釣有釣者也，常釣也」（以上六釣字，惟其釣與持釣兩釣字指鉤而言，餘四釣字皆讀爲釣魚之釣）。淮南説山篇：「操釣上山，揭斧入淵。」説林篇：「無餌之釣，不可以得魚。」東方朔七諫：「以直鍼而爲釣兮，又何魚之能得？」是均以鉤爲釣之證。韻府羣玉釣字下引列子「投綸沈釣」，則所見本尚作釣也。說詳王氏讀書雜志餘編（王氏云：詹何以芒鍼爲釣，後人改釣爲鉤，不知御覽所引亦作釣也。案鮑刻本御覽八三四引作鉤，但仍以作鉤者爲得也）。○釋文云：沫音末。

所以能以弱制彊，以輕致重也。大王治國誠能若此，則天下可運於一握，將亦奚事哉？」楚王曰：「善。」〔注〕善其此諭者，以諷其用治國矣。〔解〕夫聖人之理俗也，必審萬物之情，而設教化以運之，則百姓日用而不知，靡然無不應。亦猶弱弓纖繳，乘風而振之，輕鉤微餌，因波而運之，則不得不爲我所制也。道者之養生全真，含生靡然以向化，則理天下者亦由兹道焉。

魯公扈趙齊嬰二人有疾，伯峻案：公羊昭三十一年傳有公扈子，爲邾婁之父兄，亦即說苑建本篇之公扈子，不知是此人不。此固怪誕之言，然人名或有所本。○釋文云：扈音户。同請扁鵲求治。○俞樾曰：既言請，又言求，於義複矣。請乃詣字之誤。詣，至也。言至扁鵲之所而求治也。故下文曰，二人辭歸。○王叔岷曰：俞說非也。請即請謁字。說文「請，謁也」，是其義也。伯峻案：御覽三七六引「請」作「見」，但七二四引仍作「請」。○釋文云：扁，蒲典切。史記曰：扁鵲，渤海郡人，姓秦氏，名越人，善醫，能視病，盡見五臟之疾。扁鵲治之。既同愈。謂公扈齊嬰曰：「汝曩之所疾，自外而干府藏者，○釋文云：曩，乃朗切。藏，徂浪切，下同。固藥石之所已。今有偕生之疾，與體偕長；○釋文云：長，張丈切。今爲汝攻之，何如？」○釋文云：爲，于偽切。　二人曰：「願先聞其驗。」伯峻案：廣雅釋詁四云，「證，譣也」，則譣亦證也。古譣字通作驗，則驗證也。證當讀如周穆王篇「因告其子之證」之「證」，即今俗作之症字。

扁鵲謂公扈曰：「汝志彊而氣弱，故足於謀而寡於斷。〔注〕志謂心智，氣謂質性。智多故多慮，性弱故少決也。○釋文云：斷，丁貫切，下同。齊嬰志弱而氣彊，故少於慮而傷於專。〔注〕智少而任性，則果而自用。○道藏本注文「果」下有「敢」字。若換汝之心，則均於善矣。」扁鵲遂飲二人毒酒，○釋文云：飲，於禁切。迷死三日，剖胸探心，○釋文云：剖，片口切。易而置之；投以神藥，既悟如初。○王重民曰：御覽三百七十六又七百二十四並引「悟」作「寤」。二人辭歸。於是公扈反齊嬰之室，而有其妻子；妻子弗識。齊嬰亦反公扈之室，有其妻子；○御覽三七六引作「而有其妻子」。「有」上有「而」字，與上句同。妻子亦弗識。二室因相與訟，求辨於扁鵲。〔注〕此言恢誕，乃書記少有。扁鵲辨其所由，訟乃已。〔注〕二子易心，乘其本識，故各反其家，各非故形，故妻子不識也。然魏世華他能刳腸易胃，湔洗五藏，天下理自有不可思議者，信亦不可以臆斷，故宜存而不論也。〔解〕夫形體者，無知之物也；神識者，有知之主也。守乎本則真全而合道，滯乎質則失性而徇情。俗人徒見形之有憎愛，不知神之爲主宰也。今言易其心而各有妻子者，明心爲情主，形實無知耳。所以道者貴乎養神也。○釋文云：華，戶化切。他音陀。刳音枯。湔，則前切。洗，先禮切。議音宜。臆音憶。

匏巴鼓琴而鳥舞魚躍，〔注〕匏巴，古善鼓琴人也。○盧文弨曰：注「古」下藏本有「之」字。○梁玉繩

曰：「匏巴鼓琴」荀子勸學篇作「鼓瑟」，蓋因下有「伯牙鼓琴」句改爲瑟也。〇馬叙倫曰：古書言琴瑟不甚別異。〇史

記魏世家「中旗憑琴而對」，韓非子作「推瑟」，説苑作「伏瑟」，是其例也。〇釋文匏作瓠，云音護。鄭師文聞之，

〔注〕師文，鄭國樂師。〇馬叙倫曰：呂氏春秋君守篇：「鄭太師文終日鼓瑟而興，再拜其瑟前曰，我効於子，効於不

窮」，即列子注所本。棄家從師襄游。師襄亦古之善琴人也，從其游學。伯峻案：淮南子主術訓云：「孔子學

鼓琴於師襄而諭文王之志。」高注云：「師襄，魯樂太師也。」柱指鈞弦，三年不成章。〔注〕安指調弦，三年不

能成曲。〇世德堂本「鈞」作「鈞」，注「安」作「按」。〇俞樾曰：張注云云，是其所據本亦作「鈞」，故以調弦釋之。國

語周語：「細鈞有鍾無鎛。」韋注曰：「鈞，調也。」〇釋文云：柱一本作住。鈞音均。師襄曰：「子可以歸

矣。」〔注〕嫌其難教。師文舍其琴，〇釋文「舍其琴」作「舍琴」，云：舍音捨。歎曰：師襄曰：「文非弦之不能

鈞，非章之不能成。文所存者不在弦，所志者不在聲。〔注〕遺弦聲然後能盡聲弦之用也。〇盧文弨

曰：注「聲弦之用」藏本作「弦聲之用」。内不得於心，外不應於器，故不敢發手而動弦。〔注〕心、手、

器三者互應不相違失而後和音發矣。〔解〕人知以形習聲，不知辯聲運形者神也。若心不應器，雖成而不精。若極聲之

能，盡形之妙，理須神契而心自得也。〇注「互應」本作「玄應」，今從藏本正。〇釋文云：應，於證切。和，胡卧切。

且小假之，以觀其後。」〇王重民曰：小即少也。説文：「少，不多也。」段注曰：「不多則小，故古少小互訓

通用。」易繋辭傳：「知小而謀大，力小而任重」，唐石經作「力少」，是其證。無幾何，復見師襄。〇釋文云：

幾，居豈切。復，扶又切。師襄曰：「子之琴何如？」師文曰：「得之矣。」〇事類賦十一、御覽五七

七、記纂淵海七八引「得」上並有「文」字。

請嘗試之。」〔解〕得於心，應乎器，然後習其聲以通乎神矣。於是當春而叩商弦以召南呂，〔注〕商，金音，屬秋。南呂，八月律。○釋文云：叩，口候切。涼風忽至，○「忽」宋本作「摁」，汪本作「總」，今從藏本正。○釋文云：忽至一本作總至，誤也。草木成實。〔注〕得秋氣，故成熟。及秋而叩角弦以激夾鍾，〔注〕角，木音，屬春。夾鍾，二月律。○釋文云：激音擊。夾，古洽切。溫風徐迴，草木發榮。〔注〕得春氣，故榮華。當夏而叩羽弦以召黃鐘，〔注〕羽，水音，屬冬。黃鐘，十一月律。○「鐘」吉府本作「鍾」，世德堂本同，注同。○釋文云：羽，王遇切。霜雪交下，川池暴沍。〔注〕得冬氣，故凝陰水凍。伯峻案：「冱」史記封禪書、漢書郊祀志、後漢書張衡傳皆作「沍」，云：「沍，凝也。」莊子齊物論「河漢沍而不能寒」，釋文引向注：「沍，凍也。」沍亦作冱。古從仌從水之字多易溷。玉篇云：「沍，寒也。」「沍，閉也。」左傳之沍諸本亦有作冱者。集韻以沍為涸或字，則之義又與昭四年左傳「固陰沍寒」之沍義同。杜注：「沍，閉也。」又與莊子齊物論釋文引崔注沍猶涸之義同。疑從仌從水之冱沍本一字，而後人傳寫或減一筆或增一畫，遂訛成二字也。○釋文云：暴，薄報切。沍，胡古切。及冬而叩徵弦以激蕤賓，〔注〕徵，火音，屬夏。蕤賓，五月律。○釋文云：徵，陟里切。蕤，儒佳切。陽光熾烈，堅冰立散。〔注〕得夏氣，故消釋。此一時彈琴，無緣頓變四節。蓋舉一時之驗，則三時可知，且欲并言其所感之妙耳。伯峻案：成公綏嘯賦：「發徵則隆冬熙蒸，騁羽則嚴霜夏凋，動商則秋霖春降，奏角則谷風鳴條。」又案：注「節」世德堂本作「時」。○釋文云：熾，尺志切。將終，命宮而總四弦，則景風翔，慶雲浮，甘露降，澧泉涌。〔注〕至和之所致也。○盧文弨云：「澧」與「醴」同。注藏本

無「之」「也」二字。○釋文云：澧音禮。師襄乃撫心高蹈曰：「微矣子之彈也！雖師曠之清角，

〔注〕師曠爲晉平公奏清角，一奏之，有白雲從西北起；再奏之，大風至而雨隨之；三奏之，裂帷幕，破俎豆，飛廊瓦，

左右皆奔走，平公恐伏，晉國大旱，赤地三年。平公得聲者或吉或凶也。○注「平公得聲者」或本作「故曰得聲者」，當

從之。○釋文云：爲，于僞切。〔注〕北方有地，美而寒，不生五穀。鄒子吹律煖之，而禾黍滋也。○

釋文云：鄒，側尤切。衍，以戰切。鄒衍之吹律，〔注〕齊人，爲燕昭王師，居稷下，號談天衍。著書四十九篇。又有終始五十六篇。亡

以加之。○釋文云：亡音無。彼將挾琴執管而從子之後耳。」〔解〕成性所行動，然而應陰陽之數，四時之聲

之序，水火且不能焚溺，況風雨寒燠之氣哉？故易曰「先天而天弗違，況於人乎？況於鬼神乎？」此之謂也。謂之聲

律而變者，不因四時也。○釋文云：挾音協。

薛譚學謳於秦青，〔注〕二人，秦國之善歌者。○盧文弨曰：〔注〕藏本作「謳」。伯峻案：楚辭大招云，

「謳和揚阿」，趙簫倡只」，王逸注云：「徒歌曰謳。」○釋文云：謳音歐。未窮青之技，○釋文云：技，渠綺切

〔交〕「撫」作「拊」。初學記十五作「折」。聲振林木，響遏行雲。○釋文云：遏，烏葛切。類聚四十三引「郊」作

自謂盡之，遂辭歸。秦青弗止；餞於郊衢，撫節悲歌，○王重民曰：

反，終身不敢言歸。秦青顧謂其友曰：「昔韓娥〔注〕韓國善歌者也。東之齊，匱糧，過雍門，薛譚乃謝求

○釋文云：過音戈。雍音邕。雍門，地名。杜預曰：「齊城門也」。鬻歌假食。○釋文云：鬻音育。既去而

餘音繞梁欐，○釋文云：欐音麗，屋棟也。三日不絕，左右以其人弗去。過逆旅，逆旅人辱之。

韓娥因曼聲哀哭，〔注〕曼聲猶長引也。○釋文云：曼聲，引聲也。一里老幼悲愁，○釋文云：一里一本作十里。垂涕相對，○釋文云：涕音體，目汁也。三日不食。遽而追之。娥還，復爲曼聲長歌，○釋文云：復，扶又切。一里老幼喜躍抃舞，○釋文云：抃音汴。弗能自禁，○釋文云：禁音金。忘向之悲也。乃厚賂發之。〔注〕發猶遣也。故雍門之人至今善歌哭，放娥之遺聲。」〔注〕六國時有雍門子，名周，善琴，又善哭，以哭干孟嘗君。〔解〕夫六根所用皆能獲通。通則妙應無方，非獨心識而已。故魯公扈章直言心用，瓠巴以下乃從聲通焉。伯峻案：陸機擬今日良宴會詩：「哀音繞棟宇，遺響入雲漢。」李善注引此，實則古有此事，偽作列子者用之。今本博物志所載與此大同。又案：「放」道藏各本、北宋本、吉府本並作「效」。○釋文云：放，分兩切。

伯牙善鼓琴，鍾子期善聽。伯牙鼓琴，志在登高山。○王叔岷曰：「登」字疑衍。「志在高山」與下「志在流水」相對。記纂淵海五二、七八，合璧事類前集五七，韻府羣玉八引皆無「登」字。呂氏春秋本味篇、韓詩外傳九、說苑尊賢篇並同。鍾子期曰：「善哉！峩峩兮若泰山！」○釋文云：峩音娥。志在流水。鍾子期曰：「善哉！洋洋兮若江河！」伯牙所念，鍾子期必得之。伯牙游於泰山之陰，卒逢暴雨，○釋文云：卒，村入聲。止於巖下；心悲，乃援琴而鼓之。初爲霖雨之操，○釋文云：「霖」作「淋」，云：淋音林。操，七到切。更造崩山之音。曲每奏，鍾子期輒窮其趣。伯牙乃舍琴○釋文云：舍音捨。而嘆曰：「善哉，善哉，子之聽夫！志想象猶吾心也。〔注〕言心闇合與己

無異。○釋文云：夫音符。吾於何逃聲哉？〔注〕發音鍾子期已得其心，則無處藏其聲也。〔解〕夫聲之所成，

因而感之，心之所起，聲則隨之。所以五根皆通，盡爲識心所傳。善於聽者，聲咳猶知之，況復聲成於文，安可不辯

耶？○秦恩復曰：盧解「識心」當作「心識」。伯峻案：御覽一引傅子：「昔者伯牙子遊於泰山之陰，逢暴雨，止於

巖下，援琴而鼓之，爲淋雨之音，更造崩山之曲。每奏，鍾子期輒窮其趣。曰：『善哉子之聽也！』」而呂氏春秋本味篇

則大同於列子，列子襲本味文也。

周穆王西巡狩，越崑崙，不至弇山。○王重民曰：「不」字疑衍。穆天子傳云：「天子遂驅，升於弇

山。」周穆王篇亦云：「廼（當作西，說見前）觀日之所入」，亦指登弇山事也。是穆王曾至弇山。若有不字，則與事實

不合矣。○釋文云：弇音奄。弇山，日入之所。反還，未及中國，道有獻工人名偃師，〔注〕中道有國獻此

工巧之人也。伯峻案：依張注云則原文當作「反還，未及中道國有獻工人名偃師」。今本國道二字誤倒，遂以未及

中國爲句。文義雖通，失其本真矣。穆王薦之，〔注〕薦當作進。○釋文云：薦，廣雅音進，下同。問曰：「若

有何能？」偃師曰：「臣唯命所試。然臣已有所造，願王先觀之。」穆王曰：「日以俱

來，〔注〕日謂別日。吾與若俱觀之。」〔解〕神用之妙，豈唯聲哉？色、香、滋味咸及其理矣。故此章言刻象之盡

微。越日偃師謁見王。○「越日」元本、世德堂本並作「翌日」，御覽七五二引作「越日」。○釋文云：越日一本

作翼日。見，賢遍切，下同。王薦之，曰：「若與偕來者何人邪？」對曰：「臣之所造能倡者。」

〔注〕倡，俳優也。○釋文云：倡音昌。俳，步皆切。穆王驚視之，趣步俯仰，信人也。○釋文云：趣音

趙。

巧夫顉其頤，則歌合律，○道藏四解本「顉」作「頷」。道藏白文本、林希逸本、江遹本並作「顉」。「頷」蓋「顉」之誤字。○王重民曰：文選郭璞遊仙詩注、御覽七百五十二並引「顉」作「頷」。顉頷二字形義均近，見頷，少見顉，作頷者皆後人所改也。襄二十六年左傳，「逆於門者頷之而已」，説文引作「顉」。漢書揚雄傳「顉頤折頞」，宋祁曰：「頷一作顉。」説文：「顉，低頭也。」玉篇：「顉，曲頤也。」案古語以曲爲欽，低（當作氏）與曲皆有搖動之義。顉釋爲低頭，顉頤釋爲曲頤。蓋顉字從頁，皆隨文以立義也。顉自是正字，作頷者譌。○釋文：夫音符。顉，驅音切，曲頤也。又五感反。顉猶搖頭也。頤音夷。

捧其手，則舞應節。千變萬化，惟意所適。王以爲實人也，與盛姬内御並觀之。〔注〕穆天子傳云：盛姬，穆王之美人。伯峻案：晉書束哲傳言汲冢書又雜書十九篇中有周穆王美人盛姬死事。

技將終，倡者瞬其目而招王之左右侍妾。○釋文「瞬」作「瞚」，云：瞚音舜。

王大怒，立欲誅偃師。偃師大懾，○釋文云：懾，而涉切。立剖散倡者以示王，皆傅會革、木、膠、漆、白、黑、丹、青之所爲。○釋文云：傅音附。

王諦料之，○釋文云：諦，都計切。料，力弔切。内則肝、膽、心、肺、脾、腎、腸、胃，○釋文云：肝音干。膽，丁感切。肺，芳吠切。脾，音毗。腎，上聲。外則筋骨、支節、皮毛、齒髮，○釋文云：筋音巾。皆假物也，而無不畢具者。合會復如初見。〔注〕如向者之始見王也。伯峻案：「見」字涉注文而衍。注以「如向者之始見王」釋「如初」，非正文作初見也。御覽七五二引無「見」字，當從之刪。○釋文云：復，扶又切，又如字。

王試廢其心，則口不能言，廢其肝，則目不能視；廢其腎，則足不能步。〔注〕此皆以機關相使。去其機關之主，則不能相

制御。亦如人五藏有病，皆外應七孔與四支也。〔解〕夫内肝、膽、心、肺所以能外爲視、聽、行步，神識運之，乃爲生物

耳。苟無神，則不能用其五根矣。今造化之生物，亦何異於偃師之所造耶？若使無神，自同於草木。神苟在也，動用

何足奇耶？木人用偃師之神，故宜類彼生物也。神工造極化何遠哉？穆王始悦而歎曰：○釋文云：而歎

此言而生此説，而此書既自不爾。所以明此義者，直以巧極思之無方，不可以常理限，故每舉物極以袪近惑，豈謂物無

者，何者？造化之功至妙，故萬品咸育，運動無方。人藝麤拙，但寫載成形，塊然而已。至於巧極則幾乎造化，似或依

一本作姑歎。「人之巧乃可與造化者同功乎？」詔貳車載之以歸。〔注〕近世人有言人靈因機關而生

神主邪？斯失之遠矣。○注「而生者」世德堂本無「者」字。「幾」作「機」，「邪」作「也」。○盧文弨曰：注「巧極」二

字倒。○釋文云：幾音祈。夫班輸之雲梯，○釋文云：梯，他兮切。墨翟之飛鳶，○釋文云：翟音狄。鳶

音緣。自謂能之極也。〔注〕班輸作雲梯，可以凌虛仰攻。墨子作木鳶，飛三日不集。伯峻案：墨子魯問篇：

「公輸子削竹木以爲䧿，成而飛之，三日不下。」淮南子齊俗訓：「魯般墨子作木爲鳶而飛之，三日不集。」韓非子外儲

説：「墨子爲木鳶，三年而成，蜚一日而敗。」論衡儒增篇云：「儒書稱魯般墨子之巧，刻木爲鳶，飛之三日不集。」

又亂龍篇同。抱朴子應嘲篇：「墨子刻木雞以戾天。」或云魯般，或云墨子，或同屬二人；或以爲鳶，或以爲䧿，或以

爲雞。同一事而傳聞異詞也。弟子東門賈禽滑釐聞偃師之巧以告二子，○孫詒讓曰：東門賈蓋班輸

弟子，故云以告二子。或謂亦墨子弟子，非是。○釋文云：滑釐音骨狸，墨翟弟子也。二子終身不敢語藝，而

時執規矩。〔注〕時執規矩，言其不敢數之也。〔解〕夫偃師之精微，神合造物；班輸之輩但巧盡機關。以明至妙

之功，不可獨循規矩也。○吉府本「矩」下有「焉」字。○吳闓生曰：時執規矩，言勤學也。伯峻案：全晉文五十傅玄馬先生傳：「其後有人上百戲者，能設而不能動也。帝以問先生：『可動否？』對曰：『可動。』帝曰：『其巧可益否？』曰：『可益。』受詔作之，以大木彫構，使其形若輪，平地施之，潛以水發焉。設為女樂舞象，至令木人擊鼓吹簫，作山岳；使木人跳丸擲劍，緣絙倒立。出入自在，百官行署，春磨鬭雞，變巧百端。」可見魏時已有巧工矣。○釋文云：數音朔。

甘蠅，古之善射者，〔伯峻案：呂氏春秋聽言篇云：「蠭門始習於甘蠅。」高誘注：「甘蠅，蓋射人姓名。」○釋文云：蠅，余陵切。〕彀弓而獸伏鳥下，〔注〕箭無虛發，而獸鳥不敢逸。〔戰國策云，「更嬴虛發而鳥下也」。○注文「獸鳥」道藏本作「鳥獸」。○釋文云：彀音搆，張弓也。更，古行切。嬴音盈。伯峻案：博物志亦載甘蠅、飛衛及更嬴虛發而下鳥事，蓋取諸戰國策。○王叔岷曰：事類賦十三、御覽三百五十並引列子云：「飛衛學射於甘蠅，諸法並善，唯嚙法不教。」衛密持矢以射蠅。蠅嚙得鏃矢還射衛。衛遶樹而走，矢亦遶樹而走。」今本無此文。不知是否此節逸文，識此存疑。〕弟子名飛衛，學射於甘蠅，而巧過其師。紀昌者，又學射於飛衛。飛衛曰：「爾先學不瞬，而後可言射矣。」紀昌歸，偃臥其妻之機下，以目承牽挺。〔注〕牽挺，機下所履者。〔○王紹蘭曰：「挺」當為「牮」字之誤（牮譌為捷，又譌挺。觀湛注，晉時已誤矣）。說文：「牮，機下足所履者。」牮之言蹯也，機下繩縣兩版，用足蹯之，使牽引相上下以織布帛者，謂之牽牮。一上一下，易於瞋目，故紀昌學於機下目承，二年而後不瞬也。許楗說同。○王重民曰：御覽七百四十五，又八百二十五引「臥」並作「坐」。○釋文云：挺，徒鼎切。蹯，女輒切。〕二年之後，雖錐末倒眥，而不瞬也。〔○王重民曰：御覽七百四十

年」作「三年」，「倒」作「到」，又八百二十五引亦作「到」，疑作「到」者是也。○釋文云：錐音佳。倒，都導切。皆，在

詣切。以告飛衛。飛衛曰：「未也，〔解〕夫虛弓下鳥者，藝之妙也；巧過其師者，通於神也。妙在所

習，神在精微也。先學不瞬，精之至也。以目承躍而不動者，神定之矣。定而未能用，故曰猶未也。必學視而後

可。〔解〕此用不瞬以爲視也。○道藏白文本、林希逸本、元本、世德堂本「必學」並作「亞學」。○釋文「必」作「亞」，

云：亞，烏嫁切，次也。一本作必學，非也。視小如大，視微如著，而後告我。」〔解〕視，審也，則見小如大

矣。昌以氂懸虱於牖，南面而望之。○釋文「虱」作「蝨」云：氂音毛。蝨，所乙切。旬日之間，浸大

也，○釋文云：浸，子禁切。三年之後，如車輪焉。以覩餘物，皆丘山也。〔注〕視虱如輪，則餘物

稱此而大焉。○釋文云：稱，尺證切。乃以燕角之弧、朔蓬之簳射之，〔王觀國曰：易曰：「弦木爲弧，

剡木爲矢，弧矢之利，以威天下。」周禮考工記：「弓人爲弓取六材，必以其時。幹也者，以爲遠也；角也者，以爲疾

也；筋也者，以爲深也；膠也者，以爲和也；絲也者，以爲固也；漆也者，以爲受霜露也。凡取幹之道七：柘爲

上，檍次之，檿桑次之，橘次之，木瓜次之，荊次之，竹爲下。」然則爲弓者以木爲幹，而加以角、筋、膠、絲、漆以爲之糾約

耳。是弓未嘗不用木也。獨用角豈能爲弓哉？特假角以副其木也。上古時質樸，故其始創弧弓，則弦木爲弧。至周

時，禮樂庶事備矣，故爲弓也，有角、筋、膠、絲、漆參合而爲之。前漢五行志曰：「檿弧，弧弓也。」禮記曰：「桑弧蓬

矢。」凡此言弧，皆以木爲弧。然列子曰「乃以燕角之弧朔蓬之簳射之」，此又以角爲弧。是或以木，或以角，無定制矣。

伯峻案：「朔」字當爲「荊」，形近而誤。考工記，「燕之角，荊之幹，此材之美者也」，即此文所本。且「荊」與「燕」對

舉，似非泛指朔方而言。〔注〕御覽三四七及七四五及九五一所引已誤。○釋文云：燕音煙。弧音狐。斡音幹。射，食亦切。

貫虱之心，而懸不絕。〔注〕以彊弓勁矢貫虱之心，言其用手之妙也。○釋文「彊」作「強」云：強，其兩切。

以告飛衛。飛衛高蹈拊膺曰：〔注〕伯峻案：說文：「膺，胸也。」○釋文云：拊膺音撫鷹。

矣！〔解〕視小如大，貫之不足為難。紀昌既盡衛之術，計天下之敵已者，一人而已，乃謀殺飛衛。〔解〕欲摧其能，擬過其師法耳。欲滅飛衛之名，非謂斷其命也矣。相遇於野，○王叔岷曰：事文類聚前集四二、合璧事類前集五七、天中記四一引「相」上並有「一日」二字，當從之。二人交射，中路矢鋒相觸，而墜於地，○釋文云：鋒音峯。墜一本作隊。而塵不揚。飛衛之矢先窮。〔注〕窮，盡也。紀昌遺一矢，既發，飛衛以棘刺之端扞之，而無差焉。〔解〕二矢同道相及而勢盡，故墜地而塵不飛者，微之甚也。以棘刺扞之不差，審之至也。○釋文云：扞音汗。於是二子泣而投弓，相拜於塗，請為父子。剋臂以誓，○釋文云：淮南子云：「中國翕血，越人契臂，其一也。」許慎云：「剋臂出血也。」翕，所甲反。不得告術於人。〔注〕祕其道也。此一章義例已詳於仲尼篇也。〔解〕此所謂神交而意得也，非矢之藝，故投弓而誓焉。神契方傳矣，故不得以術告之也。

造父之師曰泰豆氏。〔注〕泰豆氏見諸雜書記。伯峻案：呂氏春秋聽言篇云：「造父始習於大豆。」高誘注：「大豆蓋御人姓名。」大豆即泰豆。○釋文云：造，七到切。父音甫。造父之始從習御也，執禮甚卑，泰豆三年不告。〔伯峻案〕：御覽七四六引「泰豆」下有「氏」字，下同。造父執禮愈謹，乃告之曰：「古詩言：『良弓之子，必先爲箕；良冶之子，必先爲裘。』〔注〕箕裘皆須柔屈補接而後成器。爲弓冶者，調筋角，和金鐵亦然。故學者必先攻其所易，然後能成其所難，所以爲諭也。〔解〕箕者，所以造弓之具也；裘者，所以扇冶之具也。老子以爲橐籥，今之韛袋也。彼以約弓之牀，此以扇火之韛，非弓冶，而弓冶必資之也。伯峻案：禮記學記：「良冶之子，必學爲裘；良弓之子，必學爲箕。」又案：注「諭」世德堂本作「論」。○釋文云：易，以豉切。汝先觀吾趣。〔注〕趣，行也。○釋文云：趣音趨，下同。趣如吾，然後六轡可持，六馬可御。」〔注〕繯得安腳。○釋文云：轡音祕。僅音覲。造父曰：「唯命所從。」泰豆乃立木爲塗，僅可容足；〔注〕立木如足，布之如步。計步而置，〔注〕疏概如其步數。○釋文云：概音冀，稠也。履之而行。趣走往還，無跌失也。○釋文云：跌音凸。造父學之，三日盡其巧。泰豆歎曰：「子何其敏也？得之捷乎！〔注〕敏，疾也。○釋文云：捷，疾葉切。凡所御者，亦如此也。〔解〕莊子云，側足之外皆去其土，則不能履之者，心不定也。若御馬者亦如使其足，則妙矣。伯峻案：盧解所引莊子，今本無其文。曩汝之行，得之於足，應之於心。推於御也，齊輯乎轡銜之際，○釋文云：輯音集。說文云：輯，車輿也。此言造父善御，得車輿之齊整在於轡銜之際，喻人君得民心則國安矣。而急緩乎脣吻之和，正度乎胸臆之中，○釋文云：吻，武粉切。臆音憶。說文：「肊，胸骨也。或從意。」廣雅釋親：「臆，胸也。」文選射獵賦徐注：「臆，膺也。」而執節乎掌握之間。內得於中心，而外合於馬志，是故能進退履繩而旋曲中規矩，○陶鴻慶曰：「矩」字衍文。本作「進退中繩而旋曲中規」，言「直者中繩曲者中規」也。淮南子主術訓引此文無「矩」字。○王重民曰：陶說是也。莊子達生篇，「東野畢以御見莊公，進退中繩，左右旋中規。」又云：「左右旋中規」，與列子此文義同而無「矩」字，可證。蓋「履繩」「中規」相對爲文，若有矩字，不但義有不合，詞亦爲贅矣。御覽七百四十六引正無「矩」字。伯峻案：呂覽適威篇亦云：「東野稷以御見莊公，進退中繩，左右旋中規。」「夫進退中繩，左右旋中規，造父之御，無以過焉。」皆無矩字，更爲的證。○釋文云：中，丁仲切，下同。取道致遠而氣力有餘，誠得其術也。得之於銜，應之於轡，得之於轡，應之於手，應之於心。則不以目視，○釋文「視」作「眠」，云：眠音視，本又作眹。不以策驅，心閑體正，六轡不亂，而二十四蹄所投無差；迴旋進退，莫不中節。〔注〕與和鸞之聲相應也。然後輿輪之外可使無餘轍，馬蹄之外可使無餘地；未嘗覺山谷之嶮，原隰之夷，視之一也。吾術窮矣。汝其識之！」〔注〕夫行之所踐，容足而已。足外無餘而人不敢踐者，此心不夷，體不閑故也。心夷體閑，即進止有常數，遲疾有常度。苟盡其妙，非但施之於身，乃可行之於物。雖六轡之煩，馬足之衆，調之有道，不患其亂。故輪外不恃無用之轍，蹄外不賴無用之地，可不謂然也。〔解〕莊生解牛云：其骨也有間，其刀刃也無厚。無厚入有間，恢恢然有餘地也。言其理則多暇也。不視足外之地，則其志專。志專則運足如其心矣。若移之於轡銜，易之於驅駿，當轍應足，何所傾危？世人皆求其末而不知其本，識真之士必求其本然後用之，故射御之末藝猶須合道焉。伯峻案：解引莊子見養生主篇，僅撮取大意，非原文。○釋文云：識音志。

魏黑卵以暱嫌殺丘邴章，〔注〕暱嫌，私恨。〔解〕夫以私嫌而殺傷，嗜慾而夭物者，皆世俗之常情，非有道

之士也。伯峻案：御覽三四四又三八六又四八二引「卵」并作「卯」，下同。○釋文云：暱，尼質切。邴，鄙詠切。

丘邴章之子來丹謀報父之讐。○王重民曰：御覽三百四十四，又三百八十六，又四百八十二引「報」並作

「復」。○王叔岷曰：書鈔一二三、事類賦十三、庶物異名疏八引「報」亦並作「復」。丹氣甚猛，形甚露，〔伯峻

案：禮記檀弓：「歛手足形。」鄭注：「形，體也。」左傳昭元年：「勿使有所壅閉湫底以露其體。」杜注：「露，羸

也。」「形甚露」猶言「體甚羸」也。下文張注云「體羸虛」正得其義。計粒而食，順風而趨。雖怒，不能稱兵

以報之。〔注〕有膽氣而體羸虛，不能舉兵器也。○王重民曰：御覽四百八十二引「怒」作「怨」，下文「來丹之友申

他曰子怨黑卵至矣」，疑作「怨」者近是。○釋文云：稱，尺證切。羸，力爲切。耻假力於人，誓手劍以屠黑

卵。黑卵悍志絶衆，○釋文云：悍音旱。力抗百夫。節骨皮肉，非人類也。延頸承刀，○「刀」

藏本、世德堂本作「刃」。披胸受矢，鋩鍔摧屈，而體無痕撻。○王重民曰：「撻」字與上文義不相合，御覽

三百八十六，又四百八十二引並無「撻」字，疑是衍文。○胡懷琛曰：「痕撻」二字疑倒。○釋文云：鋩鍔音亡咢。

痕，戶恩切。撻，他達切。負其材力，視來丹猶雛鷇也。○釋文「雛」作「鷇」，云：鷇，助俱切。生

而須哺曰鷇，自食曰雛。來丹之友申他○王重民曰：御覽三百四十四，又四百八十二引並作「申抱」，下同。○

釋文「他」作「佗」，云：佗音陀，或音扡，一本作抱。曰：「子怨黑卵至矣，黑卵之易子過矣，○釋文

云：易，以豉切。將奚謀焉？」來丹垂涕曰：「願子爲我謀。」○釋文云：爲，于僞切。申他曰：「吾聞衛孔周其祖得殷帝之寶劍，一童子服之，伯峻案：服佩古音同，假借字也。○釋文「童」作「僮」，云：僮音同。卻三軍之衆，奚不請焉？」〔解〕天地至精之物但以威制於三軍。若以斷割爲功，非至精者也。來丹遂適衛，見孔周，執僕御之禮，請先納妻子，後言所欲。孔周曰：「吾有三劍，唯子所擇：皆不能殺人，伯峻案：殺人謂殺人至死也。且先言其狀。一曰含光，視之不可見，運之不知有。其所觸也，○「有其」吉府本、道藏白文本、林希逸本並作「其有」。○王重民曰：「有其」兩字互倒。類聚六十引無「有」字，蓋以倒誤之文義不可通，引者遂以意削「有」字也。吉府本作「其有」是也。○王叔岷曰：無「有」字及作「其有」者並非。有字當屬上絕句。「運之不知有」與上「視之不可見」對文。「其所觸也，泯然無際」與下「其所觸也，竊竊然有聲」「其觸物也，騞然而過」句法亦一律。泯然無際，○釋文云：泯，亡忍切。經物而物不覺。二曰承影，將旦昧爽之交，日夕昏明之際，北面而察之，淡淡焉若有物存，○釋文云：淡音艷。莫識其狀。其所觸也，竊竊然有聲，○王重民曰：吉府本「然」作「焉」，上文云，「北面而察之，淡淡焉若有物存」，然焉同義，「淡淡焉」亦即「淡淡然」也。疑「竊竊然」亦本作「竊竊焉」，吉府本猶是列子之舊。○王叔岷曰：道藏白文本、林希逸本「然」亦並作「焉」。但作「然」乃此文之舊。「竊竊然」與上文「泯然」、下文「騞然」一律。王說非經物而物不疾也。三曰宵練，方晝則見影而不見光，〔注〕與日月同色也。方夜見光而不見形。〔注〕言其照也。○盧文弨曰：注「也」字藏本作「夜」。其觸物也，騞然而過，〔注〕騞，休壁切。○劉武騞然，係狀其刃過之速。蓋惟其刃過之速，所以爲寶劍也。○釋文云：騞，呼麥反，破聲。隨過隨合，覺疾而不血刃焉。此三寶者，傳之十三世矣，○釋文云：傳，丈專切。而無施於事。〔注〕不能害物。匣而藏之，○盧文弨曰：「匣」藏本作「柙」。○釋文「匣」作「柙」，云：柙與匣同。未嘗啓封。」來丹曰：「雖然，吾必請其下者。」孔周乃歸其妻子，與齋七日。晏陰之間，〔注〕晏，晚暮也。○孫詒讓曰：說文日部云：「晏，天清也。」漢書天文志云：「日晡時天晏」（晏即晴字）。韓非子外儲說左篇云：「雨霽日出，視之晏陰之間」，與此義同。「晏陰之間」謂半晴半陰之間，非謂晚暮也。張注失之。○伯峻案：淮南繆稱篇：「暉日知晏，陰諧知雨。」文選揚雄羽獵賦：「天清日晏。」注引淮南許慎注云：「晏，無雲之處也。」是晏陰即晴陰，與孫說相會。跪而授其下劍，來丹再拜受之以歸。〔注〕以其可執可見，故受其下者。〔解〕器珍者則害物深。至道至精，無所傷物。來丹遂執劍從黑卵。時黑卵之醉偃於牖下，○吳闓生曰：時讀爲值。伯峻案：時當讀爲論語陽貨「孔子時其亡也」之「時」，伺也。又案：書鈔一二二、事類賦十三、御覽三四四並作「偃臥牖下」，以上文「偃臥其妻之機下」例之，則作「偃臥」者是也。自頸至腰三斬之。○釋文「腰」作「要」，云：要，於宵切，下同。黑卵不覺。來丹以黑卵之死，伯峻案：御覽三四四引無「之」字，是也。趣而退。○釋文云：趣音趨。遇黑卵之子於門，擊之三下，如投虛。黑卵之子方笑曰：「汝何蚩而三招予？」○俞樾曰：說文手部：「招，手呼也。」黑卵之子不見來丹之以劍擊己，但見其舉手，若相招然，故曰「汝何蚩而三招予」。釋文云：「一本作拈」，此乃字誤，不當曲爲之説。○釋文云：招一本作拈，奴兼切，指取物也。又音點。來丹知劍之不能殺人也，歟而歸。黑卵既醒，怒其妻曰：「醉而露我，使我嗌疾而腰急。」○許維遹曰：説文口部：「嗌，咽也。」方言云：「嗌，噎也。秦晉或曰嗌，又曰噎。」説文：「噎，飯窒也。」詩王風：「中心如噎。」毛傳：「噎，憂不能息也。」嗌疾義同。噎憂不能息者，謂喉窒而氣息不調也。○釋文云：嗌音益，喉上也。其子曰：「疇昔來丹之來，遇我於門，三招我，亦使我體疾而支彊。」○釋文「彊」作「強」云：強，其兩切。

彼其厭我哉！」〔解〕夫道至之人無傷於萬物，萬物之害亦所不能傷焉；故毒蟲不螫，猛獸不攫。故物之至精者亦無傷。老子曰：「其神不傷人。」是以聖人貴夫知者何？以其不傷於萬物者也。○釋文云：厭，於染切，本又作壓，烏狎切。

周穆王大征西戎，西戎獻錕鋙之劍，○釋文云：昆吾，龍劍也。河圖曰：瀛洲多積石，名昆吾，可爲劍。尸子云：昆吾之劍可切玉。火浣之布。○釋文云：浣音緩。異物志云：新調國有火洲，有木及鼠，取其皮毛爲布，名曰火浣。其劍長尺有咫，○釋文云：咫音止，八寸曰咫。練鋼赤刃，○釋文云：鋼音剛。用之切玉如切泥焉。伯峻案：博物志云：「周書曰『西域獻火浣布，昆吾獻切玉刀。』火浣布污，則燒之，即潔。切玉刀（此二字依御覽三四五引補）切玉如蠟。』布，漢時有獻者，刀則未聞。」火浣之布，浣之必投於火：○王叔岷曰：御覽八百二十引「火浣之布」作「其布」，與上文「其劍長尺有咫」句法一律。布則火色，垢則布色；出火而振之，皓然疑乎雪。〔注〕此周書所云。○釋文「皓」作「皜」，云：音縞，又作皓，胡老切。皇

子以爲無此物，傳之者妄。蕭叔曰：「皇子果於自信，果於誣理哉！」〔注〕此一章斷後，而說切玉刀火浣布者，明上之所載皆事實之言，因此二物無虛妄者。〔解〕夫金之不能切玉者，非器之利也；布之不能澣於火火不燒者，物之異也。天地之內，萬物之多，有可以理求者，亦有非理所及者。然則玉雖堅，有可刻之理，劍雖鐵，有必斷之鋒也。以必斷之鋒當可刻之物，不入者，自非至利耳。非無可切之理焉，況已有之，何所疑也？又動植之類，然其性不同，有因水火而生者，有因水火而殺者。故火山之鼠得火而生，風生之獸得風而活；人約空立，魚約水存。然則火浣之纑，非紵非麻。布名與中國等，火與鼠毛同，此復何足爲怪也？果於自信，不達矣夫！○〔解〕「非紵非麻」下有「用火鼠毛」四字，今依四解本刪。又「中國等」下無「火」字，「與」下無「鼠毛同」三字，今依四解本增。○盧文弨曰：注「因」藏本作「由」，由同猶。○光聰諧曰：此指魏文典論中火浣布事。皇子者，魏文也。是此書建安時尚有人增竄。○俞正燮曰：後漢書西南夷傳注引神異經云：「南方有火山，生不燼之木，晝夜火然。火中有鼠，重百斤，毛長二尺餘，細如絲，色白，績作布。若汙，以火燒之，則清潔。」太平廣記載梁四公記云，「南海商齎火浣布三端，二是緝木皮所作，一是績鼠毛所作，木堅毛柔。」史記大宛列傳正義引萬震南州志云：「大秦海中斯調洲上有木，冬月往剝，取其皮，績以爲布，與麻焦布無異，色小青黑。若垢汙，入火中便精潔，世謂之火浣布。」秦云定重參閒門樹皮也」又引括地志云：「火山國火中有白鼠皮及樹皮，績爲火浣布。」梁任昉述異記云：「南方炎火山四月生火，十二月火滅。火滅之後，草木皆生枝葉。至火生時，草木葉落。取木皮績之爲火浣布。」明酈露赤雅云：「苗中火浣布有三種，一畢方麻，一祝融木，一火鼠毛」其用之者，後漢書西南夷傳注引傅子曰：「長老説漢桓時梁冀作火浣布單衣，會賓客，行酒，伴汙之。燒之，垢盡火滅，粲然潔白如水澣也。」宋蔡絛鐵圍山叢談云：「火浣布若木棉布，色青黶，投火中則潔白。宣和政和以後盈筥而至，御府紉爲巾襦裙袍之屬。」蓋東漢時始至中國，宋時則尋常南貨矣。姜紹書韻石齋筆談云：「火浣布色微白，以手拊之，則餘粉染指，如弄蝶翅。」此則木皮所績，餘脂猶在，亦常物。今四川越嶲廳番地五蠻山石縫中有草根，名不朽木。其性純陰，織成布用火浣。四川通志云，「窮人乃用之也。」抱朴子論仙云：「魏文帝謂天下無切玉之刀、火浣之布。及著典論，嘗據言此事，其間未期二物畢至，帝乃歎息，遽毀斯論。」今案「文帝謂世謂火鼠毛爲布，垢則火浣如新者妄也。火無生育之性，鼠焉得生其間？爲典論刻之太學。明帝世有奉此布來貢者，乃刊去此碑。」而列子湯問篇云云，列子晉人王浮葛洪以後書也。以仲尼篇言聖者，湯問篇言火浣布知之。○岑仲勉曰：火浣布即as-bestos，後世曰不灰木，現代曰石綿，波斯人、阿剌伯人熟知之。中亞產者出自我國舊藩之拔達克山。其物具大麻狀之纖維組織，可製爲布、紙、巾等。伯峻案：爾雅釋詁邢昺疏引尸子廣澤篇云「皇子貴衷」，若此言可信，則尸佼前曾有一皇子。然此皇子則指魏文帝無疑。又案：全晉文八一有殷巨奇布賦，序言晉泰康二年大秦國奉獻，火布尤奇，乃作賦，即火浣布也。又案：解「夫金之不能切玉者」及「布之不能澣於火」兩「不」字疑衍。○釋文云：斷，大貫切。

列子集釋卷第六

力命第六

〔注〕命者，必然之期，素定之分也。雖此事未驗，而此理已然。若以壽夭存於御養，窮達係於智力，此惑於天理也。〔解〕命者，必定之分，非力不成；力者，進取之力，非命不就。有其命者必資其力，有其力者或副其命。亦有力之不能致者，无命也；恃命而不力求者，候時也。信命不信力者，失之遠矣；信力不信命者，亦非當也。○釋文云：分，符問切。夭，於兆切。係音計。

力謂命曰：「若之功奚若我哉？」命曰：「汝奚功於物而欲比朕？」力曰：「壽夭、窮達、貴賤、貧富，我力之所能也。」命曰：「彭祖之智不出堯舜之上，而壽八百，○孔廣森曰：彭祖者，彭姓之祖也。彭姓諸國：大彭、豕韋、諸稽。大彭歷事虞夏，於商爲伯，武丁之世滅之，故曰彭祖八百歲，謂彭國八百年而亡，非實籛不死也。○嚴可均曰：鄭語，史伯曰：祝融之後八姓，大彭豕韋爲商伯，彭姓彭祖、豕韋、諸稽，商滅之。韋昭解：「大彭，陸終第三子曰籛，爲彭姓，封於大彭，謂之彭祖。」又解：「彭祖，大彭也。」史記楚世家，「陸終生子六，三曰彭祖。」集解引虞翻曰：「名籛，爲彭姓，封於大彭，謂之彭祖。」索隱引世本：「三曰籛鏗，是爲彭祖。」周書嘗麥解曰：「皇天哀禹，賜以彭壽，思正夏略。」竹書紀年：「帝啓十五年武觀以西河叛，彭伯壽率師

征西河，合而斷之。」知彭祖國名，即大彭，夏商爲方伯，古五霸之一，唐虞封國，傳數十世，八百歲，而滅於商，此其事實

也。彭祖八百歲猶言夏四百歲，商六百歲，周八百歲也。○馬叙倫曰：孔嚴之說是也。莊子逍遙遊云：「而彭祖乃

今以久特聞」。似莊子亦誤信彭壽有七八百歲之久。蓋俗有此說，莊子從而言之，荀子亦然。顏淵之才不出眾

人之下，而壽十八。○「十八」藏本、四解本、吉府本、秦刻盧解本作「四八」，今依北宋本、世德堂本作「十八」。

○洪頤煊曰：淮南精神訓高誘注：「顏回十八而卒。」後漢書郎顗傳：「昔顏子十八，天下歸仁。」抱朴子逸民篇：

「昔顏回死，魯定公將躬弔焉，使人問仲尼。」抱朴子亦以顏淵年十八，故卒當魯定公時。伯峻案：顏淵之壽，古代傳說

不一，雖曰短命，若以左傳及史記諸可以憑信之資料證之，其年不僅十八，可以斷言。但此文既屬寓言，無妨從其最短

者。仲尼之德不出諸侯之下，而困於陳蔡；殷紂之行不出三仁之上，而居君位。伯峻案：

論語微子云：「微子去之，箕子爲之奴，比干諫而死。孔子曰：殷有三仁焉。」○釋文云：行，下孟切。季札無爵

於吳，○釋文云：季札，吳太伯之後，賢而讓位，棄其室而耕。後封於延陵，故號曰延陵季子。田恆專有齊國。

夷齊餓於首陽，季氏富於展禽。若是汝力之所能，奈何壽彼而夭此，窮聖而達逆，賤賢而

貴愚，貧善而富惡邪？」力曰：「若如若言，我固無功於物，而物若此邪，此則若之所制

邪？」○道藏白文本、林希逸本「若言」作「是言」。○陶鴻慶曰：上「邪」字當讀爲「也」。「而物若此也」語意與下

句相屬，言「物之若此者，豈汝之所制乎」。蓋既自承其無功而又反詰之也。邪也古通用。命曰：「既謂之命，

奈何有制之者邪？朕直而推之，曲而任之。自壽自夭，自窮自達，自貴自賤，自富自貧，

〔注〕不知所以然而然者，命也，豈可以制也？ 朕豈能識之哉？ 朕豈能識之哉？」〔注〕此篇明萬物皆有命，則智力無施；楊朱篇言人皆肆情，則制不由命，義例不一，似相違反。然治亂推移，愛惡相攻，情僞萬端，故要時競，其弊孰知所以？ 是以聖人兩存而不辯。將以大扶名教，而致弊之由不可都塞。或有恃詐力以干時命者，則楚子問鼎於周，無知亂適於齊。或有矯天真以殉名者，則夷齊守餓西山，仲由被醢於衛。故列子叩其二端，使萬物自求其中。苟得其中，則智動者不以權力亂其素分，矜名者不以矯抑虧其形生。發言之旨其在於斯。嗚呼！ 覽者可不察哉！

〔解〕命者，天也；力者，人也。命能成之，力能運之，故曰運命也。莊子曰：「知不可奈何，安之若命。」是力不能運也。孔子曰：「五十而知天命。」「不知命，無以爲君子也。」然歷國應聘而思執鞭之士，是不忘力也。伯峻案：解引莊子見人間世篇，而「何」下省「而」字。又注世德堂本「似」作「以」，「存」作「情」，「殉」作「殖」，皆誤。○釋文云：惡，烏路切。適音的。殉本作徇，求也。醢音海。叩音寇。

北宮子謂西門子曰：「朕與子並世也，而人子達；並族也，而人子敬；並貌也，而人子愛；並言也，而人子庸；伯峻案：庸借爲用。並行也，而人子誠；並仕也，而人子貴；並農也，而人子富；並商也，而人子利。朕衣則短褐，○釋文云：裋音豎。褐音曷。方言：裋，複襦也。許慎注淮南子云：楚人謂袍爲裋。說文云：粗衣也。又敝布襦也。又云：襜褕短者曰裋褕。有作短褐者誤。荀子作豎褐。楊倞注云，僮豎之褐，於義亦曲。食則粢糲，○釋文云：粢，即夷切。糲，令達切。粢，稻餅也。聲類：粝米不碎。史記曰：陳平食糠粝。孟康云：麥糠中不破者是也。蓋謂粗春粟麥爲粢餅食之。居則蓬室，出則徒行。子衣則文錦，食則粱肉，○「粱」藏本作「梁」。居則連欐，

○釋文云：欐音麗，屋棟。出則結駟。在家熙然有棄朕之心，○釋文云：熙音怡。字林云，歡笑也。在朝謿然有敖朕之色。○秦刻本「敖」作「傲」。○釋文云：朝音潮。謿音鄂。敖音傲。請謁不相及，遨遊不同行，固有年矣。子自以德過朕邪？」西門子曰：「予無以知其實。汝造事而窮，予造事而達，此厚薄之驗歟？〔注〕謂德有厚薄也。〔解〕吾所造皆達，汝所造皆窮，德之厚薄可見矣。而皆謂與予並，汝之顏厚矣。」北宮子無以應，自失而歸。中塗遇東郭先生。先生曰：「汝奚往而反，偶偶而步，有深愧之色邪？」○釋文云：偶，丘羽切，本或作踽。字林云：疏行貌。北宮子言其狀。東郭先生曰：「吾將舍汝之愧，○釋文云：舍音捨。與汝更之西門氏而問之。」曰：「汝奚辱北宮子之深乎？固且言之。」伯峻案：固讀爲姑。西門子曰：「北宮子言世族、年貌、言行與予並，而賤貴、貧富與予異。○釋文云：行，下孟切。予語之曰：○釋文云：語，魚據切。予無以知其實。汝造事而窮，予造事而達，此將厚薄之驗歟？而皆謂與予並，汝之顏厚矣。」東郭先生曰：「汝之言厚薄不過言才德之差，吾之言厚薄異於是矣。夫北宮子厚於德，薄於命，汝厚於命，薄於德。汝之達，非智得也；北宮子之窮，非愚失也。皆天也，非人也。〔注〕此自然而然，非由人事巧拙也。而汝以命厚自矜，北宮子以德厚自愧。○胡懷琛曰：既自知德厚，則不應自愧。故「以德厚自愧」，文義不安。應云，「以命薄自愧」。此非傳寫之誤，乃列子原文小疵耳。

伯峻案：胡說可商。古人行文有互備之例，此以「命厚」概「德薄」，以「德厚」概「命薄」耳。皆不識夫固然之理矣。」○藏本、吉府本、四解本、秦刻本皆無「矣」字，今依北宋本、世德堂本增。又案：「固然」疑當作「自然」。○釋文云：夫音符。

西門子曰：「先生止矣！予不敢復言。」〔注〕聞理而服。〔解〕西門子求之而遂，命也。北宮子求之不遂，亦命也。不知命則有自矜之色，自知命則無憂愧之心。得與不得，非智愚，非才德也。西門子不敢復言者，知命之遂，不敢恃德也。○釋文云：復，扶又切。

北宮子既歸，衣其裋褐，有狐貉之溫；○釋文云：衣，於既切。狐貉音胡鶴字。進其茙菽，有稻粱之味；○釋文云：茙菽音戎叔。爾雅云：茙菽謂之荏菽，即胡豆也。管子云：齊桓公北之岱山，采得冬葱及茙菽，布之天下。鄭玄云：即大豆也。庇其蓬室，若廣廈之蔭，○釋文云：庇，必利切。乘其蓽輅，若文軒之飾。○「蓽」各本作「華」。案「蓽」正字，左傳作「華」，史記楚世家作「華」。○釋文「蓽」作「華」，云：華音必，輅音路，左傳云：柴車也。伯峻案：左傳宣十二年「蓽路藍縷以啟山林」，杜注：「蓽路，柴車。」釋文于傳文與注文不別白。終身逌然，○釋文云：逌音由。逌然，自得貌。後楊朱篇音同。不知榮辱之在彼也，在我也。〔注〕一達於理，則外物多少不足以概意也。〔解〕知命則不憂不愧，亦不知德之厚薄也。○釋文云：概，古代切。

東郭先生聞之曰：「北宮子之寐久矣，一言而能寤，易悟也哉！」〔解〕寐者言未覺也。及其寤也，乃悟之常耳。○「悟」北宋本作「寤」，藏本、世德堂本作「悟」。○俞樾曰：「悟」當讀爲「旦」。詩氓篇，「信誓旦旦」，説文心部引作「信誓悬悬」。悬即悟之或體。是悟旦古通用也。人之寐者至平旦則寤矣。北宮子久寐而忽寤，故曰「易旦也哉」。釋文音當割切，未得其讀。或作悟，則後人不達而臆改之。伯峻案：按盧解云云，似重玄本亦作怛。○釋文「悟」作「怛」，云：怛，當割切，或作悟者非。

管夷吾鮑叔牙二人相友甚戚，○伯峻案：孟子告子下「其兄關弓而射之，則己垂涕泣而道之。無他，

戚之也」，注云：「戚，親也。」○釋文云：管夷吾、鮑叔牙並潁上人也。鮑牙，齊大夫，塚在瀛州。伯峻案：釋文

牙」當作「鮑叔」。**同處於齊。管夷吾事公子糾，**○釋文云：糾，規酉切。**鮑叔牙事公子小白。**齊

公族多寵，嫡庶並行。〔注〕齊僖公母弟夷仲年生公孫無知，僖公愛之，令禮秩同於太子也。○釋文云：嫡音

的。僖，許其切，或作釐。**國人懼亂。管仲與召忽奉公子糾奔魯，**〔注〕糾，襄公之次弟。○釋文云：召

本作部。**鮑叔奉公子小白奔莒。**〔注〕小白，糾之次弟。○釋文云：莒音舉。**既而公孫無知作亂，**齊無

〔注〕襄公立，紃無知秩服，遂殺襄公而自立。國人尋殺之。○釋文云：紃音黜，又式忽切。秩音帙。殺音試。

君，二公子爭入。管夷吾與小白戰於莒，道射中小白帶鉤。○釋文云：射，食亦切。中，丁仲切。

小白既立，〔注〕小白即桓公也。**脅魯殺子糾，**○釋文「脅」作「擶」，云：又作脅。**召忽死之，管夷吾被**

囚。〔注〕齊告魯曰：子糾兄弟，弗忍加誅，請殺之。召忽、管仲，讐也，請得而甘心醢之。不然，將滅魯。魯患之，遂

殺子糾。召忽自殺，管仲請囚也。**鮑叔牙謂桓公曰：「管夷吾能，可以治國。」**○釋文云：治，直吏切。

桓公曰：「我讐也，願殺之。」鮑叔牙曰：「吾聞賢君無私怨，且人能為其主，亦必能為

人君。○釋文云：為，于偽切。**如欲霸王，**○釋文云：王，于況切。**非夷吾其弗可。君必舍之！」**○

釋文云：舍音釋。　遂召管仲。魯歸之，齊鮑叔牙郊迎，釋其囚。桓公禮之，〔注〕鮑叔親迎管仲於堂阜而脫其桎梏，於齊郊而見桓公也。○釋文云：阜音婦。賈逵曰：堂阜，魯之北境。杜預曰：齊地，東莞。見，賢遍切。伯峻案：堂阜在今山東臨沂地區蒙陰縣西北，地屬齊。　而位於高國之上，鮑叔牙以身下之，〔注〕高國，齊之世族。○釋文云：下，遐嫁切。　任以國政，號曰仲父。○釋文云：父音甫。　桓公遂霸。管仲嘗歎曰：「吾少窮困時，嘗與鮑叔賈，○釋文云：賈音古。　分財多自與，鮑叔不以我為貪，知我貧也。吾嘗為鮑叔謀事而大窮困，○釋文云：為，于偽切。　鮑叔不以我為愚，知時有利不利也。吾嘗三仕，三見逐於君，鮑叔不以我為不肖，知我不遭時也。吾嘗三戰三北，鮑叔不以我為怯，知我有老母也。公子糾敗，召忽死之，吾幽囚受辱，鮑叔不以我為無恥，知我不羞小節而恥名不顯於天下也。○王叔岷曰：草堂詩箋七引「名」上有「功」字，當從之。史記管子列傳、劉向上管子序亦並有「功」字。　生我者父母，知我者鮑叔也！」此世稱管鮑善交者，小白善用能者。然實無善交，實無用能也。實無善交實無用能者，非更有善交，更有善用能也。〔注〕此明理無善交用能，非但管鮑桓公而已。〔解〕言其命之所應用，則因交而獲申，非是更別有善交用能也。然則恃才獲用者命也，因交而達者力也；非惟天時，抑有人謀人力而遂者，皆歸於命。命之來也，鮑叔不得不盡力，桓公不得不用之。皆命矣夫！伯峻案：「更有善用能」下疑當有「者」字。　召忽非能死，不得不死；鮑叔非能舉賢，不得不舉；小白非能用讎，不得不用。〔注〕此皆冥中自相驅使，非人力所制也。〔解〕皆命成於力，力成於命，非有私焉。〇〔注〕「人力」本作「人理」，今從藏本正。

及管夷吾有病，小白問之，曰：「仲父之病病矣，可不諱。〔注〕言病之甚不可復諱而不言也。〔解〕將死不可諱言。〇世德堂本作「病疾矣」。〇俞樾曰：「疾」盧重玄本作「病」，當從之。莊子徐無鬼篇同。北宋本、藏本、吉府本、四解本皆作「病」，晏子及治要引同。疑本作「疾病」。說文：「疾，病也。」「病，疾加也。」古書凡疾劇皆謂疾病。如論語子罕篇云：「子疾病，子路使門人爲臣」（鄭注：「病謂疾益困也」）。儀禮既夕禮記云：「疾病外內皆埽」（鄭注：「疾甚曰病」）。左傳宣十五年云：「疾，命顆曰：必嫁是！疾病，則曰：必以爲殉！」及卒，顆嫁之。曰，疾病則亂，吾從其治也。」又襄十九年傳云：「齊侯疾，崔杼微逆光；疾病，而立之。」又桓五年傳云：「公疾病而亂作。」皆疾病連文之證也。世德堂本作「病疾」，是其倒文，淺人不察，遂改爲「病病」。呂覽知接篇亦云：「仲父之疾病矣，將何以教寡人？」更爲確證。〇釋文云：復，扶又切。

至於大病，則寡人惡乎屬國而可？」〇王重民曰：張注曰「言病之甚不可復諱而不言也」。案據張注，則正文「可不」二字當倒乙。管子戒篇小稱篇並作「不可諱」。又案張氏以「可不諱云」四字爲句，因釋云「不可復諱而不言也」，亦非是。云字當下屬爲句。云猶如也。云至於大病，猶如至於大病也。說見釋詞。治要引無此四字者，以不達其意而削之也。伯峻案：王說甚是。禮記檀弓云，「成子高寢疾，慶遺入請曰：子之病革矣，如至乎大病，則如之何？」此云「云至於大病」，即檀弓之「如至乎大病」也。〇釋文云：惡音烏。屬音燭。

夷吾曰：「公誰欲歟？」〔注〕清己而已。〇釋文云：歟音余。小白曰：「鮑叔牙可。」曰：「不可，其〇「人」字下之「也」字依藏本增，與下文「其爲人也」一律。爲人也，潔廉善士也，〇釋文「潔」

作「絜」，云：絜音結。　其於不己若者不比之人，〔注〕欲以己善齊物也。○伯峻案：呂覽貴公篇作「不比於人」，高注云：「比，方也」。　一聞人之過，終身不忘。〔注〕不能棄瑕録善。○釋文云：瑕音遐。　使之理國，上且鉤乎君，下且逆乎民。〔注〕必引君命，其道不弘。道苟不弘，則逆民而不能納矣。○王重民曰：莊子徐無鬼篇「理國」作「治國」，此亦當作「治」，避諱所改也。治要引正作「治」。　其得罪於君也，將弗久矣。○治要引無「也」字。　小白曰：「然則孰可？」對曰：「勿已，則隰朋可。」〔注〕非君然而可也。○釋文云：隰音習。　其為人也，上忘而下不叛，〔注〕居高而自忘，則不憂下之離散。○王重民曰：莊子作「上忘而下畔」，衍一「不」字。畔與叛通，叛謂叛諺也。叛諺為疊韵字，古時常語。詩大雅皇矣作「畔援」，漢書叙傳注引作「畔換」，文選魏都賦作「叛換」。或單言「諺」，書無逸：「乃逸乃諺。」偽孔傳：「叛諺不恭。」論語先進篇：「由也喭。」鄭注曰，「子路之行失于叛諺」是也。或單言「畔」。詩鄭箋云：「畔援，跋扈也。」韓詩云，「武強也。」論語雍也篇：「君子博學於文，約之以禮，亦可以弗畔矣夫。」（此從俞曲園羣經平議說）及列子「上忘而下叛」是也。魏都賦劉淵林注云：「叛換猶恣睢也。」是「上忘而下不叛」，謂「於上則忘其高，於下又不自亢也」。故下文云「以賢下人者，未有不得人者也」。郭注莊子云「高而不亢」，得其旨矣。○伯峻案：呂覽貴公篇作「上志而下求」。　愧其不若黃帝而哀不己若者。〔注〕懲其道之不及聖，矜其民之不逮己，故能無棄人也。〔解〕自忘其高，自愧無德，則進善之志深矣。不如己者，哀而憐之。○王重民曰：治要引「愧」下無「其」字，是也。莊子徐無鬼、呂覽貴公篇並無，可證。　以德分人謂之聖人，〔注〕化之使合道，而不宰割也。　以財分人謂之賢人。〔注〕既以與人，己愈有也。

以賢臨人，未有得人者也；〔注〕求備於人，則物所不與也。○王重民曰：治要引上「人」字下有「者」字，是也。此與下文「以賢下人者未有不得人者也」句相對。下句有「者」字，則上句本有「者」字甚明。莊子並無兩「者」字，此莊列不同處，然亦可爲上句當有「者」字之反證。以賢下人者，未有不得人者也。〔注〕與物升降者物必歸。○王重民曰：治要引注文「歸」下有「之也」二字。○釋文云：下，遐嫁切。其於國有不聞也，其於家有不見也。〔注〕道行則不煩聞見，故曰，不瞽不聾，不能成功。○釋文云：瞽音古。○王重民曰：治要引注文「煩」作「賴」。伯峻案：呂覽貴公篇「有不聞也」下有「其於物也有不知也」一句。○釋文云：僅音可。〔注〕郭象曰：「若有聞見，則事鍾於己，而羣下無所措其手足，故遺之可也。未能盡其道，故僅之可也」。〔解〕不貴物之常情，是不聞於國也；不求人之小過，是不見於家也。○治要引注文「羣下」作「羣生」。○釋文云：僅音觀。然則管夷吾非薄鮑叔也，不得不薄；非厚隰朋也，不得不厚。厚之於始，或薄之於終，薄之於終，或厚之於始。○陶鴻慶曰：「薄之於終，或厚之於始」當作「薄之於終，或厚之於終」。如今本則與上二句意複。厚薄之去來，弗由我也。〔注〕皆天理也。〔解〕夷吾之情非有厚薄，此公薦也。薦之則爲厚，不薦則爲薄，此皆力也。桓公既不用鮑叔，用隰朋，隰朋之命也。使鮑叔無命，而夷吾不施力焉；而隰朋無命，夷吾雖施力，亦無益也。

鄧析操兩可之說，○釋文云：析音錫。鄧析著書二篇，鄭人也，與子產並時。列子及孫卿並云子產殺鄧析，據左傳，昭公二十年子產卒，定公九年駟歂殺鄧析而用其竹刑，則非子產所殺也。操，七刀切。○任大椿曰：子產殺鄧析事見諸子，不特荀列也。呂覽離謂篇：「子產治鄭，鄧析務難之。而民之有獄者，約大獄一衣，小獄襦袴。民之獻衣襦袴而學訟者不可勝數。以非爲是，是非無度，而可與不可日變；所欲勝因勝，所欲罪因罪。鄭國大亂，民口讙譁。子產患之，於是殺鄧析而戮之，民乃大服。」淮南子詮言訓：「鄧析巧辯而亂法。」高誘注：「鄧析教鄭人以訟，訟俱不厭，子產殺之也。」又楊倞荀子正論篇注引新序曰，「子產決獄，鄧析教民難之；約大獄衣袍，小獄襦袴。民之獻袍衣襦袴者不可勝數。以非爲是，以是爲非。鄭國大亂，民口讙譁。子產患之，於是討鄧析而僇之，民乃服，是非乃定」，是其類也。其辨鄧析非子產所殺則始於列子張湛注此篇「俄而誅之」句下。張湛注云，「子產誅鄧析，左傳馹歂殺鄧析而用其竹刑，子產卒後二十年而鄧析死也」。敬順釋文遂推原注意，謂昭二十年子產卒，定九年馹歂殺鄧析。是鄧析之死在子產卒後二十年也。至荀子不苟篇注曰，「左傳鄭馹歂殺鄧析而用其竹刑，而云子產戮之，恐誤」。倞此注與敬順釋文皆本於張湛注。

設無窮之辭，當子產執政，作竹刑。〔注〕竹刑，簡法。○盧文弨曰：注「竹刑簡法」疑當作「竹簡刑法」。伯峻案：盧說未明張注之意，張注蓋以「簡法」釋「竹刑」也。**鄭國用之，數難子產之治。**○釋文云：數音朔。難，乃旦切。**子產屈之。子產執而戮之，俄而誅之。**〔注〕此傳云子產誅鄧析，左傳云馹歂殺鄧析而用其竹刑，子產卒後二十年而鄧析死也。伯峻案：「子產執而戮之」「子產」二字涉上文文衍。「戮之」猶言辱之，左傳文公六年「賈季戮臾駢」可證。御覽六百二十六引無「屈之子產執而戮之」八字，乃以其不可解而以意削之，足證其誤久矣。○釋文云：戮音六，或作劉。歂音船。卒，子律切。**然則子產非能用竹刑，不得不用；鄧析非能屈子產，不得不屈；子產非能誅鄧析，不得不誅也。**〔注〕此章義例與上章同也。〔解〕作法者，力也；受戮者，命也。用其法者，亦力也；誅其身者，亦命也。力其事者，才也；才不遇者，亦命也。○注北宋本、汪本、世德堂本並奪上「章」字，今從藏本增。

可以生而生，〔注〕或積德履仁，或遇時而通，得當年之歡，騁於一己之志，似由報應，若出智力也。○世德堂

本注末無「也」字。　天福也：〔注〕自然生耳，自然泰耳，未必由仁德與智力。然交履信順之行，得騁一己之志，終

年而無憂虞，非天福如之何也？　○釋文云：行，下孟切。　可以死而死，〔注〕或積惡行暴，或飢寒窮困，故不顧刑

戮，不賴生存，而威之於死，似由身招，若應事而至也。○注「於」藏本作「以」，世德堂本作「而」。　天福也。〔注〕自

然死耳，自然窮耳，未必由凶虐與愚弱。然肆凶虐之心，居不賴生之地，而威之於死，是之死得死者，故亦曰天福也。

〔解〕居可生之時而得其生者，爲天福也；　居可死之時而得其死者，亦天福也。　如夷吾求生於齊桓之時而得遂其生者，

信爲天福也；　如鉏麑之觸槐以取喪，不辱君命，不傷賢才，得遂其死，垂名不朽，亦天福也。　○注「威之於死」道藏四解

本「於」作「以」。　可以生而不生，〔注〕居榮泰之地，願獲長年而早終。　天罰也；　〔注〕願生而不得生，故曰天

罰也。　可以死而不死，〔注〕居困辱之地，不願久生，而更不死也。　○注各本「生」上無「久」字。　天罰也。　〔注〕

輕死而不之死，復是天罰。　〔解〕居榮泰之地，處崇高之位，是可以生而不得生，如董賢之類是也。　居困辱之地，處屯苦

之中，是可以死而不得死，如人彘之類是也。　求之不遂，皆爲天罰也。　可以生，可以死，得生得死，有矣；

〔注〕此之生而得生，此之死而得死。　不可以生，不可以死，或死或生，有矣。　〔注〕此義之生而更死，之死

而更生者也。　此二句上義已該之而重出，疑書誤。　○陶鴻慶曰：兩「不」字衍文，本作「可以生，可以死，或死或生，有

矣」。　言可以生而或死，可以死而或生也。　張注云：「此義之生而更死，之死而更生者也」。　是其所見本無兩不字。　上

文云：「可以生而不生，天罰也；可以死而不死，天罰也」，意與此同，故張注又疑其重出也。○釋文云：重，柱用

切。然而生生死死，非物非我，皆命也。智之所無奈何。〔注〕生死之理既不可測，則死不由物，生不

在我，豈智之所如？〔解〕不由於物，亦不由於我，知不能運，力不能成，然後可以任命矣。○注末「如」元本、世德堂

本作「必」。故曰，窈然無際，天道自會；漠然無分，天道自運。〔注〕無際無分，是自然之極；自會

自運，豈有役之哉？○江有誥曰：際會爲韻，古音同在祭部。分運爲韻，古音同在文部。○釋文云：分，符問切，注

同。天地不能犯，〔注〕天地雖大，不能違自然也。聖智不能干，〔注〕聖神雖妙，不能逆時運也。鬼魅不能

欺。〔注〕鬼魅雖妖，不能詐真正也。○釋文「魅」作「媚」，云：或作魅。自然者默之成之，〔注〕默，無也。平

之寧之，〔注〕平寧無所施爲。將之迎之。〔注〕功無遺喪，似若將迎。〔解〕若合道成命，天地不能違，聖智不能

干，運用合理，應變如神，鬼魅所不能欺；何況於人事乎？伯峻案：成平寧爲韻，古音同在耕部；將迎爲韻，古

音同在陽部。○釋文云：喪，息浪切。

楊朱之友曰季梁。季梁得病，七日大漸。〔注〕漸，劇也。○北宋本「病」作「疾」。其子環而泣

之，請醫。○王重民曰：御覽七百三十八引「請」下有「謁」字，謁亦請也，蓋謂請於其父而請醫。下文「終謁三醫」

即其事也。若無謁字，則語義不明。○王叔岷曰：文選孫子荊爲石仲容與孫皓書注引亦有「謁」字。季梁謂楊朱

曰：「吾子不肖如此之甚，汝奚不爲我歌以曉之？」○釋文云：爲，于僞切。楊朱歌曰：「天

其弗識，人胡能覺？匪祐自天，弗孽由人。○釋文「孽」作「蘖」，云：魚列切。我乎汝乎！其弗

知乎！醫乎巫乎！其知之乎？」〔注〕言唯我與汝識死生有命耳，非醫巫所知也。其子弗曉，終謁

三醫。〔注〕不解楊朱歌旨，謂與己同也。〔解〕其子謁醫，夫天命不能識乎，人亦何能覺之耶？天不別加福，人亦不

爲過，而遇病者，此其命也。夫我與汝尚不能知，醫與巫何能知乎？又將歌意，我與爾能此疾，我不能疾，巫能之也。

○秦恩復曰：盧解「歌意」下注有脫誤。○蔣超伯曰：終，周也。淮南子俶真訓：「智終天地」。終，周也。「終謁

三醫」謂「徧謁三醫」也，不作竟字解。○釋文云：解音蟹。

三曰盧氏，診其所疾。○釋文云：診，之忍切，候脉也。矯氏謂季梁曰：「汝寒溫不節，○釋文

「汝」作「女」○云：女音汝，下同。虛實失度，病由飢飽色欲。精慮煩散，非天非鬼。○北宋本、汪本、

秦本「天」作「天」○。天當借爲妖，雖可通，但依下文汝疾不由天，亦不由人，亦不由鬼證之，則作天者近是。今從藏本、

元本正。雖漸，可攻也。」季梁曰：「眾醫也。嘔屏之！」○釋文云：嘔音棘。屏，上聲，除也。俞

氏曰：「女始則胎氣不足，乳湩有餘。○釋文云：湩，竹用切，乳汁也。病非一朝一夕之故，其

所由來漸矣，弗可已也。」季梁曰：「良醫也。且食之！」〔解〕矯氏所說之病，皆人事之失，關乎力

者也。俞氏所說之病，與形俱生，氣不足，不可差也。○釋文云：食音嗣。盧氏曰：「汝疾不由天，亦不由

人，亦不由鬼。稟生受形，既有制之者矣，亦有知之者矣。〔注〕夫死生之分，脩短之期，咸定於無

爲，天理之所制矣。但愚昧者之所惑，玄達者之所悟也。○釋文云：分，符問切。藥石其如汝何？」季梁

曰：「神醫也。重貺遺之！」○釋文云：貺音況。俄而季梁之疾自瘳。〔解〕盧氏所說之病乃由乎

神。神之所造有功有過。形者，報神之器也，神以制之矣。未受於形，神以知之矣。神既不足，形乃隨之。長短美醜，

質形已定矣。藥石豈能愈之？季梁以爲神醫。修神養德而病自愈。○釋文云：瘳音悒。

生非貴之所能存，身非愛之所能厚；生亦非賤之所能夭，身亦非輕之所能薄。故貴

之或不生，賤之或不死；愛之或不厚，輕之或不薄。此似反也，非反也，此自生自死，

自厚自薄。或貴之而生，或賤之而死；或愛之而厚，或輕之而薄。此似順也，非順也；

此亦自生自死，自厚自薄。鬻熊語文王〔注〕鬻熊，文王師也。○釋文云：語，魚據切，下同。

曰：「自長非所增，自短非所損。算之所亡若何？」〔注〕算猶智也。〔解〕若知形報爲，則無以其私

情。私情者，有貴有愛，有賤有薄者也。形骸不由情之所厚薄，則得之似順，達之似反；其實非反非順也，亦猶長短好

醜，豈由情愛所遷耶？智算所無可奈何也。○秦恩復曰：盧解「報爲」「爲」字疑誤。○釋文云：算，先玩切。亡音

無。老聃語關尹曰：○釋文云：聃，他甘切。惡，烏路切。「天之所惡，孰知其故？」〔注〕王弼曰：「孰，誰也。

言誰能知天意耶？其唯聖人也。」伯峻案：二句乃老子七十三章文。今本王弼注曰：「孰，誰也。言誰能知天之所

惡之意何故邪，其唯聖人乎！」張注引文有省略。○釋文云：惡，烏路切。言迎天意，揣利害，不如其已。

〔注〕夫順天理而無心者，則鬼神不能犯，人事不能干。若迎天意，料倚伏，處順以去逆，就利而違害，此方與逆害爲巨

對；用智之精巧者耳，未能使吉凶不生，禍福兼盡也。〔解〕夫不知道者，寧知天之所愛惡乎？若預迎天意，揣度利害，

以徇私情，不知順理而任命也。此章言力不能違命，命不可預知。任之則後時，力之則違命。所以愧夫知道之修神養真造業之始創力轉命以我乎天者也。○秦恩復曰：盧解「知道」下疑有脱誤。○釋文云：揣，初委切。料音聊。

楊布〔注〕楊朱弟也。問曰：「有人於此，年兄弟也，言兄弟也，○俞樾曰：「言」字無義，當從釋文作「訾」。管子君臣上篇「吏嗇夫盡有訾程事律」，即此訾字之義。官秩貴賤必視「訾程」爲準。「訾兄弟也」，正與下文「貴賤父子也」相應。殷敬順不達訾字之義，而以爲當作貲財字，則下當言貧富，不當言貴賤矣。○釋文「言」作「訾」云：訾，即移切，當作貲財字；一本作言。才兄弟也，貌兄弟也，而壽夭父子也，貴賤父子也，名譽父子也，愛憎父子也。吾惑之。」〔解〕年、言、才、貌相似也，故云兄弟也；壽夭、貴賤隔懸也，故云父子也。此命之難知也，故疑惑也。

楊子曰：「古之人有言，吾嘗識之，○釋文云：識音志。將以告若。不知所以然而然，命也。〔注〕自然之理，故不可以智知。今昏昏昧昧，○釋文云：昧音晦。紛紛若若，隨所爲，隨所不爲。日去日來，孰能知其故？○盧文弨曰：藏本無「能」字。皆命也夫。〔解〕眾人所不知，以爲自然，昏昏昧昧，日去日來，運行無窮者，人以是爲命也乎。信命者，亡壽夭；〔注〕有壽夭則非命。○釋文云：亡音无，下同。信理者，亡是非；〔注〕有是非則非理。信心者，亡逆順，〔注〕有逆順則非心。信性者，亡安危。〔注〕有安危則非性。則謂之都亡所信，都亡所不信。〔注〕理亦亡信與不信也。○道藏江遹本、四解本無下「都」字。真矣愨矣，○釋文云：愨，口角切。奚去奚就？奚哀奚樂？○釋文云：樂音洛。奚爲奚不爲？」〔注〕理苟無心，則無所不爲，亦無所爲也。〔解〕

壽夭者，命也；是非者，理也；逆順者，心也；安危者，性也。使夫信命者亡壽夭，信理者亡是非，信心者亡逆順，信

性者亡安危，則謂之都亡所信亡所不信，然後至於真道也。亦何去何就，何哀何樂，何所爲何所不爲哉？此之謂至道

也。黃帝之書云：『至人居若死，動若械。』〔注〕此舉無心之極。○俞樾曰：「械」字無義。釋文云，

「本又作戒」，實皆駭之叚字也。周官大僕「始嘲戒鼓」，故書「戒」爲「駭」。列子原文蓋亦叚戒爲駭，而寫者又從木作械

耳。「居若死動若駭」，即「處女脫兔」之意。○王叔岷曰：俞説非也。至人「心如死灰」，故其「居若死」；「形如槁

木」，故其「動若械」。注「此舉無心之極」是也。戒亦借爲械。若以爲駭之叚字，則非其旨矣。莊子庚桑楚篇：「動不

知所爲」，亦「動若械」之意。○釋文云：械，戶界切，本又作戒。

不知所以動，亦不知所以不動。亦不以眾人之觀易其情貌，亦不知所以不觀不易其情

貌。〔注〕不爲外物視聽改其度也。○陶鴻慶曰：「亦不以眾人之不觀不易其情貌」當作「亦不以眾人之觀不易其情

貌」，今作「不觀」者，乃後人妄增也。張注云云，是其所見本二句并作「眾人之觀」。今衍「不」字，文雖變而意反複也。

○王重民曰：「爲」「謂」古通。張注云云，則張氏所據本作「爲」。○釋文「謂」作「爲」，云：爲，于僞切，注同。獨

亦不以居，亦不謂眾人之不居，亦不知所以居，亦不謂眾人之不觀不易其情

往獨來，獨出獨入，孰能礙之？」〔注〕物往亦往，物來亦來。任物出入，故莫有礙。〔解〕居若死，無心也；獨

動若械，用機關也。如木人之運動，有何知哉？不在乎情，不在乎貌也，神遊而已矣，孰能礙之邪？○釋文「礙」作

「硋」云：音礙。

墨〔注〕音眉。

尿、〔注〕勑夷反。〔解〕默詐佯愚之狀。○秦恩復曰：「墨」方言作「嚜」，音目。墨嚜古字通。

○釋文云：墨杘音眉癡。方言：墨杘，江淮之間謂之無賴。廣雅云：墨音目，杘，欺也。釋文疑有挩誤。自此二十人智巧才行兩兩相背，而能相與和同終年者，各任其真性故也。伯峻案：廣雅釋詁二云：墨杘，欺也。**單**〔注〕音戰。〔解〕輕動之狀。○釋文云：單音戰。單至，戰激之至。**嘽**〔注〕齒然反。**咺**〔注〕許爰反。〔解〕迂緩之狀。○釋文云：嘽，齒然切，又他丹切。咺音喧，又呼遠切。鄭玄注禮記云：嘽，寬綽貌。説文云：咺，寬閑心腹貌。**憋**〔注〕妨滅反。**憨**〔注〕音敷。此皆默詐輕發迂緩急速之貌。○「勑夷」、「齒然」、「許爰」、「妨滅」四個切音之下本無「反」字，今從元本、世德堂本增。下「魚略」「齒略」「苦交」諸切音同。○秦恩復曰：此節似缺盧注。方言：「憋，惡也。」郭璞注：「憋怤，急性也。」後漢書董卓傳：「敝腸狗態。」李賢注：敝作憋，方言：惡也。憨當作怤。○釋文云：憋，片滅切。憨音敷。方言：憋怤，音孚，急性也。**四人相與游於世，胥如志也；**○釋文云：胥，相居切，相也。如，隨也。謂各從其志。**窮年不相知情，自以智之深也。**〔解〕同游於世，終年不相知名，自以爲善也。**巧佞、愚直、**〔解〕巧佞，辯詼之狀也。愚直，質朴之狀也。○釋文云：巧佞，巧言邪佞。愚直，如愚質直。**婞**〔注〕魚略反。**斫**〔注〕齒略反。婞斫，不解悟之貌。〔解〕憨駭之狀也。○注「婞斫不解悟之貌」七字，北宋本、汪本皆在「便辟」兩字下，今從道藏諸本移上。○洪頤煊曰：「婞斫」即「婞婧」。方言：「婞婧，鮮好也，南楚之外通語也。」説文：「婧，齊也。」漢書江充傳：「充爲人魁岸。」師古曰：「岸者，有廉棱如崖岸之形。」岸即婞字。○釋文云：婞，言上聲。斫音酌。婞斫，容止峭巘也。字林云：婞，齊也，久不解語貌。解音蟹。○任大椿曰：此節張湛注「婞斫不解悟之貌」，敬順釋文約舉注義，故云久不解悟。道藏本「語」字乃「悟」字之訛。**便辟**〔解〕

折旋之狀。○釋文云︰便，房連切。辟，婢亦切。便辟，恭敬太過也。

而不相語術，○釋文云︰語，魚據切。自以巧之微也。〔解〕同游於世，終年不相訪，各自以爲巧妙也。謬

〔注〕苦交反。怋、〔注〕苦牙反。〔解〕頑戾强幅之狀也。○秦恩復曰︰文選左思吳都賦︰「儠䚊怮謬。」李善注︰

「方言，謬，獪也。」據此謬即狡字。○釋文云︰謬，口交切。怮，口家切。阮孝緒云︰「惡怋，伏態貌。」惡，口交切。

情露、〔解〕不隱之狀也。○釋文云︰情露，無所隱蔽。讓〔注〕音蹇。極、〔解〕訥澀之狀也。○「極」世德堂本作

「恆」。○秦恩復曰︰方言作「極」。極恆古字通。○俞正燮曰︰讓恆，口吃。恆有急義。史記云︰「周昌爲人吃，

又盛怒。」蓋吃者語必多，又性欲速，語出蹇而呕，故曰讓恆。左傳云，「公孫之呕也」，注云︰「言其性急，不能受屈。

亦作「謇吃」。諸病源候云︰「陰陽之氣不和，府藏之氣不足，而生謇吃。又心氣通舌，脾氣通口，脾脈連舌本，邪乘藏

而搏氣。言發氣動，邪隨干正脈，否氣壅，亦令謇吃，此則可治也。」一切經音義引通俗文云，「言不通則謂之謇吃」。○

釋文云︰讓音蹇。字林云︰恆，吃也。方言︰讓、吃、恆，急也，謂語急而吃。又訥澀貌。又云︰「疾

急性相背也。或作瘂、極，皆非是。○任大椿曰︰攷荀子賦篇，「出入甚極」，注，「極讀爲呕，急也」。又云︰「反覆甚

極。」注，「極讀爲呕，急也」。然則恆亦通作極。凌誶〔注〕音碎。此皆多誶訥澀辯給之貌。〔解〕尋間語責之狀也。

○注「此皆多」世德堂本作「比皆反」。○釋文云︰誶，句入聲。凌誶謂好陵辱責罵人也。説文云︰誶，責讓也。字

林音聚律切。訥，奴忽切。澀，所立切。四人相與游於世，胥如志也，窮年不相曉悟，伯峻案︰秦本

「窮年」下有「而」字。自以爲才之得也。〔解〕各自以爲才能。眠〔注〕莫典反。姃、〔注〕徒繭反。〔解〕無精

采之狀也。○釋文「眠」作「瞑」，云：眠上聲。娗音殄。方言：眠娗，欺慢之語也。郭璞云：謂以言相輕嗤弄也。又不開通貌。○任大椿曰：今本「眠」作「眂」。方言，眠娗，莫典反，今本作眂，是也。敬順釋文本「眠」作「眂」。攷玉篇，眂古視字。眂，上支切，視也，均與「眠」異義。「眂」字當即「眠」字，唐人諱「民」字，故從氏耳。釋文云「眠上聲」，此「眂」字乃衍文也。

諈〔注〕止累反。諉、〔注〕如僞反。〔解〕並煩重之貌。○「莫典」「徒繭」「止累」「如僞」四切音下之「反」字，依元本、世德堂本增。○釋文：諈，之睡切。諉，口恚切，又如僞切。鈍滯也。爾雅云：諈諉，累去也。郭璞云：謂以事相屬累以諈諉也。又煩重也。

勇敢、〔解〕雄健之狀也。○釋文：勇敢，勇猛果敢。

怯疑〔注〕眠娗，不開通之貌。諈諉，煩重之貌。〔解〕懦弱不決之狀。○釋文：怯疑，怯慎持疑。

四人相與游於世，胥如志也，窮年不相讁發，○釋文：讁，知革切。讁謂責其過也，發謂攻其惡也。自以行無戾也。○釋文：行，下孟切。无戾，无違戾也。

多偶、〔解〕和同之狀也。自專、〔解〕獨任之狀也。○釋文：自專謂自專擅不與衆同也。乘權、〔解〕用勢之狀也。○伯峻案：秦本「乘」作「秉」。○釋文：乘權謂乘用權勢也。隻立〔解〕孤介之狀也。○釋文：隻立，獨孤自立。

四人相與游於世，胥如志也，窮年不相顧眄，○釋文：眄音麫。自以時之適也。此眾態也，○釋文：態，他愛切。其貌不一，○本無「其」字，今依吉府本、世德堂本增。而咸之於道，命所歸也。〔解〕變詐、巧辯、愚拙、佞直，衆態不同，而皆以爲命者，理不然矣。今説者言受氣有厚薄，故如此不同，一皆委之於天更無可奈何者，此不知者也。故知道之士養其神，含其真，易其慮，變其身。彼形骸自我而造也，力其行，移其命，此皆生生者之功美矣。然則因形以辯命，則力不如命；因力以徵形，則命不如力也。

佹佹成者，俏成也，〔注〕俏音肖。俏，似也。○秦恩復曰：盧注作「魏魏」與張湛本不同。伯峻案：「俏成」下疑有「者」字，方與下文句法一律。六書故八引正作「俏成者也」。○釋文云：佹，姑危切，幾欲之貌。俏與肖字同。**初非成也。**〔解〕魏魏者，幾欲之狀也。俏者，似也。**佹佹敗者，俏敗者也，初非敗也。**〔注〕世有幾得幾失之言，而理實無幾也。〔解〕已欲成而不成者，似於成而非成也；垂欲敗而不敗者，似於敗而非敗也。○釋文云：幾音祈，下同。**故迷生於俏，**〔注〕惑其以成敗而不能辯迷之所由也。○盧文弨曰：注「以」藏本作「似」。**俏之際昧然。**○釋文云：爲句。**於俏而不昧然，**〔注〕際猶會也，言冥昧難分耳。〔解〕人之所迷生於似者也，不了也。不了則昧然矣。若相似而不昧然，斯謂明也。○盧文弨曰：注「昧」下藏本有「而」字。**則不駭外禍，**○釋文「駭」作「駴」云：與駭字同。**不喜內福；**〔注〕禍福豈有內外，皆理之玄定者也。見其卒起，因謂外至，見其漸著，因謂內成也。○釋文云：卒，村入聲。**隨時動，隨時止，智不能知也。**〔注〕動止非我，則非智所識也。〔解〕所謂明者了於性，通於神，力之所以生，命之所以成；故無外禍可駭懼，無內福可忻喜；動止隨時，不須智度也。**信命者於彼我無二心。**〔注〕無喜懼之情也。**於彼我而有二心者，不若揜目塞耳，背坂面隍亦不墜仆也。**〔注〕此明用智計之不如任自然也。〔解〕若能彼我無二心，則吉凶悔吝不生矣。苟不能知命任理，則全身遠害，且免傾墜顛仆也。是以世人不忘於力求，而不能委於命也。○盧文弨曰：注「如」字藏本作

「若」。○釋文「背坂」作「背城」，「墜」作「隊」，云：撲音奄。背城一本作坂。隊音墜。仆音赴。故曰：死生自

命也，〔注〕若其非命，則仁智者必壽，凶愚者必夭，而未必然也。貧窮自時也。〔注〕若其非時，則勤儉者必富，

而奢惰者必貧，亦未必然。〔解〕子夏曰：「死生有命，富貴在天。」天者，時也。陽和布氣，羣物皆生；聖人利見，含

靈俱暢。自我而定謂之命，因化所及謂之時也。○盧文弨曰：注末藏本有「也」字。○陶鴻慶曰：「貧窮」當作「貧

富」，與上句「死生自命也」語意一律。張注云云，是其所見本正作「貧富」。今本涉下文「怨貧窮者」而誤。○釋文云：

貧窮自時也。一本作富貴自時也。怨夭折者，不知命者也；○釋文云：折，之舌切。怨貧窮者，不知時

者也。〔注〕此皆不識自然之理。當死不懼，在窮不戚，知命安時也。〔解〕知命安時，德之大也。時來不

可拒，命至不可却，故曰安時而處順，憂樂不能入。迷生於肖似，戚生於不知時焉。

虛實，○釋文云：料音聊。度人情，○釋文云：度，徒落切，下同。得亦中，○釋文云：中，陟仲切，半也，下

同。或作陟仲反，非也。亡亦中。〔注〕中，半也。其少智之人不量利害，不料虛實，不度人情，得亦

中，亡亦中。量與不量，料與不度，奚以異？〔解〕凡料大下之事十得五中者，必爲善料

也。而少智不料亦得半矣，有何異也？唯亡所量，〔注〕不役智也。亡所不量，〔注〕任智之所知也。則全而

亡喪。○釋文云：亡音无。喪，息浪切，下同。亡所不量，〔注〕不役智也。亦非知全，○釋文云：知音智，下知喪同。亡所不量，〔注〕任智之所知也。亦非知喪。自

全也，自亡也，自喪也。〔注〕自全者，非用心之所能；自敗者，非行失之所致也。〔解〕假使勤心苦志，料得其

半，則不如無料而全其生。勞思慮者不知命，無所料者不知時。不知力者乃近於道矣，故去彼取此而已。○俞樾曰：

「自亡也」三字疑爲衍文。上文云「唯亡所量，亡所不量，則全而亡喪。亦非知全，亦非知喪」。皆以「全」「喪」對言，此云「自全也，自喪也」，文義已足。增出「自亡也」三字，則與上文不合矣。蓋涉上有三「亡」字而誤衍此句：不知上三「亡」字皆「有無」之「無」，非「喪亡」之「亡」也。○釋文云：行，下孟切。

齊景公游於牛山，○釋文云：牛山，今北海郡臨淄縣是。**北臨其國城而流涕曰：「美哉國乎！鬱鬱芊芊，**○釋文云：芊音千。廣雅云：芊芊，茂盛貌。**若何滴滴去此國而死乎？**○盧文弨曰：「滴滴」藏本作「滴滴」。○釋文云：滴滴或作滂滂，並音普郎切，流蕩貌。○任大椿曰：夫滂滂一字佀言普郎反已明，不必云並音也。蓋謂正文之「滴」與或作之「滂」並音普郎反。但「滴」無普郎反。攷荀子賦國篇「汸汸如海」，楊倞注，「汸讀爲滂，水多貌也」，則「滴」字疑「汸」字之誤。伯峻案：列子釋文之例，甲字應作乙字，或者義同乙字者，即以乙字音之，不論兩字之音理可通假不也。下文云，行假音何暇，蓋謂行當作何，非謂行字有何字之音。滴之與滂同音亦同此例。任氏之説未瞭。**使古無死者，寡人將去斯而之何？」**○盧文弨曰：韓詩外傳「之何」作「何之」。**史孔梁丘據皆從而泣曰：**○北宋本「史孔」作「艾孔」，汪本從之，今從吉府本、世德堂本訂正。○釋文「史孔」作「艾孔」，云：艾，五蓋切，一本作史孔。**「臣賴君之賜，疏食惡肉可得而食，**○北宋本「疏」作「跪」，汪本從之，今從吉府本、世德堂本訂正。○釋文「疏」作「跪」，云：…跪當作疏。食音嗣。韓詩外傳全有此章，云：疏食惡肉，可得食。疏食，菜食。**駕馬稜車可得而乘也；**○駕｜世德堂本作「怒」。○釋文云：駕音奴。稜當作棧。晏子春秋及諸書皆作棧車，謂編木爲之。棧，士限反。**且猶不欲死，而況吾君乎？」晏子獨笑於旁。**○釋文「晏子」作「晏嬰」，云：晏嬰，萊之夷維人也。公雪涕而顧晏子曰：伯峻案：呂覽觀表篇云：「吳起雪泣而應之。」高誘注：「雪，拭也。」家語子路初見篇云：「黍者所以雪挑。」注云：「雪，拭也。」「寡人今日之游悲，○釋文云：爲句。孔與據皆從寡人而泣，子之獨笑，何也？」晏子對曰：「使賢者常守之，伯峻案：「而常守之」猶言「能常守之」。而能古音同，故可通假。則太公桓公將常守之矣；使有勇者而常守之，則莊公靈公將常守之矣。數君者將守之，○釋文云：數，色主切。吾君方將被蓑笠而立乎畎畝之中，○釋文云：襄，先和切。唯事之恤，行假念死乎？〔注〕行假當作何暇。〔解〕死而復生者，人咸歸於釋論，道書與儒教髣髴而不明言之。今此云吾君方將被蓑笠而立乎畎畝之中者，則死生之理灼然可詳矣。是知力以成命，成命而後生，則生生之功可見矣。○王重民曰：「行假」韓詩外傳作「何暇」。○釋文云：行假音何暇。則吾君又安得此位而立焉？以其迭處之迭去之，○釋文云：迭音姪。至於君也，而獨爲之流涕，是不仁也。○釋文云：爲，于僞切，下文同。見不仁之君，見諂諛之臣。○釋文云：諛音臾。臣見此二者，臣之所爲獨竊笑也。」伯峻案：爲猶以也。所爲獨笑，言所以獨笑也。說詳王氏釋詞。景公慚焉，舉觴自罰。罰二臣者各二觴焉。

魏人有東門吳者，其子死而不憂。○王叔岷曰：御覽五一八、記纂淵海四八、五一，事文類聚後集七，合璧事類前集三二引「者」下並有「年四十」三字。「其子死而不憂」，並作「有一子，喪之而不憂」。其相室曰：伯峻案：禮記曲禮下「士不名家相、長妾」，相室疑即家相，疏所謂助知家事者。○釋文云：相，息亮切。

「公之愛子伯峻案：御覽五一八引「子」下有「也」字。天下無有。今子死不憂，何也？」東門吳

曰：「吾常無子，○盧文弨曰：「常」當作「嘗」。無子之時不憂。今子死，乃與嚮無子同，○釋文

「嚮」作「鄉」云：音向。臣奚憂焉？」○王重民曰：吉府本「臣」作「詎」，疑本作「奚巨憂焉」。奚巨複詞，讀者

不達其義，遂以意移於奚字之上也。伯峻案：御覽五一八引作「又奚憂焉」。又案：戰國策秦策應侯答秦昭王亦用

此事，僞作列子者蓋本之。又案：顏氏家訓勸學篇：「王夷甫悼子，悲不自勝，異東門之達也」，即用此事。

農赴時，商趣利，○釋文云：趣音趨。工追術，仕逐勢，勢使然也。然農有水旱，商有得

失，工有成敗，仕有遇否，○釋文云：否，蒲鄙切。命使然也。〔注〕自然冥運也。〔解〕夫士、農、工、商各

趣利而逐勢者，力所爲也。水旱、成敗、否泰者，力所不能成，則委命以自安之。是收其操榆而不損護也。世人皆以無

可奈何乃推之於命耳。不能力求者，迷於似得者也。東門吳善安於命者也，非謂善於知命者也。若生者有生生者，是

得夫所以造吾命者；復安肯委命於生者，是得夫所以迭處迭去也。若知命者，當委命而任力焉。○秦恩復曰：盧注

「操榆」句未詳。○孫詒讓曰：解「操」當作「桑」，「損護」當作「隕穫」，見禮記儒行。伯峻案：據盧解云云，似重玄

本以「農赴時」以下仍接上段。但依文義，農赴時以下自成一節，爲總結全篇篇旨之語，故仍提行。

列子集釋卷第七

楊朱第七

〔注〕夫生者，一氣之暫聚，一物之暫靈。暫聚者終散，暫靈者歸虛。而好逸惡勞，物之常性。故當生之所樂者，厚味、美服、好色、音聲而已耳。而復不能肆性情之所安，耳目之所娛，以仁義爲關鍵，用禮教爲衿帶，自枯槁於當年，求餘名於後世者，是不達乎生生之趣也。〔解〕夫君子殉名，小人殉利。唯名與利，皆情之所溺，俗人所爭焉。故體道之人也，爲善不近名，不趨俗人之所競；爲惡不近刑，不行俗人之所非。違道以求名，溺情以從欲，俱失其中也。故有道者不居焉。此言似反，學者多疑。然則楊朱之篇亦何殊於盜跖也？○釋文云：楊朱，或云字子居，戰國時人，後於墨子。楊朱與禽滑釐辯論，其說在愛己，不拔一毛以利天下，與墨子相反。陸德明云，「楊戎字子居」，恐子居非楊朱也。好，呼報切。惡，烏路切。復，扶又切。鍵音件。衿音今。槁，口老切。○梁玉繩曰：莊子應帝王，陽子居，釋文，「李云，『居，名也。子，男子通稱。』」又寓言篇釋文，「姓楊，名朱，字子居」，與老子相問答，何以指爲楊朱？伯峻案：楊朱與楊子居是否一人，古今頗有爭論文字。汪中述學老子攷異之附註以爲兩人，衍而至於近人唐鉞，作楊朱攷，載於東方雜誌二十二卷五期中，力言楊朱非楊子居。以爲兩人者近是。

楊朱游於魯，舍於孟氏。孟氏問曰：「人而已矣，奚以名爲？」曰：「以名者爲富。」「既富矣，奚不已焉？」曰：「爲貴。」「既貴矣，奚不已焉？」曰：「爲死。」「既死矣，奚爲焉？」曰：「爲子孫。」〔注〕夫事爲無已，故情無厭足。○釋文云：爲富、爲貴、爲死、奚爲焉、爲子孫之爲，並于僞切。厭，一鹽切。「名奚益於子孫？」曰：「名乃苦其身，燋其心。〔注〕夫名者，因僞以求真，假虛以招實，矯性而行之，有爲而爲之者，豈得無勤憂之弊邪？○釋文云：燋音椒。乘其名者，澤及宗族，利兼鄉黨；況子孫乎？」○陶鴻慶曰：「名乃苦其身，燋其心」八字當在上文「孟氏問曰人而已矣奚以名爲」之下，以見名之害而爲名者之愚。又云「既富矣，奚不已焉？既貴矣，奚不已焉」，正謂苦身燋心而不止也。今誤脱在此，則上文詞意不足；而此文方論爲名之益，乃先舉爲名之害，語氣爲不倫矣。「凡爲名者必廉，廉斯貧；爲名者必讓，讓斯賤。」〔注〕此難家之辭也。今有廉讓之名而不免貧賤者，此爲善而不求利也。〔解〕夫人之生世也，唯名與利。聖人以名利鈞之，則小人死於利，君子死於名，無有不至者也。善惡雖殊，俱有求也。然而求名而遂者，豈唯取富貴，乃榮及子孫，利兼鄉黨矣。雖苦身燋心勤於廉讓者，志有所望而情有所忘，俱失中也。○釋文云：難，乃旦切。曰：「管仲之相齊也，○釋文云：相，息亮切，下同。君淫亦淫，君奢亦奢。〔注〕言不專美惡於己。伯峻案：論語八佾：「管氏有三歸，官事不攝；邦君樹塞門，管氏亦樹塞門；邦君爲兩君之好，有反坫，管氏亦有反坫。」此皆亦淫亦奢之證也。志合言從，道行國霸。死之後，管氏而已。〔解〕實名之利薄也。田氏之相齊也，伯峻案：御覽四八五引「田氏」上有「其後」兩字。君盈則己降，君歛則己施。〔注〕此推惡於君也。○釋文云：歛，收聚也。施，始豉切。民皆歸之，因有齊國；子孫享之，至今不絕。〔解〕僞名之利深也。

若實名貧，僞名富。〔注〕為善不以為名，名自生者，實名也。為名以招利而世莫知

者，僞名也。僞名則得利者也。○注「名自生者」藏本作「而自生者」。○俞樾曰：「若實名貧僞名富」下當有「實名賤

僞名貴」二句。上文曰：「凡為名者必廉，廉斯貧；為名者必讓，讓斯賤」。張注以為難家之辭，是也。此云「若實名貧，僞

名則富貴也。○陶鴻慶曰：俞氏云此下當有「實名賤僞名貴」二句，其說是已。而以此引管仲陳氏事證為實名則貧賤，為僞

辭，則非也。上文云「凡為名者必廉，廉斯貧；為名者必讓，讓斯賤」。而以此與上言管仲田氏事為一人之

名富，實名賤，僞名貴」，亦難家之辭。若猶此也，說詳王氏經傳釋詞（「若」下或當有「然」字，下文「孟孫陽曰若然，速

亡愈於久生」。說符篇：「若然，死者奚為不能言生術哉？」是其例）。言管仲子孫以實名而貧賤，田氏子孫以僞名而

富貴，是則名果足以致貧賤也。難者之意謂實者真名而僞者非名也。下文又答之曰，「實無名，名無實，名者僞而已

矣」。言實與名不並立，既謂之名，名皆有僞，是則名果足以致富貴也。答者之意謂僞者為名而實者非名也。下

文答辭特著「曰」字以別之，則此為難辭無疑。若以此與上下文為一人之辭，則下文「實無名名無實」云云皆枝辭贅語，

不知其用意所在矣。自「既富矣奚不已焉」以下凡難者之辭皆省「曰」字，讀者當玩其義而自得之。**曰：「實無**

名，○釋文「無」作「亡」，云：……音无。 **名無實。 名者，僞而已矣。**〔注〕不僞則不足以招利。〔解〕行實者無其

名，求名者無其實，故不僞則利不彰也。 **昔者**伯峻案：御覽四二四、類聚二十一引並無「者」字。 **堯舜僞以天下**

讓許由善卷，而不失天下，享祚百年。〔注〕僞實之迹因事而生。致偽者由堯舜之迹，而聖人無偽也。伯峻

案：堯以天下讓許由，事又見莊子逍遙遊篇；舜讓天下于善卷，亦見莊子讓王篇及盜跖篇。 **伯夷叔齊實以孤**

竹君讓而終亡其國，伯峻案：御覽四二四、類聚二十一引並無「君」字，是也。餓死於首陽之山。實、僞之辯，如此其省也。」〔注〕省猶察也。〔解〕僞者取名而無實，真者實行而忘名。堯舜之與夷齊，炳然如此。真僞之迹耳，不易察哉？世人若不殉名利而失真，則溺情慾而忘道矣。天下善人少，不善人多，則殉名者稀，從慾者眾。雖有智者，亦無可奈何。蓋俱失中也。○釋文云：省，思井切。

楊朱曰：「百年，壽之大齊。○釋文云：齊，去聲，限也。○得百年者千無一焉。○釋文「無」作「亡」，云：音无。設有一者，孩抱以逮昏老，幾居其半矣。○釋文云：幾音祈，下同。夜眠之所弭，○釋文云：弭，綿婢切。晝覺之所遺，○釋文云：覺音教。又幾居其半矣。痛疾哀苦，亡失憂懼，又幾居其半矣。○盧文弨曰：「痛疾」意林引作「疾病」。○王叔岷曰：文選陸士衡長歌行注引亦作「疾病」。量十數年之中，逌然而自得亡介焉之慮者，○釋文云：亡音无，下同。介音界，微也。亦亡一時之中爾。則人之生也奚爲哉？奚樂哉？○釋文云：樂音洛。爲美厚爾，○釋文云：爲，于僞切。爲聲色爾。而美厚復不可常厭足，○「厭」世德堂本作「猒」，此本字也。○釋文云：復，扶又切，下同。厭，一鹽切，本或作饜，音同。聲色不可常翫聞。乃復爲刑賞之所禁勸，名法之所進退，遑遑爾競一時之虛譽，規死後之餘榮；偊偊爾順耳目之觀聽，○「順」道藏白文本、林希逸本、元本、世德堂本並作「慎」。意林引同。○秦恩復曰：古「順」「慎」二字通。易，「履霜堅冰，蓋言順也」「順」即「慎」。○釋文「順」作「慎」，云：偊，丘羽切。慎耳一本作順耳。○任大椿曰：荀子修身篇「順墨」，楊倞訓爲慎墨。君子

篇…「忠者，惇慎此者也」。楊倞注「慎讀如順」。莊子列禦寇篇釋文，「慎於」。有順懷而達者，順一作

慎」。大戴禮保傅篇…「以其所爲慎於人也。」盧辯注，「皆得民心也」。曾子大孝篇…「父母既没，慎行其

身。」慎一作順。慎德篇，「以慎天法」。注，「天道不可成，順之而已」，則慎即順。文王官人篇…「無辨而自慎。」慎讀

爲順。「順耳」作「慎耳」猶存古字。惜身意之是非，徒失當年之至樂，不能自肆於一時。重囚纍

梏，○釋文云…纍音累。梏，古沃切，手械也。何以异哉？〔注〕异，異也，古字。〔解〕舉俗之人咸以百年爲一

生之期，而復晝夜哀苦之所減矣，泰然稱情者無多時焉。稱情之事不過稱聲色美味，而復以刑賞名教之所束縛，不得肆

其情，亦何以異乎囚繫桎梏者？此皆滯情之言也。○釋文云…异古異字。太古之人知生之暫來，○釋文

「太」作「大」，云…音泰。知死之暫往，〔注〕生實暫來，死實長往，是世俗長談；而云死復暫往，卒然覽之，有

似字誤。然此書大旨，自以爲存亡往復，形氣轉續，生死變化，未始絕滅也。注天瑞篇中已具詳其義矣。○秦刻盧解本

「死」上無「知」字。○釋文云…卒，七忽切。故從心而動，○釋文云…從音縱，下同。不違自然所好，○

釋文云…好，呼報切，下同。當身之娛非所去也，○俞樾曰…「當身」乃「當生」之誤。下云「死後之名非所取

也」「當生」與「死後」正相對。下文云，「且趣當生，奚遑死後」，是其證。○釋文云…去，丘呂切。故不爲名所

勸。〔注〕爲善不近名者。○北宋本、汪本、四解本「勸」作「觀」，今依吉府本、道藏白文本、世德堂本正。○釋文云…近，去

勸一本作觀。從性而游，不逆萬物所好；死後之名非所取也，故不爲刑所及。〔注〕爲惡不近刑

者。伯峻案…不逆萬物所好，則不犯人；不犯人，則不作惡，故不爲刑所及。張注語焉而不詳。○釋文云…近，去

聲，下同。刑，害也。

名譽先後，年命多少，非所量也。〔解〕舉太古之人者，適其中也。夫有生有死者，形

也；出生入死者，神也。知死生之暫來暫往也，則不急急以求名；知神明之不死不生也，則不遑遑以爲道。故從心

而動，不違自然所好也；娛身而已矣，何用於名焉？故從性而游，不逆萬物所嗜也；適意而已矣，何懼於刑焉？是

以名譽、年命非所料量也。娛身適意者，動與道合，非溺於情也。

楊朱曰：「**萬物所異者生也，所同者死也。生則有賢愚、貴賤，是所異也；死則有**

臭腐、消滅，○釋文云：腐音輔。**是所同也。雖然，賢愚、貴賤非所能也，臭腐、消滅亦非所能**

也。故生非所生，死非所死；賢非所賢，愚非所愚，貴非所貴，賤非所賤。〔注〕皆自然爾，非

能之所爲也。伯峻案：「故生非所生」諸「所」字下疑皆脫「能」字，此數語緊承「賢愚貴賤非所能也，臭腐消滅亦非所

能也」而言。細繹張注及下文盧解，似其所見本俱有「能」字。**然而萬物齊生齊死，齊賢齊愚，齊貴齊賤。**

〔注〕皆同歸於自然。**十年亦死，百年亦死。仁聖亦死，凶愚亦死。生則堯舜，死則腐骨；生**

則桀紂，死則腐骨。腐骨一矣，孰知其異？且趣當生，奚遑死後？」〔注〕此譏計後者之惑也。

夫不謀其前，不慮其後，無戀當今者，德之至也。〔解〕生者，一身之報也；死者，一報之盡也。賢愚貴賤，生物之殊也，

故爲異焉。臭腐消滅，死物之常也，故爲同焉。世人皆指形以爲死生，不知形外之有神。神之去也，一無知耳。故賢愚

貴賤臭腐消滅皆形所不自能也。不自能，則含生之質未嘗不齊。人皆知其所齊，不知其所以異。且競當生，不暇養所

生，故有道者不同於茲矣。

楊朱曰：「伯夷非亡欲，〔釋文云：爲句。亡音无。〕矜清之郵，〔注〕音尤。○北宋本「郵」作「卸」，汪本從之，秦刻盧解本同，今依吉府本、世德堂本正，下同。○釋文云：郵音尤。爾雅云：尤，過也。伯峻案：今本爾雅作「郵過也」。以放餓死。〔注〕守餓至死。○釋文云：公羊傳曰：放死不立。劉兆注曰：放，至也。〕賢負實之言，然欲有所抑揚，不得不寄責於高勝者耳。〔解〕殉名之過實以至於此，非所以體真全道，忘名證實者也。

展季非亡情，矜貞之郵，以放寡宗。○釋文云：寡宗，少宗系也。清貞之誤善之若此！〔注〕此誣賢負實之言，然欲有所抑揚，不得不寄責於高勝者耳。

楊朱曰：「原憲窶於魯，〔伯峻案：「窶」當從「宀」作「寠」，說文、玉篇、廣韻、集韻、韻會皆作「寠」，不作「窶」。類篇作「窶」。集韻亦有「窶」字，而訓爲甌窶。疑作「窶」者皆唐以後人所改，唐以前無窶字也。詩北門「終窶且貧」，爾雅「寠，貧也」，曲禮「主人辭以窶」，荀子堯問篇「是以窶小也」，諸「寠」字皆當作「窶」。○釋文云：窶，其羽切〕子貢殖於衛。〔注〕窶，貧也。殖，貨殖。原憲之窶損生，子貢之殖累身。」○釋文云：累，去聲。「然則窶亦不可，殖亦不可，其可焉在？」○釋文云：焉，於虔切。曰：「可在樂生，可在逸身。故善樂生者不窶，〔注〕足己之所資，不至乏匱也。善逸身者不殖。〔注〕不勞心以營貨財也。〔解〕固窮而不力求，損於生者也。」貨殖而爲命，累於身者也。唯有道者不貨殖以逸其身，不守窮以苦其生，樂道全真，應物無滯也。

楊朱曰：「古語有之：『生相憐，死相捐。』〔伯峻案：捐古音在文部，憐古音在真部，古合韻最近，此捐憐爲韻。○釋文「捐」作「損」，云：音捐。〕此語至矣。相憐之道，非唯情也；勤能使逸，飢能使飽，寒能使溫，窮能使達也。相捐之道，非不相哀也；不含珠玉，○釋文云：含音憾。

不服文錦，不陳犧牲，不設明器也。〔解〕知相憐相捐之道爲至矣，皆人不能至焉。何則？相憐在於贍乎生，相捐在於無累乎形，此爲至當矣。若生不能贍之令安，死則徒埋珠寶以眩名，招寇盜以重傷，是失其宜矣。晏平仲問養生於管夷吾。管夷吾曰：『肆之而已，勿壅勿閼。』○釋文云：壅音擁。閼，安葛切，與遏同。晏平仲曰：『其目奈何？』夷吾曰：『恣耳之所欲聽，恣目之所欲視，恣鼻之所欲向，恣口之所欲言，恣體之所欲安，恣意之所欲行。〔注〕管仲功名人耳，相齊致霸，動因威謀。任運之道既非所宜，且於事勢不容此言。又上篇復能勸桓公適終北之國，恐此皆寓言也。○釋文云：相，息亮切。復，扶又切。夫耳之所欲聞者音聲，而不得聽，謂之閼聰；目之所欲見者美色，而不得視，謂之閼明；鼻之所欲向者椒蘭，而不得嗅，謂之閼顫；〔注〕鼻通曰顫。顫音舒延反。○釋文云：嗅，許救切。顫與羶字同，須延切。口之所欲道者是非，而不得言，謂之閼智；體之所欲安者美厚，而不得從，謂之閼適；意之所欲爲者放逸，而不得行，謂之閼性。○「性」元本、世德堂本作「往」，誤。凡此諸閼，廢虐之主。〔注〕廢，大也。○釋文云：廢虐，毀殘也。去廢虐之主，○釋文云：去，丘呂切。熙熙然以俟死，○釋文云：熙，許其切，縱情欲也。一日、一月、一年、十年，吾所謂養。〔注〕任情極性，窮歡盡娛，雖近期促年，且得盡當生之樂也。拘此廢虐之主，○釋文云：拘音俱。錄而不舍，○宋翔鳳曰：錄有禁義。小爾雅：「禁，錄也。」伯峻案：荀子修身篇：「程役而不錄。」楊倞注，「錄，檢束也」，即是此義。

○釋文云：　舍音捨。　戚戚然以至久生、百年、千年、萬年、非吾所謂養。』〔注〕惜名拘禮、內懷於矜懼

憂苦以至死者、長年遲期、非所貴也。〔解〕夷吾之才足以相霸主、振頹綱、而布奢淫之情足以忤將來、敗風俗。故夫子

賞其才也、則曰：「微管仲、吾其被髮左衽矣」。惡其失禮也、則曰：「管仲之器小哉！管氏而知禮、孰不知禮」。列

子因才高之人以極其嗜慾之志、令有道者知其失焉。然縱耳目之情、窮聲色之欲者、俗人之常心也。故極而肆之、以彰

其惡耳、非所以垂訓來世、法則後人者也。管夷吾曰：『吾既告子養生矣、送死奈何？』晏平仲

曰：『送死略矣、將何以告焉？』管夷吾曰：『吾固欲聞之。』平仲曰：『既死、豈在我

哉？焚之亦可、沈之亦可、瘞之亦可、○釋文云：瘞、於例切。　露之亦可、衣薪而棄諸溝壑亦

可。○釋文云：衣、於既切。　袞衣繡裳而納諸石椁亦可、○釋文「袞衣」作「袞文」云：袞、古本切。唯所

遇焉。』〔注〕晏嬰、墨者也、自以儉省治身、動遵法度、非達生死之分。所以舉此二賢以明治身者、唯取其奢儉之異也。

〔解〕俗人殉欲之志深、送死之情薄。薄則易為節、深則難為情。故厚其生、則眾心之所喜；薄其死、則羣情所易從。

列子乃因侈者以肆情、因儉者以節禮、故王孫之輩、良吏譴之、失其中道也。○釋文「儉省」作「儉嗇」云：嗇音色、一

本作省。　分、符問切。　管夷吾顧謂鮑叔黃子曰：『生死之道、吾二人進之矣。』〔注〕當其有知、則

制不由物；及其無知、則非我所聞也。〔解〕既不由我矣、則任物以處之、此世人謂死為無知者也。若由我者、肆情以

樂之、此世人謂順情為貴者也。若然者、堯舜周孔不足為俗人重、桀紂盜跖可為後代師矣。豈有道者所處也？至人忘

情、聖人制禮。情忘也、則嗜慾不存矣、何聲色之可耽耶？禮制也、則生死跡著矣、何焚露之可薄耶？縱情之言、皆失

道也。○釋文云：進音盡。

子產相鄭，○釋文云：子產，鄭大夫公孫僑也。鑄刑法於鼎，事在昭六年。相，息亮切。專國之政；

三年，善者服其化，惡者畏其禁，鄭國以治。○釋文云：治，直吏切，下治矣必治之治同。諸侯憚

之。而有兄曰公孫朝，○釋文云：朝依字。有弟曰公孫穆。○釋文云：好，呼報切。穆好

色。朝之室也聚酒千鍾，○北宋本作「鐘」，汪本從之，世德堂本同。今從四解本、吉府本。書鈔一四八、御覽四

九七八四六、事類賦十七、記纂淵海九十、天中記二九引並作「鍾」。積麴成封，○釋文「麴」作「麯」云：本又作

麴。望門百步伯峻案：廣雅釋詁云：「望，至也。」○釋文云：望音亡。糟漿之氣逆於人鼻。○道藏白

文本、林希逸本「糟」並作「醴」，此處以作「糟」為長。○釋文作「醴漿」云：醴音遭，本又作糟。方其荒於酒也，

不知世道之安危，人理之悔吝，○「吝」北宋本作「恡」，汪本從之，藏本、秦本同，今從世德堂本。室內之有

亡，○釋文云：亡音无。九族之親疏，存亡之哀樂也。○釋文云：樂音洛。雖水火兵刃交於前，

弗知也。○穆之後庭比房數十，○釋文云：比，頻密切。皆擇稚齒婑媠者〔注〕婑音烏坐切。媠音奴坐

切。以盈之。○釋文云：婑，烏果切。媠，奴坐切。方其耽於色也，○「耽」北宋本、吉府本、世德堂本皆作

「耽」下「耽於嗜慾」同。○釋文云：耽本又作媅，丁南切。○任大椿曰：玉篇、類篇無媅字，有妉字，為媅字重文，

云，樂也。釋文「本又作媅」之「媅」乃「妉」字之訛。屏親昵，○釋文云：屏，上聲。昵，尼質切。絕交遊，逃於

後庭，以盡足夜，○釋文云：足，即且切，益也。伯峻案：廣韻遇韻，「足，添物也」，則讀去聲。三月

出，意猶未愜。○釋文云：愜，口蝶切。鄉有處子之娥姣者，○釋文云：娥音俄。姣音絞，廣雅云，好也。

必賄而招之，○釋文云：賄，呼猥切。媒而挑之，○釋文云：挑，他堯切。蒼頡篇云：挑謂招呼也。

誂，相誘也。誂，大了切。弗獲而後已。伯峻案：「弗」字疑衍，或者為「必」字之誤。子產日夜以為戚，密

造鄧析而謀之，曰：○釋文「造」作「速」，云：本作造，七到切。析音錫。「僑聞治身以及家，治家以

及國，此言自於近至於遠也。僑為國則治矣，而家則亂矣。其道逆邪？將奚方以救二

子？子其詔之！」鄧析曰：「吾怪之久矣，未敢先言。子奚不時其治也，喻以性命之重。子

誘以禮義之尊乎？」〔解〕喻以性命，誘以禮義者，欲止其貪逸之情，啗其軒冕之位，此皆世俗名利之要歸也。

產用鄧析之言，因間以謁其兄弟，而告之曰：○釋文云：間音閑。「人之所以貴於禽獸者，

智慮。智慮之所將者，禮義。禮義成，則名位至矣。若觸情而動，耽於嗜慾，則性命危矣。

子納僑之言，則朝自悔而夕食祿矣。」朝穆曰：「吾知之久矣，擇之亦久矣，〔注〕覺事行多端，

選所好而為之耳。○釋文云：行，下孟切。好，呼報切。豈待若言而後識之哉？凡生之難遇而死之

易及。○釋文云：易，以豉切，下同。以難遇之生，俟易及之死，○釋文云：俟一本作俟。可孰念

哉？而欲尊禮義以夸人，○釋文「夸」作「跨」云：口花切，下同；一本作夸。矯情性以招名，吾以

此爲弗若死矣。〔注〕達哉此言！若夫刻意從俗，違性順物，失當身之暫樂，懷長愁於一世，雖支體具存，實鄰於死者。〇釋文云：樂音洛，下同。爲欲盡一生之歡，〇「歡」元本、世德堂本作「觀」，誤。窮當年之樂。不違名聲之唯患腹溢而不得恣口之飲，力憊而不得肆情於色；〇釋文云：憊，皮界切。榮醜，性命之危也。且若以治國之能夸物，欲以說辭亂我之心，〇釋文云：說辭一本作僞辭。禄喜我之意，不亦鄙而可憐哉？我又欲與若別之。〔注〕別之猶辨也。〇釋文云：別，彼列切，注同。夫善治外者，物未必治，而身交苦；善治内者，物未必亂，而性交逸。以若之治外，其法可暫行於一國，未合於人心；以我之治内，可推之於天下，君臣之道息矣。吾常欲以此術而喻之，若反以彼術而教我哉？伯峻案：「喻之」當作「喻若」。本作「吾常欲以此術而喻若，若反以彼術而教我哉」？「若」字重疊。古人於重疊處輒省其下文，而畫二筆以識之。鈔者不察，以二筆誤作之，「若若」遂訛作「若之」。淺人又謂「若之」不可通，乃乙轉成爲「之若」，遂鑄成此錯矣。子產忙然無以應之。〔解〕殉情耽慾之人，詭辭邪辯足以塞聖賢之口，亂天下法。故桀紂之智足以飾非，少卯之辭足以惑眾。雖不屈於一時，亦鼓倡於當代。故夫子屈盜跖之說，子產困於朝穆之言，不足多悔也。而惑者以爲列子叙之以暢其情，張湛注之以爲達其理，斯乃鄙俗之常好，豈道流之雅術乎？〇胡懷琛曰：「忙然」今通作「茫然」。伯峻案：解「夫子屈盜跖之說」當作「夫子屈於盜跖之說」，事見莊子盜跖篇。〇釋文「忙」作「茫」云：茫音忙。他日以告鄧析。鄧析曰：「子與真人居而不知也，孰謂子智者乎？」鄭國之治偶耳，非子之功也。」〔注〕不知真人則不能治國，治國者偶爾。此一篇辭義太逕挺抑抗，不似君子之音氣。然其旨欲去自拘束者之累，故有過逸之言者耳。〔解〕夫當才而賞之，擇德而任之，則賢者日進而不肖者退矣。任必以才，善人之道亨通矣。退必不肖，小人之道不怨矣。使賢不肖各安其分，適其志，則鄭國之治當矣。彼二子酣酒而愛色，禮義所不修，不因父兄之勢以干時，縱心嗜慾而不悔，此誠真人也。而乃欲矯其跡，爲其心，取祿位以私之，是國偶然有以理，非子之至公也，豈得爲智乎？此言真人者，非真聖之人，乃真不才之人。○注「太」世德堂本作「大」。○盧文弨曰：注「逕挺」莊子作「逕庭」，又作「俓侹」。○秦恩復曰：解「爲其心」「爲」「僞」古字通。荀子性惡篇楊倞注：「僞，爲也，矯也。凡非天性而人作爲之者謂之僞，故僞字人傍爲，亦會意字也。」○釋文「逕挺」作「逕廷」，云：廷音聽。抗，苦浪切。去，丘呂切。累，去聲。

衛端木叔者，子貢之世也。　伯峻案：秦策：「澤可以遺世。」注云：「世，後世也。」晉語：「非德不及世。」注云：「世，嗣也。」「子貢之世」謂子貢之後。下云「藉其先貲」，謂藉子貢之貲，以子貢善貨殖故也。淺人不達世字之義，妄加父字。御覽四七七又四九三引皆作「世父」，其實非也。但八三〇引無「父」字，未誤。亦有妄加「子」字者，如白孔六帖十九所引。　藉其先貲，　伯峻案：管子內業篇：「彼自來可藉與謀。」注云：「藉，因也。」○釋文云：貲音髭。　家累萬金。　不治世故，放意所好。　○釋文云：好，呼報切，下同。　其生民之所欲爲，人意之所欲玩者，無不爲也，無不玩也。　牆屋臺榭，園囿池沼，飲食車服，聲樂嬪御，擬齊楚之君焉。　至其情所欲好，耳所欲聽，目所欲視，口所欲嘗，雖殊方偏國，〔注〕偏，邊。　非齊土之所產育者，無不必致之；　○俞樾曰：下文云：「雖山川阻險，塗逕修遠，無不必之」。則此文當云「無不必致」，誤衍「之」字。

猶藩牆之物也。○釋文「藩」作「蕃」，云：甫袁切。○任大椿曰：周禮大司徒注云：「杜子春讀蕃樂爲藩樂。」詩「折柳樊圃」，釋文「樊，藩也，本又作蕃」。韓奕釋文同。左傳昭二十八年釋文，「藩亦作蕃」。楚語，「爲之關籥蕃籬」，韋昭注，「蕃籬，壁落也。蕃籬即藩籬也」，則藩蕃通。

及其游也，雖山川阻險，○釋文「阻險」作「岨嶮」，云：岨與阻同，嶮與險同。○任大椿曰：水經注「阻險」多作「岨嶮」，與釋文同。塗逕修遠，無不必之，猶人之行咫步也。○釋文云：咫音紙。

賓客在庭者日百住，○俞樾曰：「住」當爲「數」，聲之誤也。黃帝篇：「漚鳥之至者百住而不止。」張注曰：「住當作數。」是其證矣。此篇盧重玄本作「往」，則是誤字。○釋文云：住，色主切，或作往。

庖廚之下不絕煙火，○釋文「庖」作「胞」，云：胞，蒲交切，本又作庖。○任大椿曰：考祭統，「胞者，肉吏之賤者也。」注：「胞音庖。」莊子庚桑楚篇：「是故湯以胞廚籠伊尹。」漢書東方朔傳：「胞人臣偃。」師古曰，「胞與庖同義」，故庖胞通也。

堂廡之上不絕聲樂。○釋文云：廡音武。

奉養之餘，先散之宗族；宗族之餘，次散之邑里；邑里之餘，乃散之一國。行年六十，氣幹將衰，棄其家事，都散其庫藏、珍寶、車服、妾媵。○釋文云：藏，徂浪切。媵，以證切。一年之中盡焉，不爲子孫留財。○釋文云：爲，于僞切。

及其病也，無藥石之儲，及其死也，無瘞埋之資。〔注〕達於理者，知萬物之無常，財貨之蹔聚。聚之，非我之功也，且盡奉養之宜；散之，非我之施也，且明物不常聚。若斯人者，豈名譽所勸，禮法所拘哉？○釋文云：施，始豉切，下同。

一國之人受其施者，○王重

民曰：御覽四百九十三引「之」下無「人」字。 相與賦而藏之，○俞樾曰：賦者，計口出錢也。周官大宰職鄭注

曰：「賦，口率出泉也。」漢書食貨志師古注曰，「賦謂計口發財」，是其義矣。藏猶言葬也，禮記「葬也者，藏

也」，故葬與藏得相通。周易繫辭傳，「葬之中野」，漢書劉向傳引作「藏之中野」，藏即藏字也。端木叔死無瘞埋之資，

故受其施者相與賦錢而葬之也。 反其子孫之財焉。 禽骨〔注〕又屈。 ○釋文「禽骨釐」作

「禽屈釐」，云：屈釐音骨貍，墨子弟子也。 ○王重民曰：御覽四百九十三引「段干生」作「段干木」，當從之。 ○釋文云：過

叔，達人也，德過其祖矣。 「端木叔，狂人也，辱其祖矣。」段干生聞之，曰：「端木

音戈。 其所行也，其所爲也，衆意所驚，而誠理所取。衛之君子多以禮教自持，固未足以得

此人之心也。」

孟孫陽問楊朱曰：「有人於此，貴生愛身，以蘄不死，可乎？」曰：「理無久生。 生非貴之所能存，身非愛之所能厚。

「理無不死。」「以蘄久生，可乎？」曰：「理無久生。○釋文云：蘄音祈。 曰：

且久生奚爲？〔注〕設令久生，亦非所願。 五情好惡，○釋文云：好惡並去聲，注同。

體安危，古猶今也；世事苦樂，○釋文云：樂音洛，下同。 古猶今也；變易治亂，○釋文「治亂」

作「亂治」，云：治，直吏切。 古猶今也。 既聞之矣，既見之矣，既更之矣，伯峻案：更，經也。史

記大宛列傳：「漢方欲事滅胡，聞此言，因欲通使。道必更匈奴中。」索隱云：「更，經也。」路程之經歷與生活之經歷

固可同用一詞也。○釋文云：更音庚。百年猶厭其多，況久生之苦也乎？」〔注〕夫一生之經歷如此而已，或好或惡，或安或危，如循環之無窮。若以爲樂邪？則重來之物無所復欣。若以爲苦邪？則切己之患不可再經。故生彌久而憂彌積也。○釋文云：重，柱用切。復，扶又切。孟孫陽曰：「若然，速亡愈於久生，則踐鋒刃，○釋文云：鋒音烽。踐一本作蹯。入湯火，得所志矣。」楊子曰：「不然，既生，則廢而任之，究其所欲，以俟於死。〔注〕但當肆其情以待終耳。將死，則廢而任之，究其所之，以放於盡。〔注〕制不在我，則無所顧戀也。無不廢，無不任，何遽速於其閒乎？」

楊朱曰：「伯成子高不以一毫利物，舍國而隱耕。○釋文云：舍有捨。伯峻案：「有」當爲「音」字之誤。大禹不以一身自利，○釋文云：不以一身自利一本作不以一身利物。一體偏枯。古之人損一毫利天下不與也，悉天下奉一身不取也。人人不損一毫，人人不利天下，天下治矣。」○容齋續筆十四引「不利」上無「人人」二字。○釋文云：治，直吏切。禽子問楊朱曰：「去子體之一毛以濟一世，○釋文云：去，丘呂切。汝爲之乎？」〔注〕疑楊子貴身太過，故發此問也。○注釋文「太」作「大」，云：音泰。楊子曰：「世固非一毛之所濟。」〔注〕嫌其不達己趣，故亦相答對也。禽子曰：「假濟，爲之乎？」伯峻案：孟子盡心上：「楊子取爲我，拔一毛而利天下，不爲也」，蓋此問答所本。楊子弗應。禽子出語孟孫陽。○釋文云：語，魚據切。孟孫陽曰：「子不達夫子之心，吾請言之。有侵若肌膚獲萬金者，若爲之乎？」伯峻案：文選阮瑀爲曹公作書與孫權「非相侵肌膚有所割損也」，疑爲僞作此語者所本。曰：「爲之。」孟孫陽曰：「有斷若一節得一國，○釋文云：斷音短。子爲之乎？」禽子默然有閒。孟孫陽曰：「一毛微於肌膚，肌膚微於一節，省矣。〔注〕省，察。○釋文云：省，息井切。然則積一毛以成肌膚，積肌膚以成一節。伯峻案：則猶而也，此「然則」作「然而」用也。下「然則」同。一毛固一體萬分中之一物，奈何輕之乎？」禽子曰：「吾不能所以答子。然則以子之言問老聃關尹，則子言當矣；〔注〕聃尹之教，貴身而賤物也。以吾言問大禹墨翟，○釋文云：翟音狄。則吾言當矣。」〔注〕禹翟之教，忘己而濟物也。孟孫陽因顧與其徒説他事。

楊朱曰：「天下之美歸之舜、禹、周、孔，天下之惡歸之桀紂。然而舜耕於河陽，陶於雷澤，○釋文云：案史記曰，舜耕於歷山，陶於河濱。今濮陽雷澤縣。四體不得暫安，口腹不得美厚；父母之所不愛，弟妹之所不親。行年三十，不告而娶。○釋文云：告，古沃切。告上曰告，發下曰誥。及受堯之禪，年已長，○釋文云：長，張丈切。智已衰。○北宋本無「之」字。商鈞不才，○釋文云：鈞音均。禪位於禹，戚戚然以至於死：此天人之窮毒者也。○蔣超伯曰：莊子徐無鬼篇師其意而變其詞云：「卷婁者舜也。」舜有羶行，百姓悦之。堯聞舜之賢，舉之童土之地，年齒長矣，聰明衰矣，而不得歸休，所謂卷婁者也。」鮌治水土，○釋文云：鮌，古本切，禹父名，本又作骸。績用不就，殛諸羽山。禹纂業事讐，○釋文云：纂音纘。惟荒土功，子産不字，過門不入：○釋文云：過音戈。身體偏枯，手足胼胝。○釋文「胼胝」作「跰趾」，云：跰，步千切。趾，丁泥切。及受舜禪，○釋文云：禪音善。卑宮室，○釋文「卑」作「庳」，云：音弊，音卑。○任大椿曰：「卑」「庳」音相通，故庳既音敝，又音卑。攷工記釋文：「輪人輪箄，一音薄計反。」史記淮陰侯傳：「從間道萆山而望。」如淳曰：「萆音蔽。依山自覆蔽。」箄萆從卑聲，而皆讀爲蔽。故蔽有敝音，又有卑音。卑宮室之作蔽宮室，以卑蔽音相近而通耳。美紱冕，○釋文云：紱冕音黻冕。戚戚然以至於死：此天人之憂苦者也。武王既終，成王幼弱，周公攝天子之政。邵公不悦，四國流言。居東三年，誅兄放弟，僅免其身，○釋文云：僅音覲。戚戚然以至於死：此天人之危懼者也。孔子明帝王之道，應時君之聘，伐樹於宋，削迹於衛，窮於商周，圍於陳蔡，○「圍」秦刻盧解本作「困」。○俞樾曰：「圍」乃「困」字之誤。受屈於季氏，見辱於陽虎，戚戚然以至於死：此天民之遑遽者也。凡彼四聖者，生無一日之歡，死有萬世之名。名者，固非實之所取也。雖稱之弗知，雖賞之不知，與株塊無以異矣。〔注〕觀形即事，憂危之迹著矣。求諸方寸，未有不嬰拂其心者。將明至理之言，必舉美惡之極以相對偶者也。○釋文云：株音誅。塊，口對切。桀藉累世之資，居南面之尊，智足以距羣下，威足以震海内：恣耳目之所娛，窮意慮之所爲，熙熙然以至於死：此天民之逸蕩者也。紂亦藉累世之資，居南面之尊，威無不行，志無不從：肆情於傾宮，縱欲於長夜，○釋文「縱」作「從」，云：從音縱，下同。不以禮義自苦，熙熙然以至於誅：此天民之放縱者也。彼二凶也，生有從欲之歡，死被愚暴之名。實者，固非名之所與也，雖毀之不知，雖稱之弗知，○俞樾曰：上文言舜禹周孔曰，「雖稱之弗知，雖賞之」則此言桀紂，宜云「雖毀之不知，雖罰之弗知」。「毀之」言，「罰之」對「賞之」言，方與下文「彼四聖雖美之所歸，彼二凶雖惡之所歸」文義相應。「稱之賞之」是美之所歸也，「毀之罰之」是惡之所歸也。今涉上文而亦作「稱之」，義不可通矣。

此與株塊奚以異矣。〔注〕盡驕奢之極，恣無厭之性，雖養以四海，未始愜其心。此乃憂苦窮年也。○釋文云：盡，子忍切。厭，一鹽切。愜，口帖切。

彼四聖雖美之所歸，苦以至終，同歸於死矣。

彼二凶雖惡之所歸，樂以至終，○釋文云：樂音洛。亦同歸於死矣。

楊朱見梁王，言治天下如運諸掌。○王重民曰：類聚九十四引作「梁惠王」，下文「梁王曰」無「梁」字。○王叔岷曰：事類賦二二引「楊朱」上有「初」字。文選東方曼倩答客難注、事文類聚後集三九、韻府羣玉六、天中記五四引「梁」下亦並有「惠」字。

梁王曰：「先生有一妻一妾而不能治，三畝之園而不能芸，而言治天下如運諸掌，何也？」對曰：「君見其牧羊者乎？○王重民曰：「見其」誤倒。類聚九十四引「其」作「夫」，亦通（說苑政理篇作「君不見夫羊乎」）。伯峻案：其，彼也。「君見其牧羊者乎」猶言「君見彼牧羊者乎」。其之訓彼，說見仲父所著高等國文法及詞詮。

百羊而羣，使五尺童子荷箠而隨之，○王重民曰：

類聚九十四引上「而」字作「爲」，疑作「爲」者是也。爲古文作而，與而相似易譌。本書黃帝篇「夫得是而窮之者，焉得爲正焉」，莊子達生篇作「物焉得而止焉」，吉府本列子作「焉得而正焉」，是其證。○王叔岷曰：御覽八三三、事文類聚後集三九、天中記五四引「而羣」亦並作「爲羣」，王說是也。欲東而東，欲西而西。使堯舜一羊，舜荷篲而隨之，則不能前矣。且臣聞之：吞舟之魚不游枝流；鴻鵠高飛，不集汙池。何則？其極遠也。○王叔岷曰：說苑政理篇、金樓子立言下篇「其」下並有「志」字，當從之。下文「何則？其音疏也」。「志」與「音」對言。黃鐘大呂不可從煩奏之舞。何則？其音疏也。○「鐘」汪本作「鍾」，吉府本同，今從各本正。○陶鴻慶曰：「奏」當爲「湊」。湊，會合也。將治大者不治細，成大功者不成小，此之謂矣。」

楊朱曰：「太古之事滅矣，孰誌之哉？三皇之事若存若亡，五帝之事若覺若夢，○釋文云：覺音教。三王之事或隱或顯，億不識一。○釋文云：識如字，又音志，下同。當身之事或聞或見，萬不識一。目前之事或存或廢，千不識一。太古至于今日，年數固不可勝紀。但伏義已來三十餘萬歲，賢愚、好醜、成敗、是非，無不消滅；但遲速之間耳。〔注〕以遲速而致惑，奔競而不已，豈不鄙哉？矜一時之毀譽，以焦苦其神形，要死後數百年中餘名，○釋文云：要，一遙切。豈足潤枯骨？何生之樂哉？」

楊朱曰：「人肖天地之類，懷五常之性，〔注〕肖，似也。類同陰陽，性禀五行也。○釋文「肖」作「俏」，云：音笑，本或作肖。○任大椿曰：淮南子「浸想宵類。」高誘注：「宵，物似也。」漢書刑法志：「凡人宵天地之貌。」師古以宵爲肖，然則肖俏宵並通。有生之最靈者也。○北宋本、汪本、吉府本、世德堂本「者」下俱衍「人」字，今依藏本、四解本刪。人者，爪牙不足以供守衛，肌膚不足以自捍禦，○釋文「捍」作「扞」，云：音汗。禦，魚舉切。趨走不足以從利逃害，○本作「逃利害」，今從敦煌斯七七七六朝寫本訂正。伯峻案：說文：「歮，趨也。」釋名曰：「徐行曰步，疾行曰趨，疾趨曰走。」呂覽權勳篇：「齊王走莒。」注：「走，奔也。」○釋文「趨」作「趣」，云：音趨。無毛羽以禦寒暑，必將資物以爲養，○各本「養」下有「性」字，今從敦煌斯七七七六朝寫本殘卷删。任智而不恃力。故智之所貴，存我爲貴；力之所賤，侵物爲賤。然身非我有也，既生，不得不全之；刻盧解本、世德堂本皆作「不得不去之」。○俞樾曰：當作「不得而去之」，故下文曰「雖不去物，不可有其物」也。今作「不得不去」，與下文不合矣。蓋涉上文「既生不得不全之」，故誤「而」爲「不」。伯峻案：俞說是也，道藏白文本、林希逸本、吉府本正作而，今訂正。○釋文「而去」作「不去」，云：去，丘呂切。物非我有也，既有，不得而去之。○「不得而去之」北宋本、汪本、秦恩復本、世德堂本皆作「不得不去物」。身固生之主，物亦養之主。雖全生，○各本「生」下有「身」字，今從敦煌斯七七七六朝殘卷刪。不可有其身；雖不去物，不可有其物。有其物，有其身，是橫私天下之身，○釋文云：橫，去聲，下同。橫私天下之物。不橫私天下之身，不橫私天下物者，○各本無此十四字，今從敦煌殘卷增。其唯聖人乎！〔注〕知身不可私物不可有者，唯聖人可也。○陶鴻慶曰：張注云云失其讀。「其唯聖人乎，公天下之身，公天下之物，其唯至人矣！」蓋既歎其聖，又許以至也。易乾卦文言「其唯聖人乎！」知進退存亡而不失其正者，其唯聖人乎！」句法正同。伯峻案：陶所據本脫「不橫私」等十四字，故云云。今補此十四字，則陶說不足信矣。○釋文云：從此句下其唯至人矣連爲一段。

公天下之身，公天下之物，其唯至人矣！此之謂至者也。」〔注〕天下之身同之我身，天下之物同之我物，非至人如何？既覺私之爲非，又知公之爲是，故曰至至也。

楊朱曰：「生民之不得休息，爲四事故：一爲壽，〔注〕不敢恣其嗜慾。二爲名，〔注〕不敢恣其所行。三爲位，〔注〕曲意求通。○釋文云：爲，于僞切，下同。四爲貨。〔注〕專利惜費。有此四者，畏鬼，畏人，畏威，畏刑，此之謂遁民也。○注「曲」世德堂本作「出」，誤。○「民」本作「人」，敦煌殘卷作「民」。○王重民曰：「人」應作「民」，宋本未回改唐諱。伯峻案：王說是，今從之改正。王重民又曰：意林引作「此之謂遁人也」，當從之。下文云「此之謂順民也」，句法相同。王叔岷曰：江遹解「此之謂遁人」，所見本「之謂」二字亦未誤倒。○釋文云：遁音鈍。可殺可活，制命在外。〔注〕全則不係於己。伯峻案：活外爲韻，古音同在祭部。不逆命，何羨壽？不矜貴，何羨名？不要勢，○釋文云：要，一遥切。何羨位？不貪富，何羨貨？此之謂順民也。〔注〕得其生理。天下無對，制命在內。〔注〕外物所不能制。伯峻案：對內爲韻，古音同在脂部。故語有之曰：人不婚宦，情欲失半；人不衣食，君臣道息。○江有誥曰：宦半爲韻，古音同在元部。食息爲韻，古音同在之部。周諺曰：○釋文云：謏音彦。『田父可坐殺。』○釋文云：父音甫，下同。晨出夜入，自以性之恆；啜菽茹藿，王叔岷曰：記纂淵海五七引「菽」作「水」。○釋文云：啜，川劣切。茹，去聲。藿音霍。自以味之極；肌肉麤厚，○釋文云：麤，倉胡切。筋節觠急，〔注〕觠音區位切。○釋文「觠」作「腃」，云：筋音斤。腃音嘳，筋節急也。或作觠㒹，上音權，下區位切。腃醜，筋急貌。○秦恩復曰：釋文「觠」者，腃字音嘳也。「㒹」當作「腃」。腃，癸聲，故音區位反。若「㒹」字則當音之春反矣。玉篇：「觠腃，醜貌。」觠從月，藿聲；腃從月，卷聲。藿卷聲之轉也。淮南子修務訓作「嘳腃」，高誘注：「嘳讀權衡之權，急氣言之。腃讀夒。」讀夒是區位反之明證。爾雅：「其萌藿」，郭音繼絭，是腃即觠字之明證。「㒹」張湛本作「嘳」，淮南子作「嘳」。從山從口皆非，當從月。○任大椿曰：「㒹」無區位切之音，當爲「腃」之誤。又「筋急貌」三字下世德堂本又有「曰腃音區位切」六字，道藏本脫去此六字非也。蓋列子別本或作「觠腃」，釋文因分釋「觠腃」二字。其云「腃醜」，釋「觠」字之義。玉篇、廣雅、廣韻皆云「觠腃醜貌」，故以腃醜釋觠字。其云「筋急貌曰腃音區位切」，欲明「腃」之與「觠」音義之不同也。今道藏本脫去「曰腃」以下六字，則竟似以筋急貌釋腃醜矣。腃醜無筋急之訓也。伯峻案：任說非也。「腃音區位切」五字本張注，世德堂本溷與釋文爲一，任據世德堂本補釋文，不可信。又玉篇廣韻之「觠腃醜貌」（廣雅釋詁作「觠腃醜也」），當以「觠腃」連讀。王氏廣雅疏證引淮南子修務訓「嘳腃哆嗎」，即廣雅之「䫋嗎嘳嘆」，即此「觠腃」也。任氏以「腃醜」爲讀，非也。然釋文亦有錯脫。

一朝處以柔毛綈幕，○釋文云：綈幕音啼莫。薦以粱肉蘭橘，心㾕體煩，內熱生病矣。○釋文云：㾕，一鉛切。商魯之君與田父侔地，○釋文云：侔，莫侯切。則亦不盈一時而懠矣。〔注〕言有所安習者，皆不可卒改易，況自然乎？○釋文云：卒，村入聲。故野人之所安，野人之所美，謂天下無過者。昔者宋國有田夫，常衣緼黂，〔注〕黂，亂麻。○「黂」世德堂本作「廥」，誤。○釋文云：衣，於既切。緼，一問切。黂，房未切。緼黂，謂分弊麻絮衣也。韓詩外傳云，異色之衣也。又音汾。僅以過冬。暨春東作，伯峻案：堯典云：「寅賓出日，平秩東作。」僞孔傳云：「歲起於東而始就耕，謂之東作。」趙岐孟子注云：「書曰平秩東作，謂治農事也。」漢書王莽傳云：「每縣則耕以勸東作。」後漢質帝紀、續漢書禮儀志皆云：「方春東作」，更其明證。○釋文云：暨音泊。自曝於日，○王叔岷曰：事類賦一、御覽三、天中記一引「自曝於日」並作「曝日於野」，「野」下更有「美之」二字。○釋文云：曝，蒲木切。不知天下之有廣廈隩室，綿纊狐貉。○釋文云：隩音奧。貉音鶴。顧謂其妻曰：「負日之暄，伯峻案：暄，煖或字。○釋文云：暄音萱。人莫知者，○王叔岷曰：文選與山巨源絕交書注、記纂淵海二、事文類聚別集二三、合璧事類前集一引「者」並作「之」。以獻吾君，將有重賞。』里之富室告之曰：『昔人有美戎菽，甘枲莖芹萍子者，對鄉豪稱之。鄉豪取〔注〕鄉豪，里之貴者。○釋文「萍」作「荓」，云：戎菽已解力命篇。枲，胥里切。枲，胡枲也。蒼頡篇云：葈耳也。一名蒼耳。枲俗音此。葈，思上聲。爾雅云：萍，荓也。又苹，藾蕭也。郭注，今藾蒿也，初生亦可食也。而嘗之，蜇於口，○釋文云：蜇音哲。慘於腹，○釋文云：慘，千感切。慘、蜇，痛也。眾哂而怨之，○釋文云：哂，式忍切。其人大慙。子，此類也。』」伯峻案：文選嵇康與山巨源絕交書「野人有快炙背而美芹子者，欲獻之至尊」，可見本有此傳說，作列子者用以入此章。

楊朱曰：「豐屋、美服、厚味、姣色，○蔣超伯曰：説文，「豐，大屋也」。引易曰，「豐其屋」。則作豐亦可。○釋文云：姣音絞。有此四者，何求於外？有此而求外者，無厭之性。○「厭」北宋本、世德堂本作「猒」。○釋文「厭」作「饜」，云：饜，一鹽切。無厭之性，陰陽之蠹也。〔注〕非但累其身，乃侵損正氣。○注「其」世德堂本作「正」，誤。○釋文云：蠹音妒。累，去聲。忠不足以安君，適足以危身；義不足以利物，適足以害生。安上不由於忠，而忠名滅焉；利物不由於義，而義名絕焉。君臣皆安，物我兼利，古之道也。『去名者無憂。』○釋文云：去，丘呂切，下同。老子曰：『名者實之賓。』伯峻案：今老子無此語，而見於莊子逍遙遊篇。而悠悠者趨名不已。名固不可去，名固不可賓邪？今有名則尊榮，亡名則卑辱。○釋文「者亡」云：亡音无，下同。尊榮則逸樂，○釋文云：樂音洛，下同。卑辱則憂苦。憂苦，犯性者也；逸樂，順性者也。斯實之所係矣。名胡可去？名胡可賓？但惡夫守名而累實。○釋文云：惡，烏路切。夫音符。累，去聲。守名而累實，將恤危亡之不救，豈徒逸樂憂苦之間哉？」○秦恩復曰：自「衛端木叔者」以下盧解缺佚，無從補正。

列子集釋卷第八

說符第八〔注〕夫事故無方，倚伏相推，言而驗之者，攝乎變通之會。〔解〕本篇去末明本，約形辯神。立事

以顯真，因名以求實；然後知徇情之失道，從欲以喪真。故知道者不失其自時，任能者不必遠害。○秦恩復

曰：解中「自」字疑衍。

子列子學於壺丘子林。壺丘子林曰：「子知持後，則可言持身矣。」〔注〕老子曰：「後其

身而身先。」列子曰：「願聞持後。」曰：「顧若影，則知之。」列子顧而觀影：形枉則影曲，

形直則影正。然則枉直隨形而不在影，屈申任物而不在我。此之謂持後而處先。〔注〕物莫

能與爭，故常處先。此語以壺子答而不條顯，列子一得持後之義因而自釋之，壺子即以爲解，故不復答列子也。〔解〕夫

影由形立，曲直在於形生；形由神存，真偽在於神用。若見影而形辯，知形而神彰；不責影以正身，不執身以明道，

觀其末而知其本，因其著而識其微，然後能常處先矣。○注「以壺子答」道藏本、元本並作「似壺子答」。伯峻案：淮

南子繆稱訓云：「列子學壺子，觀景柱而知持後矣。」○釋文云：爭音諍。解音蟹。復，扶又切。關尹謂子列子

曰：「言美則響美，言惡則響惡；身長則影長，身短則影短。名也者，響也；身也者，

影也。〔注〕夫美惡報應譬之影響，理無差焉。○陶鴻慶曰：上句云「名也者響也」，承上「言美則響美，言惡則響惡」而言，是響出於言，而言非響也。此句承上「身長則影長，身短則影短」而言，是影出於身，而身非影也。今云「身也者影也」，義頗難通。此「身」字乃指受報之身言之，與上文「身長身短」意義迥別。下文「人愛我，我必愛之；人惡我，我必惡之」，意謂觀人之愛我惡我，則知我之愛人惡人。愛人惡人者，身也；人愛人惡之，則影也。故曰「身也者，影也」。○王叔岷曰：「身」當作「行」，下文「慎爾行，將有隨之」，即承此言。今本作「身」，涉上文「身長則影長，身短則影短」而誤。御覽四百三十引尸子作「行者影也」，可爲旁證。伯峻案：王說可取，陶氏曲爲之說，頗嫌迂僻。

故曰：慎爾言，將有和之；○「和」北宋本作「知」，汪本從之，今從吉府本、世德堂本訂正。○釋文云：和，胡臥切，一作知。慎爾行，○釋文云：行，下孟切，注同。將有隨之。〔注〕所謂出其言，善，千里應之；行乎邇，見乎遠。○江有誥曰：和隨爲韻，古音同在歌部。○釋文云：見，賢遍切。是故聖人見出以知入，觀往以知來，此其所以先知之理也。〔注〕見言出則響入，形往則影來，明報應之理不異於此也。而物所未悟，故曰先知之耳。〔解〕響之因聲，聲善則響美；名之因實，實善則名真。故名者聲之響，身者神之影也。聲出而響和，行習而神隨；故聖人聞響以知聲，見行而知道也。度在身，○釋文云：度依字讀。稽在人。人愛我，我必愛之；人惡我，○釋文云：惡，烏路切。我必惡之。〔注〕禮度在身，考驗由人。愛惡從之，物不負己。湯武愛天下，故王；○「故王」北宋本作「茲王」，汪本從之，今從各本正。○釋文云：王，于放切。桀紂惡天下，故亡，〔注〕此則成驗。此所稽也。〔解〕禮度在於身，稽考在於人，若影之應乎形，響之應

乎聲。[湯]武、[桀]紂其迹可稽也，其度可明也。愛惡之心不可不慎也。**稽度皆明而不道也，譬之出不由門，**

行不從徑也。〔注〕稽度之理既明，而復道不行者，則出可不由戶，行不從徑也。○[釋文]云：徑，一本作衢，一本作

術。復，扶又切。**以是求利，不亦難乎？**〔注〕違理而得利未之有。〔解〕稽度之事可明而不爲道者，譬行不由

門戶與街衢耳。欲以求利身於天下者，不亦難乎？○[秦恩復]曰：據解則[盧]本[徑]作[衢]。**嘗觀之神農有炎**

之德，稽之[虞]、[夏]、[商]、[周]之書，度諸法士賢人之言，○[釋文]云：度，徒洛切，量也。**所以存亡廢興**

而非由此道者，未之有也。」〔注〕自古迄今無不符驗。〔解〕考其行，稽其迹，自古帝王賢聖之言猶人，存亡廢

興粲然可明。若不由此道而爲理者，未之有也。珠，富之末也。有本故末存，存末則失本也。○

爲，于偽切。**今得珠亦富矣，安用道？**〔注〕道，富之本也。**嚴恢曰：「所爲問道者爲富。**〔注〕問猶學也。○[釋文]云：

注「富之末也」北宋本無「也」字，[汪]本從之，今依四解本增。**子列子曰：「桀紂唯重利而輕道，是以亡。**

〔注〕非不富，失本則亡身。**幸哉余未汝語也。**○[釋文]云：語，魚據切。**人而無義，唯食而已，**〔注〕義

者，宜也。得理之宜者，物不能奪也。**是雞狗也。彊食靡角，**○[俞樾]曰：「靡」讀爲「摩」。[莊子馬蹄篇]：「喜

則交頸相靡。」[釋文]引[李]云：「摩也」，是靡與摩義通。「靡角」之「靡」即「交頸相靡」之「靡」，謂以角相靡也。○[王叔岷]

曰：[俞]說是也。[御覽]四二二引作「磨」。磨、摩、靡古並通用。○[釋文]云：靡，文彼切。[韓詩外傳]云：「靡，共也。」[呂]

氏春秋云：「角，試力也。」此言人重利而輕道，唯食而已，亦猶禽獸飽食而相共角力以求勝也。**勝者爲制，是禽獸**

也。〔注〕以力求勝，非人道也。○王重民曰：「制」字義不可通，蓋當作「利」，字之誤也。御覽四百二十一引作「勝者爲利」，可證。爲雞狗禽獸矣，而欲人之尊己，不可得也。〔注〕豈欲人之尊己，道在則自尊耳。人不尊己，則危辱及之矣。」〔注〕樂推而不厭，尊己之謂。苟違斯義，亡將至。〔解〕無乏少者謂之富，非謂求利之富也。若重利輕道，桀紂所以亡也。雞犬禽獸不知仁義，爭食恃力，不知其他。行此則危辱及身，欲人之尊己，豈可得矣？此謂因名求實。

列子學射中矣，〔注〕率爾自中，非能期中者也。○釋文云：中，丁仲切，下同。請於關尹子。尹子曰：○王重民曰：御覽七百四十五引疊一「關」字，是也。古書或稱「關尹」，無稱爲「尹子」者，下同。○王叔岷曰：王說是也。呂氏春秋審己篇亦作「關尹子曰」。下同。「子知子之所以中者乎？」對曰：「弗知也。」關尹子曰：「未可。」〔注〕雖中而未知所以中，故曰未可也。退而習之。三年，又以報關尹子。尹子曰：「子知子之所以中乎？」列子曰：「知之矣。」關尹子曰：「可矣，守而勿失也。〔注〕心平體正，内求諸己，得所以中之道，則前期命中，矢發無遺矣。非獨射也，爲國與身亦皆如之。故聖人不察存亡而察其所以然。」〔注〕射雖中而不知所以中，則非中之道；身雖存不知所以存，則非存之理。故夫射者，能拙俱中，而知所以中者異；賢愚俱存，而知所以存者殊也。〔解〕不知所以中者，非善之善者也。善知得之於手，應之於心，命中而中者，斯得矣。得而守之，是謂之道也。能知其道，非獨射焉，爲國爲身亦皆如是也。善知射者不貴其中，貴其所以必中也；善知理國理身者亦不貴其存，貴其所以必存。故賢愚理亂可知者，有道也。

列子曰：「色盛者驕，力盛者奮，未可以語道也。」〔注〕色力是常人所矜也。○釋文云：語，魚據切。**故不班白語道，失，**○釋文云：爲句。失一本作矣，恐誤。**而況行之乎？**〔注〕色力既衰，方欲言道，悟之已晚。言之猶未能得，而況行之乎？○俞樾曰：上文曰「色盛者驕，力盛者奮，未可以語道也」。然則色力方盛之人不可以語道，必待班白之人方可語之。若不班白而語道，未有不失者矣。所謂「不班白語道失」也。張注云云，核之本文與上文，義皆不合。○王重民曰：俞説殊爲牽强。疑「故不班白」上有脱文。「失」字北宋本作「矣」，「故不班白語道矣」與下句「而況行之乎」正相應。「失」字爲「矣」之闕誤。伯峻案：王説不可信，張注云「言之未能得」，「言之」正釋「語道」，「未能得」正釋「失」字。下文盧解云，「白首聞道猶不能得」，亦以「不能得」解釋「失」字。可見張湛及盧重玄兩人所見本都作「失」字。作「矣」者乃字之誤。俞説近之。**故自奮則人莫之告。人莫之告，則孤而無輔矣。**〔注〕驕奮者雖告而不受，則有忌物之心，耳目自塞，誰其相之？○陶鴻慶曰：「自奮」上奪「自驕」二字。「自驕自奮」承上「色盛者驕力盛者奮」而言，張注云「驕奮者雖告而不受」，是其所見本不誤。○釋文云：相，息亮切。**賢者任人，故年老而不衰，智盡而不亂。**〔注〕不專己知，則物願爲己用矣。○注北宋本「專」作「以」「物」作「勿」，「願爲」作「以爲」；汪本「專」作「以」，「願爲」作「以爲」，今依道藏四解本正。○釋文云：爲，于偏切，下同。**故治國之難在於知賢而不在自賢。**〔注〕自賢者即上所謂孤而無輔；知賢則智者爲之謀，能者爲之使；物無棄才，則國易治也。〔解〕俗之所恃者色與力也。恃色則驕怠之心厚，恃力則奮擊之志多，不可以語其道也。色力衰者爲斑白。白首聞道猶不能得，況能行之乎？故守卑弱者道必親之，自强奮者人不肯告。人不肯告，寧有輔佐者乎？賢者任於人，故窮年而神不衰，盡智而心不亂。以此理國者，知賢而任之，則賢才爲之用。自賢而無輔，則失人矣。○釋文云：易，以豉切。

宋人有爲其君以玉爲楮葉者，○秦恩復曰：「玉」淮南子作「象」。高誘注：象牙也。伯峻案：韓非喻老篇亦作「象」。○釋文云：爲，于僞切。楮，敕呂切。三年而成。鋒殺莖柯，伯峻案：「鋒」韓非子作「豐」。王先慎云，「作豐是。豐殺謂肥瘦也」。毫芒繁澤，○釋文云：殺，所拜切。芒音亡。亂之楮葉中而不可別也。○釋文云：別，彼列切。此人遂以巧食宋國。子列子聞之，曰：「使天地之生物，三年而成一葉，則物之有葉者寡矣。故聖人恃道化而不恃智巧。」〔注〕此明用巧能不足以贍物，因道而化則無不周。〔解〕夫斵雕爲朴，還淳之道也。故曰，善約者不用膠漆，善閉者不用關鑰。是以大辯若訥，大巧若拙耳。若三年成一葉，與真葉不殊，豈理國全道之巧乎？是以聖人恃其道化，如和氣布而萬物生，不恃智巧也。若違天理而僞巧出，此之爲未明本末也。○注「巧能」藏本、四解本作「功能」。「贍物」北宋本作「婚物」，「婚」當是誤字。○釋文云：贍，市艷切。

子列子窮，容貌有饑色。客有言之鄭子陽者曰：伯峻案：呂覽觀世篇高注云：「子陽，鄭相也。」「一曰鄭君。」「列禦寇蓋有道之士也，居君之國而窮，君無乃爲不好士乎？」○釋文云：好，呼報切。鄭子陽即令官遺之粟。○釋文云：遺，唯季切，下同。子列子出見使者，再拜而辭。使者去。子列子入，其妻望之而拊心曰：○王重民曰：「之」字衍文。漢書汲黯傳：「黯編心不能無稍望」。

師古曰：「望，怨也。」其妻怨望，故拊心。呂覽觀世篇、新序節士篇並無「之」字可證。莊子讓王篇有「之」字者，疑亦

後人據列子誤增也。「妾聞爲有道者之妻子皆得佚樂。○釋文云：佚樂音逸樂。今有饑色，君過

而遺先生食。○「過」各本作「遇」與釋文本合。今從道藏白文本、林希逸本、江遹本，其義較長。○釋文「過」作

「遇」云：一本作過，或作適。先生不受，豈不命也哉？」子列子笑謂之曰：「君非自知我

也。以人之言而遺我粟，至其罪我也，又且以人之言，此吾所以不受也。」其卒，民果作難而殺子陽。

篇下有「且受人之養不死其難，不義也；死其難，是死無道之人，豈義哉？」數句。伯峻案：新序節士

道之士也。及子陽難作而不見害，此真所謂不爲外物之所傷累者也。伯峻案：史記鄭世家云：「繻公二十五年，鄭

〔解〕夫食人之祿，憂人之事。君不知我，因人之言而賜之；若罪我也，亦因人之言而責我也。吾所貴夫知我者，真悟

君殺其相子陽。」呂覽適威篇云：「子陽好嚴（依陳昌齊、俞樾、陶鴻慶三說刪極也二字），有過而折弓者，恐必死，遂應

猘狗而弒子陽。」○釋文云：難，乃旦切，一作亂。

魯施氏有二子，其一好學，其一好兵。○釋文云：好，呼報切，下同。好學者以術干齊侯；好兵者之楚，以法干楚王；王悅之，

齊侯納之，以爲諸公子之傅。○元本、世德堂本無「以」字。好兵者之楚，以法干楚王，

以爲軍正。○王重民曰：御覽六百四十八引「王」上有「楚」字，是也。上文「以術干齊侯，齊侯納之」句法相同。王悅之，

又吉府本御覽六百四十八引「正」並作「政」。正政通用。○釋文「悅」作「說」，云：音悅。禄富其家，爵榮其

親。施氏之鄰人孟氏同有二子，所業亦同，○王重民曰：御覽六百四十八引無上「同」字。而窘於

貧。○釋文云：窘，渠殞切。羨施氏之有，〔注〕有猶富也。因從請進趨之方。○北宋本、秦刻盧解本、汪本「請」作「謂」，今從吉府本正。○釋文云：請，一本作謂，恐誤。二子以實告孟氏。孟氏之一子之秦，以術干秦王。秦王曰：「當今諸侯力爭，○釋文云：爭音諍。所務兵食而已。若用仁義治吾國，是滅亡之道。」遂宮而放之。其一子之衛，以法干衛侯。衛侯曰：「吾弱國也，而攝乎大國之間。大國吾事之，小國吾撫之，是求安之道。若賴兵權，滅亡可待矣。若全而歸之，適於他國，爲吾之患不輕矣。」遂刖之，而還諸魯。○釋文云：刖音月。既反，孟氏之父子叩胸而讓施氏。○釋文云：叩，口候切。施氏曰：「凡得時者昌，失時者亡。子道與吾同，而功與吾異，失時者也，非行之謬也。且天下理無常是，事無常非。〔注〕應機則是，失會則非。先日所用，今或棄之，今之所棄，後或用之。此用與不用，無定是非也。投隙抵時，○釋文云：隙音郤。抵，當洗切。應事無方，屬乎智。〔注〕雖有仁義禮法之術，而智不適時，則動而失會者矣。○釋文云：屬音燭。智苟不足，○北宋本無「不」字，汪本從之，今依道藏各本、吉府本、元本、世德堂本增。○釋文云：一本無不字。使若博如孔丘，○世德堂本「若」作「君」。術如呂尚，焉往而不窮哉？〔注〕二子之所以窮，不以其博與術，以其不得隨時之宜。○釋文云：焉，於虔切。孟氏父子舍然無慍容，○陶鴻慶曰：「舍然」即「釋然」，舍釋古通用。○釋文云：舍音捨。慍，一問切。曰：「吾知之矣。子勿重言！」〔解〕

學仁義之道，善韜略之能，文武雖殊，同歸於才行之用，必因智之適時。智者道之用，任智則非道矣。夫投必中隙，抵必適時，應變無方，皆爲智也。故適時者無窘才，明道者無乏智。智若不足也，雖文若孔丘，武若呂尚，不免乎窮困也。孟氏既悟，故曰勿重言耳。

晉文公出會，欲伐衛，○王重民曰：意林引無「出會」二字。公子鋤仰天而笑。○仲父曰：說苑正諫作「趙簡子攻齊，公盧大笑」。蓋即一事而記者互異。盧鋤音讀相近。○釋文云：鋤，士魚切。公問何笑。曰：「臣笑鄰之人有送其妻適私家者，伯峻案：藝文類聚二四、意林、御覽三百五引「曰」上並有「對」字。又御覽九五五及三百五引作「笑臣鄰之人也，鄰之人有送其妻適家者」。又類聚二十四引作「笑臣之鄰人也，臣之鄰人有送其妻適私家者」。又四五七引作「笑臣之鄰人也，臣之鄰人有送其妻適私家者」。疑此文當作「笑臣之鄰人也，臣之鄰人有送其妻適私家者」。今本脫誤。道見桑婦，悅而與言。○王重民曰：意林、御覽三百零五引「言」上並有「之」字。然顧視其妻，亦有招之者矣。臣竊笑此也。」公寤其言，乃止。○王重民曰：類聚八十八、御覽三百零五又四百五十七引「寤」並作「悟」。○釋文云：寤音悟。引師而還，未至，而有伐其北鄙者矣。〔注〕夫我之所行，人亦行之。而欲騁己之志，謂物不生心，惑於彼此之情也。〔解〕夫貪於得而不知得有所守者，俗人之常情也。故嗜欲無窮而真道日喪矣。所以貴夫知道者，內守其道而不失，外用於物而不遺。世人則不然矣，外貪欲色，他婦是悅也；內失於道者，而己妻見招矣。○秦恩復曰：解中「得有所守」「得」字疑是衍文。

晉國苦盜。有郄雍者，伯峻案：「郄」當作「郤」。說文，「郤，晉大夫叔虎之邑也。」段注云：「叔虎之子曰郤芮，以邑爲氏。」治要引正作「郤」，下同，當從之。邵瑛羣經正字云：「俗又譌作郄者，亦郤之變。漢學師宋恩等題名，師郄適」，偏旁從希，與丞相似，俗遂變作郄。玉篇云：「郄俗從丞。」○釋文云：郄，去逆切。雍音邕。能視盜之貌，○「貌」本作「眼」，今從吉府本、世德堂本正。御覽四百九十九引亦作「貌」。○釋文云：貌一本作眼。察其眉睫之間，而得其情。○釋文云：睫音接。晉侯使視盜，千百無遺一焉。晉侯大喜，告趙文子曰：「吾得一人，而一國盜爲盡矣，伯峻案：御覽四百九十九引「爲」下有「之」字。○釋文云：爲，于偽切。奚用多爲？」文子曰：「吾君恃伺察而得盜，盜不盡矣，且郄雍必不得其死焉。」俄而羣盜謀曰：「吾所窮者郄雍也。」○王重民曰：御覽四百九十九引「所」下有「以」字，是也。遂共盜而殘之。〔注〕殘賊殺之。○王重民曰：治要、御覽四百九十九引「殘」並作「戕」，疑作「戕」者近是。說文，「它國臣來弒君曰戕」，故張注曰「賊殺之」。○釋文「殘」作「戕」，云：音牆，注同，一本作殘。晉侯聞而大駭，○釋文「駭」作「駴」，云：與駭同。立召文子而告之曰：「果如子言，郄雍死矣！然取盜何方？」○秦刻盧解本無「盜」字。文子曰：「周諺有言：察見淵魚者不祥，智料隱匿者有殃。〔注〕此答所以致死。○江有誥曰：祥殃爲韻，古音同在陽部。伯峻案：韓非子說林上云：「古者有諺曰，知淵中之魚者不祥。」○釋文云：料，去聲。且君欲無盜，莫若舉賢而任之；使教明於上，化行於下，民有恥心，則何盜之爲？」〔注〕此答所以止盜之方。於是用隨會知政，而羣盜奔秦焉。〔注〕用聰明以察是非者，

羣詐之所逃，用先識以擿奸伏者，眾惡之所疾。智之爲患，豈虛言哉？〔解〕教者，跡也，眾人所以履而行焉。化者，

道也，眾人所以日用而心伏。心伏則有恥，跡明則教成。舉賢任才，盜斯奔矣。或問曰：莊子云：「聖人生而大盜

起。」此云舉賢任才而羣盜去，何謂邪？答曰：求虛名而喪其實者，大盜斯起矣。得其實而去爲名者，羣盜斯去矣。

故舉賢而任才者，求名也；用隨會者，得實也。理不相違，何疑之有耶？○注「用先識」治要引「先」作「少」，近是。

○釋文云：擿，陟革切。

孔子自衛反魯，息駕乎河梁而觀焉。有懸水三十仞，〇「十」世德堂本作「千」，誤。**圜流九**

十里，○釋文云：圜與圓同。**魚鼈弗能游，黿鼉弗能居，有一丈夫方將厲之。**○治要引無「一」字。

○釋文云：厲，涉水也。**孔子使人並涯止之，曰：**○治要引無「並涯」二字。○釋文云：並，蒲浪切。涯音

崖。**「此懸水三十仞，圜流九十里，魚鼈弗能游，黿鼉弗能居也。**○治要引無「弗能游」三字。○治要引無

者難可以濟乎？」**丈夫不以錯意，**○治要引「錯」作「措」。○釋文云：錯，七故切。**遂度而出。孔子意**

問之曰：「巧乎？有道術乎？○王叔岷曰：家語致思篇、說苑雜言篇「巧乎」上並有「子」字，文意較完，

當從之。本書黃帝篇：「子巧乎！有道耶？」莊子知北遊篇：「子巧與？有道與？」並與此文例同。**所以能入**

而出者，何也？」丈夫對曰：「始吾之入也，先以忠信；及吾之出也，又從以忠信。忠信

錯吾軀於波流，而吾不敢用私，○治要引「錯」作「措」。○俞樾曰：「忠信錯吾軀於波流」，「忠信」字涉上句

衍。○王叔岷曰：俞說是也。治要引正無「忠信」二字。**所以能入而復出者，以此也。」孔子謂弟子**

曰：「二三子識之！」○釋文云：識音志。水且猶可以忠信誠身親之，而況人乎？」〔注〕黄帝篇中已有此章而小不同，所明亦無以異，故不復釋其義也。〔解〕夫忠者同於物，信者無所疑。同而不疑，不私其己，故能入而復出也。然則同而不疑，不私其己，知道矣夫！黄帝篇中已有此章。伯峻案：此章專以忠信二字爲主，「誠身」二字疑衍。治要引正無「誠身」二字可證也。○釋文云：復，扶又切。

白公問孔子曰：「人可與微言乎？」○王重民曰：吕覽精諭篇、淮南道應篇「問」下並有「於」字，御覽五十八引「問」下亦有「於」字，今本脱誤。孔子不應。〔注〕白公，楚平王之孫，太子建之子也。其父爲費無極所譖，出奔鄭，鄭人殺之。勝欲令尹子西司馬子期伐鄭，許而未行。晉伐鄭，子西子期將救鄭。勝怒曰：鄭人在此，讐不遠矣。欲殺子西子期，故問孔子。孔子知之，故不應。微言猶密謀也。〔解〕微言者，密言也，令人不能知也。白公，楚平王之孫，太子建之子。建出奔鄭，白公欲亂，故孔子不應耳。○盧文弨曰：注「勝欲令尹子西司馬子期伐鄭」，白公「欲」藏本作「報」。伯峻案：作「報」者誤。史記楚世家云：「白公故以此怨鄭，欲伐之」，可證欲字之不誤。呂覽精諭篇高誘注作「勝與庶父令尹子西司馬子期伐鄭，許而未行」。「與」亦當作「欲」。張注多用高注，此注亦節略高注之文也。○釋文「欲令」作「報令」，云：費，房未切。勝，詩證切，白公名。令，郎定切。

白公問曰：「若以石投水，何如？」○王叔岷曰：「問」字涉上文「白公問孔子曰」而衍。事類賦七、御覽五八、記纂淵海一、天中記九引皆無「問」字。吕氏春秋精諭篇、淮南道應篇並同。

孔子曰：「吳之善没者能取之。」〔注〕石之投水則没，喻其微言不可覺；故孔子答以善没者能得之，明物不可隱者也。○盧文弨曰：注藏本「言」下有「人」字，「不可覺」作

「不能覺」。曰：「若以水投水何如？」孔子曰：「淄澠之合，易牙嘗而知之。」〔注〕復爲善味者所別也。〔解〕以石投水，喻跡不可見；以水投水，喻合不可隱也。味者分淄澠，不可合也，唯神契理會然後得也。○〔釋文〕云：淄，側其切。澠音乘。復，扶又切。別，彼列切。

白公曰：「人固不可與微言乎？」○「固」北宋本、汪本、四解本作「故」。○〔王重民曰：道藏白文本、吉府本、淮南道應篇、御覽五十八引「故」並作「固」。〕伯峻案：作「固」者是，今正。

孔子曰：「何爲不可？唯知言之謂者乎！〔注〕謂者所以發言之旨趣。發言之旨趣，則是言之微者。形之於事，則無所隱。○〔釋文〕云：趣音趨。

夫知言之謂者：不以言言也。〔注〕言言則無微隱。〔解〕夫情生而事彰，味殊而可嘗，唯神之無方。知言之謂者，神會也。

爭魚者濡，逐獸者趨，非樂之也。〔注〕自然之勢自應濡走。伯峻案：呂覽舉難篇云：「救溺者濡，追逃者趨。」○〔釋文〕云：樂音洛。

故至言去言，〔注〕理自明，化自行。○〔釋文〕云：去，丘呂切。至爲無爲。〔注〕理自成，物自從。

夫淺知之所爭者末矣。〔注〕失本存末，事著而後爭解，鮮不及也。〔解〕魚在於水，爭之者濡；獸走於野，逐之者趨。道之所行，物無不當者矣。〔解〕忿而非樂之也，其勢使然也。故至言者不在言，至爲者無所爲也。淺智逐末，常失其理。○〔釋文〕云：知音智。鮮，息淺切。

白公不得已，遂死於浴室。〔注〕不知言之所謂，遂便作亂，故及於難。〔解〕忿而非理，死以快意，下愚之所以亂常也。○〔俞樾曰：「已」字乃「也」字之誤。淮南子道應篇作「白公不得也」，呂氏春秋精諭篇作「白公弗得也」，並其證也。〕張注曰，「不知言之所謂，遂便作亂，故及於難」正解「不得」之義。○〔釋文〕云：難，乃旦切。

趙襄子使新穉穆子攻翟，〔注〕穆子，襄子家臣新穉狗也。翟，鮮虞也。伯峻案：此事又見晉語九、呂覽慎大篇、淮南道應訓。○釋文云：穆子，晉大夫新穉狗也。翟音狄。勝之，○釋文爲句。取左人中人，〔注〕左人中人，鮮虞二邑名。使遽人來謁之。〔注〕遽，傳也。謁，告也。〔解〕急來告捷也。○世德堂本無「來」字。○釋文云：遽音巨。傳，去聲。襄子方食而有憂色。左右曰：「一朝而兩城下，此人之所喜也；今君有憂色，何也？」襄子曰：「夫江河之大也，不過三日；〔注〕謂潮水有大小。飄風暴雨不終朝，○釋文云：飄，符宵切。日中不須臾。〔注〕勢盛者必退也。伯峻案：呂覽淮南子俱無「不終朝」三字。梁履繩曰：老子曰「飄風不終朝，驟雨不終日」，此襄子語義所本。今趙氏之德行無所施於積，〔注〕無積德而有重功，不可不戒懼也。○俞樾曰：「施」衍字，蓋即「於」字之誤而複者。正無「施」字。○王重民曰：俞說是也。淮南道應篇亦有此文，亦無「施」字。○釋文云：行，下孟切。一朝而兩城下，亡其及我哉！」〔注〕不忘亡則不亡之也。〔解〕不能積德累行而以強力下二城。夫物盛必衰，不亡何待耶？故貪不以忿，賢者所以懼。知苟得之所以懼也，然後能積其德矣。孔子聞之曰：「趙氏其昌乎！夫憂者所以爲昌也，〔注〕戒之深也。喜者所以爲亡也，〔注〕將致矜伐。勝非其難者也，持之其難者也。○伯峻案：呂覽高注云：「持猶守。」賢主以此持勝，故其福及後世。齊、楚、吳、越皆嘗勝矣，然卒取亡焉，○梁啓超曰：觀此語，可見此書必有後人附益。列子與鄭駟陽同時，時吳越雖亡，齊楚固在

也。記楚之亡，雖非秦始皇二十四年以後，亦當在樂毅入臨淄、白起入郢後矣。○釋文「卒」作「卒然」，云：卒，子律

切。不達乎持勝也。唯有道之主爲能持勝。」〔注〕勝敵者皆比國，而有以不能持勝，故危亡及之。〔解〕

矜功伐能，所以亡也；憂得誠強，所以昌也。賢者以此福及後代，道者以此澤被含生，此之謂持勝。持勝者，持此誠慎

勝彼強梁，唯有道者所能行也。孔子之勁能拓國門之關，而不肯以力聞。〔注〕勁，力也。拓，舉也。孔力

能舉門關而力名不聞者，不用其力也。○孫詒讓曰：左傳襄十年：「偪陽人啓門，諸侯之士門焉。縣門發，耶人紇抉

之以出門者。」疑流俗傳譌，以鄹大夫事爲孔子也。○胡懷琛曰：諸子中引此事亦多作孔子。呂氏春秋慎大覽、淮南

子道應篇、顏氏家訓誡兵篇皆作孔子。史通雅說上亦然。校書者多未置辯，惟畢沅校呂氏春秋嘗言及焉。是在當時仲

尼父亦通稱孔子歟？抑相因襲訛誤也？○王重民曰：釋文曰，「拓一本作招」，案：作招者是也。淮南主術篇：「孔

子之勁能舉國門之關」。高注曰：「以一手捉城門關顯而舉之」。「捉」字當是「招」字之誤。此又以「招」釋「舉」也。張

注：「拓，舉也。」蓋「拓」亦「招」字之誤，則列子本作「招」明矣。文選吳都賦注引正作「招」。意林引作「舉」，雖得其

義，殆非列子之舊矣。○釋文云：勁，居盛切，力也。拓一本作招。李善注文選吳都賦曰：「招與翹同。」淮南子作

「杓」。許慎云：杓，引也。古者縣門下，從上杓引之者難也。墨子爲守攻，公輸般服，而不肯以兵知。故善持勝

〔注〕公輸般善爲攻器，墨子設守能卻之，爲般所服。而不稱知兵者，不有其能也。○釋文云：般音班。

者以彊爲弱。〔注〕得爲攻之母也。〔解〕夫子之力能舉關，墨子之善能制敵，不以力謀顯而以道德聞者，善此持勝

以彊爲弱也。夫藝成者必爲人所役，好勝者必遇於彊敵；唯道德仁義者可以役物而興化者也。

宋人有好行仁義者，○釋文云：好，呼報切。三世不懈。○王叔岷曰：記纂淵海五六、事文類聚別集三十、合璧事類續集五五引「三世」並作「三年」。○釋文云：懈，古賣切。家無故黑牛生白犢，以問孔子。伯峻案：孔子，淮南子人間訓作「先生」，論衡福虛篇作「孔子」。孔子曰：「此吉祥也，以薦上帝。」居一年，其父無故而盲。其牛又復生白犢，○釋文云：復，扶又切。其父又復令其子問孔子。其子曰：「前問之而失明，又何問乎？」父曰：「聖人之言先迕後合。○釋文云：迕，音誤。其事未究，姑復問之。」其子又復問孔子。孔子曰：「吉祥也。」復教以祭。其子歸致命。其父曰：「行孔子之言也。」居一年，其子又無故而盲。其後楚攻宋，圍其城，○「圍」北宋本作「國」，汪本從之，今從藏本、吉府本、世德堂本訂正。○釋文云：許慎注淮南子云：楚圍宋九月。一本作國，非是。民易子而食之，析骸而炊之，伯峻案：左傳宣公十四年云：「敝邑易子而食，析骸以爨。」○釋文云：析音錫。丁壯者皆乘城而戰，死者太半。○秦刻盧解本、世德堂本「太」作「大」，釋文「太」作「大」，云：太音泰。此人以父子有疾皆免。〔注〕此所謂禍福相倚也。及圍解而疾俱復。〔解〕夫仁者愛人，義者濟物。三世不息，其於積善深矣。若有其才則招祿，無其才則致福，此餘慶之所鍾也。吉祥之應，爲善之徵，克全其生而獲其利。積行之報，豈虛言也哉？○王重民曰：御覽七百四十引「疾」上有「盲」字。

宋有蘭子者，〔注〕凡人物不知生出主謂之蘭也。○〔注〕「主」世德堂本作「者」。○任大椿曰：注「凡人物不知生出者謂之蘭也」「生」字疑「妄」字之訛。○俞樾曰：說文門部：「闌，妄入宮掖也，讀若闌。」是蘭子之蘭即闌之引申義。蘇時學曰：蘭子義未詳，舊注釋蘭爲妄，亦未了了。今世俗謂無賴子爲爛仔，其義疑本於此。○釋文云：史記注云：無符傳出入爲蘭。應劭曰：蘭，妄也。此所謂蘭子者，是以技妄遊者也。疑蘭字與闌同。○任大椿曰：蘭闌古多通用。漢書息夫躬傳：「涕泣流兮萑蘭。」臣瓚曰：「莞蘭，泣涕闌干也。」則蘭與闌同。王莽傳：「與牛馬同蘭。」師古云：「蘭謂遮蘭，即牛馬蘭圈。」玉篇、廣韻闌下訓云「遮也，牢也」，即王莽傳注遮蘭蘭圈之謂也。後漢書公孫述傳：「又造十層赤樓帛蘭船。」注云：「以帛飾其闌檻。」則闌即蘭也。管子中匡篇：「蘭盾鞈革。」注：「蘭即所謂蘭錡，兵架也。」水經注：「縣有蜀王兵蘭。」華陽國志：「蜀有兵蘭。」蘭盾蘭錡即兵闌也。蓋闌多借蘭。列子此文闌之作蘭，與諸書訓義雖異，而通假則同。

以技干宋元。○王重民曰：類聚六十、御覽三百四十四、又四百八十三引「宋元」下並有「君」字。○王叔岷曰：書鈔一二二、六帖三三、六一，御覽五六九引亦並有「君」字。事類賦十三引列子傳同。伯峻案：「宋元」當從書鈔、御覽、類聚諸書所引補「君」字，宋元君疑即褚少孫補史記龜策列傳之宋元王。司馬貞索隱稱宋元王爲宋元君，是其例也。宋至偃始稱王，即爲齊所滅，無諡，私諡爲康王（國策及呂覽淫辭），或獻王（荀子），即元君歟？錢穆先秦諸子繫年攷辨宋元王攷則謂宋元王爲王偃太子，亦是縣揣之詞。呂覽君守篇，「魯鄙人遺宋元王閉」，宋元王當與此同。又宋有元公，平公之子也，非此元君。○釋文「技」作「妓」，云：渠綺切。

宋元召而使見。伯峻案：「元」下疑挩「君」字。下文皆作「元君」可證。○釋文云：見，賢遍切。**其技以雙枝，長倍其身，屬其脛，**伯峻案：「枝」世德堂本作「技」，御覽三百四十四又四百八十三引作「杖」，又五百六十九引作「枝」。○釋文云：倍依字。屬音燭。脛音脛。**並趨並馳，弄七劍迭而躍之，五劍常在空中。宋元君大驚，立賜金帛。又有蘭子又能燕戲者，**〔注〕如今之絕倒投狹者。○王重民曰：下「又」字當衍，御覽四百八十三引無。○王叔岷曰：六帖三三、御覽五六九引亦並無下「又」字。

聞之，復以干元君。○釋文云：復，扶又切，下同。

元君大怒曰：「昔有異技干寡人者，〔注〕謂先僑人。○盧文弨曰：郭璞注山海經長股國云「今伎家喬人蓋象此」，僑喬通用。○釋文云：僑，音喬，寄也。

技無庸，適值寡人有歡心，故賜金帛。彼必聞此而進，復望吾賞。」〔注〕此技同而時異，則功賞不可預要也。〔解〕夫積仁義以守道者，福可全也；恃力技以僥倖，不常禄也。列子兩舉其事，以彰德行之爲益耳。○釋文「預要」作「豫要」云：要，一遙切。

拘而擬戮之，○北宋本脱「擬」字，汪本從之，今從各本增。六帖六一引「拘」上有「將」字，御覽五六九引「拘」上有「乃」字。○釋文云：一本漏擬字。

經月乃放。

秦穆公謂伯樂曰：「子之年長矣，〔注〕伯樂，善相馬者。○釋文云：長，張丈切。相，息亮切，下同。

子姓有可使求馬者乎？〔注〕問伯樂之種姓有能相馬繼樂者不。○孫詒讓曰：特牲饋食禮云：「子姓兄弟如主人之服。」鄭注云：「所祭者之子孫。言子姓者，子之所生。」喪大記云：「卿大夫父兄子姓立于東方。」注云：「子姓謂衆子孫也。姓之言生也。」國語楚語：「帥其子姓。」韋注云：「衆子姓，同姓也。」

伯樂對曰：「良馬可形容筋骨相也。〔注〕馬之良者可以形骨取也。○王重民曰：類聚九十三引「可」下有「以」字，是也。淮南道應篇同。○釋文云：筋音斤。

天下之馬者，若滅若沒，若亡若失。〔注〕天下之絕倫者，不於形骨毛色中求，故髣髴恍惚，若存若亡，難得知也。○釋文云：髣髴上音昉，下芳味切。慌惚音怳忽。

若此者絕塵弭轍。

〔注〕言迅速之極。○釋文云：弸，亡爾切。蹴，跡也，一本作徹。**臣之子皆下才也，**○汪萊曰：據下盧解「子姓者子弟之同姓者也」，則「臣之子」下脱「姓」字。伯峻案：淮南子道應訓「臣之子」下亦無「姓」字，汪説未諦。**可告以良馬，不可告以天下之馬也。臣有所與共擔繂薪菜者，**〔注〕負索薪菜，蓋賤役者。○「繂」各本皆作「纆」。○王念孫曰：「纆」字之義諸書或訓爲繞（説文），或訓爲束（廣雅），無訓爲索者，「纆」當爲「繂」字之誤也。説文作繂，云：「索也。字或作纆，坎上六：『係用徽纆。』馬融曰：『徽纆，索也。』劉表曰：『三股曰徽，兩股曰繂。」蓋世人多見纆，少見繂，故傳寫多誤耳。唯道藏本列子釋文作繂，音墨，足正今本之誤。○朱琦曰：哀十四年公羊傳「然則孰狩之，薪采者也。」大雅毛傳：「芻蕘，薪采者。」「薪采」即「采薪」，采或作菜。列子「擔繂薪菜」。○俞樾曰：「共」乃「供」之叚字。釋文一作供，是也。蓋擔繂薪菜皆此人供之耳。「擔繂薪菜」是兩事，擔繂者，負荷什物；薪菜者，以給炊也。繂乃繂字之誤，菜當作采，古字通用。○釋文云：共，同也，一本作供。擔，丁甘切。繂音墨。

有九方皋，○淮南子及呂覽觀表篇作「九方堙」。○胡懷琛曰：九方，姓；皋，名。莊子有九方歅。通志謂九方皋、九方歅是一個人。余竊謂九與鬼聲近通用。史記殷本紀「以西伯、九侯、鄂侯三公」，徐廣注：「一作鬼侯」，是其證。然則九方即殷時鬼方，以地爲姓也。皋、歅是否一人，尚待考。伯峻案：文選張協七命「方堙不能睹其若滅」，李善注引呂氏春秋，謂景陽用呂覽也。○王叔岷曰：淮南道應篇「九」上無「有」字。此文「有」字疑涉上「有」而衍。藝文類聚九三、事類賦二一、御覽八九六、記纂淵海九八、事文類聚後集三八引「九」上皆無「有」字。○釋文云：皋音高。

此其於馬非臣之下也。○「比」各本作「比」，道藏白文本、林希逸本、元本、世德堂本作「此」，淮南子亦作「此」。○盧文弨曰：比，發語辭。孟子「比天之所以與我者」，賈誼「比物此志也」，皆同。伯峻案：盧説不可信。

孟子之比訓皆，賈誼傳之比物，猶比類也（從王先謙漢書補注説）。比字不能用爲發語辭。且孟子之「比」今本多作「此」，賈誼傳之「比」，新書作「此」，可見古書「比」「此」二字常以形近致混。此處當作「此」，不當作「比」，今依道藏白文本訂正。○釋文云：一本作比。〔注〕非臣之下言有過於己。〔解〕擔纏薪菜者，賤役者也。子姓者，子弟之同姓者也。○釋文云：見，賢遍切，下同。過，古卧切。穆公見之，使行求馬。三月而反報曰：「已得之矣，在沙丘。」〔注〕地名。穆公曰：「何馬也？」對曰：「牝而黃。」○釋文云：牝，頻忍切。使人往取之，牡而驪。○釋文云：牡，牟后切。驪，力移切。穆公不說，○釋文云：說音悅。召伯樂而謂之曰：「敗矣，子所使求馬者！〔注〕謂九方皋。○王叔岷曰：藝文類聚九三、事類賦二一、御覽八九六、記纂淵海九八、事文類聚後集三八引「子」下並有「之」字，淮南道應篇同，當從之。色物、牝牡尚弗能知，○盧文弨云：「色物」御覽八百九十六引作「物色」。伯峻案：「色」，淮南子道應訓作「毛」，當從之。毛，純色；物，雜色，詳楊樹達積微居小學述林釋物。又何馬之能知也？」伯樂喟然太息曰：「一至於此乎！是乃其所以千萬臣而無數者也。〔注〕言其相馬之妙乃如此也，是以勝臣千萬而不可量。〔解〕皋之相馬，相其神，不相其形也。形者，常人之所辯也。伯樂歎其忘形而得神，用心一至於此，自以爲不及皋之無數倍也。故穆公以爲敗，伯樂以爲能也。若皋之所觀天機也，〔注〕天機，形骨之表所以使蹄足者，得之於心，不顯其見。得其精而忘其麤，○北宋本、汪本、四解本無「而」字，御覽八百九十六、類聚九十三引同，今從道藏白文本、林希逸本、吉府本、世德堂本增。藝文類聚九三、埤雅十五、事文類聚後集三八、韻府羣玉三三、天中記五五、經濟類篇九八引並有「而」字。○釋文云：麤與麄同。

在猶察也。見其所見，〔注〕所見者，唯天機也。不見其所不見，〔注〕所不見，毛色牝牡也。視其所視，

〔注〕視所宜視者，不忘其所視。○注藏本「所」上有「其」字。而遺其所不視。〔注〕所不應視者，不以經意也。○許維遹曰：

若皋之相者，乃有貴乎馬者也。〔注〕言皋之此術豈止於相馬而已，神明所得，必有貴於相馬者，言其妙也。

○「相者」四解本作「相馬」。○王重民曰：北宋本、道藏本、吉府本並作「者」，疑作「者」是也。因上下文諸馬字而誤。

淮南道應篇作「若彼之所相者乃有貴乎馬者」。馬至，果天下之馬也。〔解〕夫形質者，萬物之著也；神氣者，

無象之微也。運有形者，無象也；用無象者，形物也。終日用之而不知其功，終年運之而不以為勞，知而養之者，道之

主也。皋之見乎所見者以神也。契其神者而貴於馬也，代人皆不知所貴矣。

楚莊王問詹何曰：○釋文云：詹音占。「治國奈何！」〔注〕詹何，蓋隱者也。詹何對曰：

「臣明於治身而不明於治國也。」○治要引「臣」作「何」，呂覽執一篇亦作「何聞為身不聞為國」，淮南道應訓

「臣」亦作「何」。楚莊王曰：「莊」字衍文。上文已言楚莊王，此不必更出「莊」字。治要引正無

「莊」字。淮南道應篇同。○釋文云：治，直吏切，國治同。又未嘗聞身亂而國治

而國亂者也。伯峻案：此兩語又見淮南詮言訓。「寡人得奉宗廟社稷，願學所以守之。」詹何對曰：「臣未嘗聞身治

者也。故本在身，不敢對以末。」楚王曰：「善。」〔解〕損物以厚生，小人之常情也；損生以利物，好

名之詭行也。安社稷者，後其身也。善理身者，國自理之矣。君者國之主，神者形之主。理國在乎安君，理身在乎安

神。神安則道崇，道崇則國理。神者身之本，道者神之功，故不敢以末對。

狐丘丈人謂孫叔敖〔注〕楚大夫也。伯峻案：說苑敬慎篇載此事，與此異。○釋文云：敖，五勞切。○孫叔敖，楚大夫也。曰：「人有三怨，子知之乎？」〔注〕狐丘，邑名。丈人，長老者。○釋文云：長，張丈切。○孫叔敖曰：「何謂也？」對曰：「爵高者，人妬之；官大者，主惡之；祿厚者，怨逮之。」○俞樾曰：淮南子道應篇作「祿厚者怨處之」，是也。「怨處之」謂怨讎之所處也，猶曰為怨府也。○釋文云：惡，烏路切。處與妬惡為韻。若作「逮」，則失其韻矣。蓋由淺人不達處字之義而臆改。○王重民曰：俞說是也，御覽四百五十九引「逮」正作「處」。北宋本作「遠」，誤（意林引作「祿厚者人怨之」）。孫叔敖曰：「吾爵益高，吾志益下；吾官益大，吾心益小；吾祿益厚，吾施益博。○王重民曰：意林引「博」作「溥」，疑作「溥」者是也。○釋文云：施，始豉切。以是免於三怨，可乎？」〔解〕夫心益下者，道之用也；施益博者，德之用也。用道以下身者，無怨惡也；用德以周施者，主恩惠也。○王叔岷曰：此處叙事未畢，疑有挩文。韓詩外傳七此下更有「狐丘丈人曰：善哉言乎！堯舜其猶病諸」十五字，疑當從之。

孫叔敖疾，將死，戒其子曰：「王亟封我矣，伯峻案：本連上，今依文意分段。吾不受也。○俞樾曰：亟者數也，言王數封我而吾不受也。下文「城市患其亟也」注曰，「亟，數也」，此亦當與同訓。伯峻案：俞説是也，呂覽異寶篇作「王數封我矣吾不受」，可證。○釋文云：亟，紀力切，急也。為我死，王則封汝。汝必無受利地！○王念孫曰：「爲」猶「如」也，言「如我死而王封汝，汝必無受利地」也。古或謂如曰爲。管子戒篇：「管仲寢疾，桓公往問之。」管仲曰：「夫江黃之國近於楚，爲臣死乎，君必歸之楚而寄之。」言如臣死也。秦策：「秦宣太后病，將死，出令曰：爲我葬，必以魏子爲殉。」言如我葬也。○釋文云：爲，于僞切。

楚越之間有寢丘者，此地不利而名甚惡。伯峻案：據「名甚惡」，「寢」當讀爲史記魏其武安侯傳「武安貌侵」之「侵」，謂醜惡也，可參淮南子證聞人間訓。

楚人鬼而越人機，〔注〕信鬼神與機祥。〔解〕機字巨衣切，又居希切。淮南傳曰：「吳人鬼，越人幾」。幾，祥也。○秦恩復曰：今本淮南子「吳」作「荆」，「幾」作「機」。說文解字幾字下引淮南傳曰：「吳人鬼，越人幾」。「幾」乃「機」字之誤。○釋文云：機音機，祥也；又音幾。

可長有者唯此也。孫叔敖死，王果以美地封其子。子辭而不受，請寢丘，○釋文云：寢丘在固始。史記云：「孫叔敖善優孟，後優孟言於莊王，王召其子，封之寢丘。」與之，至今不失。〔注〕漢蕭何亦云，子孫無令勢家所奪，即此類也。〔解〕人所爭者，有力必取之。利之薄者，人所不用焉。不爭之物則久有其利，必爭之物則不能常保。人知利厚而共爭，不知長有而利深。故嗜慾者，必爭之地也；全道者，長久之方也。善於道者，觸類而長之，何適而非道？伯峻案：淮南子人間訓、呂覽文與此大同。惟韓非子喻老云，「楚莊王既勝，狩于河雍，歸而賞孫叔敖。孫叔敖請漢間之地沙石之處。楚邦之法，禄臣再世而收其地；唯孫叔敖獨在。」

牛缺者，○釋文云：缺，傾雪切。上地之大儒也，下之邯鄲，○釋文云：邯鄲音寒丹。遇盜於耦沙之中，○梁玉繩曰：漢地理志及說文，渮水出趙國襄國縣縣西北，師古音耦。寰宇記五十九，渮水在邢州沙河縣西北十七里，俱名沙河水，即耦沙也。伯峻案：沙河水在河北邢台市沙河縣舊治南，今治已移駐褡褳鎮，則沙河在縣

治北。**盡取其衣裝車，牛步而去。**○俞樾曰：此當作「盡取其衣裝車馬，牛缺步而去」。呂氏春秋必己篇作

「求其車馬，則與之；求其衣被，則與之」，是其證也。「出」即「步」字之誤耳。此文脫「馬」字，

遂以「車牛」連文，失之矣。「牛缺出而去」，是其證也。○王重民曰：陶說恐非是，疑

所養。視之歡然無憂吝之色。盜追而問其故。曰：「君子不以所養害其

上「所」字下脫「以」字耳。莊子讓王篇云：「且吾聞之，不以所用養害所養。」呂覽審爲篇「用」作「以」，用猶以也。御

覽四百九十九引作「君子不以所養害其所以養」，義不可通。疑下「所」字下「以」字本在上「所」字之下，引者誤移也。

盜曰：「嘻！賢矣夫！」○釋文云：嘻，許其切。夫音符。**既而相謂曰：「以彼之賢，往見趙**

君，使以我爲，必困我。」○「使」秦刻盧解本作「便」。○陶鴻慶曰：「使以我爲」下脫「事」字。淮南子人間訓

云，「以此而見王者，必且以我爲事也」，可據補。○王重民曰：御覽四百零二、又四百九十九引「爲」下並

有「事」字。○釋文作「往見趙君，以我爲事，必困我」云：爲句。一本云，往見趙君便以我爲必困。**不如殺之。」**

乃相與追而殺之。燕人聞之，聚族相戒，曰：「遇盜，莫如上地之牛缺也！」皆受教。俄

而其弟適秦。至關下，○北宋本、汪本、四解本作「關」，道藏白文本、林希逸本、江遹本、元本、世德堂本作「關」，

今正。韓非子存韓篇「韓反與諸侯先爲雁行以嚮秦軍於關下矣」，乾道本「關」作「闕」，王先慎曰：「闕乃關字形近而

譌，即函谷關。」○釋文「憶」作「意」，云：本亦作憶。**果遇盜：憶其兄之戒，**○釋文云：**因與**

盜力爭。○釋文云：爭音諍。**既而不如，**伯峻案：「如」當作「與」。**又追而以卑辭請物。盜怒**

曰：「吾活汝弘矣，○「弘」秦刻盧解本作「宏」。而追吾不已，迹將箸焉。既爲盜矣，仁將焉在？」○釋文云：　焉，於虔切。遂殺之，又傍害其黨四五人焉。〔注〕牛缺以無求招患，燕人假有惜受禍，安危之不可預圖皆此類。〔解〕夫知時應理者，事至而不惑，時來而不失，動契其真，運合於變矣。若見名示跡，不適其時，則無往不敗也。　牛缺不知時，其弟亦過分，亦猶孟氏之二子出於文武哉！矯名過當者，未嘗不如此也。

虞氏者，梁之富人也，家充殷盛，（伯峻案：淮南人間訓「充」下有「盈」字。）錢帛無量，○釋文云：　量，去聲。財貨無訾。○王重民曰：類聚三十三、御覽四百七十二引並作「家既充盛，錢帛無量，財貨無比」。釋文云：訾音訾，言不可度量也。賈逵注國語云：訾，量也。登高樓，臨大路，設樂陳酒，擊博樓上。○釋文云：　擊，打也，如今雙陸碁也。韋昭博弈論云設木而擊之是也。古博經曰：博法，二人相對，坐向局，分爲十二道，兩頭當中名爲水。用碁十二枚，六白六黑，又用魚二枚置於水中。其擲采以瓊爲之。瓊畟方寸三分，長寸五分，銳其頭，鑽刻瓊四面爲眼，亦名爲齒。二人互擲采行碁。碁行到處即豎之，名爲驍碁，即入水食魚，亦名牽魚。每牽一魚獲二籌，翻一魚獲三籌。若已牽兩魚而不勝者，名曰被翻雙魚。彼家獲六籌爲大勝也。畟音側。俠客相隨而行。樓上博者射，○王重民曰：「樓上」當作「樓下」，此謂虞氏於高樓設樂陳酒擊博賭勝之時，俠客相隨，行經樓下，適有飛鳶墜腐鼠而中之，因疑虞氏在樓上所故爲而以爲辱也。若俠客已行至樓上，則不得有此誤會矣。此蓋因上文「擊博樓上」句而誤。類聚九十五引作「遊俠相隨行樓下博者射中而笑」。文雖簡略，而「樓下」字固不誤也。伯峻案：今以「樓上」兩字屬下讀，則俠客相隨者在樓下可知矣。○釋文云：　博者射爲句。射，食亦切。明瓊張中，反兩檝魚而笑。〔注〕明瓚，齒五白也。射五白得之，反兩魚獲勝，故大笑。○秦本「檝」作「擒」，藏本「檝」下有「吐合切」三字注，今依北宋本删。○釋文「檝」作「擒」，云：中，丁仲切。反音翻。擒，他臘切。凡戲爭能取中皆曰射，亦曰投。裴駰曰：「報采獲魚也。」擒字案真經本或作魚，案大博經作鰈，比目魚也。此言報采獲中，翻得兩魚，大勝而笑也。鰈，他臘反。今本云擒魚者，是多一字也。據義用鰈不用魚，用魚不用鰈字。飛鳶適墜其腐鼠而中之。○釋文墜作隊，云：鳶音緣。適音隻。隊音墜。俠客相與言曰：「虞氏富樂之日久矣，○王叔岷曰：六帖十、合璧事類別集十六、天中記十四引「久」上並有「已」字。○釋文云：樂音洛。而常有輕易人之志。○釋文云：易，以豉切。吾不侵犯之，而乃辱我以腐鼠。此而不報，無以立慬於天下。〔注〕慬，勇。○釋文云：慬音勤，勇也。請與若等戮力一志，率徒屬必滅其家爲等倫。」○「戮」四解本作「勠」。○釋文「戮」作「勠」，云：音留，并力也。皆許諾。至期日之夜，聚衆積兵以攻虞氏，大滅其家。〔注〕驕奢之致禍敗不以一塗。虞氏無心於陵物而家破者，亦由謙退之行不素著故也。〔解〕前章言學仁義三代以致祥，此章言積驕奢一朝以招禍。行之不著，飛災所鍾。禍福無門，惟人所召。此之雙舉，誠之深焉。○釋文「積兵」作「精兵」云：一本作積兵。行，下孟切。

東方有人焉○王叔岷曰：吕氏春秋介立篇、新序節士篇、金樓子雜記上篇「人」並作「士」。曰爰旌目，○蔣超伯曰：「爰旌目」張衡應間作「旌瞀」，其詞云：「於心有猜，則簋殄饌餔猶不屑餐，旌瞀以之」。伯峻案：張衡傳注引「旌」作「精」。劉子新論妄瑕篇袁孝政注、北山錄釋賓問篇注、又異學篇注引「旌」並作「精」。將有適也，

○王叔岷曰：御覽四九九引「適」上有「所」字，文意較完。新序節士篇亦有「所」字。而餓於道。狐父之盜曰

丘，見而下壺餐以餔之。○盧文弨曰：「餐」藏本作「飱」。○釋文「餐」作「飱」，云：父音甫，下同。飱音孫，水澆飯也。餔音脯。

爰旌目三餔而後能視，曰：「子何爲者也？」伯峻案：新序節士篇作「子誰也」。

曰：「我狐父之人丘也。」○蔣超伯曰：狐父，乃地名。荀子榮辱篇：「所謂以狐父之戈钃牛矢也。」楊倞

注：「狐父，地名。史記『伍被曰：吳王兵敗於狐父。』徐廣曰『梁碭之間也。』」爰旌目曰：「譆！○釋文

云：譆音熙。汝非盜邪？胡爲而食我？○「食」本作「餐」，今從世德堂本正。呂覽介立篇亦作「食」。○

釋文云：食音嗣。吾義不食子之食也。」兩手據地而歐之，○道藏白文本「歐」作「嘔」。說文：「歐，吐

也。」嘔乃俗字。○釋文云：歐，一口切。不出，喀喀然，遂伏而死。○王叔岷曰：釋文本有「地」字，當從

之。呂氏春秋介立篇、新序節士篇、金樓子雜記上篇亦並有「地」字。○釋文作「伏地而死」，云：喀音客。一本無地

字。狐父之人則盜矣，而食非盜也。以人之盜因謂食爲盜而不敢食，是失名實者也。【解

之。歐則雙失，又喀喀而吐，偏愚也哉！　使盜者變其心成乎仁也，身行其道，人沐其化。君子濟危，食

求名失實，違道喪生，其爰旌目之謂乎！　有道者不然矣。

柱厲叔事莒敖公，自爲不知己，去，居海上。○北宋本、汪本、秦刻盧解本、世德堂本「去」作「者」。

之兩全也」；　○盧文弨曰：藏本「自」下有「去」字。○陶鴻慶曰：「自」下當有「以」字，「者」當作「去」，以草書相似而誤。其文

云：「自以爲不知己」，去，居海上。」下文「其友曰，子自以爲不知己，故去」；又「柱厲叔曰，不然，自以爲不知故去，今

死，是果不知我也」，並其證。○伯峻案：陶說是也，呂氏恃君覽作「自以為不知而去居於海上」可證。今依道藏白文本、林希逸本、江遹本、吉府本改「者」作「去」。又說苑立節篇「柱厲叔」作「朱厲附」，「敖公」作「穆公」。○釋文作「自以為不知己者居海上」，云：己音紀。居海上一本作而去海上。

夏日則食菱芰，○許維遹曰：呂氏春秋恃君覽「菱芡」一作「菱芰」。高誘注：「菱，芰也。芡，雞頭也，一名雁頭，生水中。」淮南說山篇注：「雞頭，水中芡，幽州謂之雁頭。」古今注，「芰葉似荷而大，葉麋皺如沸，實有芒刺，其中如米，可以度飢。」○釋文云：菱音陵。芰，奇上聲，一本作芡。

冬日則食橡栗。○釋文云：橡音象。

莒敖公有難，○釋文云：難，乃旦切。柱厲叔辭其友而往死之。其友曰：「子自以為不知己，○釋文云：己音紀。故去。今往死之，是知與不知無辨也。」柱厲叔曰：「不然，自以為不知，故去。○陶鴻慶曰：「自以為不知」下當有「己」字，寫者脫之。伯峻案：呂氏恃君覽亦無「己」字。今死而弗死，○釋文作「今死而弗死」，云：一本無而弗死三字。是果不知我也。吾將死之，以醜後世之人主不知其臣者也。」凡知則死之，不知則弗死，此直道而行者也。柱厲叔可謂懟以忘其身者也。○釋文云：懟音墜。忘一本作亡。〔解〕彼終不知己也，乃死其身，以明彼之不知己，豈有道者所處乎？名之累愚多若是矣，與夫全生寶道者遠矣。

楊朱曰：「利出者實及，○俞樾曰：「及」乃「反」字之誤。「出」與「反」猶「往」與「來」，相對成文。孟子曰：「出乎爾者反乎爾者也。」○釋文「實及」作「實反」，云：反一本作及，非也。怨往者害來。〔注〕利不獨往，怨不偏行，自然之勢。發於此而應於外者唯請，〔注〕請當作情。情所感無遠近幽深。○洪頤煊曰：「言

古文「?」，與心字篆文「?」字形相近，故情字多爲請。○釋文云：請音精。字林云：精，誠也。一本音情，説文

云：人之陰氣有所欲也。徐廣曰：古情字或假借作請。是故賢者慎所出。」〔注〕善著則吉應，惡積則禍臻。

〔解〕唯請者，若自召之也。禍福之來若影與響耳，故賢者慎其所出也。今之慕道者皆脱略名教，輕棄禮法，放情任己，

以爲達生；以仁義爲桎梏，以屋宅爲褌袴；忽彼報應，人事不修；故嵇康之徒死亡而不暇，嗣宗之輩世疾如仇讎，

而不知真理乎！

楊子之鄰人亡羊，伯峻案：御覽一九五引無「人」字。既率其黨，又請楊子之豎追之。楊子

曰：「嘻！亡一羊何追者之衆？」鄰人曰：「多歧路。」既反，問：「獲羊乎？」曰：

「亡之矣。」曰：「奚亡之？」曰：「歧路之中又有歧焉，吾不知所之，所以反也。」○王叔岷

曰：鶡冠子天權篇注引「所以」作「是以」。楊子戚然變容，○釋文云：戚，子六切。不言者移時，不笑者

竟日。門人怪之，請曰：「羊，賤畜，○釋文云：畜，丑救切。又非夫子之有，而損言笑者，

何哉？」楊子不答。門人不獲所命。弟子孟孫陽出以告心都子。心都子他日與孟孫陽偕

入，而問曰：「昔有昆弟三人，游齊魯之間，同師而學，進仁義之道而歸。其父曰：『仁

義之道若何？』伯曰：『仁義使我愛身而後名。』〔注〕身體髮膚不敢毀傷也。伯峻案：注語乃約孝

經開宗明義章文。仲曰：『仁義使我殺身以成名。』〔注〕無求生以害仁，有殺身以成仁也。伯峻案：注用

論語衛靈公孔丘語。叔曰：『仁義使我身名並全。』〔注〕既明且哲，以保其身。伯峻案：注用詩大雅烝民

句。彼三術相反，而同出於儒。孰是孰非邪？」楊子曰：「人有濱河而居者，習於水，勇於泅，○釋文云：泅音囚。操舟鬻渡，○釋文云：操，七刀切。利供百口。裹糧就學者成徒，而溺死者幾半。○釋文云：幾音祈。本學泅，不學溺，而利害如此。若以爲孰是孰非？」心都子嘿然而出。○「嘿」吉府本作「默」。孟孫陽讓之曰：「何吾子問之迂，夫子答之僻？○盧文弨曰：藏本「僻」作「辟」。○釋文「僻」作「辟」，云：迁音于，曲也。辟音僻。吾惑愈甚。」心都子曰：「大道以多歧亡羊，學者以多方喪生。○釋文云：喪，息浪切，下同。學非本不同，非本不一，而末異若是。伯峻案：全晉文三四盧諶與司空劉琨書云「蓋本同末異，楊朱興哀」，僞作列子者或本此，或有此章，作列子者用之也。唯歸同反一，爲亡得喪。○釋文云：亡音无，下同。子長先生之門，○釋文云：長，張丈切。習先生之道，而不達先生之況也，○釋文云：況，詞也。伯峻案：漢書高惠高后文功臣表：「以往況今，甚可悲傷。」師古曰：「況，譬也。」此況字亦當訓譬，比喻也。不過彼用爲動詞，此則用爲名詞耳。釋文云，況，詞也，不詳何據。哀哉！」〔解〕羊以喻神，守神不失爲道也。一失其羊，而奔波歧路，不可得矣。但守其神爲無喪無得而爲無待也。多方於仁義者亦若是矣。

楊朱之弟曰布，衣素衣而出。○釋文云：衣素之衣，於既切，下衣緇衣同。素衣之衣依字。天雨，解素衣，衣緇衣而反。其狗不知，迎而吠之。楊布怒，將扑之。○盧文弨曰：藏本「扑」作「朴」，

下同。○釋文「扑」作「朴」，云：片卜切。　楊朱曰：「子無扑矣！子亦猶是也。嚮者使汝狗白而

往，黑而來，豈能無怪哉？」〔注〕此篇明己身變異，則外物所不達，故有是非之義。不內求諸己而厚責於人，亦

猶楊布服異而怪狗之吠也。〔解〕夫守真歸一，則海鷗可馴；若失道變常，則家犬生怖矣。○注「厚責」藏本作「專

責」。　○許維遹曰：韓非子說林下「豈」上有「子」字，於義較長。○釋文「嚮者使汝狗」作「鄉者使汝見狗」，云：鄉

音向。　一本無見字。　○王叔岷曰：林希逸口義：「人若見白狗而爲黑」，疑所見本亦有「見」字。

楊朱曰：「行善不以爲名，而名從之；名不與利期，而利歸之；利不與爭期，而爭

及之，○釋文云：爭音諍，下同。故君子必慎爲善。」〔注〕在智則人與之訟，在力則人與之爭，此自然之勢

也。未有處名利之衝，患難不至者也。語有之曰，「爲善無近名」，豈不信哉！〔解〕求名之善，人所必爭，故曰爲善無

近名者，不與人爭利也。行人之所不能行而不伐者，慎爲善也。○盧文弨曰：注「名利之衝」藏本作「利名之中」。又

「中」下有「而」字。伯峻案：說苑敬慎篇載魏公子牟語，意與此大同。○釋文云：難，乃旦切。

昔人言有知不死之道者，○道藏白文本、林希逸本、吉府本「人」下有「有」字，北宋本、道藏四解本、江遹

本、世德堂本、汪本並無之。○陶鴻慶曰：「言有」二字誤倒。○王重民曰：陶說非是，「人」下脱「有」字耳。道藏

本、吉府本「人」下並有「有」字。伯峻案：依王說，若作「昔人有言有知不死之道者」，則知不死之道者爲一人，言者又

爲一人。如此，則與下文言者死云云文義不相合矣。恐非。陶說近是。　燕君使人受之，不捷，而言者死。　伯

峻案：韓非外儲說左上作「所使學者未及學而客死，王大怒，誅之」。○釋文云：捷，以接切。　燕君甚怒，其使

者將加誅焉。○釋文云：使，所吏切。幸臣諫曰：「人所憂者莫急乎死，己所重者莫過乎生。彼自喪其生，○釋文云：喪，息浪切。安能令君不死也？」乃不誅。有齊子亦欲學其道，聞言者之死，乃撫膺而恨。富子聞而笑之曰：「夫所欲學不死，其人已死而猶恨之，是不知所以爲學。」胡子曰：「富子之言非也。凡人有術不能行者有矣，能行而無其術者亦有矣。衛人有善數者，臨死，以訣喻其子。○〔決〕道藏白文本、林希逸本、世德堂本、吉府本並作「訣」。伯峻案：説文新附：「訣，別也。」一曰法也。但決可通訣，如文選鮑照詩「將去復還訣」，李善注「訣與決同」。此決即訣，法也。其子志其言而不能行也。他人問之，以其父所言告之。問者用其言而行其術，與其父無差焉。若然，死者奚爲不能言生術哉？」〔注〕物有能言而不能行，能行而不能言，才性之殊也。〔解〕或人有非術者云，徒能說虛詞以辯理，未有自能行而證之者，故疑其所言以爲不實耳。故此章言有知之者，有能知而未能行者，有能行而不知者。然則知而不行，不行不知，雖俱能悟，非無差別矣。況聞斯行諸，因知而獲悟者，豈不賢於不知言者乎？○釋文云：爲，于偽切。

邯鄲之民以正月之旦獻鳩於簡子，○釋文云：邯鄲音寒丹。簡子大悦，厚賞之。客問其故。簡子曰：「正旦放生，示有恩也。」客曰：「民知君之欲放之，伯峻案：御覽二十九引作「民知君欲放之」。故競而捕之，死者衆矣。○四解本、世德堂本無「故」字。○王重民曰：玉燭寶典卷一引「民知君欲放之」。疊「競而捕之」四字。君如欲生之，不若禁民勿捕。○王重民曰：御覽二十九引「如」作「而」，「而」字通。捕而放之，恩過不相補矣。」簡子曰：「然。」〔解〕夫人知所以善者，皆事之末也。功倍於理末者，皆若此也。故小慈是大慈之賊耳。名教之跡，理其末也；大道之功，理其本也。眾人皆覩其小而不識其大者焉，故略舉放鳩以明此大旨也。○王重民曰：御覽二十九引「然」作「善」，玉燭寶典一引作「諾」。

齊田氏祖於庭，食客千人。中坐有獻魚雁者，○畢沅曰：說文云：「雁，鵝也。」此與鴻雁異。吕氏春秋云：「莊子舍故人之家，故人令豎子爲殺雁饗之。」亦見莊子。新序刺奢云：「鄒穆公有令，食鳧雁必以粃，無得以粟」，皆即鵝也。今江東人呼鵝猶曰雁鵝。田氏視之，乃歎曰：「天之於民厚矣！殖五穀，生魚鳥以爲之用。」○伯峻案：友人彭鐸曰：用猶食也。下文云「人取可食者而食之」，此云「殖五穀、生魚鳥以爲之用」，魚鳥、五穀皆人所食之物也。今謂謁客吃飯爲用飯，乃古語之遺。韓非子外儲說左下「孔子侍坐於魯哀公，哀公賜之桃與黍。哀公曰：『請用。』」家語子路初見篇「請用」作「請食」。孔叢子連叢子下篇：「季彥見劉公，客適有獻魚者，公熟視魚，歎曰：『厚哉，天之於人也！生五穀以爲食。』」主名雖異，句法正同。用之爲食，更其確證。眾客和之如響。○釋文云：和，胡臥切。

鮑氏之子年十二，預於次，進曰：「不如君言。天地萬物與我並生，類也。類無貴賤，〔注〕同是生類，但自貴而相賤。○注世德堂本作「同生是類，但自貴而自賤」。○釋文云：爲，于僞切，下同。人取可食者而食之，徒以小大智力而相制，迭相食；非相爲而生之。○釋文云：蚊音文。蚋音汭。嗜，子膩切。豈天本爲人生之？且蚊蚋噆膚，虎狼食肉，非天本爲蚊蚋生人、虎狼生肉者哉？」〔解〕夫食肉之類，更相吞噉，滅天理也，豈天意乎？鮑子之言，得理之當也。嘗

有俗士言伏羲爲網罟，燧人熟肉而食，彼二皇者，皆聖人也。聖人與虎食肉何遠耶？釋氏之經非中國聖人約人爲

教，利人而已矣。釋氏是六通聖人，約識爲教，通利有情焉。今列子之書乃復宣明此指，則大道之教未嘗不同也。○盧

文弨曰：「非天本爲蚊蚋生人」，「非」疑當作「豈」。○王叔岷曰：林希逸云：「非字合作豈字」。案：林說是也。

今本「非」字，疑涉上文「非相爲而生之」而誤。伯峻案：論衡物勢篇：「天生萬物，欲令相爲用，不得不相賊害也」。

則生虎狼蝮蛇及蜂蠆之蟲，皆賊害人，天又欲使人爲之用耶？」與鮑氏之子言同意。

齊有貧者，常乞於城市。城市患其亟也，○釋文云：亟，去吏切，數也。衆莫之與。遂適田

氏之厩，○釋文云：厩音救。從馬醫作役而假食。伯峻案：御覽四八五引「馬醫」作「馬豎」，下同。

中人戲之曰：「從馬醫而食，不以辱乎？」伯峻案：以，太也。乞兒曰：「天下之辱莫過於

乞。乞猶不辱，豈辱馬醫哉？」〔注〕不以從馬醫爲恥辱也。此章言物一處極地，分既以定，則無復廉恥，況

自然能夷得失者乎？〔解〕士有折支舐痔而取進用者，亦求衣食也。役於賤醫之門者，亦求衣食也。獲多利則以爲榮，

獲少利則以爲恥。代人亦孰知榮恥之實者乎？○秦恩復曰：解中折支即折枝。孟子：「爲長者折枝。」趙岐注：

「折枝案摩折手節解罷枝也。」○釋文云：分，符問切。復，扶又切。

宋人有游於道、得人遺契者，〔注〕遺，棄。○王重民曰：御覽四百九十九引無「游」字。○釋文云：

宋人有遊於道一本作宋人有於道。契，口計切，刻木以記事者。歸而藏之，密數其齒。〔注〕刻處似齒。○汪中

曰：依注義，則書契之契正謂刻也，與鍥同。伯峻案：符契之合處在齒，所以別真僞也。易林云：「符左契右，相與

合齒。」故此人得契則密數其齒。○釋文云：數，色主切。告鄰人曰：「吾富可待矣。」〔注〕假空名以求實

者，亦如執遺契以求富也。〔解〕舉俗之人迷於空名，失於真理，皆如拾遺失之木契，計刻齒之數以待富焉，亦猶不恥

乞匃於市而恥受役於人矣，，亦何異乎人間逃奴棄其主而別事於人；執勞不異也，而自以為不繫屬於人。隨妄情而

失實義，其類皆如是矣。

人有枯梧樹者，其鄰父言枯梧之樹不祥，〔伯峻案：呂氏春秋去宥篇「祥」作「善」。○釋文云：父

音甫，下同。其鄰人遽而伐之。〔注〕言之雖公，而失厝言之所也。○俞樾曰：「鄰」字衍文也。上云「人有枯梧

樹者」，此云「其人」，即此人也。上下文所云「鄰父」，謂此人之鄰也，豈得又就鄰人言之而謂此人為鄰人乎？下文「其

人乃不悅曰」，亦無「鄰」字，可證此「鄰」字之衍。鄰人父因請以為薪。〔注〕又踐可疑之塗。○王叔岷曰：六

帖十六引無「人」字，今本「人」字疑涉上下文而衍。呂氏春秋去宥篇亦無「人」字。其人乃不悅，曰：○釋文

「乃」作「迺」，云：…古乃字。「鄰人之父徒欲為薪而教吾伐之也。〔注〕在可疑之地，物所不信也。與我

鄰，若此其險，豈可哉？」〔解〕勸之伐樹，公言也；請以為薪，理當也。勸伐而請，疑過生焉。故曰，人之所畏，

不可不畏。勿謂無傷，其禍將長…此之謂也。伯峻案：解「疑過生焉」「過」疑「遂」字之誤。

人有亡鈇者，〔注〕鈇，鉞也。○釋文云：鈇音斧，鉞也。意其鄰之子，〔伯峻案：「鄰」下當有「人」字，

下文亦作「鄰人之子」可證。御覽七六三引作「鄰人子」，雖脫「之」字，人字固未奪也。視其行步，竊鈇也；○「動作」各本皆

四解本無「行」字。顏色，竊鈇也；言語，竊鈇也；動作態度無為而不竊鈇也。

作「作動」。○王重民曰：「作動」二字御覽七百六十三引作「動作」，是也。下文云「他日復見其鄰人之子，動作態度無似竊鈇者」。伯峻案：呂覽去尤篇亦作「動作態度」，王說是也。今依盧重玄本、道藏四解本訂正。事文類聚別集十八、合璧事類續集三三引亦作「動作」。俄而抇其谷而得其鈇，〔注〕抇音掘。○釋文云：抇，胡没切，古掘字，又其月切。一本作相，非也。他日復見其鄰人之子，○王叔岷曰：御覽七六三，記纂淵海五五、五九，事文類聚別集十八，合璧事類續集三三引並無「人」字。動作態度無似竊鈇者。〔注〕意所偏惑，則隨志念而轉易。及其甚者，則白黑等色，方圓共形，豈外物之變？故語有之曰，萬事紛錯，皆從意生。〔解〕事有疑似而招禍者多矣。自飛鳶墜鼠皆疑似成患。唯積德守道無情不私者，乃能無患焉。故失鈇疑鄰，其事一也。○注「豈外物之變」藏本作「豈外物之所能變乎」。○釋文云：復，扶又切。

白公勝慮亂，〔注〕慮猶度也，謀度作亂。○釋文云：勝，詩證切。罷朝而立，倒杖策，鋏上貫頤，〔注〕鋏，杖末鋒。伯峻案：韓非喻老篇作「罷朝倒杖而策銳貫頤」。○釋文云：鋏，張劣反。許慎注淮南子云：「馬策端有利鐵，所以刺不前也。」血流至地而弗知也。鄭人聞之曰：「頤之忘，將何不忘哉？○「頤」北宋本、世德堂本作「頭」。意之所屬箸，其行足躓株埳，○釋文云：屬音燭。著，直略切。躓音致，礙也。埳音坎。頭抵植木，而不自知也。」伯峻案：「意之所屬」數句又見淮南子原道訓。○釋文云：抵，丁禮切。

昔齊人有欲金者，○王重民曰：意林引「欲」下有「得」字，呂氏春秋去宥篇同。清旦衣冠而之市，○

釋文云：衣冠並去聲。**適鬻金者之所，**○釋文云：鬻音育。**因攫其金而去。**○釋文云：攫音钁。**吏**

捕得之，○釋文「得之」作「倡之」，云：倡音昌，戲弄也；一本作得之。**問曰：「人皆在焉，子攫人之**

金何？」○王重民曰：類聚八十三、御覽八百一十引「何」下並有「故」字，呂氏春秋同。○王叔岷曰：六帖八，事

類賦九，記纂淵海一、五五，事文類聚續集二五，天中記五十引亦皆有故字。淮南子氾論篇「何故」作「何也」。○釋文

作「子攫人之金何故」，云：一本無故字。**對曰：「取金之時，不見人，徒見金。」**〔注〕嗜慾之亂人心如此

之甚也。故古人有言：察秋毫之末者，不見太山之形；調五音之和者，不聞雷霆之聲。夫意萬物所係著外物者，

雖形聲之大而有遺矣。況心乘於理，檢情攝念，泊然凝定者，豈萬物動之所能亂者乎？〔解〕張湛云：「嗜慾之亂人心

如此之甚也，故曰察秋毫之末者不見泰山之形，聽五音之和者不聞雷霆之聲」。心有所存，形有所忘，皆若此者也。此

章言嗜慾不可縱，喪身滅性之大也。今以喪其身之物，意欲厚其身也。若能無其身，復何用金爲？所言無身非謂滅身

也，蓋不厚而已矣。○注「豈」下四解本有「因」字，恐誤。盧文弨曰：注「物」字疑衍。伯峻案：盧說未碻。疑「萬物

動之」當作「萬物之動」，「動之」兩字倒。○釋文云：著，直略切。泊音魄，安靖之貌。

附録一　張湛事迹輯略

〔世說新語任誕篇注引晉東宮官名〕湛字處度，高平人。

〔又引張氏譜〕湛祖嶷，正員郎。父曠，鎮軍司馬。湛仕至中書郎。

〔世說新語任誕篇〕張湛好於齋前種松柏。時袁山松出遊，每好令左右作挽歌。時人謂張「屋下陳尸」，袁「道上行殯」。又見晉書卷八十三袁山松傳。

〔又注引裴啓語林〕張湛好於齋前種松養鴝鵒。

〔晉書范甯傳〕初，甯嘗患目痛，就中書侍郎張湛求方。湛因嘲之曰：「古方宋陽里子少得其術以授魯東門伯，魯東門伯以授左邱明，遂世世相傳。及漢杜子夏鄭康成、魏高堂隆、晉左太沖，凡此諸賢並有目疾。得此方云：用損讀書一，減思慮二，專內視三，簡外觀四，且晚起五，夜早眠六。凡六物，熬以神火，下以氣篩，蘊於胸中七日，然後納諸方寸。修之一時，近能數其目睫，，遠視尺捶之餘。長服不已，洞見牆壁之外。非但明目，乃亦延年。」案：宋葉夢得避暑錄話下卷引有張湛授范甯目痛方。

〔宋書良吏傳〕高平張祐，以吏材見知。祐祖湛，晉孝武時以才學爲中書侍郎、光禄勳。

〔隋書經籍志〕列子鄭之隱人列禦寇撰東晉光禄勳張湛注。

〔又〕養生要集十卷張湛撰新舊唐志同。丁國鈞補晉書藝文志曰：疑此係魏書列傳中之張湛，非注列子者。伯峻案：此説毫無根據，且魏之張湛未必知醫（魏書以及北史張湛傳俱不曾提及），而晉之張湛能醫，尤可證丁氏之説不可信。黄逢元補晉書藝文志云：初學記四、又三十七，文選注二十一、又五十二，御覽二十九、又三十一、又八百三十九、又八百四十一、又九百三均引存。伯峻案：湯用彤（一八九三——一九六四）讀道藏札記云：養生延年錦序謂「余因止觀微暇，聊復披覽養生要集，其集乃錢彦、張湛、道林之徒，翟平、黄山之輩，咸是好事英奇，志在寶育」云云，可見養生要集或爲張湛録當時諸家之説而成。又云：養性延命録卷上第九有張湛養生集叙。

〔新唐書藝文志〕張湛延年祕録十二卷舊唐志不著撰人。

伯峻案：文選辯命論李善注引莊子張湛注，文廷式補晉書藝文志因謂張湛有莊子注，又自疑之。湯用彤讀道藏札記謂養性延命録引莊子達生篇，皆有張湛之注，可知張湛曾注莊子。又據商務印書館影宋六臣注文選，卷一十三、廿一、三十六、四十、五十、五十三俱曾引文子及張湛注，文廷式因謂張湛有文子注。

附録二　重要序論匯録

（一）劉向　列子新書目録　小字夾注者爲唐殷敬順釋文以及宋陳景元之釋文補遺，而任大椿之釋文考異則略而未録。○姓列，名禦寇，或名圄寇。先莊子，故莊子稱之。天寶初，奉旨册爲沖虚真人，其書改題曰冲虚真經，名冠八篇之首。此是劉向取二十篇除合而成，都名新書焉。大宋景德四年，勅加至德二字，號曰冲虚至德真經。

天瑞第一　黃帝第二　周穆王第三　仲尼第四 一曰極智

湯問第五　力命第六　楊朱第七 一曰達生　說符第八

右新書定著八章。護左都水使者光祿大夫臣向 姓劉名向，字子正，漢楚元王交玄孫，校定此書言：所校音教中書列子五篇，臣向謹與 釋文「與」作「歟」云：音與、經中與字多如此作。長社尉臣參 七南切。劉向管子新書目録云：臣參書四十一篇。校讎 音酬。校謂兩本相對覆校也。讎謂如仇讎報也。也。太常書三篇，太史書四篇，臣向書六篇，臣參書二篇，内外書凡二十篇，以校除復 扶又切重十二篇，定著八篇。中書多，外書少。章亂布在諸篇中。或字誤，以盡 子忍切，極也；下同。

爲進，以賢爲形，如此者衆。及在新書有棧。音剪，謂蟲蠹斷滅也。略作剗，又作榭，皆與剪字同。周禮有剪氏，掌除蟲魚蠹書。校讎從中書已定，皆以殺青，謂汗簡刮去青皮也。書可繕寫。列子者，鄭人也，與鄭繆公繆音穆。與魯哀公同時。同時，蓋有道者也。其學本於黄帝老子，號曰道家。道家者，秉要執本，清虛無爲，及其治身接物，務崇不競，合於六經。而穆王、湯問二篇，迂誕迂音于。誕，徒旱切。迂誕，疏遠之大言也。恢詭恢，口回切。詭，孔委切。恢詭，大怪異之言也。非君子之言也。至於力命篇，一推分符問切。命；楊子之篇，唯貴放逸，二義乖背，音佩。不似一家之書。然各有所明，亦有可觀者。孝景漢帝，諱啓。皇帝時貴黄老術，此書頗普可切。行於世。及後遺落，散在民間，未有傳者。且多寓言，「寓」釋文作「偶」云：音遇。劉向別録云，偶言者，作人姓名，使相與語。史記讀爲寓。與莊周相類，故太史公司馬遷不爲列傳。列傳經傳之類皆音去聲。謹第録。臣向昧死上。時掌切。護左都水使者光禄大夫臣向所校列子書録。永始漢成帝年號。三年八月壬寅上。

（二）张湛 列子序小字註者爲釋文。

湛聞之张湛字處度，東晉光禄勳，注此真經。先父曰：吾先君與劉正輿、音余，晉揚州刺史，名陶。傅穎根，名敷，北地人。晉丞相從事中郎。皆王氏之甥也，並少詩照切。游外家。舅始周，姓王，张湛祖之舅。始周從兄從，疾用切。正宗、王宏字正宗，高平人，晉尚書。伯峻案：博物志云：「蔡邕有書萬卷，漢末年，載數車與王粲。粲亡後，相國掾魏諷謀反，粲子與焉，既被誅，邕所與粲書悉入粲族子業，字長緒，即正宗父。正宗即輔嗣兄也。」輔嗣王弼字輔嗣，山陽人，魏尚書郎。皆好集文籍，先悉薦切，下同。并卑正切。得仲宣王粲字仲宣，山陽人，魏侍中。家書，幾音祈，近也。將萬卷。傅氏亦世爲學門。三君總角詩云：總角丱兮，謂童子結髮之時也。競錄奇書。及長，丁丈切。遭永嘉之亂，與穎根同避難乃但切。南行，車重各稱尺證切。力，並有所載。而寇虜音魯彌盛，前途尚遠。張謂傅曰：「今將不能盡子忍切全所載，且共料音聊，理也，量也。簡世所希有者，各各保錄，令無遺棄。」穎根於是唯齎音躋其祖玄、父咸子集。傅玄字休奕，北地人，著子書一百二十篇，有集五十卷。咸字長威，有集二十卷。父子俱爲晉司隸校尉、鶉觚侯。先君所錄書中有列子八篇。及至江南，僅音覲，少也。有存者。列子唯餘楊朱、說符、目錄三卷。比必利切亂，正輿爲揚州刺史，先來過江，復扶又切。在其家得四卷。尋從輔嗣女婿趙季子家得六卷。參校有無，始得全備。其書大略明羣有以至虛爲宗，萬品以終滅爲驗；神惠以凝寂常全，想念以著直略切。物自喪；息浪切。生覺音教與化夢等情，巨細不限一域；窮達無假智力，治身貴於肆任；而鳩切。此例稍多，後以意取之。順性則所之皆適，水火可蹈；忘懷則無幽不照。此其旨也。

然所明往往與佛經相參，猶云佛經往往與列子相參，此爲文者辭語互陳也。大歸同於老莊。屬音燭辭引類特與莊子名周，字子休，宋人也，爲梁漆園吏，著書五十二篇。郭象合爲三十三篇以注之。天寶初册爲南眞人，其書曰南華眞經。經中往往有冲虛眞人之語。相似。莊子、慎到、趙人也，先申韓，申韓稱之。著書四十二篇。其學本師黃老。韓非、韓之諸公子，使秦，李斯害而殺之。著書五十五篇。其學本師黃老。尸子、名佼，音絞，魯人。秦相商君師之。軼死後逃入蜀。著書二十篇。淮南子、劉安，漢武孫，淮南厲王長子也。招致賓客作內書二十一篇，多眞經之語。又外書三十三篇，論新語。伯峻案：釋文「漢武孫」當作「漢高孫」。劉安於漢武爲叔，於漢高始爲孫。玄示、道家有玉龜胎中玄示經四十卷，又陳留韓祉作玄示八篇，演解五千文。旨歸嚴遵字君平，作指歸十四篇，演解五千文。多稱其言，遂注之云爾。

（三）盧重玄　列子叙論

劉向云：「列子者，鄭人也，與鄭穆公同時，蓋有道者也。其學本於黃帝、老子，號曰道家。道者，秉要執本，清虛無爲，及其理身接物，務崇不競，合於六經。而穆王、湯問二篇，迂誕恢詭，非君子之言也。至於力命篇，一推分命，楊子篇唯貴放逸，二義乖背，不似一家之書。然各有所明，亦頗有可觀者。且多寓言，與莊周相類，故太史公司馬遷不爲列傳。」張湛序云：「其書大略明羣有以至虛爲宗，萬品以終滅爲驗；神慧以凝寂常全，

想念以著物自喪；生覺與化夢等情，巨細不限一域，窮達無假智力，理身貴於肆任；順

性則所之皆適，水火可蹈；忘懷則無幽不照。此其旨也。然所明往往與佛經相參，大歸

同於老莊。」重玄以爲黃老論道久矣，代無曉之者。咸以情智辯其真宗，則所諭雖多，同歸

於不了；所諭雖衆，但詳其糟粕。莫不以大道玄遠，遙指於太虛之中；道體精微，妙絕

於言詮之表。遂使真宗幽翳，空傳於文字；至理虛無，但存其言說。曾不知道之自我，

假言以爲詮；得意忘言，離言以求證。徒以是非生滅之思慮，因情動用之俗心，矜彼道

華，求名喪實。我開元聖文神武皇帝知道爲生本，至德非言，廣招四方，傍詢萬宇，冀有達

其玄理，將欲濟於含生。小臣無知，偶慕斯道；再承聖旨，重考微言。謹尋列子之書，輒

詮註其宗要。竊懷智此，秦恩復曰，此字疑誤。汪萊曰：智此當作知北，莊子有知北遊篇。非欲指南。

倘默契於希夷，猶玄珠於象罔。是所願也，非敢望焉。

論曰：夫生者何耶？神與形會也。死者何耶？神與形離也。形有生死，神無死

生；故老子曰「谷神不死」「死而不亡者壽也」。然此之死生，但約形而説耳。若於神

用，都無死生。神本虛玄，契真者爲性；形本質礙，受染者爲情。至人忘情歸性則近道，

凡迷矜性殉情則喪真。是故隳支黜聰，道者之恆性；貪生惡死，在物之常情。不矜愛以

損生，不祈名而棄實，故莊子曰，「爲善無近名，爲惡無近刑，緣督以爲經，可以養生，可以盡年」也。代人以不求於名，則縱心爲惡；此又失之遠矣。人笑亦笑，人號亦號；人之所畏，不可不畏，復安得爲不善耶？是知神爲生主，形報神功。神有濟物之功，形有尊崇之報；；神有害物之用，報有賤陋之形。故神運無窮，形有修短。報盡則爲死，功著則別生；；亦由清白者遷榮，貪殘者降黜。約位而說也，形不變則位殊；；約神而辯也，神不易而形改。至人了知其道，故有而寶真。真神無形，心智爲用。用有染淨，凡聖所以分。在染溺者則爲凡，居清淨者則爲道。道無形質，但離其情，豈求之於冥漠之中辯之於恍惚之外耳？故老子曰，「吾道甚易知，甚易行。」而不能知不能行，其故何也？代人但約形以爲生，不知神者爲生主；；約氣以爲死，不知神者爲氣根。繫形則有情，迷神則失道。封有惑本，溺喪忘歸。聖人嗟其滯執之如此也，乃歎夫知道者不易逢矣。故曰「千里一賢，猶如比肩；萬代有知，不殊朝暮」者，惜之深矣。豈不然耶？倘因此論以用心，去情智以歸本，損之又損，爲於無爲，然後觀列子之書，斯亦思過之半矣。

（四）陳景元　列子沖虛至德真經釋文序

夫莊子之未生，而列子之道已汪洋汗漫充滿於太虛，而無形畤可聞也，故著書發揚黃老之幽隱，剖抉生死之根柢。墮弢解衮，決疣潰癰。語其自然而不知其然，意其無爲而任其所爲。辭旨縱橫，若木葉乾殼，乘風東西，飄颻乎天地之間，無所不至。而後莊子多稱其言，載於論説。故世稱老莊而不稱老列者，是縡莊子合異爲同，義指一貫，離堅分白，有無并包也。昔列子陸沈圃田四十年而人莫識，藏形衆庶在國而君不知，天隱者也。人有道而人莫譽，道豈細也夫？書有理而世罕稱，理豈粗也夫？人也，之書也，深矣！遠矣！與物返矣！不其高哉！

僕自總角好讀是書，患無音義解所闇惑。及長，游天台山桐柏，於司馬微水帳之下獲爛書兩卷。標題隱約，乃列子釋文。紙墨敗壞，不任展玩。而急手鈔録，其脱落蠹碎，墁滅棧損，十已四五矣。而紙尾題云：「唐當塗縣丞殷敬順纂。衡岳墨希子書。」遂草寫藏於巾衍。後於潛山覽有唐道士徐靈府手寫列子泊盧重玄注，就於藏室緟景德年中國子監印本，參有校無，會得帖異。比得國子監印本經并注脱誤長乙共一百六十字，集成訛謬同異一卷，附於釋文之後。已而補亡拾遺，復其舊目。前人所稱最善者如程是豹之別名，崙卨乃泰丙兩字古文，此其博學而多識者。其有越略，惟竢同志損益啓悟。熙寧二年九月九日碧虛子題序。 伯峻案： 陳景元，字太初，玄號碧虛子，家世建昌，所藏内外道書數千卷，皆素所校正。卒於

紹聖元年，年七十。宋薛致玄述道德真經藏室纂微開題科文疏有其事略。又宋韓淲澗泉日記卷上云：「祕書監王欽

臣奏差真靖大師陳景元校黄本道書，范祖禹封還，（中略）遂罷景元」云云。

（五）任大椿　列子釋文考異序

通考載列子釋文一卷，唐當塗縣丞殷敬順撰。其書引荀子楊倞注，則憲宗以後人也。余於乾

隆戊戌教學淮陰，嘗過淮瀆廟，見有道藏殘帙數架，遂檢得此本。書分上下二卷，與通志同。

體例仿陸氏經典釋文。凡所徵引多為前代逸書；又於正文之下附載異文，率皆當時流

傳舊本。夫藏書之家得一宋元佳刻，已若琛璧；況此書所載一作又之本更在唐以前

耶？道家諸子，莊列並稱；奇詞隱義，最尚音釋。莊子釋文列諸經典之末，遂克盛行；

列子釋文秘在道藏，故見之者希。考今本列子目録之前雖並標張湛注及敬順釋文，而每

卷篇首乃獨標湛注，更不辨何者為釋文矣。試以道藏本證之，則注自為注，釋文自為釋

文，不待研索而知也。又今本列子所載釋文闕佚甚多，其于湛注加音釋者咸省汰焉。訛

文錯簡彌復不少，皆不及道藏本之完善。是書與莊子釋文後先輝映，允宜並行于時。余

故仿照道藏原本別為專刻，使之流布藝林。又取古今本之異同標其崖略，附一卷於書後。

至于以盡為進，以賢為形，析疑辨誤如劉向所云者，則未之幾及也。　乾隆五十二年十月興

化任大椿書。

（六）秦恩復　列子盧重玄注序　原文「重玄」皆作「重元」，「玄孫」作「元孫」，蓋避「玄燁」之二名，今皆復原。

列子先於莊子而書最後出，史遷不爲立傳，學者遂疑爲依託。以故注南華者不下數十家，獨冲虛祗張湛一注孤行於世。唐當塗縣丞殷敬順爲之釋文，宋碧虛子陳景元補其遺。景元序稱曾於潛山得見徐靈府手寫列子泊盧重玄注。考新唐書宰相表重玄爲盧思道玄孫，藏用之弟。藏用注老子二卷，莊子十二卷；重玄有夢書四卷，均載藝文志中，今並不傳。惟重玄所注列子自唐藝文志以下皆不著錄。至鄭樵通志、焦竑經籍志始有其目。余於南北藏書家訪求盧注十餘年，今始得於金陵道院。書凡八卷，楊朱一篇注佚其半。其書羽翼張注，頗有可採者。間有徵引，皆與古本相合。宰相表云：重玄仕至司勳郎中。今稱通事舍人者，就其注書時而標題也。沈汾續仙傳云：開元二十三年命中書舍人徐嶠、通事舍人盧重玄齎璽書迎張果於常州，則知重玄奉詔注書之時正官通事舍人之時也。由唐迄今幾及千載，歷代搜奇好古之士網羅放失，不遺餘力，而盧注未經采錄。夾漈、弱侯號稱淹博，縹緗什襲，又不廣爲流通。向非人之道家，遞相纂述，不幾終遭沉晦邪？傳寫日久，譌謬滋多。爲之是正文字，辨張、盧字句之異同，補殷、陳釋文所未備。

其有鳥馬魚魯灼然可知者，隨加刊正，不復存疑。或辭義難通，字文牽混，未敢

以臆爲斷，別加考證以相參檢而已。校刻既竣，復得歙縣汪君孝嬰補正數條，附錄卷末，

以竢將來。懼蹈班生露才揚己之譏，庶守宣聖多聞闕疑之義云爾。嘉慶九年甲子正月七

日江都秦恩復序。

（七）汪繼培　列子序

世所傳列子八卷與漢書藝文志篇帙符合。其文或淺近卑弱，於韓策所稱貴正、尸子、

呂氏春秋所稱貴虛之旨，持之不堅，故先儒多疑其僞。張湛序謂所明往往與佛經相參，大

歸同於老莊，又云莊子、慎到、韓非、尸子、淮南、玄示，旨歸多稱其言。實則原書散帙，後

人依採諸子而稍附益之，其會稡補綴之迹，諸書見在者可覆按也。湛注明簡，昔人方之王

弼郭象之注老莊。唐殷敬順因湛注爲釋文，二家各自爲書。元明以來，刊本皆以釋文入

注，淈殽不別。余從錢塘何君元錫所得張注影宋鈔本，又錄釋文專本於吳山道藏，二書迺

復釐然。同邑陳君春讀而善之，因取以付梓，屬余參訂。影宋本間有缺誤，以纂圖互注

本、世德堂本、虞九章王震亨同訂本、盧學士文弨羣書拾補所載道藏本補正數字。釋文所

稱一作此多與之合，雖爲脱誤，舊本如是，不敢輒改也。宋本六十葉，每葉廿八行，行廿六字，注雙行，行卅字。張湛序、劉向叙録原脱，據別本補之卷首。原題冲虛至德真經，今作列子，以還舊稱云。癸酉四月十二日蕭山汪繼培識於環碧山房。

附録三　辨僞文字輯略

（一）柳宗元　辨列子

劉向古稱博極羣書，然其録列子，獨曰鄭繆公時人。繆公在孔子前幾百歲，列子書言鄭國皆云子產鄧析，不知向何以言之如此？史記鄭繻公二十四年，楚悼王四年，圍鄭，鄭殺其相駟子陽，子陽正與列子同時，是歲周安王三年，秦惠王、韓烈侯、趙武侯二年，魏文侯二十七年，燕釐公五年，齊康公七年，宋悼公六年，魯繆公十年，不知向言魯繆公時遂誤爲鄭耶？不然，何乖錯至如是？其後張湛徒知怪列子書言繆公後事，亦不能推知其時。然其書亦多增竄非其實，要之莊周爲放依其辭。其稱夏棘、狙公、紀渻子、季咸皆出列子，不可盡紀。雖不槩於孔子道，然而虛泊寥闊，居亂世遠於利，禍不得逮乎身，而其心不窮，易之遯世無悶者，其近是與？余故取焉。其文辭類莊子，而尤質厚，少偽作，好文者可廢耶？其楊朱力命疑其楊子書。其言魏牟、孔穿皆出列子後，不可信。然觀其辭，亦足通知古之多異術也。讀焉者慎取之而已矣。

（二）朱熹　觀列子偶書朱文公文集卷六七（摘鈔）

又觀其言精神入其門，骨骸反其根，我尚何存者，即佛書四大各離，今者妄身當在何處之所由出也。他若此類甚衆，聊記其一二於此，可見剿掠之端云。

（三）高似孫　子略（摘鈔）

劉向論列子書，穆王湯問之事，迂誕恢詭，非君子之言。又觀穆王與化人游，若清都、紫微、鈞天廣樂、帝之所居；夏革所言，四海之外，天地之表，無極無盡；傳記所書固有是事也。人見其荒唐幻異，固以爲誕。然觀太史公史殊不傳列子，如莊周所載許由、務光之事。漢去古未遠也，許由、務光往往可稽，遷獨疑之；所謂禦寇之說，獨見於寓言耳，遷於此詎得不致疑耶！

周之末篇叙墨翟、禽滑釐、慎到、田駢、關尹之徒以及於周，而禦寇獨不在其列。豈禦寇者，其亦所謂鴻蒙、列缺者歟？然則是書與莊子合者十七章，其間尤有淺近迂僻者，特出於後人會萃而成之耳。

至於「西方之人有聖者焉，不言而自信，不化而自行，」此故有及於佛，而世猶疑之。

夫「天毒之國紀於山海，竺乾之師聞於柱史」，此楊文公之文也。佛之爲教已見於是，何待

於此者乎！然其可疑可怪者不在此也。

（四）葉大慶　考古質疑（摘鈔）

劉向校定列子書，定著八篇，云：「列子，鄭人，與穆公同時，蓋有道者也。孝景時貴

黃老術，此書頗行于世」。大慶案：繆公原注：以下繆公即上鄭穆公。二字古通用。原本未畫一，今姑

仍之。立于魯僖三十二年，薨于魯宣三年，正與魯文公並世。列子書楊朱篇云：「孔子伐

木於宋，圍于陳蔡。」夫孔子生于魯襄二十二年，繆公之薨五十五年矣。陳蔡之厄，孔子六

十三歲。統而言之，已一百十八年。列子繆公時人，必不及知陳蔡之事明矣。況其載魏

文侯、子夏之問答則又後于孔子者也。不特此爾。第二篇載宋康王之事，第四篇載公孫

龍之言，是皆戰國時事，上距鄭繆公三百年矣。晉張湛爲之注，亦覺其非。獨于公孫龍事

乃云「後人增益，無所乖錯而足有所明，亦何傷乎？如此皆存而不除。」大慶竊有疑焉。

因觀莊子讓王篇云：「子列子窮，貌有飢色。客有言于鄭子陽曰：『列禦寇，有道之士

也，居君之國而窮，君無乃爲不好士乎？』子陽即令官遺之粟。列子再拜而辭。使者去。

其妻曰：『妾聞爲有道者之妻子皆得佚樂，今有飢色。君過而遺先生食，先生不受，豈不命

邪？列子笑曰：「君非自知我也。以人之言而遺我粟，至其罪我也，又且以人之言，此吾

所以不受也。」其卒，民果作難而殺子陽。」觀此，則列子與鄭子陽同時。及攷史記鄭世家，子

陽乃繻公二十五年殺其相子陽，即周安王四年癸未歲也。然則列子與子陽乃繻公時人。劉

向以爲繆公，意者誤以繻爲繆歟？雖然，大慶未敢遽以向爲誤，姑隱之于心。續見蘇子

由古史列子傳亦引辭粟之事，以爲禦寇與繻公同時。又觀呂東萊大事記云：安王四年，

鄭殺其相駟子陽。遂及列禦寇之事，然後因此以自信。蓋列與莊相去不遠。莊乃齊宣梁

惠同時，列先于莊，故莊子著書多取其言也。若列子爲鄭繻公時人，彼公孫龍乃平原之

客。趙王十七年趙王封其弟勝爲平原君，則公孫龍之事蓋後于子陽之死一百年矣。而宋

康王事又後于公孫龍十餘年，列子烏得而預書之？信乎後人所增有如張湛之言矣。然

則劉向之誤，觀者不可不察；而公孫龍、宋康王之事爲後人所增益，尤不可以不知。

（五）黃震　黃氏日鈔（摘鈔）

列子才穎逸而性沖澹，生亂離而思寂寞。默察造化消息之運，於是乎輕死生；輕視

人間生死之常，於是乎遺世事。其靜退似老聃，而實不爲老聃；老聃用陰術，而列子無

之。其誕謾似莊周，而亦不爲莊周；莊周侮前聖，而列子無之。不過愛身自利，其學全

類楊朱，故其書有楊朱篇，凡楊朱之言論備焉。而張湛序其書，乃謂往往與佛經相參。今

按列子鄭人，而班馬不以預列傳。其書八篇，雖與劉向校讎之數合，實則典午氏渡江後方

雜出於諸家。其皆列子之本真與否，殆未可知。今考辭旨所及，疑於佛氏者凡二章。其

一謂周穆王時西域有化人來，殆於指佛。然是時佛猶未生，而所謂騰而上中天化人之宮

者，乃稱神遊，歸於說夢，本非指佛也。其一謂商太宰問聖人於孔子，孔子歷舉三皇五帝

非聖，而以聖者歸之西方之人，殆於指佛，然孔子決不黜三五聖人，而顧泛指西方為聖，且

謂西方不化自行，蕩蕩無能名，蓋寓言華胥國之類，絕與寂滅者不侔，亦非指佛也。使此

言果出於列子，不過寓言，不宜因後世佛偶生西域，而遂以牽合。使此言不出於列子，則

晉人好佛，因列子多誕，始寄影其間，冀為佛氏張本爾。何相參之有哉？且西域之名，始

於漢武，列子預言西域，其說尤更可疑。佛本言戒行，而後世易之以不必持戒者，其說皆

陰主列子，皆斯言實禍之。不有卓識，孰能無惑耶？　伯峻案：宋人于列子致疑者尚有，如李石方舟

集卷十三有列子辯上、下二篇，然僅云「必有能辯之者」，故不錄。

（六）宋濂　諸子辯（摘鈔）

列子八卷，凡二十篇，鄭人列禦寇撰。　劉向校定八篇，謂禦寇與鄭繆公同時。　柳宗元

云，「鄭繆公在孔子前幾百載，禦寇書言鄭殺其相馹子陽，則鄭繻公二十四年，當魯繆公之十年；，向蓋因魯繆公而誤爲鄭爾。」其説要爲有據。高氏以其書多寓言而并其人疑之，「所謂禦寇者有如鴻蒙列缺之屬，」誤矣。

書本黃老言，決非禦寇所自著，必後人會萃而成者。中載孔穿、魏公子牟及「西方聖人」之事皆出禦寇後。天瑞、黃帝二篇雖多設辭，而其「離形去智，泊然虛無，飄然與大化游，」實道家之要言。至于楊朱、力命則「爲我」之意多；疑即古楊朱書，其未亡者剿附于此。禦寇先莊周，周著書多取其説；若書事簡勁宏妙則似勝于周。

間嘗熟讀古書，又與浮屠言合。所謂「内外進矣，而後眼如耳，耳如鼻，鼻如口，無弗同也；，心凝形釋，骨肉都融，不覺形之所倚，足之所履」，非「大乘圓行説」乎？「鯢旋之潘（合作番）爲淵，止水之潘爲淵，流水之潘爲淵，濫水之潘爲淵，沃水之潘爲淵，沈水之潘爲淵，雍水之潘爲淵，汧水之潘爲淵，肥水之潘爲淵」，非「修習教觀説」乎？「有生之氣，有形之狀，盡幻也。 造化之所始，陰陽之所變者，謂之生，謂之死；，窮數達變，因形移易者，謂之化，謂之幻。 造物者，其巧妙，其功深，故難窮難終；，因形者，其巧顯，其功淺，故隨起隨滅；，知幻化之不異生死也，始可以學幻」，非「幻化生滅説」乎？「厭昭生乎濕，醯雞生乎酒，羊奚比乎不筍；久竹生青寧，青寧生程，程生馬，馬生人，人久入于機；萬物皆出于機，皆入于機」，非「輪回不息說」乎？「人胥知生之樂，未知生之苦；知死之惡，未知死之息」，非「寂滅爲樂說」乎？「精神入其門，骨骸反其根，我尚何存」，非「圓覺四大說」乎？中國之與西竺，相去一二萬里，而其說若合符節，何也？豈其得於心者亦有同然歟？近世大儒謂華梵譯師皆竊莊列之精微以文西域之卑陋者，恐未爲至論也。

（七）姚際恆（一六四七——約一七一五）古今偽書考（摘鈔）

稱列禦寇撰。劉向校定八篇，漢志因之。向云，「鄭人也，與鄭繆公同時。」柳子厚曰「劉向古稱博極羣書，然其録列子，獨曰『鄭繆公時人。』鄭繆公在孔子前幾百載，列子書言……『鄭殺其相駟子陽……』則鄭繆公二十四年，當魯繆公之十年。向蓋因魯繆公而誤爲鄭爾。」案，柳之駁向誠是，晉張湛註已疑之。若其謂因魯而誤爲鄭，則非也。向明云鄭人，故因言鄭繆公，豈魯繆公乎！況書中孔穿、魏牟亦在魯繆公後，則又豈得爲魯繆公乎！高似孫曰「太史公……不傳列子。如莊周所載許由、務光……遷猶疑之。所謂列禦寇之說，獨見於寓言耳；遷於此詎得不致疑耶！莊周末篇叙墨翟、禽滑釐、慎到、田駢、關尹之徒，以及於周，而禦寇獨不在其列……豈禦寇者其亦所謂鴻蒙、列缺者歟？

然則是書與莊子合者十七章，其間尤有淺近迂僻者，出於後人會粹而成之耳。」案高氏此說最爲有見。然意戰國時本有其書，或莊子之徒依託爲之者；但自無多，其餘盡後人所附益也。以莊稱列，則列在莊前，故多取莊書以入之。至其言「西方聖人」，則直指佛氏；殆屬明帝後人所附益無疑。佛氏無論戰國未有，即劉向時又寧有耶！則向之序亦安知不爲其人所託而傳乎？夫向博極羣書，不應有鄭緩公之謬，此亦可證其爲非向作也。後人不察，咸以莊子中有列子，謂莊子用列子；不知實列子用莊子也。莊子之書，洸洋自恣，獨有千古，豈蹈襲人作者！其爲文，舒徐曼衍中仍寓拗折奇變，不可方物；列子則明媚近人，氣脈降矣。又莊子之叙事，迴環鬱勃，不即了了，故爲真古文；列子叙事，簡淨有法，是名作家耳！後人反言列愈于莊。柳子厚曰，「列子書簡勁宏妙，似勝於周。」王元美曰，「列子書事，簡勁宏妙，多出莊子之右。」宋景濂曰，「列較莊尤質厚。」洪景盧曰，「列子與莊子同叙事，而簡勁有力。」如此之類，代代相仍，依聲學古。噫！以諸公號能文者而於文字尚不能盡知，況識別古書乎！又況其下者乎！

〔附錄〕顧頡剛古今僞書考跋曰：…　若其論辨，謂「列子云『西方聖人』直指佛氏，屬明帝後人所附益，」則詩言「彼美人兮，西方之人兮，」將何以解焉？……此論辨舛駁之可議者也。

又顧實有重考古今偽書考（上海大東書局一九二六年排印本）且謂「據張湛序文，

則此書原出湛手，其即爲湛託無疑」。

（八）錢大昕　十駕齋養新録卷八「釋氏輪迴之説」條

列子天瑞篇：「林類曰，死之與生，一往一反，故死於是者，安知不生於彼。」釋氏輪

迴之説，蓋出於此。列子書晉時始行，恐即晉人依託。

（九）姚鼐（一七三一——一八一五）　跋列子惜抱軒文後集卷二

莊子、列子皆非盡本書，有後人所附益。然附益莊子者，周秦人所爲。若今世列子

書，蓋有漢魏後人所加。其文句固有異於古者。且三代駕車以駟馬，自天子至卿大夫一

也。六馬爲天子大駕，蓋出於秦漢君之侈，周曷有是哉？白虎通附會爲説曰：「天子之

馬六者，示有事於天地四方。」此謬言也。列子周穆王篇，王駕八駿，分於二車，皆兩服兩

驂。此列子文之真也。至湯問篇言泰豆教造父御六轡不亂，而二十四蹄所投無差。此非

周人語也。且既二十四蹄矣，孿在手者安止六乎？偽爲古文尚書者取説苑「腐索御奔

馬」之文，而更曰「朽索御六馬」，皆由班氏誤之耳。古書惟荀子有「伯牙鼓琴，六馬仰秣」語。此言在

廄秣馬有六，聞音捨秣仰聽，與駕車時不相涉。自晉南渡，古書多亡缺，或輒以意附益。列子出於張湛，安知非湛有矯入者乎？吾謂劉向所校列子八篇，非盡如今之八篇也。

（十）鈕樹玉（一七六〇——一八二七）列子跋匦石先生文集卷下

列子八篇，漢藝文志同。劉向為之序。余讀而異焉。善乎太史公序莊而不序列也。

蓋列子之書見於莊子者十有七條，泛稱黃帝五條，鬻子四條，鄧析、關尹喜、亢倉、公孫龍或一二見，或三四見；而見於呂覽者四條。其辭氣不古，疑後人雜取他書而成其說。至周穆王篇、湯問篇所載，語意怪誕，則他書所無。或言西方聖人，或言海外神仙，以啟後人求仙佞佛之端，此書其濫觴矣。孟子闢楊、墨，今墨書尚有，而楊朱之說僅見於此書，故博稽者不廢覽觀。然太史公曰：「百家言黃帝，其文不雅馴，搢紳先生難言之。」其卓見不亦超絕哉？

（十一）吳德旋（一七六七——一八四〇）辨列子初月樓文續鈔卷一

列子書非列子所自作，殆後人剽剝老莊之旨而兼采雜家言傅合成之。中惟周穆王篇旨奧詞奇，筆勢迥出，固是能者為之，但未知果出列子否耳。柳子厚以劉向稱列子鄭穆公時人，謂與書詞所稱引事不合；而姚惜抱則云，今世所傳列子書多有漢魏後人加之者。吾因是頗疑列子實鄭穆公時人，向所見列子八篇中當有與鄭穆公問答語耶？抑出處時事有可考而知耶？不然，向何至疏謬若此？柳子又以莊周爲放依其詞。第即周穆王篇言之則可；至如湯問、楊朱、力命等篇，乃不逮莊生書遠甚。而其詞與莊生相出入者，又未知孰爲後先矣。夫以柳子之識，而猶有此蔽，則信乎辨古書之真僞者難其人也。

（十二）俞正燮（一七七五——一八四〇）癸巳存稿卷十「火浣布說」條

（上略）見湯問篇集釋引抱朴子論仙云：魏文帝「謂天下無切玉之刀、火浣之布。及著典論，嘗據言此事其間。未期二物畢至，帝乃歎息，遽毀斯論。」今案文帝謂世稱火鼠毛爲布，垢則火浣如新者，妄也。火無生育之性，鼠焉得生其間？爲典論，刻之太學。明帝世有奉此布來貢者，乃刊去此碑。而列子湯問篇云：「周穆王征西戎，得錕鋙之劍，火浣之布。布浣則投之火，出火而振之，皓然疑乎雪。皇子以爲無此物，傳之者妄也。蕭叔曰：皇子果於自信，果於誣理哉！」列子晉人王浮、葛洪以後書也。以仲尼篇言聖者，湯問篇言火浣布知之。

（十三）何治運 書列子後何氏學卷四

余少讀列子，見其言不能洪深，疑其僞而不敢質。後讀十駕齋養新錄，疑爲魏晉人僞撰，而後知有識者果不異人意也。列子稱「四海」、「四荒」、「四極」，則其書出爾雅後矣。

又稱「太初」、「太始」、「太素」，則其書出易緯後矣。又稱「西極化人」、「西方有人焉，不知其果聖歟，果不聖歟」，則其書出佛法入中國後矣。又稱火浣布事「皇子以爲傳之者妄。蕭叔曰：皇子果於自信，果於誣理哉。」案：魏文博極羣書，使得見此書，則典論中所云云者早已刊削，是其書又出典論後矣。又晉世清譚之流於老莊佛之外，未嘗及此書一字，此亦杜預注春秋不見晚出尚書之比。且莊子頗詆孔子，此自道家門戶不同儒家之故。而此書以黃帝孔子並稱聖人，則又出於二漢聖學昌明之後，必非戰國之書也。魏晉時多僞書，如古文尚書、孔子家語、孔叢子，皆列子之類也。而三書之文作不得列子一脚指，則以清談自是晉人勝場，難與爭鋒也。

（十四）李慈銘（一八三〇——一八九四）越縵堂日記光緒甲申十二月初七日

列子一書，後人所綴輯，蓋出於東晉以後，觀湛所述甚明，本非漢志之舊。其書自唐開元後始大行，故裴世期注魏志、章懷注後漢書，於火浣布皆不引列子。此條綴於湯問篇末，蓋裴、李諸人尚未見之，疑出於張湛以後，其注云云，亦非湛語也。

（十五）光聰諧　有不爲齋隨筆卷己（摘鈔）

列子史記無傳，難定其時世。劉子政以爲與鄭穆公同時，柳子厚辨之，王元美又以爲

傳寫字誤，哂子厚辨其不必辨。要之，莊子書中既稱引列子，則其時世不後於莊。其書多

增竄人後事，張處度作註時已言之，顧人猶信增竄者率皆先秦以上人。今考湯問篇末言

火浣布，皇子以爲無此物，傳之者妄，正指魏文典論中非火浣布事。皇子者，魏文也。是

建安時尚有人增竄，則距處度作註時不遠矣。

古書辭皆不相襲，李習之答王載言書論之當矣。今古書由後追叙前事，左氏曰

「初」，史遷曰「先是」，他古書更無曰「初」、曰「先是」者，獨列子仲尼篇稱「初，子列子好

游」，其爲後人增竄，此亦一證。

（十六）陳三立　讀列子原載一九一七年九月東方雜誌十四卷九號

吾讀列子，恣睢誕肆過莊周，然其詞雋，其於義也狹，非莊子倫比。篇中數稱楊朱。

既爲楊朱篇，又終始一趣，不殊楊朱貴身任生之旨，其諸楊朱之徒爲之歟？世言戰國衰

滅，楊與墨俱絕；然以觀漢世所稱道家楊王孫之倫，皆厚自奉養，魏晉清談興，益務藐天

下，遺萬物，適己自恣，偷一身之便，一用楊朱之術之效也。而世迺以蔽之列子云。吾又

觀列子天瑞篇「死之與生，一往一反，故死於是者，安知不生於彼？」仲尼篇「西方之人，

有聖者焉，不治而不亂，不言而自信，不化而自行，」輪迴之説，釋迦之證，粲著明白。其言

「運轉無已，天地密移」，復頗與泰西地動之説合。尸子、蒼頡、考靈曜、元命苞、括地象皆言地動，列子此語亦相類。豈道無故術，言無故家，所操者約，而所驗者博歟？吾終疑季漢魏晉之士，窺見浮屠之書，就楊朱之徒所依託，益增竄其間，且又非劉向之所嘗見者；張湛蓋頗知之而未之深辨也。又漢志道家稱其先莊子，乃列於莊子之後，明非本真。而柳宗元方謂「莊子要爲放依其辭，於莊子尤質厚少僞作。」於戲！蓋未爲知言爾已。

（十七）梁啓超　古書真僞及其年代（摘鈔）

有一種書完全是假的，其毛病更大。學術源流都給弄亂了。譬如列子乃東晉時張湛——即列子注的作者——採集道家之言湊合而成。真列子有八篇，漢書藝文志尚存其目，後佚。張湛依八篇之目假造成書，並載劉向一序。大家以爲劉向曾見過，當然不會錯了。按理，列禦寇是莊周的前輩，其學説當然不帶後代色彩。但列子中多講兩晉間之佛教思想，並雜以許多佛家神話，顯係後人僞託無疑。……張湛生當兩晉，遍讀佛教經典，所以能融化佛家思想，連神話一並用上。若不知其然，誤以爲真屬列禦寇所作，而且根據牠來講莊列異同，説列子比莊子更精深，這個笑話可就大了。

假造列子的張湛覺得當時學者對於老莊的註解甚多，若不別開生面，不能出風頭。

而列禦寇這個人，莊子中説及過；漢書藝文志又有列子八篇之目。於是搜集前説，附以

己見，作爲列子一書。自編自注，果然因此大出風頭。在未曾認爲假書以前，他的聲名與

王弼、向秀、何晏並稱。這算是走偏鋒以炫名，竟能如願以償。

所謂來歷曖昧不明……如张湛注列子，前面有一篇叙，説是當「五胡亂華」時從他的

外祖王家得來的孤本。後來南渡長江失了五篇，後又從一個姓王的得來三篇，後來又怎

樣得來二篇，真是像煞有介事。若真列子果是真書，怎麽西晉人都不知道有這樣一部

書？像這種奇離的出現，我們不可不細細的審查根究。而且還可以徑從其奇離而斷定

爲作偽之確證。

凡造偽的不能不抄襲舊文。我們觀察他的文法，便知從何處抄來。……又如莊子和

列子相同的，前人説是莊子抄列子。前文已講過莊子不是抄書的人，現在又可從文法再

來證明。莊子應帝王篇曾引壺子説「……是殆見吾衡氣機也。鯢桓之審爲淵，止水之審

爲淵，流水之審爲淵。淵有九名，此處三焉。」大約因衡氣機很難形容，拿這三淵做象徵。

但有三淵便盡夠了。偽造列子的因爲爾雅有九淵之名，想表示他的博學，在黄帝篇便

説：「……是殆見吾衡氣機也。鯢旋之潘爲淵，止水之潘爲淵，流水之潘爲淵，濫水之潘

爲淵，沃水之潘爲淵，沈水之潘爲淵，雍水之潘爲淵，汧水之潘爲淵，肥水之潘爲淵，是爲

九淵焉。」竟把引書的原意失掉了，莫是弄巧反拙？誰能相信列子在莊子之前呢？

（十八）馬叙倫　列子僞書考（節錄）天馬山房叢著

（上略）余籀讀所得，知其書必出僞造。兹舉證二十事如左：

一事，考莊子讓王篇，列子與鄭子陽同時，陸德明釋文云：「子陽，鄭相。」然呂氏春

秋首時篇觀世篇高誘注云：「子陽，鄭相也。一曰，鄭君。」誘知鄭君者，因韓非子説疑

篇云：「鄭子陽身殺國分爲三」也。但史無鄭君名子陽者，日本人津田鳳卿之韓非子解

詁謂：「子陽似鄭君遇弒不謚者。」攷史記鄭世家注徐廣曰：「一本云立幽公弟乙陽爲

君，是爲康公。」然則子陽豈即鄭康公耶？其年與繆公相承。劉向言列子爲繆公時人，豈

當作子駟，因駟子陽而誤。考莊子德充符篇，子產師伯昏无人，田子方篇云，「列子爲伯昏

无人射，」又呂氏春秋下賢篇云：「子產見壺丘子林」，莊子應帝王篇言列子見壺子，司

馬彪云：「壺子，名林，鄭人。」是列子又與子產同師。莊子達生篇、呂氏春秋審己篇並言

列子問於關尹子，關尹子與老子同時，則列子並子產時可信，子駟正與子產同時。博聞如

向，豈不省此？ 然則叙錄亦出依託也。

二事，尸子廣澤篇、呂氏春秋不二篇並云「列子貴虛」，莊子應帝王篇云：「列子三

年不出，……一以是終，無爲名尸，……亦虛而已。」而向序云：「穆王湯問二篇，迂誕恢

詭，非君子之言也。至於力命篇一推分命，楊子篇唯貴放逸，二義相乖，不似一家之書。」

則不與三子之言相應，而別錄曷爲入於道家？漢初百家未盡出，太史公未見列子書，不

爲傳，何傷？顧云「孝景時其書頗行」，則漢初人引列子書者又何寡也？太史公安得以

寓言與莊子相類，而不稱？斯則緣其剿襲莊生，用爲彌縫者也。

三事，張湛云：「八篇出其外家王氏」，晉世玄言極暢之時，列子求之不難，何以既失

復得，不離王氏？

四事，天瑞篇「有太易有太始有太素」一章，湛曰：「全是周易乾鑿度。」乾鑿度出於

戰國之際，列子何緣得知？作僞纂入耳。

五事，周穆王篇有駕八駿見西王母事，與穆天子傳合。穆傳出晉太康中，列子又何緣

得知？ 或云史記略有所載，然未若此之詭誕也。蓋汲冢書初出，雖杜預信而記之，作僞

者艷異矜新，欲以此欺蒙後世，不寤其敗事也。

六事，周穆王篇言夢，與周官占夢合。周官漢世方顯，則其勦竊明矣。

七事，周穆王篇記儒生治華子之疾，儒生之名，漢世所通行，先秦未之聞也。

八事，仲尼篇言西方之人有聖者，乃作僞者緣晉言名理，勦取浮屠。作僞者囿於習尚，遂有斯失。

九事，湯問篇與山海經同者頗多，山海經乃晚出之書，則亦豔異矜新，取掇可知。

十事，湯問篇言方壺、瀛州、蓬萊，殷敬順釋文引史記云：「此三神山在渤海中。」此事出於秦代，引以爲注，足徵前無所徵。

十一事，湯問篇云：「渤海之東，不知其億萬里，有大壑，實爲無底之谷。」案山海經云：「東海之外有大壑，」郭璞注云：詩含神霧曰：「東注無底之谷」，謂此壑也。此乃顯竊山海經、注兩文而成。不然，郭何爲不引此而反援詩緯？

十二事，力命篇言顏淵壽十八，與史記等不一致。其説見於淮南精神訓高注及後漢書郎顗傳。此由作僞者耳目所近，喜其説新，忘其悟實也。

十三事，湯問篇記皇子以火浣布爲妄，魏文帝著論不信有火浣布，疑爲作僞者所本。汪中證鍾子期即史記魏世家之中旗、秦策之中

十四事，湯問篇記伯牙與鍾子期事，

期、韓非子難勢篇之鍾期，則楚懷王頃襄王時人，列子何緣得知？ 由作僞者既誣列子爲

六國時人，故一切六國時事，輒附之而不疑耳。

十五事，黃帝篇列九淵，莊子應帝王篇唯舉其三，他無所用，僞作者從爾雅補足，並舉

九淵，失其文旨。

何故歧誤如此？ 蓋作僞者用呂氏春秋離謂篇鄧析難子產事影撰此文，故不寤與左氏牴

牾也。

十六事，力命篇記鄧析被誅於子產，與左傳被殺於駟歂不合，夫列子鄭人，事又相及，

十七事，湯問篇載孔子見小兒辯日事，桓譚新論所載略同。譚云，「小時聞閭巷言」，

不云出列子。博物志五亦記此事，末云亦出列子。則華所據爲新論，疑「亦出列子」四字

爲讀者注語。不然，華當據列子先見之書也。此爲竊新論影撰。對校譚記，塙然無疑。

十八事，湯問篇言「菌芝朝生晦死」，陸德明莊子釋文引崔譔曰：「糞上芝，朝生暮

死。晦者不及朔，朔者不及晦。」此乃影射莊子之文，而實用崔氏之說。

十九事，力命篇言彭祖壽八百，莊子言「彭祖上及有虞下及五伯」，則其壽不止八百。

宋忠世本注、王逸楚辭注、高誘呂氏春秋淮南子注乃有七百八百之說，作僞者因以襲用。

二十事，天瑞篇曰：「列姑射山在海河洲中，山上有神人焉。」莊子言藐姑射之山有神人，不云在海河洲中，此乃襲山海經海內北經文也。彼文郭璞注曰，「莊子所謂藐姑射之山也，」使列子非偽，郭何爲不引此以注乎？

由此言之，世傳列子書八篇，非漢志著錄之舊，較然可知。況其文不出前書者，率不似周秦人詞氣，頗綴裂不條貫。又如天瑞篇言「天地空中之一細物，有中之最巨者，」周穆王篇言「西極之國有化人來，入水火，貫金石，反山川，移城邑，乘虛不墜，觸實不硋，千變萬化，不可窮極，既已變物之形，又且易人之慮」。湯問篇言「其山高下周旋三萬里，其頂平處九千里，山之中間相去七萬里，以爲鄰居焉。其上臺觀皆金玉，其上禽獸皆純縞，珠玕之樹皆叢生，菜實皆有滋味，食之皆不老不死，所居之人皆仙聖之種，一日一夕飛相往來者不可數焉。」此並取資于浮屠之書，尤其較著者也。若湯問篇之「六鼇焦螴」，放莊子之「鯤鵬蠻觸」；黃帝篇之「海上漚鳥」，放呂覽之「好蜻」，如此者不可勝數。崔述謂其稱孔子觀於呂梁而遇丈夫屬河水，又稱息駕於河梁而遇丈夫屬河水，此本莊周寓言。蓋有采其事而稍竄易其文者，僞撰列子者誤以爲兩事而遂兩載之也。」汪繼培謂其「會萃補綴之迹，諸書見在，可覆按也。」知言哉！　蓋列子書出晚而亡早，故不甚稱於作者。魏晉

以來，好事之徒，聚斂管子、晏子、論語、山海經、墨子、莊子、尸佼、韓非、呂氏春秋、韓詩外

傳、淮南、說苑、新序、新論之言，附益晚說，成此八篇，假爲向叙以見重。而劉勰乃稱其氣

偉采奇，柳宗元謂其質厚少僞，洪邁、宋濂、王世貞且以爲簡勁出莊子右，劉壎謂漆園之

言，皆鄭圃之餘，豈盲於目者耶？夫輔嗣爲易注多取諸老莊，而此書亦出王氏，豈弼之徒

所爲與？

通考二摘録大要。

〔附〕日本武義内雄列子冤詞原載江俠菴之先秦經籍考三六〇——三七三頁。今依張心澂僞書

向序非僞，列子八篇非禦寇之筆，且多經後人删改。然大體上尚存向校定時面目，非

王弼之徒所僞作。姚氏以鄭繆公之誤，斷爲序非向作，因一字之誤，而疑序之全體，頗不

合理。況由後人之僞寫，抑由向自誤，尚未可知。

次對馬氏之説辨之如下：

（一）讓王篇之記事，未可與壺丘子林伯昏無人等一例視之。莊書多寓言，所謂

壺丘子林及伯昏無人又見於列子，亦是寓言。以此寓言爲盾，而没去讓王篇之記事，

實非正當。此篇是否莊周所作，與史料之價值如何，實無關係。

（二）尸子、呂氏春秋、莊子謂列子貴虛，而向序亦謂列子八篇駁雜，但舉此以證

八篇非禦寇真作則可，不能以之證向序爲偽。貴虛當認爲道家者流，然穆王、湯問之

恢詭，及力命、楊朱有與禦寇之學乖背，故謂不似一家之書，而別錄猶入之道家，想因

此乖背者亦道者流之支裔也。向序謂列子之書於景帝時流行，其後不傳，蓋向校定

時，上距景帝約一百二十年。如序所云，可見當時傳本稍完全者已不可見。司馬遷

史記之終時在景帝後約五十年，比向校上列子約先七十年，正淮南王所上莊子最流

行而不顧列子之時，則遷不撰列子傳，與當時人不引用，又何足怪？要之，向序言列

子之傳來與性質甚明，若捨此而置疑，則不可不有確據。

（三）馬氏所舉各證之中（四）（五）（六）（七）（八）（九）（十）及（十四），大意在

不信向序之認八篇爲禦寇自作，引禦寇年代與子產同時，以作疑問。然通讀向序文，

不認八篇爲一家之書，人則無問題。又（十二）及（十五）據傳聞相異古書中事，爲決

定列子之真偽資料，頗非容易。（十三）不過馬氏之想像。（十五）據古書疑義舉例、

札迻，是襲何治運之說，此文寧看爲莊列均由他文竄入。（八）從周穆王篇載「穆王

敬事西極之化人」一語考之，則仲尼篇之西方聖人，乃道家之理想人物，與佛教無關。

（三）列子八篇只存於與王弼關係之家張氏，（十七）（二十）之桓譚郭璞皆未見過

列子，是列子後出說之好資料。然張湛序質實無飾，又如仲尼篇子列子之學云云一

章，注曰：「既見於黃帝篇」不刪去之。又如中山公子牟一條，注曰：「公子牟公孫

龍是在列子之後，此章是後人所增益。」對於保存舊面目一點於此可見。當寇虔強盛僅

以身免之際，列子八篇猶不忍棄，則此爲希有之珍籍，自向校上之後，餘風寥寂，業可想

見。從而桓譚郭璞不得寓目，亦何足怪？若信向序與湛序，則此書不足疑怪。

以前疑列子之人，多標舉莊子以立論，然皆郭象刪定本之莊子，而非漢初之原

形，原本如從陸德明所引郭象之言，謂妄竄奇說者十之三，其中駁雜有似山海經及占

夢書者，此等不純之點，與今之列子不分甲乙。反之，如郭象刪定列子，而不著手於

莊子，則後人卻由列子以疑莊子矣。

伯峻案：岑仲勉有列子非晉人偽作一文，主要內容亦駁馬氏，初載於一九四八年一月東方雜志四四卷一號，後收

入其兩周文史論叢，文既繁冗，且多强詞，故不錄。

（十九）顧實　漢書藝文志講疏（摘鈔）

（上略）然以王弼老子注與張湛序互證，王注老子曰：「常無欲，可以觀其始物之妙；常有欲，可

以觀其終物之徵。」與張湛序稱列子書「大略明羣有以至虛爲宗，萬品以終滅爲驗」適相照應。雖可推定爲弼僞作；而周穆王篇取穆天子傳，疑此書即湛所綴拾而成也。若劉向叙附隨本書，不在七略別錄，故後人得僞爲也。且淮南子曰：「兼愛、尚賢、右鬼、非命，墨子之所立也，而楊子非之。全性保真，不以物累形，楊子之所立也，而孟子非之。」氾論訓以墨子兼愛、尚賢諸篇目例之，必全性、保真皆楊朱書篇名。本志不載楊朱書，而淮南猶及見之。全性保真者，謂守清靜，離情慾，淮南子原道訓高注云：「出生道謂去清淨也」；「人死道謂匿情慾也」可證。而列子楊朱篇乃一意縱恣肉慾，仰企桀、紂若弗及，直是爲惡近刑，豈不大相剌謬哉？此篇尤當出湛臆造，非有本已。

（二十）呂思勉　列子解題 經子解題摘録

此書前列張湛序，述得書源流，殊不可信。而云「所明往往與佛經相參，大同歸於老、莊」「屬辭引類，特與莊子相似。莊子、慎到、韓非、尸子、淮南子、玄示、指歸，多稱其言」，則不啻自寫供招。湛蓋亦以佛與老、莊之道爲可通，乃僞造此書，以通兩者之郵也。

（二十一）劉汝霖　周秦諸子攷（摘鈔）

篇首劉向語，更不可信。

（上略）由此〔張湛序〕知道張湛的本子是由幾種殘缺的本子相合而成。他的原本只

有楊朱説符兩篇，此書既經一次變亂，各篇的殘缺，必定不少。裏面就不免有許多後人補

充的材料，真僞攙雜，所以後人因之懷疑全書。我現只舉一個很顯明是後人加入的例子

於下。湯問篇載：

周穆王大征西戎，西戎獻錕鋙之劍，火浣之布。其劍長尺有咫，練鋼赤刃，用之

切玉如切泥焉。火浣之布，浣之必投於火，布則火色，垢則布色。出火而振之，皓然

疑乎雪。皇子以爲無此物，傳之者妄。蕭叔曰：「皇子果於自信果於誣理哉！」

抱朴子論僞説：

魏文帝謂天下無切玉之刀，火浣之布。及著典論，常據言此事其間。未期二物

畢至，帝乃歎息，遽毀斯論。

魏志景初三年二月，西域重譯獻火浣布，注曰：

漢世西域舊獻此布，中間久絶。至魏初，時人疑其無有。文帝以爲火性酷烈，無

含生之氣，著之典論，明其不然之事，絶智者之聽。……至是西域使至而獻火浣

布焉，於是刊滅此論，而天下笑之。

可以知道列子所說皇子的事情就是魏文帝的事情。再考魏文帝著典論的時候。意

林引典論道：

余蒙隆寵，忝當上嗣，憂惶蹴踏，上書自陳，欲繁辭博稱，則父子之間不文也。

可以知道典論之作，正在魏文帝為太子時。由太子或王子的名子轉為皇子，補列子的人，誤把皇子認作人名。所以把這段採入。

後人以列子書由張湛保存下來，就疑心此書是張湛偽造。我看仲尼篇「孤犢未嘗有母」句下注道：「未詳此義。」楊朱篇晏平仲問養生於夷吾條下注道：「管仲功名人，可相齊致霸，動因成謀，任運之道既非所宜，於事勢不容此言。又上篇復能勸桓公適終北之國，恐此皆寓言也。」此書若是張湛偽造，他竟寫出自己都不能明白的話，又寫出與事實不合的事情而加以解釋，這種騙人的伎倆，未免太笨了。楊朱篇末尾載：老子曰：「名者實之賓，」這本是莊子逍遙遊的話却錯加在老子身上。老莊的書，本是魏晉人日常讀的，若是魏晉人作偽書，斷不至有這樣錯誤。

我們在此處不得不信張湛序中的話，他說過江的時候只存得楊朱、說符、目錄三卷，後來又在朋友家得兩種殘本才合成全書。可知列子的後兩篇是張氏的原本，前六篇是雜

湊成功。既由雜湊而成，所以不免有前後重複的話，又有時顯出補綴的痕跡，如黃帝篇載

「孔子觀於呂梁，懸水三十仞……」一段故事，又見說符篇。又如仲尼篇「子列子學

也……」一段是由黃帝篇鈔來，看中間「夫子始一引吾並席而坐」句，似乎是列子自己的

話；但看「子列子學也」一句，又不像列子本人的話。我們由此可以悟出這段自「三年

之後」句下本是黃帝篇「列子師老商氏友伯高子」一段的脫簡，被張湛誤補在此處，後來

又覺得這段上面有脫文，就順便添上「子列子學也」一句，却不想到和後面的口氣不合。

列子原書成立的年代，也很有研究的價值。我看此書雖不是魏晉人偽造，却也不是

先秦的作品。周穆王篇稱儒生，儒生是秦以後的稱呼。湯問篇引岱輿、員嶠、方壺、瀛州、

蓬萊，後三山始見於史記，就是神仙家騙秦始皇所稱的三神山。又稱女媧氏練五色石補

天的故事，俱盛行於漢代，可以斷定此書是漢時的作品。藝文志已見著錄，所以至晚是西

漢晚年的作品。

（二十二）陳曰　「列子楊朱篇」偽書新證（節錄）原文載一九二四年國學叢刊二卷一期

楊朱篇，列子書中之第七篇也。列子一書，自宋高似孫以來，學者都致疑義。吾家斠

玄師復舉數事，以證成其托偽之跡，即按其開宗明義，言「有生不生，有化不化」一節，乃引

申老子「天地不自生，故能長生」及「天地萬物生於有，有生於無」之旨。所引黃帝書「谷神不死」諸言，剽竊道德經成語。而「有太易，有太初，有太素」云云，全襲周易乾鑿度文。又云，「種有幾，若蠅若鶉，得水爲繼」云云，直剿莊子至樂篇。末復云，「列子貴虛，」本諸呂氏春秋不二篇、尸子廣澤篇，亦同此說。今僅就天瑞一篇言之，其託僞之迹，已不可掩；苟廣爲疏證，雖累帙不能盡。故斷其出於魏晉間好事之徒，絕非原書。

列子既屬僞托，則楊朱一書，繩以論理，其爲僞書，尚復奚疑。

以余考之，僞造楊朱篇者，則受印度思想之激盪，而又滲透老子哲理，其襲取之印度佛教，實爲小乘教理，即當時流行最廣叢書體裁之四阿含經。今所傳之長阿含經，爲姚秦時佛陀耶舍與竺佛念共譯。其中第三分沙門果經，東晉時竺曇無蘭已有譯本，名寂志果經，收入小乘藏，中國此時無刻本單行。此經異譯同本，即長阿含經第三分沙門果經。足徵今本長阿含經，雖曰姚秦時譯出，實則東晉時已有譯本流行；或竟在魏晉時已有若干單行初譯本風行社會。魏晉間讀書人，喜研索老莊，高談玄理，豈有不被佛教之影響。故楊朱篇剽竊阿含經之思想，實有贓證可據，非空言誣之也。如長阿含經卷第十七第三分沙門果經，記阿闍世王（Agatasatte）與世尊問答之語，述所聞於諸種外道之言。有一段曰：

白佛言，我（阿闍世王自稱）昔一時，至散若毗羅黎子所（Sangaya of the Belattha clan）問言："大德！如人乘象馬車，習於兵法，乃至種種營生，皆現有果報。今者此衆現在修道，現得報否？"彼（指外道）答我言："現有沙門果報，問如是答，此事如是，此事實，此事異，此事不異，此事非異，非不異。大王！現無沙門果報，問如是答，此事如是，此事實，此事異，此事非異，非不異。大王！現非有非無沙門果報，問如是答，此事如是，此事實，此事異，此事非異，非不異。"

此段譯文，倘以 Max Müller 氏所翻譯之寂志果經（The Fruits of the Life of a Recluse）轉抄此段如下，讀者當能更明其所意云何。（見 Sacred Books of the Buddhists，Vol. II）

When, one day, I had thus asked Sangaya of the Belattha clan, he said: "If you ask me whether there is another world—well, if I thought there were, I would say so. But I don't say so. And I don't say there neither is, nor is not, another world. And if you ask me about the beings produced by chance; or whether there is any fruit, any result, of good or bad actions; or whether a man who has won the truth continues, or not, after death—to each or any of these questions do I give the same reply."

此非楊朱篇第一段楊朱與孟氏設爲問答之詞。所謂「實無名，名無實，名者，僞而

已矣。」亦即「太古之人，知生之暫來，死之暫往，故從心而動，不違自然所好，當身之娛，

非所去也，故不爲名所勸。從性而遊，不逆萬物所好，死後之名，非所取也，故不爲刑所

及。名譽先後，年命多少，非所重也」之意乎？故楊朱篇之無名主義，實糅雜佛老之説。

且尤可異者，僞造楊朱篇者，竟直譯寂志果經一段，而攘爲己有。大類今人節譯西書

一二段，即自號著書也。其心術雖不同，其方法則一。

楊朱曰：「萬物所異者，生也；所同者，死也。生則有賢愚貴賤，是所異也；

死則有臭腐消滅，是所同也。雖然，賢愚貴賤，非所能也。臭腐消滅，亦非所能也。

故生非所生，死非所死，賢非所賢，愚非所愚，貴非所貴，賤非所賤。然而萬物齊生齊

死，齊賢齊愚，齊貴齊賤；十年亦死，百年亦死；仁聖亦死，凶愚亦死。生則堯舜，

死則腐骨；生則桀紂，死則腐骨，腐骨一矣。孰知其異，且趣當生，奚遑死後！」

讀者試將沙門果經下面一段文字，與上文楊朱篇一段相較，自可透漏此中消息。

我於一時，至阿夷多翅舍欽婆羅所，(Agita of the garment of hair) 問言……彼報

我言，受四大人，取命終者。地大還歸地，水還歸水，火還歸火，風還歸風，皆悉壞敗，

諸根歸空。若人死時，牀舁舉身，置於冢間，火燒其骨，如鴿色，或變爲塵土；若愚若智，取命終者，皆悉壞敗，爲斷滅法。

上文恐於原本梵文爲意譯，故詞句甚簡潔。東晉曇無蘭所譯寂志果經，詞句或與今本有異。今籀讀 Max Müller 氏英譯本，意義更顯明。節抄如下：

When, one day, I had thus asked Agita of the garment of hair, he said : "There is no such thing, O King, as alms or sacrifice or offering. There is neither fruit nor result of good or evil deeds. There is no such thing as this world or the next. There is neither father nor mother, nor being springing into life without them. There are in the world no recluses or Brahmans who have reached the highest point, who walk perfectly, and who having understood and realized, make their wisdom known to others.

A human being is built up of the four elements when he dies the earthy in him returns and relapses to the earth, the fluid to the water, the heat to the fire, the windy to the air, and his faculties pass into space. The four bearers, on the bier as a fifth, take his dead body away ; till they reach the burning-ground men utter forth eulogies, but there his bones are bleached, and his offerings end in ashes. It is a doctrine of fools, this talk of gifts. It is an empty lie, mere idle talk, when men say there is profit therein. Fools and wise alike, on the dissolution of the body, are cut off, annihilated, and after death they are not."

劉向校錄云：「穆王湯問二篇，迂誕恢詭，非君子之言也。至於力命篇，一推分命。楊子之篇，唯貴放逸，二義乖背，不似一家之書。」實則向叙乃偽造列子者假託以見重，而又故設此迷離恍惚之辭，以亂人目，由今致證，力命楊朱兩篇，同出一源，其蛻化襲取之迹，固班班可考也。　如 Max Müller 所譯之寂志果經有外道云：

When, one day, I had thus asked Makkhali of the cow-pen, he said: "There is, O King, no cause, either ultimate or remote, for the depravity of beings; they become depraved without reason and without cause. There is no cause, either proximate or remote, for the rectitude of being; they become pure without reason and without cause. The attainment of any given condition, of any character, does not depend either on one's own acts, or on the acts of another, or on human effort. There is no such thing as power or energy, or human strength or human vigour. All animals, all creatures (with one, two, or more senses), all being (produced from eggs or in a womb), all souls (in plants) are without force and power and energy of their own. They are bent this way and that by their fate, by the necessary conditions of the class to which they belong, by their individual nature: and it is according to their position in one or other of the six classes that they experience ease or pain."

中譯長阿含經中沙門果經譯文次第，與英譯本不同；且有例錯，未審梵文次第如何？

中譯本末伽梨拘舍梨之答語，誤爲波浮陁迦旃延語。今節抄中譯本如下，備兩方觀校也。

我昔一時，至波浮陁迦旃延所，彼答我言，大王：無力無精進，人無力無方便，無因無緣，衆生染着，無因無緣，衆生清潔，一切衆生有命之類，皆悉無力，不得自在，無有怨讎。定在數中。於此六生中，爰諸苦樂。

贓物獲矣，人證何在，請讀供詞。

其書大略明羣有以至虛爲宗，萬品以終滅爲驗，神惠以凝寂常全，想念以著物自

表，生覺與化夢等情。巨細不限一域，窮達無假智力，治身貴於肆仕，順性則所至皆

適，水火可蹈。忘懷則無幽不照，此其旨也。然所明往往與佛經相參，大歸同於老莊，屬辭引類，特與莊子相似。莊子、慎到、韓非、尸子、淮南子、玄示、旨歸多稱其言。

（張湛列子序）

此正張湛自寫供狀，明言其取資之源。但張不肯自居著作之名。彼蓋於無名主義，深造有得者。故更遊移其詞，遂成千古疑案。然尚肯誠實寫出取資之源，待深思之士，默識其著書僞託之苦心，非欲以欺盡來學。故吾雖於人贓並獲之際，並不以是爲張氏之罪案也。

（二十三）陳文波　僞造「列子」者之一證（節錄）原載一九二四年清華學報一卷一期

據張湛列子序言，「列子原爲八篇，及後彙集，並目錄共十三卷。」古人所謂卷，往往指爲篇，；然則比原來列子多數卷——篇——矣。或者，當時張湛輩所彙集者，甚雜且富，因而刪削以符原文八篇之數，亦未可知也。

書中稱引老子之言，則曰：「黃帝」；引陰陽夢寐之解，則出于靈樞；而孔子觀於呂梁、劉向説苑亦同載其文；，又如「擊石拊石，百獸率舞，」鈔舜典之句；——古文尚書無舜典，閻百詩古文尚書疏證已詳言。——此外雜録莊子凡十七章。張湛謂：「所明往往與佛經相參，大歸同於老莊，屬辭引類，與莊子相似。莊子、慎到、韓非、尸子、淮南子、玄示、旨歸，多稱其言。」不知實列子録莊子，而張故引諸子以尊其文，而蒙蔽後人之目，如何其可？

蓋魏晉而後，佛學已蔚然大國，而黃老之學，亦浸淫並佛而合爲一流。吾國哲學思想丁此時實開一新方向。而列子篇中思想之玄，與夫縱性縱慾之言，頗似魏晉時之出品。何以證明之？第一：如認列子爲戰國以前作品，何以莊子天下篇，對于此一大哲學家，獨缺而不列？——莊子逍遙遊雖有「列子御風而行」之文，然不詳其爲人。——退一步論，韓非子之顯學，詳論儒墨，而淮南子之要略，言諸子所由來，皆未提及列子。第二：太史公創史，關於古代學習思想之變遷，多立傳或世家以張其緒，獨於列子不傳何也？第三：即認爲劉向所彙纂，而漢志亦載列子八篇。何以書中周穆王一篇，溶合晉太康二年汲家所出之穆天子傳而成？

周穆王篇大半摭取穆天子傳；其餘亦采靈樞。穆天子傳凡六篇，周穆王篇乃融會六篇之事而成，特未載盛姬之死耳。——盛姬周穆王美人。——穆天子傳雜記之事甚多，而每事之上，多冠干支以記其時。周穆王則專取穆王遠游，及與西王母會晤之事實，加「化人」一段冠篇首，以圓其説。兹就列子周穆王篇鈔襲穆天子傳之處，引證如下，然後可以推論其説。

段數	列子周穆王	穆天子傳	卷數
一	肆意遠游，命駕八駿之乘，右服驊騮，而左綠耳，右驂赤驥，而左白䮲。主車，造父為御，禼啇為右，次車之乘，右服渠黃，而左踰輪；左驂盜驪，而右山子柏夭。主車參百為御，奔戎為右，驅馳千里，至於巨蒐氏之國。巨蒐氏乃獻白鵠之血，以飲王；具牛馬之湩，洗王之足，及二乘之人。	癸酉，天子命駕八駿之乘，右服驊騮，而左綠耳，右驂赤蘤，而左白儀。天子主車，造父為御，禼啇為右；次車之乘，右服渠黃，而左踰輪；右驂盜驪，而左山子。柏夭主車，參百為御，奔戎為右。天子乃遂東南翔行，驅馳千里。至於巨蒐之人。蠲奴乃獻白鵠之血，以飲天子，因具牛羊之湩，以洗天子之足，及二乘之人。	卷四
二	已飲而行，遂宿於崑崙之阿，赤水之陽。別日升崑崙之丘，以觀黃帝之宮，而封之以詒後世。	天子已飲而行，遂宿於崑崙之阿，赤水之陽。……辛酉，天子升於崑崙之丘，以觀黃帝之宮，而封國隆之葬，以詒後世。	卷二
三	遂賓于西王母，觴于瑤池之上。西王母為王謠。王和之，其辭哀焉。	天子賓于西王母。……乙丑，天子觴西王母于瑤池之上。西王母為天子謠曰……天子答之曰……天子……	卷三
四	王乃歎曰：於乎！予一人不盈于德，而諧于樂，後世其追數吾過乎！	天子曰：「於乎！予一人不盈于德，而辨于樂，後世亦追數吾過乎！」	卷一

上表比較，可以得其鈔襲穆天子傳之跡。但其異點區別甚小。

第一段：

與列子周穆王稍異。

穆天子傳，除馬名文字疏寫不同外，有「癸酉天子」「遂東南翔行」，「巨蒐之人」，「牛羊」，「𤞤奴」，

第二段：

則爲「詔」。

穆天子傳「已飲」前加「天子」字，升昆侖加「辛酉天子」字，而末句則多「國隆……葬」三字，「詒」字

第三段：

哀焉」。

穆天子傳多「天子」，「乙丑天子」及西王母之謠，穆王答辭。而列子周穆王則統而言之曰：「其辭

第四段：

穆天子傳爲「天子曰」，稍異。

觀乎此，可知列子有一部分已鈔汲冢之穆天子傳矣。穆天子傳，出自汲冢。——晉

書束皙傳「太康二年，汲郡人不準，盜發魏襄王墓，或言魏安釐王冢，得竹書數十車，皆漆

書科斗字。……武帝以其書付祕閣，校綴次第，以今文寫之。」——其中有七十五篇，今世所傳

之穆天子傳亦其一也。「其事本左傳『穆王欲肆其心，周行天下，將皆有車轍馬跡』及史

記秦紀『造父爲穆王得驥、溫驪、驊騮、騄耳之駟，西巡狩，樂而忘歸』諸説以爲之。多用

山海經語，體制亦似起居注——起居注始明德馬皇后——故知爲漢後人作。」（姚際恆古今

僞書考）此書之不眞，後世已多疑議，謂非汲冢之舊。則列子周穆王之爲晉人所雜纂彰

彰矣。

列子書大宗來源爲莊子，所鈔亦最多。莊子，秦以前書，摭取其文，固不必詳證。最

可怪者，書中又有與漢以後之書文字相同者：

甲、與史記管晏傳相同者：

a.管仲曰：　吾始困時，嘗與鮑叔賈，分財利多自與。鮑叔不以我爲貪，知我貧

也。吾嘗爲鮑叔謀事而更窮困，鮑叔不以我爲愚，知時有利有不利也。吾嘗三仕三

見逐于君，鮑叔不以我爲不肖，知我不遭時也。吾嘗三戰三走，鮑叔不以我爲怯，知

我有老母也。　公子糾敗，召忽死之，吾幽囚受辱。鮑叔不以我爲無恥，知我不羞小

節，而恥功名之不顯于天下也。生我者父母，知我者鮑叔也。（史記管晏列傳）

b.管仲歎曰：　吾少窮困時，嘗與鮑叔賈，分財多自與，鮑叔不以我爲貪，知我貧

也。吾嘗爲鮑叔謀事，而大窮困，鮑叔不以我爲愚，知時有利有不利也。吾三仕三見

逐於君，鮑叔不以我爲不肖，知我不遭時也。吾嘗三戰三北，鮑叔不以我爲怯，知我

有老母也。　公子糾敗，召忽死之，吾幽囚受辱。鮑叔不以我爲無恥，知我不羞小節，

而恥功名不顯於天下也。生我者父母，知我者鮑叔也。（列子力命篇）

乙、與靈樞經文字相同者：

a．故陰氣壯則夢涉大水而恐懼；陽氣壯則夢大火而燔焫，陰陽俱壯則夢生殺；甚飽則夢與，甚飢則夢取。是以浮虛爲疾者則夢揚，以沈實爲疾者則夢溺；藉帶而寢，則夢蛇；飛鳥銜髮則夢飛；將陰夢火；將疾夢食；飲酒者憂，歌儛者哭。（列子周穆王篇）

b．陰氣盛則夢涉大水而恐懼，陽氣甚則夢大火而燔焫，陰陽俱盛則夢相殺；上盛則夢飛，下盛則夢墮；甚飢則夢取，甚飽則夢予；肝氣盛則夢怒肺氣盛則夢恐懼哭泣飛揚；心氣盛則夢善笑恐畏；脾氣盛則夢歌樂，身體不舉；腎氣盛則夢腰脊兩解不屬。（靈樞經）

按以上兩段，史記則全錄原文，靈樞則字句小異。靈樞，漢志未錄其名。唐王砅注黃帝素問，砅以漢志有內經十八卷，乃以素問九卷，——隋志始有黃帝素問九卷。——靈樞九卷，當內經十八卷。而靈樞乃內經倉公論之一部分。「晁子止曰：好事者于皇甫謐所集內經倉公論中抄出之。」則靈樞之出世，當在皇甫謐時。謐晉人。列子之鈔靈樞，

（二十四）楊伯峻　從漢語史的角度來鑑定中國古籍寫作年代的一個實例——

「列子」著述年代考

（一）

從漢語史的角度來鑑定中國古籍的真偽以及它的寫作年代應該是科學方法之一。

這道理是容易明白的。生在某一時代的人，他的思想活動不能不以當日的語言爲基礎，

誰也不能擺脫他所處時代的語言的影響。儘管古書的僞造者在竭盡全力地向古人學舌，

務使他的僞造品足以亂真，但在搖筆成文的時候，無論如何仍然不可能完全阻止當日的

語言的向筆底侵襲。這種侵襲不但是不自覺的，甚至有時是不可能自覺的。因爲極端謹

慎地運用語言，避免在語言上露出作僞的痕跡，這一種觀念未必是所有古書的僞造者人

人都具有的，或者非常敏感地、強烈地具有的。縱使這一種觀念是他們都具有的，甚至非

常敏感地、強烈地具有的，然而那些古書的僞造者未必是，也難以是漢語史專家，精通每

一詞、每一詞義、每一語法形式的歷史沿革，能夠選擇恰合於所僞的時代的語言，避免產

生在那所僞的時代以後的語言。這種能力和高度的自覺性都不是古人所能完全具有的。

縱是有，也都不能完全阻止他所處時代的語言的向筆底侵襲。由此，我們可以肯定，如果我們精通漢語史，任何一部僞造的古籍，不管僞造者如何巧妙，都能在語言上找出他的破綻來。我們根據這些破綻，便可以判明它是僞書，甚至鑑定它的寫作年代。所以我說，從漢語史的角度來鑑定古籍是科學方法之一。可惜的是，這一種方法並未被以前的學者所高度重視，廣泛地、充分地運用。雖然如此，凡真能科學地運用這一方法的，其所得結論經常是正確的，並且是使任何狡辯者所無法逞其狡辯的。我可以舉出前人關於「老子」一書的辯僞情況作爲例子。

「老子」的寫作年代在孔子以前，還是以後；在春秋，還是在戰國，這是一個爭論很多的問題。梁任公（啓超）先生寫了一篇論「老子」書作於戰國之末的文章，發表於一九二二年三月十三日到十七日的北京晨報副刊，系統地提出了許多論證。不久，張怡蓀（煦）先生用法官的口吻寫了一篇文章來反駁，題爲梁任公提訴老子時代一案判決書，發表於同年同月二十二日到二十四日的同一刊物上。這兩篇文章後來又同被收入於古史辨第四册。梁任公先生所提出來的論證，只有極少數是難以成立的；但是張怡蓀先生都逞其「辯才無礙」的口才，極盡狡辯之能事。縱是如此，仍然有一條不能不被張先生所接受，所承認。這一條正是從漢語詞彙史來論證的。梁先生說：

還有「偏將軍居左，上將軍居右」這種官名，都是戰國的，前人已經說過了……這

是第六件可疑。

梁先生其他的從老子履歷、從老子子孫世系、從老子與其他古書的比較、從老子一書

所體現的思想以及由此思想所體現的社會情況所論證的若干條，縱然振振有詞，張先生

仍然可以「辯才無礙」。只是這一條，張先生卻難以強詞奪理了，不能不說……

老子一書，有人考過其中文字多有竄亂。……前人已經見到「偏將軍」、「上將

軍」是雜入之注疏，不成問題。

「偏將軍」和「上將軍」這種官名為春秋所無，僅通行於戰國，這一事實，誰也不能不

承認。但為什麼却出現於所謂春秋時的作品老子一書中呢？因此只能得出兩種結論中

的任何一種。這兩種結論，一種是老子不是春秋時代的書，而是戰國時代的書。一種是

老子一書多經竄亂。張先生只能在這兩種結論中任取一種，無法同時避免。「兩害相權

取其輕」，於是被逼地承認了後一種。由此可以肯定，從語言史的角度來鑑定古書，方法

是科學的，正確的論證是具有高度的說服力的。這裏不過是略舉一隅以見例吧了。古人

也曾經偶爾運用過這一方法。譬如程廷祚的論證尚書大禹謨之爲僞古文，便曾從「道

德」兩字的詞義沿革來考察（見王謙尚書孔傳參正卷三）。到後來，又有發展，如王靜

安（國維）先生的考證商頌是宗周中葉以後的作品（見觀堂集林卷二），郭沫若先生的懷

疑尚書中的某些篇（見金文叢考中的金文所無考），主要論證都是從語言上着眼的。從語

言上着眼，不僅可以鑑別古籍的真僞，審定它的寫作年代，還可以從方言的角度考察作者

的籍貫或者國別。　前人也有運用這一方法的，如清人江永和郭沫若先生的論定考工記爲

春秋時代齊國的書籍（江說見其所著周禮疑義舉要，孫詒讓周禮正義卷七十四曾加徵引

並且加了「江說近是」的案語，郭說見其所著考工記的年代與國別，最初發表於開明書

店二十周年紀念文集中，後來又收入於天地玄黃中），他們的論證既很堅強，因之結論自

然正確。　至於瑞典人高本漢（Bernhard Karlgren）的左傳真僞考，雖然也是從語言上，尤其

是語法上立言，表面看來很科學化，其實是從他主觀的假設上立論的。如果他那假設不

可靠，也就是前提不可靠，結論自然難以站得住脚了。所以又當別論。

從前人考證列子的真僞也曾運用這一方法。如宋人黃震的日鈔說：「西域之名始

於漢武，列子預言西域，其說尤爲可疑。」馬夷初（叙倫）先生說：「穆王篇記儒生治華子

之疾，儒生之名蓋漢世所通行，先秦未之聞也。」劉澤民（汝霖）先生說：「湯問篇引岱

輿、員喬、方壺、瀛洲、蓬萊，後三山始見於史記，就是神仙家騙秦始皇所稱的三神山。」這

此論證都是相當強硬的。

列子是部偽書，這已經爲一般學者所肯定；它是一部魏晉時代的偽書，也已經爲大

多數學者所肯定。但所有前人的論證，除開上文所敘述的以外，很少是從語言的角度來

考查的。我這篇論文則是完全運用漢語史的知識來鑑定它的作偽年代。自然，我的結論

是和多數學者所作的結論相符的，一致的。雖然在結論方面不能在前人的研究成果上增

加些新東西；但是，在方法方面，不僅僅若干詞的歷史沿革，語法形式的歷史沿革是作

爲我的研究心得而提出來的，最重要的是，這一篇論文可以看成從漢語史的角度來鑑定

中國古籍的一個實例。

（二）

天瑞篇：「今頓識既往，數十年來存亡、得失、哀樂、好惡，擾擾萬緒起矣。」

這一「數十年來」的說法值得注意。先秦沒有這種說法。先把先秦的說法舉例

如下：

自·生·民·以·來·未·有孔子也。（孟子公孫丑上）

由·周·而·來·七·百·有·餘·歲·矣。（又盡心下）

楚·自·克·庸·以·來·其·君·無·日·不·討·國·人·而·訓·之·於·民·生·之·不·易……（左傳宣公十二年）

自·古·以·來·未·之·或·失·也。（又昭公十三年）

自·襄·以·來·未·之·改·也。（又哀公十三年）

自·古·之·及·今·生·民·而·來·未·嘗·有·也。（墨子兼愛下）

自·古·以·及·今·生·民·以·來·者·亦·嘗·見·命·之·物·、聞·命·之·聲·者·乎·？則·未·嘗·有·也。（又非命中）

從上面所舉例句中可以把這類短語歸納成這樣一個格式：介詞「自」或者「由」加表示時間的詞或者短語加連詞「而」或者「以」加「來」字（或者「往」字）。在這格式中，表示時間的詞語以及「來」字固然是主要的表義成分，無論如何不能省略的；即「自」、「由」諸介詞以及「而」、「以」諸連詞，也是不能省略的。這是先秦的情況。到了漢朝，一般仍然沿用這一格式，但偶然有省略介詞「自」、「由」諸詞的：

臣遷僅記高祖以來至太初諸侯，譜其下益損之時，令後世得覽。（史記漢興以來諸侯年表序）

故漢得天下以來常欲善治，而至今不能勝殘去殺者，失之當更化而不能更化也。

（漢書禮樂志）

它們雖然省略了「自」、「由」諸詞，「以」字卻仍然不省。至於「數十年來」却連「以」字都省去了。這「數十年來」的精簡形式從什麼時候開始的呢，我還未作深入研究。但非西漢以前人所有是可以大致肯定的。世說新語有這麼一句：

顧長康畫有蒼生來所無。（巧藝篇）

這裏「有蒼生來」就是先秦「自生民以來」、「自古以來」的意思。然而他不說「自有蒼生以來」，也不說「有蒼生以來」，而精簡地說一聲「有蒼生來」，是和列子的「數十年來」的格式一致的。從此也就可以看出列子的真正作者所運用的語法形式和世說新語的作者所運用的語法形式有其相通之處了。

當然，若仔細比較「自……以來」和「數十年來」的兩種語法形式，仍然有其不同之處。「自……以來」，「自」字之下只能是表示時點之詞或者短語，不能是表示時段的短語；可是「數十年來」的「數十年」却是表示時段的短語。時段和時點不同，因之「數十年來」之前不能用「自」、「由」諸字。若要用「自」、「由」諸字，則必須改說為「自數十年前

來」，但是這種説法是非常笨拙的，也是實際語言中所没有的。那麼，我爲什麼却要用「自

……以來」的格式來證明「數十年來」的格式的後起呢？ 問題就在於… 第一，「數十年

來」的這種格式是先秦古書所未有的。而且，「數十年來」這種意義的語言不是很難於獲

得出現的機會的，依情理説，應該是容易被人頻繁地使用的。這樣，爲什麼在真正的先秦

古書中却找不出這種説法呢？ 可見這種説法爲當時所無，而都被「自……以來」所代替

了。第二，「數十年來」這種説法的產生最早在什麼時候，我雖然還没有作深入研究，但不

會在西漢甚至東漢以前，大概可以推測地作初步假定。我們姑且撇開「數十年」這種使用

表示時段短語的格式不談，專談「來」字。如果這種説法出現於兩漢或者兩漢以前，依據

當時的格式，也應該講成「數十年以來，」「以」字不應省略。而「數十年來」的説法恰和世

説新語的「有蒼生來」的説法同樣省去「以」字，這便是他們之間相通的地方。這便是這

一問題的實質所在。

（三）

天瑞篇：「事之破碬（毁）而後有舞仁義者，弗能復也。」

仲尼篇：「圃澤之役有伯豐子者，行過東里，遇鄧析。鄧析顧其徒而笑曰：…『爲若

·舞，彼來者奚若？』」

這裏有兩個「舞」字——「舞仁義」和「爲若舞」。第一個「舞」字，张湛的註解當「鼓

舞」講，是錯了的。陶鴻慶讀列子札記把它解爲「舞弄」，是正確的。第二個「舞」字，张湛

註爲「舞弄」，是正確的。朱駿聲說文通訓定聲說，「舞借爲侮」，不但單文孤證難以成立，

而且也是多餘而不必要的。

這兩個「舞」字雖然都作「舞弄」解，其實際意義仍有差別。「舞仁義」的「舞」正和

「舞文弄法」的「舞」一樣。莊子馬蹄篇：「及至聖人，蹩躠爲仁，踶跂爲義，而天下始疑

矣。」又說：「毀道德以爲仁義，聖人之過也。」列子的「舞仁義」可能即是莊子的「蹩躠爲

仁，踶跂爲義」。至於「爲若舞」的「舞」字却是戲弄、欺侮的意思。無論哪一種「舞弄」，

「舞」字這種意義都是先秦所不曾有過的。這便是問題所在。

「舞」字的第一個意義，根據我所掌握的資料，西漢便已通行。史記貨殖列傳：「吏

士舞文弄法」。漢書汲黯傳：「好興事，舞文法。」都是證據。但第二種意義，却連兩漢

都不曾見。我認爲「舞」字的有戲弄之意，是由於以「舞」訓「弄」，爲「弄」字所感染而來

的。「弄」字本像兩手持玉，說文云：「玩也。」詩經小雅斯干：「乃生男子，載寢之牀，

載衣之裳，載弄之璋。」左傳僖公九年：「夷吾弱不好弄。」都是本義。又襄公四年：

「愚弄其民，」這意義又是較有引伸的了。至於漢書東方朔傳：「自公卿在位，朔皆敖

（傲）弄，無所爲屈。」這一「弄」字，正和「爲若舞」的「舞」字一樣，同是戲弄、嘲笑、調戲的

意思，那麼，「舞」字之有戲弄之義，而且它的出現並不在漢書東方朔傳以前，則很大可能

即由漢書東方朔傳這一「弄」字的意義感染而來的。由此可知這「舞」字的用法是較晚的

事了。

（四）

黃帝篇：「心凝神釋，骨肉都融。」

周穆王篇：「而積年之疾，一朝都除。」

力命篇：「信命者亡壽夭，信理者亡是非，信心者亡逆順，信性者亡安危，」則謂之

都亡所信，都亡所不信。」

楊朱篇：「都散其庫藏珍寶車服妾媵。」

這裏的「都」字很可注意。

「都」字在這裏當「全」字解，用於動詞前，作副詞用，這是先秦古書所未有，即在兩漢

也是希有罕見的。吳闓生說：「『心凝形釋，骨肉都融』，此八字決非周秦人語，雖漢代

亦無之。周穆王篇又云『積年之疾，一朝都除』與此同，六朝人僞譔之確據也。」楊遇夫先

生的詞詮引有漢書食貨志一條，轉抄於下：

置平準於京師，都受天下委輸。

這二「都」字又和現代漢語的「都」有相同處，也有相異

處，但現代漢語的「都」，一般表示主語的情況，如「我們都是好人」，因之凡用「都」字的句

子，主語都是多數。而魏晉六朝的用法卻不盡然。它經常表示動作的情況，主語固然可

以是多數，但也可以是單數，而且經常是單數，這是相異處。這字在魏晉六朝，已成爲常

語。我只將見於世說新語的摘抄若干條如下：

王中郎令伏玄度、習鑿齒論青楚人物。臨成，以示韓康伯，康伯都無言。（言語篇）

後正會，值積雪始晴，聽事前除雪後猶濕。於是悉用木屑覆之，都無所妨。（政

事篇）

衛玠始渡江，見王大將軍，因夜坐。大將軍命謝幼輿坽見，謝甚説之，都不復顧

王。（文學篇）

孫問深公：「上人當是逆風家，向來何以都不信？」（又）

提婆初至，爲東亭第講阿毗曇。始發講，坐裁半，僧彌便云：「都已曉。」……提

婆講竟。東亭問法岡道人曰：「弟子都未解，阿彌那得已解？」」（又）

袁宏始作東征賦，都不道陶公。（又）

既前，都不問病。（方正篇）

小人都不可與作緣。（又）

須臾食下，二王都不得餐。（雅量篇）

二兒共叙客主之言，都無遺失。（夙慧篇）

武帝喚時賢共言伎藝事，人皆多有所知，唯王都無所關。（豪爽篇）

王夷甫容貌整麗，妙於談玄。恆捉白玉柄塵尾，與手都無分別。（容止篇）

庾長仁與諸弟入吳，欲往亭中宿。諸弟先上，見羣小滿屋，都無相避意。（又）

王子猷、子敬俱病篤，而子敬先亡。子猷問左右：「何以都不聞消息？此已喪

矣！」語時了不悲。便索輿來奔，都不哭。（傷逝篇）

郄尚書與謝居士善，常稱謝慶緒：「識見雖不絶人，可以累心處都盡。」（棲逸篇）

王經……被收，涕泣辭母……母都無感容。（賢媛篇）

王江州夫人語謝遏曰：「汝何以都不復進？為是塵務經心，天分有限。」（又）

殷中軍妙解經脈，中年都廢。（術解篇）

監司見船小裝狹，謂卒狂醉，都不復疑。（任誕篇）

因召集諸將，都無所說，直以如意指四坐云：「諸君皆是勁卒。」（簡傲篇）

王右軍年減十歲時，大將軍甚愛之，恆置帳中眠。大將軍嘗先出，右軍猶未起。須臾，錢鳳入，屏人論事，都忘右軍在帳中。

桓悵然失望。向之虛佇一時都盡。（又）

衛江州在尋陽，有知舊人投之，都不料理。（儉嗇篇）

於是結恨釋氏，宿命都除。（尤悔篇）

列子的「都」字用法完全和世說新語的一樣。其所以不同的是，一個是明標着的六朝人的作品，一個是偽託的周秦人的古籍。明標六朝人的作品的，自無意避免當時口語，甚至特意使用當時口語，以見其文字的生動。偽託為周秦人古籍的，而竟流露出魏晉六朝人的詞語，則可見這一詞語的深入人心，竟成為難以避免的了。（「都」字如此用法，也常見於本書張湛之注，尤其可見。）

（五）

說符篇：「歧路之中，又有歧焉，吾不知所之，所以反也。」

「所以」這兩個字的用法值得注意。不錯，在先秦古書中，「所以」兩字是常見的。但是，它的用法和這個不一樣。列子的這一用法，和今日一樣。這在先秦，只用「是以」、「是故」、「故」諸詞，不用「所以」。先秦的「所以」，不能看做一個詞，而應該看做一個由「所」與「以」相結合的常語。這一常語，因爲「以」字意義的繁複，於是生出若干歧義。如以下諸句，是可以用各種意義來解釋的：

公輸盤詘，而曰：「吾知所以距子矣。」（墨子公輸篇）

君子不以其所以養人者害人。（孟子梁惠王下）

人之所以異於禽獸者幾希。（孟子離婁下）

這三句的「以」字都可以解作「用」字，因上下文不同，若改寫成爲現代漢語，可用不同的詞來表示。「所以距子」可以講爲「抵抗你的方法」；「所以養人者」最好即講爲「生活資料」，若機械地講解，便可以講爲「用來養人的東西」；「所以異於禽獸者」則又要講

爲「不同於禽獸之處」了。在這種場合的「所以」不容易和今天的「所以」（當「是故」解

的）相混。

如果把「以」字解作「因爲」，則「所以」則有「的原因」的意思。如：

三代之得天下也以仁，其失天下也以不仁。國之所以廢興存亡者亦然。（孟子

離婁上）——國家興衰存亡的道理也如此。

吾乃今知所以亡。（左傳哀公二十七年）——我今日才知我逃亡的原因。

這種用法也是容易明白而不會含混的。但像下種句子：

詩云：「既醉以酒，既飽以德。」言飽乎仁義也，所以不願人之膏粱之味也。令

聞廣譽施於身，所以不願人之文繡也。（孟子告子上）

這種「所以」，形式上和今天的用法相似，自馬氏文通以來，多以古之「所以」同於「是

以」、「因此」，亦猶「故」或「是故」，這種「所以」難道真是純粹表果連詞，和「故」、「是故」

相同的嗎？ 我認爲不如此。如果更深地加一番研究，就會知道這「所以」的用法仍是

「的道理」的意思。「所以不願人之膏粱之味也」是「此其所以不願人之膏粱之味也」的省

略，「所以不願人之文繡也」也是「此其所以不願人之文繡也」的省略。這都是判斷句，不

能看做表結果的叙述句。證據何在？就在孟子中可以找到。請看下面的句子：

設爲庠、序、學、校以教之。庠者，養也；校者，教也；序者，射也。夏曰校，殷

曰序，周曰庠，學則三代共之。皆所以明人倫也。

「皆所以明人倫也」等於説「這些都是明人倫的辦法」。這個「所以」意義爲「的辦

法」。然而這句的謂語還有一個「皆」字，在形式上仍不能看做表結果的叙述句，必得把

它看做判斷句。但是又請看下面一句：

夫滕，壤地褊小，將爲君子焉，將爲野人焉。無君子莫治野人，無野人莫養君子。

請野，九一而助；國中，什一使自賦。……方里而井，井九百畝，其中爲公田。八家

皆私百畝，同養公田。公事畢，然後敢治私事。所以別野人也。（孟子滕文公上）

這一段話正是承接上一例句那段話而來的。「所以別野人也」即在形式上也和「所

以不願人之文繡也」相似，但這句只能解釋爲「這些都是區別君子和野人的辦法」，不過

原文有所省略罷了。這種只留表語而用「所以」起頭的判斷句在古書中是常見的，再在孟

子中舉兩例：

盡其心者，知其性也。知其性，則知天矣。存其心，養其性，所以事天也（這是事

天的方式）。殀壽不貳，脩身以俟之，所以立命也（這是立命的辦法）。（孟子盡心上）

　既然「所以事天也」可以解釋爲「這是事天的方式」，則「所以不願人之膏粱之味也」

「所以不願人之文繡也」爲什麼不能解釋爲「這是不希望照別人一樣吃膏粱，穿文繡的道

理」呢？

　在左傳中這類的句子尤其多，切不可誤看作表結果的敘述句，因而把「所以」看作

「純粹的表果連詞」，只能把它看爲省去主語（上古漢語多不用繫詞）的判斷句，「所以」

仍是「的原因」、「的道理」、「的方式」、「的辦法」的意思。酌舉數例如下：

　且夫賤妨貴，少陵長，遠間親，新間舊，小加大，淫破義，所謂六逆也。君義臣行，

父慈子孝，兄愛弟敬，所謂六順也。去順效逆，所以速禍也（這就是使禍害快來的原

因）。（左傳隱公三年）

　既不能彊，又不能弱，所以斃也（這就是滅亡的原因）。（又僖公七年）

　歲云秋矣，我落其實而取其材，所以克也（這就是打勝仗的道理）。（又僖公十

五年）

　凡諸侯小國，晉楚所以兵威之。畏而後上下慈和，慈和而後能安靖其國家，以事

大國，所以存也（這是使國家不被滅亡的原因或方法）。無威則驕，驕則亂生，亂生必

滅，所以亡也（這是國家滅亡的原因）。天生五材，民並用之，廢一不可。誰能去兵？

兵之設久矣，所以威不軌而昭文德也（武備就是威不軌而昭文德的工具）。（又襄公

廿七年）

從形式上看，「所以存也」、「所以亡也」、「所以斃也」和列子的「所以反

也」幾乎一模一樣。但實質不同。前者是說明文字，「存」、「亡」、「斃」、「克」只是在社會

中某種現象，而說話的人只是說明這種現象所以產生的原因。「所以反也」則不然，這是

表明一事的具體結果。兩者之間是有差別的。

即在對過去某一具體情況的分析中，古人也用「所以」作結，仍然不能看做「表果連

詞」。請看下面的一段文字：

昔闔廬食不二味，居不重席，室不崇壇，器不彤鏤，宮室不觀，舟車不飾，衣服

財物擇不取費。在國，天有菑癘，親巡其孤寡，而共其乏困；在軍，熟食者分而後敢

食，其所嘗者，卒乘與焉。勤恤其民，而與之勞逸；是以民不罷勞，死知不曠。吾先

大夫子常易之，所以敗我也（這些就是他上次把我打敗的道理）。（左傳哀公元年）

這「所以敗我也」的「所以」自然也不能看做和「是故」「故」相同的連詞。因之，我們

可以肯定地說，在先秦古籍中，「所以」只能看做短語，不能看做詞。更沒有把它作爲表果

連詞用的。因之，凡用「所以」起頭的判斷句，一般都用「也」字結束，這是上古漢語省却

主語與繫詞的判斷句的一般句法。至於像下面的句子：

區區微節，無所獲申。豈得復全交友之道，重虧忠孝之名乎？所以忍悲揮戈，

收淚告絕。（後漢書臧洪傳答陳琳書）

鍾毓兄弟小時值父晝寢，因共偷服藥酒。其父時覺，且託寐以觀之。毓拜而後

飲，會飲而不拜。既而問毓何以拜。毓曰：「酒以成禮，不敢不拜。」又問會何以不

拜。會曰：「偷本非禮，所以不拜。」（世說新語言語篇）

這種「所以」，才真正是「純粹的表果連詞」，而列子的「所以反也」的「所以」也正是

這種用法。雖然它也用「也」字結尾，但這「也」字不過表示語氣的終結吧了。這不是判

斷句，從上下文去看便可以瞭然。這種「所以」的用法，也是後漢才興起的。

（六）

說符篇：「齊田氏祖於庭，食客千人。中坐有獻魚雁者，田氏視之，乃歎曰：天之

於民厚矣；殖五穀，生魚鳥以爲之用。衆客和之如響。鮑氏之子年十二，預於次，進

曰：．不如君言。天地萬物與我並生，類也。……」

我認爲「不如」的用法是作僞者破綻所在。在上古漢語裏，「如」字若作爲動詞用，便

有一個有趣的現象：如果「如」字之上不加否定副詞「不」「弗」，這「如」字一定只當

「像」字講。如果「如」字之上有否定副詞「不」「弗」，這「如」字一定只當「及」字講。

「如」和「不如」弗如不能構成肯定、否定的一對，而是不同的兩個詞。「如」不能有否

定，「不如」和「不肖」一樣，不能有肯定。讓我先舉當「像」字講的例子：

吾與囘言終日，不違如愚。（論語爲政）

祭神如神在。（又八佾）

十室之邑必有忠信如丘者焉。（又公冶長）

不義而富且貴，於我如浮雲。（又述而）

戰戰兢兢，如臨深淵，如履薄冰。（又泰伯引詩）

學如不及，猶恐失之。（又）

子在川上，曰：「逝者如斯夫！不舍晝夜。」（又子罕）

入公門，鞠躬如也，如不容。……執圭，鞠躬如也，如不勝。上如揖，下如授。

（又鄉黨）

從之者如歸市。（孟子梁惠王下）

管仲得君如彼其專也，行乎國政如彼其久也，功烈如彼其卑也。（又公孫丑上）

以德服人者，中心悦而誠服也，如七十子之服孔子也。（同上）

立於惡人之朝，與惡人言，如以朝衣朝冠坐於塗炭。（同上）

總之，這種句例是舉不勝舉的。問題在是否有例外。作者大致考察了論語、孟子、春秋三傳、國語、莊子、墨子諸書，沒有發現例外。

現在再舉「弗如」「不如」的例子：

無友不如己者！（論語學而）

弗如也。吾與女弗如也。（又公冶長）

知之者不如好之者，好之者不如樂之者。（又雍也）

後生可畏，焉知來者之不如今也。（又子罕）

樊遲請學稼。子曰：「吾不如老農。」請學爲圃。曰：「吾不如老圃。」（又子路）

吾嘗終日不食，終夜不寢，以思，無益，不如學也。（又衛靈公）

雖有周親，不如仁人。（又堯曰）

雖有智慧，不如乘勢；雖有鎡基，不如待時。（孟子公孫丑上）

孟施舍之守氣，又不如曾子之守約也。（同上）

天時不如地利，地利不如人和。（又公孫丑下）

五穀者，種之美也。苟爲不熟，不如荑稗。（又告子上）

仁言不如仁聲之入人深也，善政不如善教之得民也。（又盡心上）

盡信書不如無書。（又盡心下）

姜氏何厭之有？不如早爲之所。（左傳隱公元年）

圍人擧自牆外與之戲。子般怒，使鞭之。公曰：「不如殺之。」（又莊公三十二年）

太子不得立矣。分之都城，而位以卿。先爲之極，又焉得立？不如逃之。（又閔公元年）

筮短龜長，不如從長。（又僖公四年）

將奔狄。郤芮曰：「後出同走罪也。不如之梁。」（又六年）

且人之欲善，誰不如我。（又九年）

荀息將死之。人曰：「不如立卓子而輔之。」（又

所獲不如所亡。（又襄公三年）

明日，徐公來。熟視之，自以為不如；闚鏡而自視，又弗如遠甚。（戰國策齊策）

這些「不如」都應該作「不及」解。論語的「十室之邑，必有忠信如丘者焉，不如丘之好學也。」左傳的「且人之欲善，誰不如我」，固然解作「不像」也可以通，但這「不像」仍與「不及」之意相近，解作「不及」，更為直捷了當。惟有左傳僖公十五年的「古者大事必乘其產。生其水土而知其人心，安其教訓而服習其道。唯所納之，無不如志」的「無不如志」是另一意義，應解作「沒有不合意的」。但這句是「無不」連文，不是「不如」連文，因之也不能說是例外。我也大致考察了論語、孟子、春秋三傳、國語、莊子、荀子、墨子等書，沒有發現例外。這一結論可以說是合於歷史情況的。

然則在先秦若要講「不像」又如何辦呢？有時則用「不似」兩字，如左傳襄公三十一年云：「趙孟將死矣。其語偷，不似民主。」

到了漢代，「不如」才又有新的意義。史記魏其武安侯列傳：「武安曰：天下幸而

安樂無事，蚡得爲肺腑，所好音樂、狗馬、田宅，蚡所愛倡優巧匠之屬。不如魏其、灌夫日

夜招聚天下豪傑壯士，與議論，腹誹而心謗，不仰視天而俯畫地，辟倪兩宮間，幸天下有變

而欲有大功。臣乃不知魏其等所爲。」這一「不如」，才是「不像」的意思。列子的「不如君

言」，當然應該解作「不像您所説的」，史記的「不如魏其、灌夫……」也應解作「不像魏

其、灌夫他們那樣。」這兩個「不如」是有其相同處，而又是和先秦的説法不相侔的。孟子

公孫丑下「其尊德樂道不如是，不足與有爲也」，這一「不如」應該解爲「不像」，但只能用

在偏正復句的偏句中，因之不能與此並論。

（七）

總結以上所論，第一，考察了「數十年來」這一説法，它不但和先秦的説法不合，也和

兩漢的説法不合，却和世説新語的某一説法相合。第二，又考察了「舞」字的兩種用法，

一種用法和兩漢人的用法相同，一種用法甚至要出現於西漢以後。第三，又考察了「都」字

作爲副詞，只是魏晉六朝的常用詞。第四，又考察了「所以」的作爲連詞，絕不是先秦的

「所以」的用法，而只是後漢以後的用法。第五，又考察了「不如」一語，也和先秦的「不

如」不一樣。這種用法，也只是漢朝才有的。

其餘關於六朝人常語還不少，如楊朱篇「不治世故，放意所好」、「放意」便是。陶潛詠二疏詩：「放意樂餘年，遑恤身後慮」，顏氏家訓文章篇「凡爲文章，猶人乘騏驥，雖有逸氣，當銜勒制之，勿使流亂軌躅，放意填坑岸也」。放意都作肆意解。又如「人不婚宦，情欲失半」，「婚宦」即婚姻仕宦，亦六朝常語。世說新語棲逸「不肯婚宦」，宋書鄭鮮之傳「不廢婚宦」，顏氏家訓教子「年登婚宦」，又後娶「爰及婚宦」皆可證。

列子託名爲先秦古籍，却找出了不少漢以後的詞彙，甚至是魏晉以後的詞彙，這是無論如何說不過去的。托名春秋作品的老子出現了戰國的官名，有人爲之解脫，說是「雜入之注疏」，雖然「遁詞知其所窮」，但仍不失爲「遁詞」。列子的這種現象，恐怕連這種遁詞都不可能有了。除掉得出列子是魏晉人的贋品以外，不可能再有別的結論。而且，根據列子的張湛序文，楊朱說符兩篇是張湛逃亡散失以後的僅存者，那末，這兩篇的可信程度似乎較高。但從這篇論文所舉發的情況看來，楊朱篇有「都」，說符篇有「所以」、「不如」，都不是先秦的用法，這也就可見這兩篇也和其他六篇同樣地不可靠了。

那麼，列子是不是張湛所僞造的呢？據我看，張湛的嫌疑很大，但是從他的列子注來看，他還未必是真正的作僞者。因爲他還有很多對列子本文誤解的地方。任何人是不會不懂得他本人的文章的。因此，我懷疑，他可能也是上當者。

列子是否還保留着斷片的真正的先秦文獻呢？因爲作僞者不是毫無所本的，其中

若干來源，我們既已經從現存的先秦古籍中找着了，是不是還有若干已經亡佚的文獻而

由此保存着呢？這一問題，我目前尚不能確實作答。但是，我總的印象是，縱使有，也不

會多。因爲列子的内容不見於其他古書的已經不算多，而在這不多的文獻中，又有很多

是（如楊朱篇）顯明的魏晉時代的東西了。

後　記

一、列子著述年代考這一論文最初發表於新建設雜誌一九五六年七月號，其中還有

論「被」字的一條。當初我主觀地認爲「被」字之作爲表被動的助動詞起源也不在先秦。

武漢大學周光午教授十月二十一日來信說：「大著從漢語史角度鑒定列子著述年代一

文論證極精，但所提被動式的『被』字不是證據。弟近研究古今的被動式，在先秦資料中

獲六例（內韓非子三，國策二，呂氏春秋一）」云云，因此這裏便將那一條刪去。今年三月

二十九日周教授又來信告我：「弟昨偶閱列子天瑞篇有句云：『憂其壞者誠爲大遠，

言其不壞者亦爲未是。』按『未是』字先秦無此用法，實始見之於漢魏以後。如（一）夫蒙

恬之言既非，而太史公非之亦未是。（論衡禍虛篇）（二）公卿不爲郡，二千石不爲縣，未

是也。（申鑒）（三）時庭下有一老榆，君山指而謂曰：此樹無情欲可忍，無耳目可闔，然

猶枯槁腐朽，而子駿乃言可不衰竭，非談也。君山援榆喻之，未是也。（曹植辯道論）

（四）尚書何晏、太常夏侯泰初難曰：夫嫂叔宜服，誠自有形。然小功章娣姒婦爲嫂叔文，則恐未是也。（魏蔣齊萬機論）以供兄日後增補大作列子著述年代考一文之參考」云云。特爲錄誌，惜光午於此書出版時因病逝世了。

二、最近讀到季羨林教授列子與佛典一文，他揭發湯問篇偃師之巧的故事和西晉竺法護所譯的生經（Jātaka-nidāna）卷三裏的一個故事「内容幾乎完全相同」，因而證明這一故事是「列子鈔襲佛典恐怕也就没有什麼疑問了」。季文收在中印文化關係史論叢（一九五七年人民出版社版）中，希望讀者一去參閱，也可爲列子爲偽書的一個佐證。

三、此文略有增訂，頗得王利器同志啓發，附此致謝。

撰者一九五七年五月二十日初稿，一九七八年五月二十日改稿。